W0070457

U-BOOTE

SCHRIFTEN
DES MILITÄRGESCHICHTLICHEN INSTITUTS
DER DDR

KLEINE MILITÄRGESCHICHTE
STREITKRÄFTE

RICHARD LAKOWSKI

U-BOOTE

ZUR GESCHICHTE
EINER WAFFENGATTUNG DER
SEESTREITKRÄFTE

MILITÄRVERLAG
DER DEUTSCHEN DEMOKRATISCHEN
REPUBLIK

Zeichnungen: Ralf Swoboda

Fotos: Archiv (35), Staatliches Filmarchiv der DDR (14),
Kopenhagen (1), Tessmer (1), Uhlenhut (1)

Lakowski, Richard:
U-Boote: Zur Geschichte einer Waffengattung der Seestreitkräfte/von Richard Lakowski. —
1. Aufl. — Berlin: Militärverlag der DDR, 1985 —
355 S.: 114 Ill. — (Kleine Militärgeschichte. Streitkräfte)

ISBN 3-327-00290-8

2. Auflage, 1987
© Militärverlag der Deutschen Demokratischen Republik (VEB) — Berlin, 1985
Lizenz-Nr. 5
Printed in the German Democratic Republic
Gesamtherstellung: Offizin Andersen Nexö,
Graphischer Großbetrieb, Leipzig III/18/38
Lektor: Barbara Grebe
Typografie: Ingeborg Zoschke
Einband: Wolfgang Ritter
Karten und Schemata: Christa Kunz
Redaktionsschluß: 13. 1. 1986
LSV: 0545
Bestellnummer: 746 664 1
01680

Vorwort

Die den Frieden gefährdende Hochrüstungspolitik der USA läßt keinen der militärischen Bereiche aus. Zu den traditionellen Gebieten des imperialistischen Überlegenheitsstrebens gehören die Flottenrüstungen und hierbei der Ausbau der Unterwasserkräfte. Bereits 1972 befanden sich 70 Prozent der strategischen Raketensprengköpfe der USA auf U-Schiffen.

Ausgehend von diesen aktuellen Aspekten kommt der Geschichte des Seekriegsmittels U-Boot von seinen Anfängen bis zur Herausbildung der gegenwärtigen Hauptwaffengattung der Seestreitkräfte besondere Bedeutung zu. Sie begann vor nahezu 100 Jahren. Zu dieser Zeit ermöglichte die Entwicklung von Wissenschaft und Technik den Bau von Booten, die tauchen und sich maschinengetrieben unter Wasser fortbewegen konnten. Den gesellschaftlichen Bedingungen jener Zeit entsprechend — es waren die Jahrzehnte der Herausbildung des Imperialismus — hing die Einführung des neuen Seekriegsmittels eng mit dem maritimen Wettrüsten zusammen. Das U-Boot fand schnell Eingang in alle großen und zunehmend auch in mittlere und kleine Flotten. In beiden Weltkriegen bestimmte der Einsatz der Unterwasserkräfte wesentlich das Bild des Seekrieges. Heute sind die kernkraftgetriebenen U-Schiffe die Hauptschlagkraft der Seestreitkräfte und bestimmen deren Stärke.

Die relativ überschaubare Geschichte von den Tauchbooten des ausgehenden 19. Jahrhunderts bis zu den Unterwasserkräften der Gegenwart vermittelt eine Reihe von Erkenntnissen, die über den Rahmen spezifisch marinehistorischer Fragestellungen hinausgehen und nichts mit Seefahrtsromantik gemein haben. In der Entwicklung der U-Boote wird der enge Zusammenhang zwischen den gesellschaftlichen Verhältnissen und der Nutzung des technischen Fortschritts auf militärischem Gebiet besonders deutlich. Es war ebensowenig die Erfindung der U-Boote wie der technische Fortschritt an sich, was zum maritimen Wettrüsten der Jahrhundertwende geführt hatte. Ihm zugrunde lag vor allem die Politik der herrschenden Klassen in den imperialistischen Staaten.

Der Einsatz von U-Booten trug zur Veränderung des Seekrieges bei und wirkte sich auf das Gesamtbild des Krieges aus. Insbesondere der U-Boot-Handelskrieg, die zwar nicht einzige, jedoch spektakulärste und unter bestimmten Voraussetzungen effektivste Form des U-Boot-Einsatzes, zeitigte schwerwiegende Folgen. Der Angriff auf die zivile Handelsschiffahrt richtete sich mehr oder weniger direkt gegen die Bevölkerung, die Wirtschaft und das Hinterland eines Gegners. So gesehen, war das neue Seekriegsmittel einer der militärtechnischen Faktoren, die zur Totalisierung der Kriegführung beitrugen. Nicht zufällig tat hierbei der besonders aggressive deutsche Imperialismus im ersten Weltkrieg den ersten Schritt. Die Entwicklung des Seekrieges führte schließlich zu dem Einsatz der Unterwasserkräfte der faschistischen deutschen Kriegsmarine gegen die Handelsschiffahrt auf den Seewegen der Antihitlerkoalition.

Auf die Geschichte der heutigen Hauptwaffengattung Unterwasserkräfte wirkte neben den grundlegenden gesellschaftlichen Bedingungen eine Vielzahl weiterer Faktoren ein. Der Autor verzichtet von vornherein auf ein alle Seiten gleichermaßen erhellendes Bild. Er konzentriert sich auf die grundlegenden Entwicklungslinien der U-Boote. Die Darstellung allgemeinhistorischer Vorgänge wurde auf ein notwendiges Minimum beschränkt. Dies war möglich, da es für den behandelten Zeitraum eine Fülle von Arbeiten der DDR-Geschichtsschreibung sowie der sowjetischen Historiographie gibt. Es sei hier nur auf die DDR-Ausgabe der zwölfbändigen «Geschichte des zweiten Weltkrieges 1939—1945» hingewiesen sowie auf die sechs Bände «Deutschland im zweiten Weltkrieg». Hinzu kommen «Der erste Weltkrieg» von H. Otto und K. Schmiedel, «Der zweite Weltkrieg» von G. Förster, H. Helmert und H. Schnitter sowie «Kurzer Abriß der deutschen Militärgeschichte».

Die Hauptaufgabe dieses Buches besteht darin, durch einen Gesamtüberblick die Grundlinien der Geschichte der U-Boote darzulegen. Ein weiteres und nicht das unbedeutendste Anliegen ist, mit verschiedenen Mythen und Legenden, die die bürgerliche Marinegeschichtsschreibung um die U-Boote gewoben hat, abzurechnen. Sie ranken sich um den Zeitpunkt und das Ausmaß der U-Boot-Entwicklung, gehen über die Ursachen und Ziele der U-Boot-Rüstung in den imperialistischen Staaten bis zu den Fragen der Moral und dem ideologischen Zustand der U-Boot-Besatzungen. Dem Autor geht es vor allem darum, die Entwicklung bis zu den U-Schiffen und -Booten der Gegenwart zu analysieren und nachzuzeichnen, wie sie sich aus dem Zusammenhang des Wirkens gesellschaftlicher, militärtechnischer, militärtheoretischer und organisatorischer Faktoren ergeben hat. In der Darstellung spielt die deutsche Geschichte, entsprechend der Bedeutung der Unterwasserkräfte in der Marine des deutschen Imperialismus, eine besondere Rolle. Zugleich wurde angestrebt, auch die Entwicklung in den wichtigsten anderen Flotten zu erfassen.

Der Autor war bestrebt, dem Leser neben der Analyse möglichst viele technische und maritime Informationen zu bieten. Dieses Bemühen fand jedoch seine Grenzen in dem Umfang des Buches. Es ist auch zu beachten — und das trifft nicht nur auf die Zeit nach 1945 zu —, daß Angaben über die Unterwasserkräfte stets zu den bestgehütetsten Geheimnissen der Marineführungen gehörten. Über die Zuverlässigkeit des Materials, insbesondere der taktisch-technischen Angaben, darf man sich keine Illusionen machen. Es kommt dem Autor vor allem auf die Tendenz und die Vergleichsmöglichkeit an.

Die Arbeit kann sich auf eine breite Literatur und gedruckte Quellen stützen. Wesentlich war die sowjetische militärhistorische und seekriegstheoretische Literatur. Ausgewertet wurden auch entsprechende Archivbestände, insbesondere des Militärarchivs der DDR, so die dort vorhandenen Teile des Kriegstagebuchs des B.d.U.

Der Autor dankt allen Institutionen und Helfern, die zur Entstehung dieses Buches beigetragen haben. Sein besonderer Dank gilt dem Militärgeschichtlichen Institut der DDR, dem Militärverlag der DDR und nicht zuletzt der Offiziershochschule der Volksmarine «Karl Liebknecht».

I.

Die Vorgeschichte

Träume, Legenden, Projekte und Versuche. Ähnlich wie das Fliegen gehört das Tauchen, die Eroberung der Meerestiefen zu den uralten Träumen der Menschheit. Märchen, Sagen und Legenden fast aller Völker berichten von kühnen Helden, die in das geheimnisvolle, wunderbare Reich des Meeresgottes eindrangen. Die deutsche Sage kennt Häuser tief unter der Wasseroberfläche. In dem Ende des 12. Jahrhunderts entstandenen Spielmannsgedicht «Salman und Morolf» flieht Morolf in einem «schiffelin von ledere» vor Salman, und als die Verfolger ihm bedrohlich nahe sind, «senkt er sich nider uf den grunt». In einer deutschen Fassung des mittelalterlichen Alexanderromans wird ausführlich geschildert, wie der König sich in einer Truhe «veste und starck» 3000 Klafter tief «in occeon» versenken läßt. Selbst die Klassik faszinierte der Gedanke des Tauchens. Goethe läßt Mephistopheles im zweiten Teil des Faust vor dem Kaiser von «der prächt'gen Wohnung in der ew'gen Frische» sprechen.

Es wird sich vermutlich nie sicher feststellen lassen, wann und wo Menschen zum ersten Mal versucht haben, diese Träume zu verwirklichen. Ebensowenig können wir sagen, wer als erster sein Bestreben darauf richtete, nicht nur zu tauchen, sondern sich unter Wasser auch fortzubewegen. Derartige Überlegungen dürften vor allem mit kriegerischen Unternehmungen im Zusammenhang gestanden haben, denn das Wasser ist eine ideale «Tarnkappe» für einen Gegenstand. Die uns bekannten Projekte und Versuche,

Unterwasserfahrzeuge zu bauen, sind wahrscheinlich nur ein Bruchteil der Experimente, die von verschiedensten Völkern durchgeführt wurden. Vor allem wissen wir immer noch sehr wenig über das Wirken außereuropäischer Staaten und Völker auf diesem Gebiet. Eine Ausnahme sind die USA, deren Beziehungen zur «Alten Welt» jedoch auf der Hand liegen.

Aus der Fülle der bekannten Vorformen des U-Bootes soll hier nur auf einige hingewiesen werden. Bereits vor unserer Zeitrechnung sind in Griechenland und China zumindest Projekte für Unterwasserfahrzeuge erarbeitet worden. Das Universalgenie der Renaissance, Leonardo da Vinci, entwarf ein Unterwasserfahrzeug. In einem 1604 erschienenen Buch behandelte der Magister der Universität Rostock, Magnus Pegelius, den Bau eines Tauchbootes. Der Holländer Cornelius van Drebbel, der Franzose René Descartes und der Engländer Edmund Halley gehörten zu jenen, die im 17. Jahrhundert vom Gedanken des Tauchens fasziniert waren und Projekte für Apparate zu diesem Zweck entwarfen. Der französische Physiker Denise Papin konstruierte ein Tauchboot, mit dem er 1692 in der Fulda bei Kassel Versuche durchführte. Papin arbeitete für den Landgrafen von Hessen, in dessen Dienst der wegen seines Glaubens aus Frankreich vertriebene Wissenschaftler stand. Im Auftrag des allem technisch Neuen gegenüber aufgeschlossenen Zaren Peter I. baute zu Beginn des 18. Jahrhunderts der Zimmermann Jefim Nikonow ein Tauchboot. Auf ein entsprechendes Gesuch des Zimmermanns ließ ihn der Zar 1719 nach Petersburg kommen, wo Nikonow von 1720 bis 1725 am Modell und Boot baute. Erste Versuche verliefen wenig erfolgreich. Als der Zar 1725 starb, wurde die Arbeit Nikonows nicht mehr gefördert, so daß sie kurz darauf eingestellt werden mußte.

Jacob Chrysostomus Prätorius, der im Dienst des Grafen Wilhelm von Schaumburg-Lippe stand, desselben Fürsten, bei dem Gerhard von Scharnhorst seine militärische Laufbahn begann, entwarf Mitte des 18. Jahrhunderts für seinen Dienstherrn Tauchboote. Das Projekt, der sogenannte Steinhuder Hecht, von dem uns Zeichnungen überliefert sind, wurde nicht realisiert. 1771 baute man jedoch tatsächlich ein Tauchboot, den «Fisch». Es war zwischen 7 und 8 m lang; die Besatzung bestand aus 8 Mann.

Einem nicht mehr vorhandenen Bericht zufolge, war mit diesem Fahrzeug ein Tauchversuch unternommen worden, wobei das Fahrzeug 12 Minuten unter Wasser geblieben sein soll. Das Boot war mit Sicherheit 20 Jahre lang Bestandteil der Flottille des Grafen von Schaumburg-Lippe auf dem Steinhuder Meer. Über etwaige Einsätze ist nichts bekannt. Von strengster Geheimhaltung umgeben, bildete es eine Art Kuriosum des Wilhelmsteins, der Festung des Grafen.

Aus der zweiten Hälfte des 18. und der ersten Hälfte des 19. Jahrhunderts liegt besonders umfangreiches und interessantes Material über U-Boot-Projekte und -Versuche vor. Erstmalig haben wir auch genauere Kenntnis von Versuchen, Tauchfahrzeuge im Kampf einzusetzen. Die Gründe für die Materialfülle liegen in den gesellschaftlichen Veränderungen, dem Aufschwung von Wissenschaft und Technik und der Entstehung des bürgerlichen Militärwesens. Insgesamt nahm das Interesse an neuen Erfindungen aller Art, auch auf dem Gebiet der Militärtechnik, zu.

Den feudalabsolutistischen Kräften an Erfahrungen und tatsächlichen militärischen Machtmitteln zunächst unterlegen, griff die aufwärtsstrebende Bourgeoisie neue Ideen auf militärischem Gebiet begierig auf, z. B. im 1775 beginnenden Unabhängigkeitskrieg der 13 ehemaligen britischen Kolonien in Nordamerika. Die überlegene britische Flotte konnte die Küste des jungen Staates blockieren und an beliebigen Orten Truppen landen. So geschah es 1776 in New York. Britische Flottenkräfte schifften Truppen auf Long Island aus und drangen in den Hudson River ein. In dieser Situation bot sich die Idee David Bushnells, mit einem von ihm konstruierten Tauchfahrzeug die Briten anzugreifen, geradezu an. Das «Turtle» (Schildkröte) genannte Boot war aus Holz oder Kupfer — darüber gibt es unterschiedliche Auffassungen —, sein Durchmesser betrug etwa 2,5 m. Es sollte von einem Mann mit Hilfe eines Handpropellers oder des zum Wriggen benutzbaren Ruders bewegt werden und erhielt seine Stabilität durch ein Bleigewicht. Mittels eines Bohrers mußte die in der «Turtle» befindliche Person eine Sprengladung unter dem gegnerischen Schiff befestigen. Im September 1776 habe, so wird auch in neuerer Literatur behauptet, damit ein Freiwilliger zweimal, wenn auch erfolglos, die britischen Blockadeschiffe angegriffen.

Dieser erste Unterwasserangriff der Militärgeschichte sei, wie der Autor H.-J. Lawrenz nachweist, schlicht und einfach eine Legende. Seine Beweisführung ist folgende: «Ein Mensch vermag etwa 10 Minuten lang eine Leistung von 1/12 PS zu vollbringen. Bei Annahme, daß die Handkurbel einen Radius von 40 cm beschrieb und etwa 30mal in einer Minute mit gleichmäßiger Kraft von 15 kp gedreht wurde, errechnet sich eine Leistung von etwa 18 kpm/s = 180 Watt. Das ist etwas mehr als 1/4 PS.» Derartige Anstrengungen über die für einen Angriff notwendige Zeit zu vollbringen, wobei der in dem Boot schwer arbeitende Mann zugleich die zahlreichen anderen Geräte bedienen mußte, war, wie Lawrenz mit Recht meint, mehr als ein Mensch leisten konnte. Aus einem von George Washington an den USA-Botschafter in Paris, Thomas Jefferson, gerichteten Schreiben geht ebenfalls hervor, daß ein derartiger Angriff nie stattgefunden habe. Vermutlich ist die «Turtle» nicht einmal auf einer Übungsfahrt erprobt worden. Doch bleibt es das Verdienst Bushnells, als einer der ersten den Bau eines Unterwasserfahrzeugs systematisch durchdacht zu haben und an die Lösung einiger, auch später immer wiederkehrender Grundfragen herangegangen zu sein. Darüber hinaus ist das von Bushnell an Jefferson übergebene Material eine der ersten uns bekannten «technisch einwandfreien Projektbeschreibungen eines Tauchbootes in der Geschichte der Technik».

Die Zählebigkeit des Märchens vom ersten U-Boot-Angriff der Militärgeschichte hat ihre Ursache in den Bestrebungen bürgerlicher Ideologen, das schöpferische Vermögen ihres Gesellschaftssystems mit «Erfolgen» aus der Geschichte zu belegen. Damit soll das Selbstwertgefühl der «Nation» gehoben und sollen chauvinistische Einstellungen genährt werden. Zu diesem Zweck haben auch deutsche Nationalisten verschiedenster Färbung die Geschichte der U-Boote benutzt. Die Verbreitung und — trotz gegenteiliger Forschungsergebnisse — immer wieder als «wahr» propagierte «Turtle»-Legende dient noch heute in Westeuropa dazu, das Bild von den USA als dem Land der «unbegrenzten Möglichkeiten» abzurunden.

Wesentliche Erkenntnisse Bushnells übernahm Robert Fulton, der nicht nur der Erbauer des ersten Dampfschiffes war, sondern sich als Aufkäufer von Patenten und Erfindungen auch mit der

12

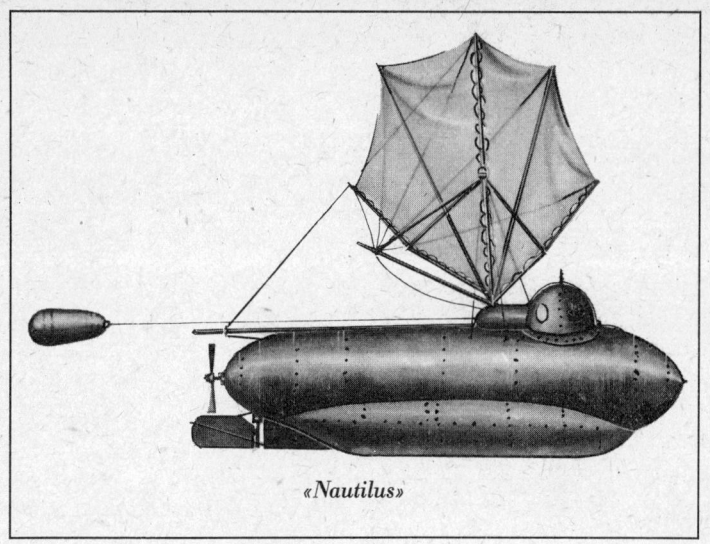

«Nautilus»

U-Boot-Frage beschäftigte. Nachweislich hatte er 1797/98 Kontakt mit Bushnell, so daß ein Einfluß auf die Konstruktion Fultons sehr wahrscheinlich ist. 1798 legte Fulton dem Direktorium in Paris Pläne für ein Tauchboot vor. Er erhielt jedoch erst wirksame Unterstützung für den Bau der «Nautilus», nachdem Napoleon Bonaparte erster Konsul geworden war. Im Juni 1801 konnte das Boot in der Seine erprobt werden. Es soll dann nach Brest gebracht worden sein. Ein militärischer Einsatz der «Nautilus» ist nicht bekannt geworden. Das 6,5 m lange und 2,0 m hohe Fahrzeug hatte Zigarrenform und einen eisernen Tauchtank unterhalb des hölzernen Bootskörpers. Über Wasser sollte die «Nautilus» ein Segel setzen, dessen Mast sich vom Innern des Bootes aus umlegen ließ. Im getauchten Zustand war vorgesehen, das Fahrzeug über eine Handkurbel, die einen vierflügligen Propeller antrieb, zu bewegen. Als Waffe diente eine «Torpedo» genannte Sprengladung, die mit Hilfe eines Bohrers an dem gegnerischen Schiff befestigt werden sollte.

Fulton, der sein Projekt zunächst in Frankreich zu realisieren versuchte, scheiterte; denn Napoleon hielt ihn bald für einen Betrüger und entzog ihm seine Gunst. Daraufhin wechselte Fulton die Front und ging nach Großbritannien, wo sein Projekt im britischen Premierminister William Pitt d.J. einen Förderer fand. Gegen den Widerstand der Admiralität konnte Fulton seine U-Boot-Projekte zeitweilig fortführen, ohne sie jedoch abzuschließen.

Auch in den folgenden Jahrzehnten blieb das Hauptproblem der Erfinder und Konstrukteure von Tauchfahrzeugen das Fehlen eines effektiven Antriebs und einer wirksamen Unterwasserwaffe. Fultons Nachfolger variierten im wesentlichen den Handantrieb, wobei ihnen die Erfindung der Schiffsschraube in der ersten Hälfte des 19. Jahrhunderts zugute kam. Projekte von Unterwassergeschützen und der Einsatz von Spierentorpedos, d. h. an Stangen (seemännisch Spieren) befestigter Ladungen, blieben insgesamt unrealisierbar. Dennoch wurden in dieser Zeit eine Reihe von Taucherprobungen erfolgreich durchgeführt, so 1832 von Villeroi in Frankreich und Karl A. Schilder in Rußland sowie 1845 von P.-A. Payern in Frankreich.

Gegen Ende der 40er Jahre des 19. Jahrhunderts legte in Deutschland noch vor dem bekannten Konstrukteur Wilhelm Bauer der Regierungsgeometer Gustav Winkler aus Halberstadt der preußischen Regierung den Entwurf eines Unterwasserfahrzeuges vor. Abgelehnt und an die Nationalversammlung in Frankfurt am Main verwiesen, lag der Konstruktionsvorschlag am 11. September 1848 dem Marineausschuß vor. Winkler plante den Bau eines Einmannfahrzeuges von etwa 6 m Länge und 1 m Breite. Es sollte durch eine mit präparierter Baumwolle betriebene Dampfmaschine angetrieben werden und eine Geschwindigkeit von mindestens 6 kn erreichen. Winkler beabsichtigte, sein Tauchfahrzeug mit Tauchzellen, Preßluft zum Auftauchen, einem Manometer und anderen technischen Einrichtungen zu versehen. Es sollte halbgetaucht an das Zielschiff heranfahren, dort war mit Hilfe einer Bohrvorrichtung eine Sprengladung anzubringen. Diese Sprengladung war durch eine abzurollende Zündschnur vom Tauchboot aus in sicherer Entfernung zur Explosion zu bringen. Die Entwürfe blieben unausgeführt; Winklers Konstruktion geriet in Vergessenheit.

Wilhelm Bauers Projekt dagegen wurde zwar realisiert, aber der Tauchversuch am 1. Februar 1851 mit dem von ihm konstruierten «Brandtaucher» scheiterte. In dem 1848 ausgebrochenen nationalen Abwehrkrieg gegen Dänemark konnte die dänische Flotte mühelos die deutsche Küste kontrollieren, da die von der Frankfurter Nationalversammlung geforderte Reichsflotte erst im Entstehen war. Bauer, der als Unteroffizier im bayrischen Hilfskorps diente, kam auf die Idee, die dänischen Blockadefahrzeuge mit einem Tauchfahrzeug anzugreifen. Schon das Gerücht vom Stapellauf des «Brandtauchers», der manchen Zeitgenossen wie ein Seeungeheuer erschienen sein mochte, soll zum Rückzug der dänischen Blockadeschiffe geführt haben.

Über die Einzelheiten der Bauerschen Konstruktion liegt eine detailreiche Arbeit von H. G. Bethge vor. Das unter seiner Leitung rekonstruierte Original des «Brandtauchers» steht heute im Armeemuseum der DDR in Dresden. Bauer ließ sich durch das Scheitern seines ersten Versuches nicht entmutigen. 1852 nahm er den Abschied aus der Armee und bot — wie die Mehrzahl der Erfinder seiner Zeit — dem seine Dienste an, der bereit war, dafür zu zahlen. Versuche, den österreichischen Kaiser für seine Ideen zu gewinnen, scheiterten. Ebenso zerschlugen sich Kontakte nach den USA und Großbritannien. Dagegen fanden die Pläne des Erfinders in Rußland, das gerade mit Großbritannien, Frankreich und der Türkei in den Krimkrieg verwickelt war, offene Ohren. Anfang 1855 traf Bauer im damaligen St. Petersburg ein und baute hier bis Ende des Jahres einen verbesserten «Brandtaucher»: «Le Diable de Marine» (Seeteufel). Das Fahrzeug muß etwa 16 m lang, 3,5 m breit und 3 m hoch gewesen sein und wurde von 12 Mann bewegt, während der dreizehnte steuerte. Mit diesem Unterwasserfahrzeug soll Bauer mehr als 100 Fahrten durchgeführt haben, z. T. mit spektakulären Einlagen, wie dem Intonieren der Zarenhymne unter Wasser. Dennoch konnte er die detaillierten Forderungen des Bauvertrages nicht erfüllen und erhielt daher nicht die versprochene Gratifikation, obwohl das zaristische Marineministerium zu der Einschätzung kam, daß das Boot bei weiterer Vervollkommnung durchaus befriedigen könnte.

Trotz gewisser Verbesserungen war auch eine solche Konstruktion wie der «Brandtaucher» militärisch kaum verwendbar. Der Kriegseinsatz des «Brandtauchers» sollte folgendermaßen durchgeführt werden: Das mit Menschenkraft angetriebene Fahrzeug hatte nur eine äußerst geringe Geschwindigkeit. Daher versprach ein Angriff nur Erfolg, wenn der Gegner sich sehr langsam fortbewegte oder ankerte. Mangels anderer Waffen beabsichtigte Bauer, eine am Turm des Bootes befestigte Sprengladung manuell am gegnerischen Schiffsboden zu befestigen und in entsprechendem Abstand galvanisch zu zünden. Die Fahrt bis in die unmittelbare Nähe des Angriffszieles sollte halbgetaucht (der Turm ragte, einem Seehundskopf gleich, über die Wasseroberfläche) erfolgen. Erst unmittelbar am Gegner wollte Bauer, um das Ziel nicht zu verfehlen, tauchen. Abgesehen von der Frage, ob das Boot vom Gegner unbemerkt geblieben wäre, hätte die Schwierigkeit, das Boot getaucht auf ebenem Kiel zu halten, es wohl kaum zugelassen, die Sprengladung am Boden des gegnerischen Fahrzeuges zu befestigen.

Obwohl «Brandtaucher» und «Seeteufel» letztlich militärisch untauglich waren, kommt allen Versuchen Bauers ein hoher Stellenwert in der Geschichte der U-Boote zu. Bauers Konstruktionen stehen an der Grenze der Vor- zu den Frühformen dieses neuen Seekriegsmittels. Bei seinem «Brandtaucher» hatte der Wasserdruck auf die Luft im Bootsinneren keinen Einfluß, ein Prinzip, das Voraussetzung für ein echtes Unterwasserfahrzeug ist. Tauchen und Auftauchen erfolgten durch die, wenn auch mit einfachen Mitteln, vorgenommene Masseveränderung mittels Wasserballast — ebenfalls eine Idee, die heute in jedem Unterwasserfahrzeug realisiert wird. Bauer erkannte auch, daß seine manuelle Antriebsmethode nicht ausreichte. Noch vor Benz, Daimler und Otto versuchte er einen Verbrennungsmotor für seine U-Boot-Projekte zu entwickeln, der mit Petroleum und Braunstein zur Gewinnung des für die Verbrennung notwendigen Sauerstoffs betrieben werden sollte. Diesen Antrieb plante er für einen «Küstenbrander», dessen Projekt er im Dezember 1864 der preußischen Regierung vorlegte. Das Fahrzeug sollte mit 6 Mann Besatzung, davon ein Maschinist, ein Steuermann und 2 Offiziere, 24 Stunden unter Wasser bleiben können.

Das Vorhaben wurde jedoch nicht realisiert. Bauer unterschätzte, wie viele Konstrukteure seiner Zeit, nicht allein die zeitbedingten technischen Grenzen seiner kühnen Pläne. Er verkannte auch die Haltung der Regierungen und militärischen

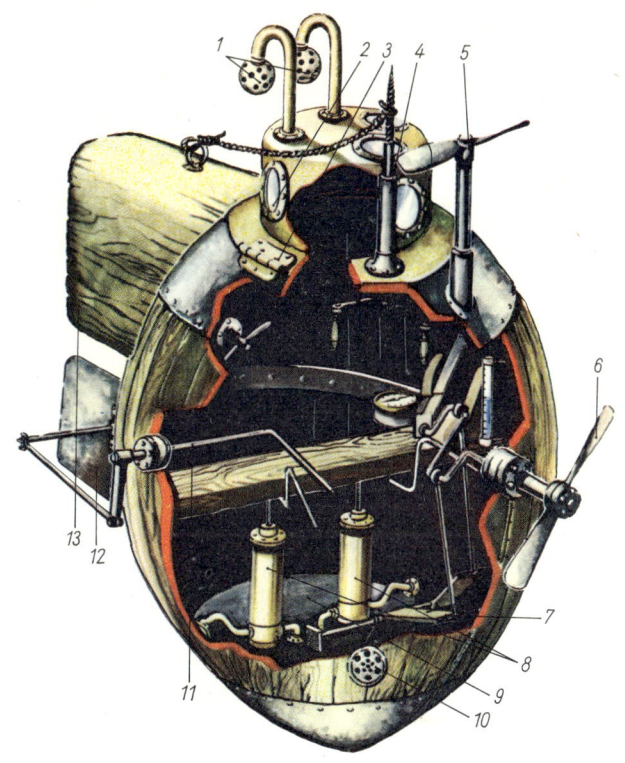

«Turtle»
1 Ventilationsrohre, 2 Bullaugen in der Metallkuppel,
3 Messingscharnier für den Einstieg, 4 Schraube,
mit der die Sprengladung am Zielschiff befestigt werden sollte,
5 Propeller zum Steigen und Sinken,
6 Propeller für die Vor- und Achterausbewegung,
7 Pedale zum Antrieb der Propellerwellen,
8 zwei Lenzpumpen, 9 Ballast,
10 Ballastwasser-Einlaßventil, 11 Ruderpinne,
12 Ruder, 13 Sprengladung

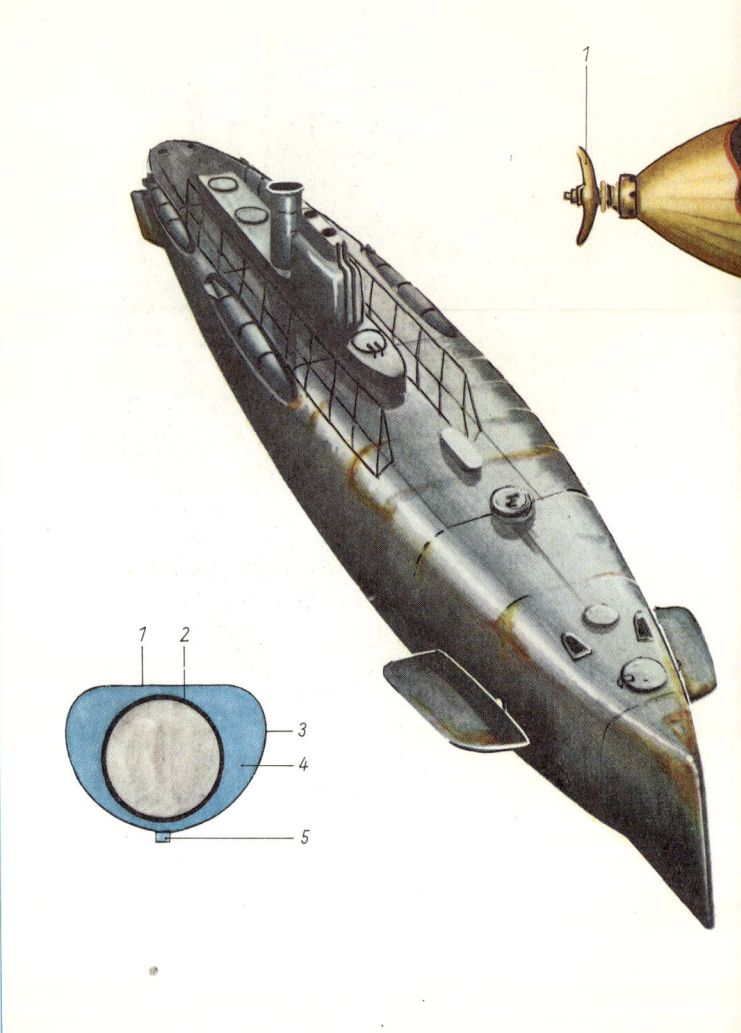

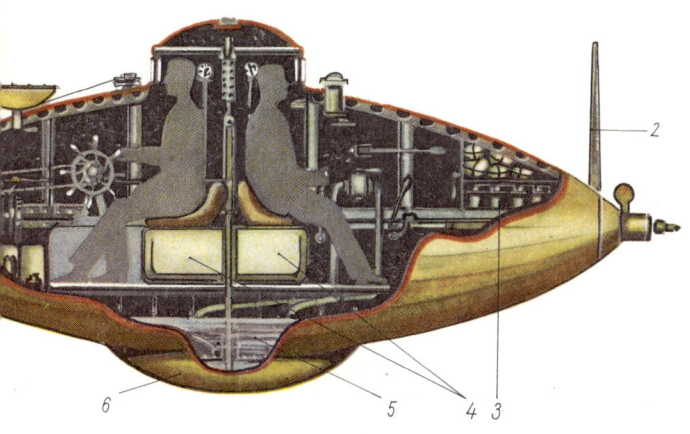

«Goubet 1»
1 Propeller, 2 Korn als Hilfsmittel
zur Steuerung des Bootes, 3 Akkumulatoren,
4 Preßluft zur Erneuerung der Atemluft,
5 Wasserballast, 6 Ballastkiel

«Narval»
1 Deck, 2 Druckkörper, 3 Außenhaut,
4 Wasserballast, 5 Kiel

*Britisches U-Boot Typ S aus der Zeit
des zweiten Weltkrieges*

Führungen gegenüber einer maritimen Kampftechnik, die, wenig repräsentativ und voraussichtlich nur defensiv einsetzbar, in keiner Weise den herkömmlichen Vorstellungen von einem Seemachtinstrument entsprach. Das zeitweilige Interesse für Tauchfahrzeuge in Zeiten von Konflikten mit einem stärkeren Seegegner, wie z.B. Rußlands im Krimkrieg, verschwand, sobald die Seemacht im Interesse der herrschenden Klassen weltweit demonstriert und eingesetzt werden sollte. Dafür waren die Vor- und Frühformen der U-Boote ungeeignet.

Anfang der 60er Jahre des 19. Jahrhunderts erfolgte — gewissermaßen als Höhepunkt der Entwicklung der handgetriebenen Vorformen der U-Boote — erstmalig ihr Einsatz im Krieg. Im Verlauf des Bürgerkrieges 1861 bis 1865 in den USA setzten die zur See unterlegenen und durch Schiffe der Union blockierten Südstaaten «submarines» gegen die Flotte der Nordstaaten ein. Den ersten — erfolglosen — Angriff führte ein Boot eines «David» genannten Typs von 15 m Länge und 2,75 m Durchmesser. Ein Spierentorpedo, der mit Hilfe eines Seilzuges gehandhabt wurde, bildete die Bewaffnung. Das Boot war nur so weit geflutet, daß die Kommandantenkuppel über die Wasseroberfläche hinausragte. Einen weiteren Angriff führte ein anderes, kleineres Boot, die «H. L. Hunley», (Länge 11 m, Durchmesser 1,83 m) im Februar 1864 durch. Dabei gelang es, die Nordstaaten-Korvette «Housatonic» zu versenken. Mit seinem Opfer, von dessen Besatzung nur 5 Mann umkamen, versank auch das angreifende Boot und die 9 Mann seiner Besatzung.

In dem Einsatz der «submarines» durch die Südstaaten zeigte sich die Problematik der mit Menschenkraft angetriebenen Tauchfahrzeuge recht deutlich. Das erfolgreiche Tauchboot «H. L. Hunley» war bereits während der Erprobung dreimal verunglückt, wobei insgesamt 23 Menschen ihr Leben verloren. Es ist erstaunlich, daß sich bei dieser Verlustquote immer wieder Freiwillige für diese gefährlichen Fahrzeuge fanden. Die Frühformen der U-Boote, zu denen die «submarines» zu rechnen sind, waren höchstens 12 m lang und hatten nicht mehr als 30 t Wasserverdrängung. Die menschliche Antriebskraft reichte nur für eine Geschwindigkeit, die unter 4 kn blieb; die Tauchmanöver erfolgten durch Einnahme und Abgabe von Wasserballast. Der mit-

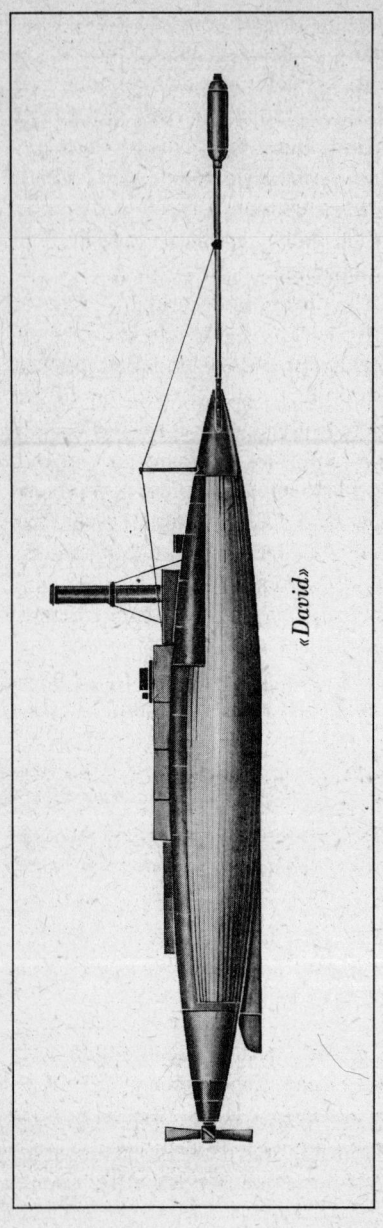

«David»

tels Handpumpen bewirkte sehr langsame Tauchvorgang, die geringe Geschwindigkeit und die mangelhafte Bewaffnung (eine Sprengladung, die mit dem Tauchfahrzeug unmittelbar an das gegnerische Objekt herangebracht werden mußte) bedingten die militärische Schwäche dieser Boote. Selbst ihr defensiver Einsatz war nur zufällig von Erfolg gekrönt, wie die Beispiele der «David» und der «H. L. Hunley» zeigen. Die beim Bau und Einsatz dieser Fahrzeuge gesammelten Erfahrungen boten jedoch wichtige Grundlagen für die Weiterentwicklung der U-Boote.

UNTERSEE- ODER TAUCHBOOT? Als Hauptproblem der «unterseeischen Schiffahrt», wie die zeitgenössische Literatur die Versuche mit Unterwasserfahrzeugen häufig nannte, schälte sich immer stärker die Frage des Antriebs heraus. Bis in die zweite Hälfte des 19. Jahrhunderts scheiterten die Konstrukteure am Fehlen eines leistungsfähigen, raumsparenden Motors. Alle Versuche, Dampfkesselanlagen für die U-Boote zu nutzen, brachten hinsichtlich des Verhältnisses von Anlagengröße und Leistung unbefriedigende Ergebnisse. Davon abgesehen, waren sie zunächst nur für sogenannte Überflutungsboote, d.h. Fahrzeuge, bei denen nur die wichtigsten Teile durch Überfluten der gegnerischen Einwirkung entzogen wurden, brauchbar, da ihr enormer Sauerstoffbedarf unter Wasser nicht gedeckt werden konnte. Alles in allem machten der hohe Raum- und Personalbedarf, die Leistung der Anlage und die Brennstoffbevorratung sowie das lange Anheizen und Löschen der Kessel den Dampfkesselantrieb für Unterwasserfahrzeuge militärisch zunächst fragwürdig.

Voraussetzungen für die Lösung der Schwierigkeiten mit dem Antrieb, aber auch der Fragen der Bewaffnung und Navigation, entstanden mit den zahlreichen Erfindungen in den 50er, 60er und 70er Jahren des vorigen Jahrhunderts, d.h. im Ergebnis der sich seit der zweiten Hälfte des 18. Jahrhunderts vollziehenden industriellen Revolution. So stellte der Franzose G. Planté 1859 den ersten technisch brauchbaren Akkumulator her. Sein Landsmann G. Trouvé zeigte 1867 auf der Weltausstellung in Paris eine elektrische Kreiselanlage zur Kontrolle magnetischer Kompasse. Wissenschaft und Technik brachten eine derartige Fülle von

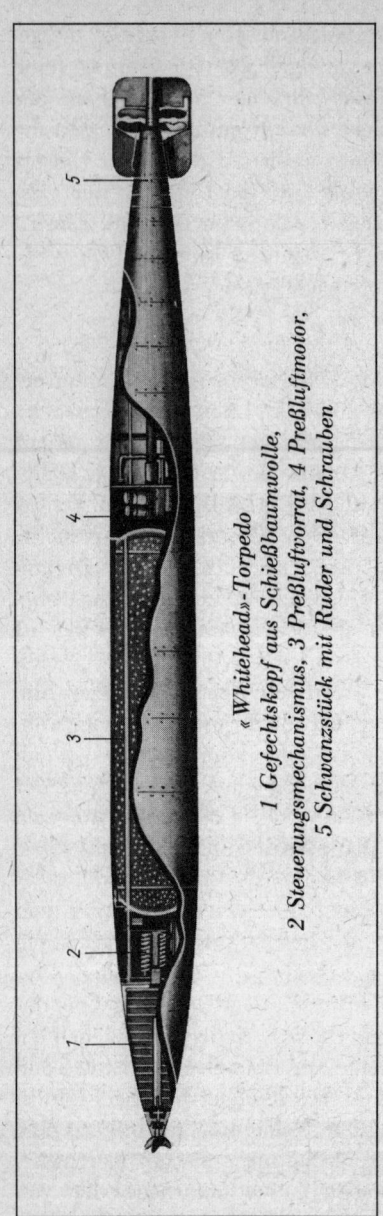

«Whitehead»-Torpedo
1 Gefechtskopf aus Schießbaumwolle,
2 Steuerungsmechanismus, 3 Preßluftvorrat, 4 Preßluftmotor,
5 Schwanzstück mit Ruder und Schrauben

Ideen und Konstruktionen hervor, daß in den verschiedenen Ländern parallel oder in kurzen Zeitabständen ähnliche oder gleichartige Erfindungen gemacht wurden. So kam es, daß in der relativ kurzen Zeit von etwa 30 Jahren militärisch brauchbare U-Boot-Konstruktionen entstanden.

Zunächst wurde die Erfindung des Torpedos von den Zeitgenossen in ihrer Bedeutung für das U-Boot nicht erkannt. Sie erfolgte fast gleichzeitig in der Mitte der 60er Jahre durch den Russen I. F. Alexandrowski und den in österreichischen Diensten stehenden Engländer R. Whitehead. Das spindelförmige Geschoß besaß im Kopf eine Sprengladung, die aus in Scheiben gepreßter Schießbaumwolle bestand und durch einen Aufschlagzünder an der Spitze zur Detonation gebracht wurde. Der mit Preßluft betriebene Motor brachte das sich selbststeuernde Geschoß ins Ziel. Gegenläufige Propeller verliehen dem Torpedo die notwendige gerade Laufbahn. Für den Einsatz des Torpedos wurde eine neue Schiffsklasse geschaffen, das Torpedoboot. Der Einsatz der Torpedos von U-Booten aus setzte sich nur zögernd durch. Das U-Boot war immer noch nicht eine Sache der Seestreitkräfte, der Marineoffiziere und -beamten. Es war Angelegenheit einzelner, von einer Idee besessener Erfinder. In Deutschland schrieb ein Marineoffizier noch 1878: «Man hat heute die Herstellung von U-Booten aufgegeben, die zu lösenden technischen Schwierigkeiten sind unüberwindlich.»

Entgegen der Skepsis unter den Militärs beschäftigten sich auch in den deutschen Staaten gerade «Laien» mit der Konstruktion von Tauchfahrzeugen, die von den «Fachleuten» nicht ernst genommen und von den offiziellen Stellen nicht oder fast nicht unterstützt wurden. Dazu gehört das U-Boot-Projekt eines wenig bekannten sächsischen Konstrukteurs, des Dresdener Volksschullehrers Otto Vogel. 1869 ließ er auf eigene Kosten das Modell eines U-Bootes bauen, das sich jedoch als nicht wasserdicht erwies. Den Bau eines zweiten Modells führte die Schiffs- und Maschinenbauanstalt von Otto Schlick in Dresden aus. In der Vossischen Zeitung wurde über das Modell folgendes berichtet: «Auf seinem gepanzerten Oberdeck liegt eine 40 Fuß lange, 10 Fuß hohe und 20 Fuß breite schußfeste Wölbung, in welcher sich 12 Geschütze befinden und außerdem Vorkehrungen, um den stählernen Stachel bombenartiger Torpedos mit elektrischer Zündung mittels hydraulischer Pressen in den Boden des feindlichen Schiffes zu drücken … Die Dampfkessel sind stehend, als Brennmaterial dienen Petroleumrückstände, mit deren Hilfe sich in einer halben Stunde 3 Sphären Spannung erzielen lassen … Das Schiff ist eine förmliche Fregatte …» Bemerkenswert an dem Plan Vogels war, daß er seine als Antrieb vorgesehene Dampfmaschine mit flüssigem Brennstoff befeuern wollte. Über das Wirken des Dresdeners ist bis heute wenig bekannt. Vogel wurde 1844 geboren. Er verließ den Schuldienst, um sich näher mit U-Booten zu beschäftigen, trat aber 1876 wieder ein, als seine Pläne keine Unterstützung fanden. Nach seiner Lehrertätigkeit in Rosenthal in der Sächsischen Schweiz und in Sautitz bei Nossen ging er 1891 in Pension. Vogel starb 1914 in Berlin.

Eine Ausnahme in bezug auf die Förderung des U-Boot-Baues war Frankreich. Im letzten Viertel des 19. Jahrhunderts konzentrierte sich die staatlich geförderte U-Boot-Entwicklung stark auf dieses Land. Das war kein Zufall, denn in Frankreich bestanden nicht nur die ökonomischen, wissenschaftlichen und technischen Voraussetzungen für den Bau von Unterwasserfahrzeugen, sondern es gab auch eine politische Motivation. Der Gegensatz zwischen Frankreich und Großbritannien in der zweiten Hälfte des vorigen Jahrhunderts führte französischerseits zu Erwägungen, wie dem zur See überlegenen Konkurrenten entgegenzutreten sei. Die hierbei entstehende Auffassung vom Seekrieg, die den Kreuzerkrieg bevorzugende «Jeune Ecole», hatte naturgemäß eine Förderung der Torpedoboote und der U-Boote zur Folge.

Im Mai 1863 lief auf der staatlichen Werft in Rochefort ein «Le Plongeur» genanntes Boot vom Stapel. Es war eines der ersten durch Maschinenkraft fortbewegten Unterwasserfahrzeuge. Die Konstruktion stammte von dem damaligen Capitaine Bourgois und dem Marineingenieur C. Brun. Das Fahrzeug hatte eine Länge von 42,5 m, eine Breite von 6 m und eine maximale Höhe von 4,35 m. Die sechsflüglige Schraube des 453,20 t verdrängenden Bootes wurde durch eine mit Preßluft angetriebene Maschine bewegt. Die in Behältern mitgeführte komprimierte Luft nahm den größten Teil des Rumpfes ein. Sie diente, nachdem sie ihre Spannung an die Maschine abgegeben hatte, als Atemluft für die 12köpfige Besatzung. Das Tauchmanöver erfolgte durch Einnahme bzw. Abgabe von Wasserballast. Die Stabilität des Fahrzeuges während des Tauchens gewährleisteten eine von Hand bewegte Vertikalschraube, ein die Verdrängung des Bootes verändernder Zylinder und ein Horizontalruder. Dieses komplizierte System konnte jedoch die notwendige Längsstabilität im getauchten Zustand nicht garantieren. Das mit Spierentorpedos bewaffnete Fahrzeug durchbrach während seiner Erprobung im Hafen von Rochefort und auf der Reede von La Pallice immer wieder die Wasseroberfläche oder berührte den Grund. Es bewährte sich nicht, und die Versuche wurden 1864 abgebrochen.

Zu dieser Zeit projektierte der US-Amerikaner Alstitt ein Boot, das für die Überwasserfahrt einen Dampf-, für die Unterwasserfahrt einen akkumulatorgespeisten Elektroantrieb erhielt. Seine Idee des getrennten Antriebs setzte sich wenige Jahre später durch und blieb trotz vieler Bemühungen um einen Einheitsantrieb bis nach dem zweiten Weltkrieg vorherrschendes Prinzip im U-Boot-Bau.

In Spanien trieb Narcisco Monturiol mit seinen Konstruktionen «Ictineo» I und II die Entwicklung voran. Bei seinen Booten erfolgte das Ausblasen der Tauchtanks erstmals mit Hilfe von Preßluft.

Aus der Vielzahl der Konstrukteure verschiedener Nationalität dieser Zeit ragt in Rußland S. K. Drzewicki heraus. Er war in Paris Ingenieur geworden und diente im russisch-türkischen Krieg 1877/78 freiwillig in der Schwarzmeerflotte. Im selben Jahr er-

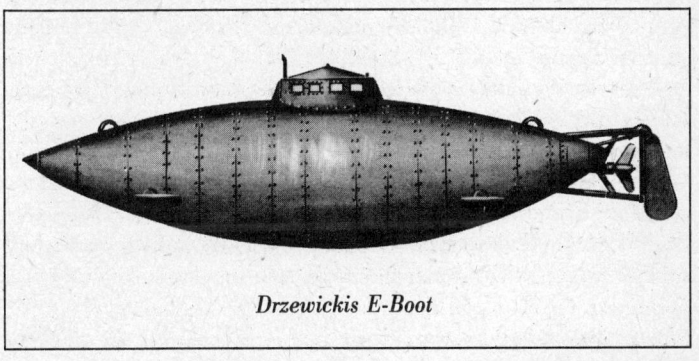

Drzewickis E-Boot

hielt er den Auftrag, ein 1876 von ihm entworfenes Einmann-U-Boot zu bauen. 1879 entstand ein größeres Boot für 5 Mann, in das erstmals in der Geschichte der U-Boote ein einfaches Sehrohr eingebaut war. Mit einigen Verbesserungen wurden von dem 6 m langen Fahrzeug bis 1881 50 Stück gebaut. Die in Petersburg und Sewastopol stationierten Boote bewährten sich im Flottendienst jedoch nicht. Einer der Gründe dürfte der für die damalige Zeit bereits rückständige Antrieb — sie wurden noch von Menschen bewegt — gewesen sein. Im Jahre 1884 entwarf Drzewicki einen vierten Bootstyp, dessen Elektromotor mit Hilfe von Akkumulatoren angetrieben wurde. Das Unverständnis der Marineführung des zaristischen Rußlands setzte diesem hoffnungsvollen Projekt vorzeitig ein Ende.

In den Jahren 1883/84 ließ der Schwede T. Nordenfelt, ein bekannter Waffenfabrikant und Konstrukteur, in Verbindung mit dem Engländer G. Garett ein U-Boot bauen. Das über Wasser mit einer Dampfmaschine von 100 PS, unter Wasser mit in Behältern gespeichertem Dampf fahrende Boot hatte eine Länge von 19,5 m, einen Durchmesser von 2,7 m und in getauchtem Zustand eine Verdrängung von 60 ts. Obwohl das Fahrzeug bei einer mit großem Propagandaaufwand durchgeführten Probefahrt nur mäßige Leistungen erbrachte, gelang es dem geschäftstüchtigen Nordenfelt, seine Konstruktion der griechischen Regierung zu verkaufen. Ein Jahr später, gewissermaßen im Gegenzug, baute er 2 leicht veränderte größere Boote von 160 ts für die Türkei. Ein für Rußland gefertigtes Fahrzeug mit einer Verdrängung von 160 ts über und 250 ts unter Wasser sowie mit Dampfmaschinenantrieb von 1300 PS ging auf der Überfahrt nach Petersburg verloren.

Alle «Nordenfelt»-Boote hatten Torpedobewaffnung. So besaß das an Rußland verkaufte Unterwasserfahrzeug 2 übereinander angeordnete Bugtorpedorohre und führte 2 Reservetorpedos mit. Zu den Problemen der Konstruktion gehörte, daß es für die Besatzungen außerordentlich schwierig war, nach dem Torpedoschuß die Stabilität der Boote zu gewährleisten. Dennoch waren die «Nordenfelt»-Konstruktionen ein Schritt voran zu einem U-Boot mit zweckmäßiger Bewaffnung, ausreichender Seefestigkeit, relativ hoher Überwassergeschwindigkeit und beträchtlichem Aktionsradius. Das für Rußland gebaute Boot erreichte bereits über Wasser eine Geschwindigkeit von 14 kn und konnte eine Fahrstrecke von 1 000 sm zurücklegen.

Inzwischen setzte man insbesondere in Frankreich die von der Regierung unterstützten Entwicklungsarbeiten fort. Eine wesentliche technische Voraussetzung für konstruktive Fortschritte war die Entdeckung des dynamoelektrischen Prinzips durch Werner von Siemens 1866. Das darauf basierende Antriebsprinzip, von Siemens 1881 erstmals in der elektrischen Straßenbahn praktisch verwertet, übernahmen U-Boot-Konstrukteure verschiedener Länder. Wie erwähnt, hatte Drzewicki 1884 in seine Boote einen Elektromotor eingebaut. Ein Jahr darauf begann C. Goubet in Frankreich ein auf diese Weise angetriebenes, nach ihm benanntes Unterwasserfahrzeug zu bauen. Es war aus einem Stück in Bronze gegossen, hatte einen batteriegespeisten Elektroantrieb, eine Bedienung von 2 Mann und einen Vertikalpropeller, um ohne Restauftrieb tauchen zu können. Zur Verbesserung der Längsstabilität besaß das Boot 2 Seitenkiele. Man beabsichtigte, es im Rahmen der Hafenverteidigung einzusetzen, wobei mit seiner Hilfe Minen an gegnerische Schiffe angebracht werden sollten. Der durch die Kapazität der Akkumulatoren bedingte geringe Aktionsradius und das mittels Vertikalschraube nicht zu lösende Problem der Längsstabilität führten dazu, daß das Boot den Anforderungen des Marineministeriums nicht genügte. Ein zweites von Goubet gebautes, größeres Fahrzeug führte außenbords 2 Torpedos und lief unter Wasser 5 kn. Aber auch diese Konstruktion wurde von der französischen Marine nicht übernommen.

Mehr Erfolg konnte das von dem Marineingenieur G. Zédé konstruierte 30 t große Fahrzeug «Gymnote» verzeichnen.1887/88 in Toulon gebaut, verfügte es für die Unterwasserfahrt über Horizontalruder, wodurch man der Lösung des Problems der Längsstabilität näherkam. Mit einem 52 PS Elektromotor erreichte es unter Wasser eine Geschwindigkeit von 5 kn und konnte eine Strecke von 120 sm zurücklegen. Es besaß Torpedobewaffnung, ein Kreisel (Gyroskop) verbesserte die Navigation und ein einfaches Sehrohr die taktischen Möglichkeiten des angreifenden Bootes. Nach erfolgreichen Versuchen mit der «Gymnote» wurde ein größeres Boot dieses Typs gebaut, das den Namen des inzwischen verstorbenen Konstrukteurs «Gustave Zédé» erhielt. Das 266 t verdrängende Fahrzeug hatte eine Länge von etwa 48 m und einen Durchmesser von 3,5 m. 2 akkumulatorgetriebene Elektromotoren mit je 360 PS verliehen dem Boot eine Geschwindigkeit von mehr als 12 kn über Wasser und 8 kn unter Wasser. Das mit «Whitehead»-Torpedos bewaffnete Boot hatte kaum Aufbauten und nur ein sehr geringes Reservedeplacement, also relativ schlechte See-Eigenschaften.

Wie sich bei der «Gustave Zédé» und ihren Vorgängern zeigte, waren den U-Booten mit Einheitsantrieb, der zur damaligen Zeit nur ein durch Akkumulatoren gespeister Elektromotor sein konnte, militärisch zu enge Grenzen gezogen. Insbesondere der beschränkte Fahrbereich erwies sich als völlig unzureichend, da ein Einsatz über das engste Küstengebiet hinaus nicht erfolgen konnte. Die Lösung dieses Problems lag bei dem damaligen Stand der Technik in der Idee Alstitts aus dem Jahre 1863, in der Einführung eines gesonderten Antriebs für die Über- bzw. Unterwasserfahrt. Die französische Marine vollzog auch diesen Schritt als erste. Im Ergebnis einer öffentlichen Ausschreibung ließ sie nach Plänen des Schiffbauingenieurs H.-M. Laubeuf die «Narval» bauen. Bei diesem Fahrzeug ging man davon aus, daß es nur zum Angriff tauchen sollte, sonst über Wasser fahren würde. Es hatte daher einen leicht ovalen, aus Stahl bestehenden Druckkörper, der von einer vom Wasser frei durchfluteten Außenhülle umgeben war. Die zweite Hülle gab der «Narval» eine für die Überwasserfahrt günstige Form. Das Oberdeck, bei den bisher üblichen U-Booten kaum vorhanden, lag relativ hoch über der Wasseroberfläche, so daß sich die Besatzung während der Überwasserfahrt dort aufhalten konnte. Überhaupt war die Ausstattung des Bootes so, daß die Besatzung auch bei längerer Einsatzdauer auf ihrem Fahrzeug wohnen und leben konnte. Im Zwischenraum von Druckkörper und Außenhülle befanden sich Tanks zur Aufnahme des Wasserballastes.

Die «Narval» hatte eine Verdrängung von 106 ts über und 200 ts unter Wasser, ihre Länge betrug 34 m, die Breite 3,75 m und der Tiefgang 1,6 m. Die für die Überwasserfahrt eingebaute Dreifach-Expansionsmaschine von 250 PS verlieh dem Boot eine

Geschwindigkeit über Wasser von 11 kn. Der für die Tauchfahrt vorgesehene Elektromotor ermöglichte eine Fahrt von 8 kn. Die Bewaffnung bestand aus 4 Torpedos in Abwurfvorrichtungen. Die Besatzung zählte 2 Offiziere und 9 Mann. Das Boot hatte einen festen Kommandoturm und ein Sehrohr. Sein Schornstein wurde vor dem Tauchen niedergelegt, die Kessel der Dampfmaschine mußten gelöscht und gekühlt sowie der Dampf abgeblasen werden. Diese notwendigen Arbeitsgänge ergaben eine Tauchzeit von 20 bis 30 Minuten.

Die «Narval» war kein Unterseeboot im eigentlichen Sinne, sie war ein Tauchboot. Die Erprobung zeigte ihre Seetüchtigkeit und militärische Brauchbarkeit. Nach dem Vorbild der «Narval» ließ die französische Regierung 4 weitere Boote bauen. Der Einbau von Verbrennungsmotoren in die neuen Boote hob deren militärische Bedeutung wesentlich, verkürzte sich doch damit die Tauchzeit auf 6 bis 9 Minuten. Der Typ des sogenannten Zweihüllen-Tauchbootes, für den sich im deutschen Sprachgebrauch die eigentlich falsche Bezeichnung U-Boot durchsetzte, prägte zunehmend die nach der Jahrhundertwende aufgebauten U-Boot-Flotten.

Dennoch blieb die Frage Tauchboot oder Unterseeboot zunächst noch offen. Die Marineführungen mußten noch mit zu vielen unbekannten Größen rechnen. Bezeichnend für die Situation war, daß 1896 auf die Ausschreibung der französischen Marine hin, als deren Ergebnis die «Narval» entstand, auch 2 Unterseeboote Preise bekamen. Dies waren die mit Elektroantrieb versehene «Morse», eine verkleinerte Version der «Gustave Zédé», und der 1899 in 4 Exemplaren gebaute «Farfadet»-Typ.

In den USA, um die Jahrhundertwende ein Land mit besonders aktiven U-Boot-Konstrukteuren, begann die Entwicklung ebenfalls beim Unterseeboot. Es waren im wesentlichen die Typen zweier Konstrukteure, die miteinander konkurrierten. Das Boot von S. Lake besaß einen 30-PS-Benzinmotor für die Über- und Unterwasserfahrt. Das Problem der Frischluftzufuhr und der Abgase während der Tauchfahrt löste Lake mit Hilfe von 2 an Masten aufgerichteten Rohren, Vorläufer des späteren Schnorchels. Die «Argonaut II», so der Name des Fahrzeuges, machte 1898 eine vielbeachtete Reise über 2 000 sm, während der sie in einen Sturm geriet, den sie unversehrt überstand. Der bekannte Schriftsteller Jules Verne wertete in einem im «New York Journal» veröffentlichten Telegramm die Fahrt der «Argonaut II» als Beweis für den Realitätsgehalt seiner Zukunftsromane. «Der nächste Krieg», telegrafierte Verne, «wird ein großer Kampf zwischen U-Booten werden.»

Dennoch entschied sich die US Navy für den Konkurrenten J. P. Holland, dessen Firma es verstanden hatte, sich eine Lobby im Kongreß zu sichern. Holland beschäftigte sich bereits seit den 70er Jahren mit der Konstruktion von U-Booten. Sein erstes, für die US Navy gebautes Boot, zu dem er 1897 den Auftrag erhielt, hatte 2 Dreifach-Expansionsmaschinen mit je 600 PS, die die äußeren Wellen antrieben, eine dritte mit 300 PS lief auf der mittleren Welle. Ein E-Motor von 70 PS konnte entweder auf die mittlere Welle oder auf die äußeren Wellen gekuppelt werden. Diese Konstruktion überzeugte nicht. Die parallel dazu, auf eigene Rechnung gebaute «Holland VII» dagegen bildete den Vorläufer des später verbreiteten «Holland»-Typs. Sie war ein noch relativ kleines Boot mit einer Verdrängung über Wasser von 64 t. Mit einem 50-PS-Benzinmotor für die Über- und einen E-Motor für die Unterwasserfahrt erreichte das Boot eine Geschwindigkeit von 8 bzw. 5 kn. Seine Bewaffnung bestand aus einem Torpedorohr und 2 in das Boot eingebauten Kanonen. Für die Marine der USA konstruierte die noch heute mit dem Bau von Unterwasserkriegsfahrzeugen beschäftigte «Electric Boat Company» als Prototyp die «Fulton» oder «Holland VIII», auf deren Basis die ersten 7 Boote des «Adder»-Typs entstanden. Alle Fahrzeuge dieses Typs hatten im Unterschied zu den französischen Tauchbooten nur eine Hülle.

Hollands Konstruktion war auch der Ausgangspunkt für den Aufbau der britischen U-Boot-Kräfte. Er begann 1901 mit einem Lizenzbau des «Holland»-Typs, dem bald eigene Entwicklungen folgten. Die Einführung von U-Booten in die Royal Navy erfolgte nicht, weil ihre Führung von der Notwendigkeit des neuen Seekriegsmittels für die damals stärkste Flotte der Welt überzeugt gewesen wäre. In erster Linie war das eine vorbeugende Maßnahme, um nicht hinter möglichen Entwicklungen des potentiellen Gegners, zu dieser Zeit Frankreich, zurückzubleiben.

Etwa zur gleichen Zeit, in den Jahren um die Jahrhundertwende, begann auch im zaristischen Rußland der systematische Bau von U-Booten. Konservative Kräfte in der Marineführung erhoben zunächst die Forderung, die U-Boot-Entwicklung auf der Grundlage ausländischer Konstruktionen aufzunehmen. Die Holland-Company, mit der man verhandelte, stellte die Bedingung, daß nicht weniger als 10 Boote zu einem Preis von 190 000 Dollar gekauft werden müßten. Diese unbilligen Konditionen lehnte das russische Marineministerium ab. Der Aufbau von U-Boot-Kräften begann daher mit der «Delphin», einer Konstruktion von M. N. Belemishew und I. G. Bubnow. Das Boot verdrängte 113 t über und 124 t unter Wasser und tauchte 50 m tief. Es war 19,6 m lang und 3,35 m breit, hatte einen Überwasserfahrbereich von 2 500 sm und konnte getaucht bei 8 kn 32 sm, bei 6 kn 60 sm zurücklegen. Die «Delphin» wurde 1903 fertig. Anhand der beim Bau dieses Bootes gewonnenen Erfahrungen entwarfen die beiden Konstrukteure ein neues Boot. Im Januar 1904 erhielten die Baltischen Werke im damaligen Petersburg den Auftrag, Boote des neuen «Kasatka»-Typs zu bauen.

Zu den Staaten, die in jener Zeit U-Boote in Dienst stellten oder bauten, gehörten weiter Italien, die Niederlande, Schweden und Norwegen. In der Regel waren auch die auf eigenen Werften gebauten Fahrzeuge Lizenzbauten US-amerikanischer oder französischer Firmen. Staaten mit weniger entwickelter Industrie begannen U-Boote für ihre Streitkräfte bei den großen Industriestaaten Europas in Auftrag zu geben, darunter die Türkei sowie lateinamerikanische Länder.

Entgegen der in der bürgerlichen Geschichtsschreibung und Marinepublizistik verbreiteten Ansicht setzte im kaiserlichen Deutschland der Bau von U-Booten bereits vor 1904 ein. Ebenso wie in der Mehrzahl der übrigen Staaten ging das zunächst ohne Förderung durch offizielle Stellen und längere Zeit recht sporadisch vor sich. Jedoch gab es immer wieder verschiedene Projekte und vermutlich auch einzelne Versuchsbauten. Wie aus einem Vortrag des Vorsitzenden der Schiffsbautechnischen Gesellschaft, K. Busley, aus dem Jahre 1899 hervorgeht, hatte die preußisch-deutsche Marineführung seit 1861 «nicht weniger als 181» Vorschläge — überwiegend von «Laien» für den Bau von

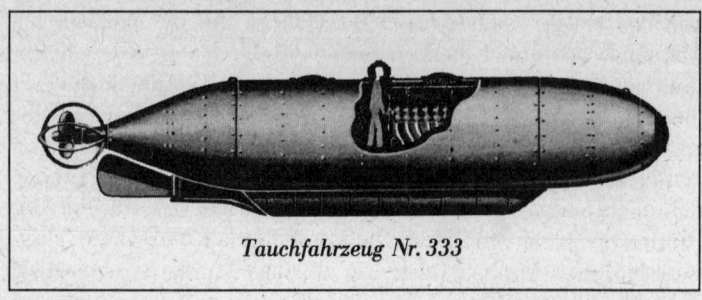

Tauchfahrzeug Nr. 333

Tauchfahrzeugen erhalten. Einige Indizien deuten darauf hin, daß die in späteren Jahren verbreitete Version über die «kluge» Zurückhaltung beim Bau von U-Booten im kaiserlichen Deutschland nicht zutreffend ist. So erwarb die Kaiserliche Marine aller Wahrscheinlichkeit nach im Jahre 1885 U-Boot-Lizenzen von Nordenfelt. Um das Jahr 1890 hat sie vermutlich in Kiel und Danzig (Gdańsk) 2 etwa 35 m lange Boote bauen lassen. Ein mutmaßlich 1891 in der Howaldtwerft in Kiel entstandenes Foto zeigt ein spindelförmiges Boot, dessen Decksaufbau an die spätere «Forelle» erinnert. 1897 baute erstmals die Howaldtwerft in Kiel ein Tauchfahrzeug mit der Bau-Nr. 333 nach den Vorschlägen eines deutschen Marineoffiziers. Die Länge des zylindrisch geformten Bootes betrug etwa 14 m, die Breite 2,40 m. Es wurde durch einen von Akkumulatoren versorgten E-Motor angetrieben. Für die Bootsführung war in der Mitte des Fahrzeuges ein Taucherhelm aufgenietet. Vorn war ein Torpedoausstoßrohr eingebaut. Der militärisch unbrauchbare Versuchsbau wurde 1902 verschrottet.

Bereits im Februar desselben Jahres begann die in den Besitz der Firma Krupp übergegangene Germaniawerft in Kiel den Bau eines Tauchbootes nach den Entwürfen des spanischen Ingenieurs L. d'Equevilley. Dieser war zuvor Mitarbeiter des Konstrukteurs der «Narval», Laubeuf, gewesen. Das nach den Plänen von d'Equevilley entstandene Fahrzeug war im Juni 1903 fertig. Mit 15,5 t Verdrängung über und 16,3 t unter Wasser, einer Länge von 13 m und einem 65-PS-E-Motor war es im Prinzip nur ein Erprobungsmuster. Die «Forelle», wie es genannt wurde, hatte Tauchtanks und Reglerzellen im Bootsinneren. Mit einem

30

Sehrohr ausgerüstet, trug sie an jeder Seite ein Ausstoßrohr für 450-mm-Torpedos. Das Boot lief unter Wasser maximal 7,7 kn und hatte einen Fahrbereich von 65 sm bei 4,5 kn. Es sollte von einem größeren Kriegsschiff mitgeführt und von diesem aus eingesetzt werden.

Der Krupp bekanntlich sehr verbundene Wilhelm II. besichtigte die «Forelle» im Herbst 1903. Kurze Zeit davor hatte sein Bruder, Prinz Heinrich von Preußen, an einer Fahrt mit dem Boot teilgenommen. Während die deutsche Marine sich dennoch zurückhielt, bestellte das zaristische Rußland 3 Boote bei der Germaniawerft und erhielt auch die im Kaufpreis mit eingeschlossene «Forelle».

Im Sommer desselben Jahres ordnete schließlich der Staatssekretär des Reichsmarineamtes, Admiral Alfred von Tirpitz, die Konstruktion eines U-Bootes durch die Kaiserliche Marine an.

Die Initiative bei der Entwicklung und dem Bau von U-Booten hatten bis zur Jahrhundertwende in fast allen Ländern private Konstrukteure sowie Besitzer privater Unternehmen und Gesellschaften. Mit patriotischen Phrasen nur dürftig drapiert, stimulierten sie die Entwicklung des neuen Seekriegsmittels in erster Linie, um daran – wie eben an jeder Waffe – zu verdienen. Die Mehrzahl der Marineführungen vollzog den Schritt zum U-Boot nur zögernd und widerwillig, da es für das neue Kampfmittel in den vorherrschenden Seekriegsvorstellungen keinen Platz gab. Schließlich trat als Folge recht unterschiedlicher Faktoren ein Seekriegsmittel in Erscheinung, das der Seekriegführung eine bisher nicht gekannte Dimension eroberte.

In den vorangegangenen Jahrzehnten hatten die zur See schwächeren Staaten in Kriegszeiten zwar jene geheimnisvollen «Tauchfahrzeuge», die schnell herzustellen waren, eingesetzt, aber nach Kriegsende bald wieder vergessen. Im Gegensatz dazu wurden die kurz vor Ende des 19. Jahrhunderts einsetzenden Konstruktionen moderner Boote ein nicht mehr zu übersehender Faktor in der Entwicklung der Seestreitkräfte. Ohne klare Vorstellungen über Aufgaben und Einsatztaktik des neuen Kampfmittels zu haben, beeilten sich alle europäischen Großmächte und die USA, es zu besitzen, um vom möglichen Gegner nicht überholt zu werden. Das seit der Jahrhundertwende einsetzende imperialistische Wettrüsten begann auch auf diesem Gebiet seine Folgen zu zeigen. Im Jahre 1900 hatte noch keine der Marinen ein U-Boot. 1901 hatte Frankreich 4 Boote fertiggestellt, die USA hatten ein Boot. In Großbritannien befanden sich 5 Boote in Bau, in Frankreich 18, in den USA 7, in Rußland war es ein Boot.

Noch bestimmten 2 Varianten von Unterwasserfahrzeugen das Bild: das Boot mit einheitlichem Elektroantrieb und das Tauchboot mit gesondertem Antrieb für die Unter- bzw. Überwasserfahrt. Der begrenzte Aktionsradius des U-Bootes beschränkte seine Einsatzmöglichkeiten auf die Verteidigung der eigenen Häfen und bestimmter Küstenregionen. Das Tauchboot, in gewisser Hinsicht ein tauchfähiges Torpedoboot, bot dagegen mit seinen guten See-Eigenschaften, seiner Seeausdauer und dem ausbaufähigen Aktionsradius die Möglichkeit zu taktisch offensivem Einsatz in der Mehrzahl der Seegebiete Europas. Ein Vergleich aus der zeitgenössischen deutschen Marineliteratur zeigt, warum gerade hier die zukunftsträchtigere Variante der U-Boot-Konstruktionen gesehen wurde. Danach konnten mit den unterschiedlichen Antriebsarten folgende Fahrtstrecken zurückgelegt werden:

Dampf	12 000 sm
Petroleum	15 000 sm
Preßluft	16 sm
Elektrizität	135 sm
Petroleum und E-Motor	11 000 sm
Dampf und E-Motor	7 000 sm

Als militärisch effektivsten Antrieb schätzte man die Kombination aus Petroleummotor für die Über- und E-Motor für die Unterwasserfahrt ein. Diese Verbindung wurde schließlich beim U-Boot-Bau in Deutschland vorherrschend, wobei der Petroleummotor noch im ersten Jahrzehnt des 20. Jahrhunderts von dem betriebssichereren, abgasärmeren und leistungsstärkeren Dieselmotor für die Überwasserfahrt abgelöst wurde. An ihn ließ sich über eine Umkehrkupplung der Elektromotor anschließen. Zum Aufladen der Batterie tauchte das Boot auf, und der Diesel drehte den Elektromotor in Gegenrichtung, wodurch dieser als Generator arbeitete.

Die Hauptwaffe der U-Boote war der Torpedo, der aus fest eingebauten Bug- oder Heckrohren, vor dem ersten Weltkrieg nicht

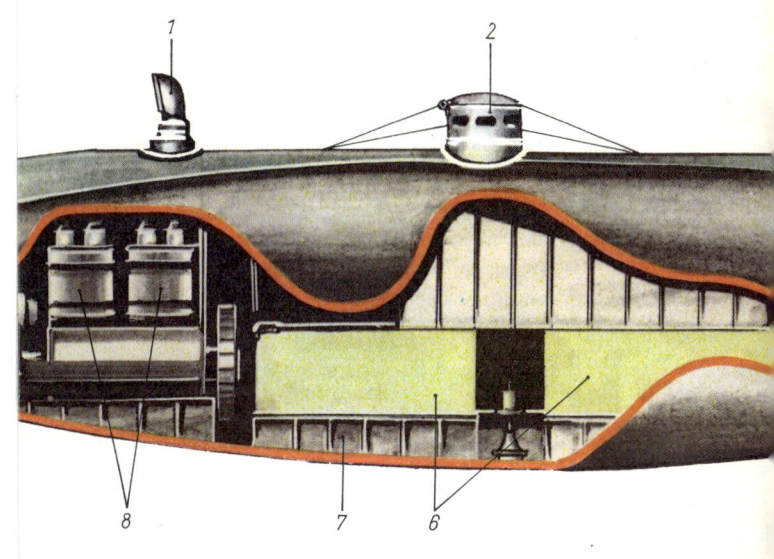

«Holland 8»
1 Lüfter, 2 Turm, 3 Trimmzelle,
4 Torpedorohr, 5 Treibstofftanks, 6 Batterieraum,
7 Tauchzellen, 8 Gasolinmaschine,
9 E-Maschine, 10 Trimmzelle,
11 Tiefenruder, 12 Seitenruder

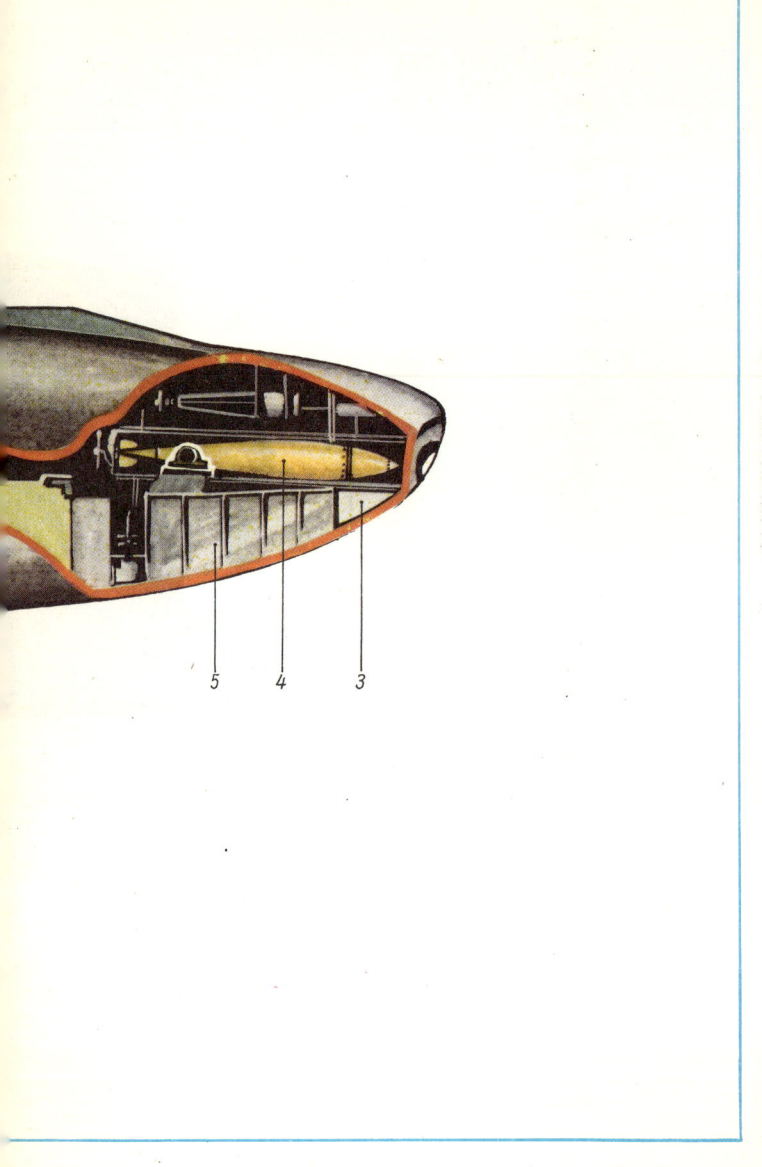

5   4   3

selten auch aus an Deck befindlichen Abschußvorrichtungen, abgefeuert wurde. Der Torpedovorrat blieb begrenzt. Artilleriebewaffnung besaßen die Boote der meisten Marinen nicht. Von großer Bedeutung war der Einbau von Sehrohren. Sie hatten eine Länge bis zu 7 m, waren drehbar und ließen sich aus- und einfahren.

Die Tauchtiefe der Boote war ein zunächst wenig beachteter Faktor, da ein Fahrzeug, das von der Wasseroberfläche verschwunden war, durch die Artillerie der Überwasserschiffe nicht mehr erreicht werden konnte. Um einem Rammstoß auszuweichen, genügte die zwischen 20 und 50 m liegende Tauchtiefe, denn wirksamere Waffen gegen getauchte U-Boote gab es noch nicht.

Etwa um die Jahrhundertwende war die Entwicklung der Frühformen der U-Boote abgeschlossen. Es begann die Zeit der Verbesserungen ihrer Konstruktion. Ein jahrhundertealter Traum hatte sich erfüllt. Menschen konnten sich längere Zeit unter Wasser aufhalten und dabei größere Strecken zurücklegen. Dem Charakter der antagonistischen Klassengesellschaft entsprechend, kam diese Entwicklung fast ausschließlich der Kriegführung zugute. Mit dem U-Boot hatte der Seekrieg ein neues Seekriegsmittel und eine neue Dimension erhalten. Die daraus entstehenden Möglichkeiten sollten sich schon im ersten Weltkrieg erweisen.

II

Das U-Boot
wird Seekriegsmittel

1. Die Entwicklung
der U-Boot-Flotten in den
Seestreitkräften
bis 1914

IMPERIALISMUS — SCHLACHTFLOTTEN — U-BOOTE. Im Jahre 1890 erschien in den USA das Buch Alfred Th. Mahans «Der Einfluß der Seemacht auf die Geschichte, 1660—1783». Mahan, Offizier der US Navy und in den Jahren 1886 bis 1889 sowie 1892 bis 1893 Lehrer am Naval War College in Newport, untersuchte in seiner Arbeit die Faktoren, die Großbritannien zur stärksten Seemacht und damit, so seine Überlegungen, zur Weltmacht gemacht hätten. Der damalige Kapitän und spätere Admiral wollte mit seinen Ideen Einfluß nehmen auf den Aufbau und die Ausgestaltung der Seemacht der USA, als Voraussetzung für die angestrebte Weltmachtstellung seines Landes. Die Hauptaufgabe der Marine im Krieg waren nach Mahan die Kontrolle der eigenen Seeverbindungen und die Unterbindung des Seeverkehrs des Gegners durch die Erringung der Seeherrschaft. Wichtigstes Instrument für den Kampf um und zur Verteidigung der Seeherrschaft war die Schlachtflotte. Sie hatte die Aufgabe, in der Seeschlacht die Entscheidung herbeizuführen. Der Kreuzer- bzw. der Kaperkrieg stellte nach Mahan nur eine untergeordnete Form des Seekrieges dar, durch die nichts entschieden werden konnte. Im Zusammenhang mit diesen Überlegungen standen Forderungen nach Stützpunkten für die Flotte, die nach Möglichkeit in den dafür zu erobernden Kolonien angelegt werden sollten.

Mahans Ideen fanden relativ rasch Eingang in das Gedankengut der Marineführungen der europäischen Großmächte sowie Japans und der USA. In Deutschland mußte sein Buch auf Anordnung Wilhelms II. in der Offiziersmesse eines jeden Schiffes der Kaiserlichen Marine vorhanden sein. Großbritannien machte den Marinetheoretiker zum Ehrendoktor von Oxford und Cambridge. Der Unterstaatssekretär der Marine in den USA und spätere Präsident, T. Roosevelt, sowie der Vorsitzende der Senatskommission der Marine, C. Lodge, unterstützten Mahans Auffassungen. Dessen Vorstellungen entsprechend, begannen die USA um die Jahrhundertwende eine große Schlachtschiffsflotte aufzubauen, forcierten sie die Eroberung von Stützpunkten und Kolonien in Mittelamerika und im Pazifik.

Die Ursachen für den Erfolg Mahans liegen bei weitem nicht in der Überzeugungskraft seiner Bücher oder der Originalität seiner Theorie. Etwa zur selben Zeit hatte in Großbritannien P. H. Colomb, ebenfalls Marineoffizier, eine Arbeit veröffentlicht, in der er zu zeigen versuchte, was «Seemacht ist und wie sie handelt». Entscheidend war die gesellschaftliche Situation, in der Mahan mit seinen Überlegungen an die Öffentlichkeit trat. Als er seine Theorie über die Seemacht, ihre Aufgaben und Rolle formulierte, ging die kapitalistische Entwicklung in den fortgeschrittensten Staaten in ihr imperialistisches Stadium über. Die Herausbildung großer Monopole, die Aufteilung der Welt unter die imperialistischen Großmächte sowie die beginnende Auseinandersetzung um die Neuverteilung der Kolonien und Einflußsphären waren ein aufnahmebereiter Boden für derartige Seekriegstheorien. Sie bildeten die marinetheoretische Komponente des dem Imperialismus innewohnenden Dranges nach Krieg und Expansion. Sie lieferten die «Begründung» für den Auf- und Ausbau der großen Schlachtschiffsflotten, der in den Seestreitkräften aller Großmächte um die Jahrhundertwende einsetzte. Ende des 19. Jahrhunderts galt als allgemeiner Maßstab für die Stärke einer Flotte die Anzahl ihrer großen, gepanzerten und mit Artillerie schweren Kalibers bewaffneten Schiffe.

Große Überwasserschiffe, gepanzert und mit schwerer Artillerie bestückt, bildeten etwa seit der Jahrhundertwende im Frieden und im Krieg das Rückgrat der Flotten. Sie demonstrierten in Krisensituationen rund um den Erdball die Seemacht des jeweiligen

	1890	1895	1900	1905	1910	1914
Großbritannien	43	43	92	60	58	62
Frankreich	30	34	34	28	16	24
Rußland	12	13	17	11	12	13
Italien	9	12	10	11	11	12
USA	—	6	14	22	35	38
Japan	3	5	7	13	15	17
Deutschland	13	17	19	27	34	42
Österreich-Ungarn	10	8	9	12	13	18

imperialistischen Staates und hatten im Krieg die Aufgabe — so die Vorstellung —, in einer entscheidenden Seeschlacht die Seeherrschaft zu erringen. Diese Auffassung, mehr oder weniger variiert, herrschte in allen Marine- und Staatsführungen der Großmächte vor. In den Jahren bis zum Beginn des ersten Weltkrieges gab es zahlreiche Aktionen, in denen Großmächte Schiffe und Teile ihrer Flotten einsetzten, um die Ziele der herrschenden Klassen durchzusetzen.

Während des spanisch-amerikanischen Krieges z. B. erschienen 5 deutsche Kriegsschiffe vor Manila, um so das Interesse des deutschen Imperialismus am spanischen Kolonialerbe zu demonstrieren. Flottenverbände der Großmächte, die sich untereinander argwöhnisch beobachteten, handelten 1900 gemeinsam gegen das chinesische Volk sowie während der vielen Krisen vor Ausbruch des ersten Weltkrieges, z. B. im Mittelmeer. Eine besonders spektakuläre Machtdemonstration war die Weltumsegelung der US-Flotte in den Jahren 1907/08. Die 14monatige Reise der 16 Schiffe über eine Entfernung von 46 000 sm war ein Politikum ersten Ranges und verfehlte als spezifische Variante der «Kanonenbootdiplomatie» nicht ihre außen- und innenpolitische Wirkung.

Die Seekriegsvorstellungen und die technische Entwicklung bis 1914 förderten die einseitige Konzentration auf den Schlachtschiffbau. Insbesondere der russisch-japanische Krieg schien die überragende Rolle der großen Überwasserschiffe voll zu bestätigen. Trotz nicht geringer Probleme bei der Feuerleitung entschieden die Geschütze Seegefechte, nicht zuletzt auch die Schlacht bei Tsushima. All jene aber, die bereits das Ende der Schlachtflotten vorausgesagt hatten, wurden enttäuscht. Denn nach 1905 setzte sich die Tendenz zum Bau von Großkampfschiffen endgültig durch, zuerst in Großbritannien, dann in den USA. Auch in Deutschland und anderen Staaten begann der Bau der nach dem ersten Schiff zunächst «Dreadnought» genannten Fahrzeuge. Sie hatten eine Wasserverdrängung von 20 000 t und mehr, schwere Artillerie einheitlichen Kalibers sowie in manchen Flotten mittlere Artillerie zur Torpedobootabwehr.

Mit dem Übergang zum Dreadnoughtbau verschärfte sich das Flottenwettrüsten. Besonders zugespitzt verlief es zwischen dem kaiserlichen Deutschland und Großbritannien, den beiden Hauptrivalen im Kampf um die Seeherrschaft. Das Flottenwettrüsten erstreckte sich, obwohl in seinem Mittelpunkt die Großkampfschiffe standen, auf die gesamte Seerüstung. Es entstand eine Reihe von neuen und weiterentwickelten Schiffsklassen: Schlachtkreuzer und Kleine bzw. Leichte Kreuzer, Große Torpedoboote bzw. Zerstörer. In diesen Prozeß einbezogen waren auch die U-Boote, wenn auch zunächst nur in sehr begrenztem Umfang. Mit der Einführung der U-Boote nutzten die Marineführungen bis zu einem gewissen Grad den technischen Fortschritt, ohne dabei ihre grundlegenden Auffassungen vom künftigen Seekrieg und der Rolle der einzelnen Schiffsklassen zu korrigieren. Das U-Boot blieb ein wenig geschätztes und nicht recht verstandenes Seekriegsmittel. Der Anteil der U-Boote am Gesamtbestand der Flotten war, wenn er auch absolut wuchs, relativ gering. In Großbritannien, das vor Beginn des ersten Weltkrieges die stärkste U-Boot-Flotte besaß, machte er 1914 0,5 Prozent der Royal Navy aus.

WELCHE BOOTE FÜR WELCHE AUFGABEN? Gegen Ende des ersten Jahrzehnts des 20. Jahrhunderts hatten fast alle großen und nicht wenige der kleinen Seemächte U-Boote im Bestand ihrer Flotten. 2 auffällige Merkmale bestimmten die Entwicklung des neuen Seekriegsmittels bis zum Beginn des ersten Weltkrieges: die Typenvielfalt, die einer Musterkarte der Bauten in den letzten Jahrzehnten glich, sowie das verstärkte Suchen nach einer den technischen Eigenschaften der U-Boote entsprechenden Taktik und Aufgabenstellung im Rahmen der Seestreitkräfte insgesamt. Man besaß ein neues Seekriegsmittel, ohne sich über dessen Platz und Rolle in einem künftigen Seekrieg im klaren zu sein.

Die Vorstellungen über Aufgaben, Möglichkeiten und Wirkungen des U-Bootes reichten von fast völliger Negierung bis zu maßloser Überschätzung. Eine Meinungsbildung in den Marineführungen war insofern kompliziert, als seit der Jahrhundertwende verschiedenste neue technische Kampfmittel und Details das Bild und die Einsatzmöglichkeiten der Flotten veränderten. Dazu gehörten die Entwicklung von Luftschiffen und Flugzeugen und der Einsatz von Seeminen. Auch die bereits angedeutete Entwicklung des einzelnen Kampfschiffes beinhaltete eine Vielzahl von technischen Neuerungen, darunter neue Schießverfahren, die Einführung der zentralen Feuerleitung der Artillerie, der Einbau von Funkgeräten an Bord der Kriegsschiffe u.a.m. Die in rascher Folge eingeführten Neuerungen veralteten relativ schnell und wurden durch modernere Waffen, Geräte und Verfahren ersetzt. Von den zahlreichen, völlig neuen Problemen, vor denen die Marineführungen standen, war die U-Boot-Frage nur eines und nicht einmal das brennendste. Hinzu kamen subjektive Vorbehalte gegenüber diesem wenig repräsentativen, vielen ein wenig unheimlichen Seekriegsmittel. Nicht zuletzt spielte dabei für manchen Marineoffizier, der in den Kategorien der Ancienntät dachte, eine Rolle, daß U-Boote von Kapitänleutnanten, moderne Schlachtschiffe dagegen von Kapitänen oder Admiralen kommandiert wurden.

Beurteilt man die Haltung der Marineführungen gegenüber dem neuesten Seekriegsmittel, darf sein vorerst bescheidener Kampfwert nicht übersehen werden. U-Boote wurden erstmalig nach der Jahrhundertwende vom zaristischen Rußland während des russisch-japanischen Krieges eingesetzt. Ausgangs des Sommers 1905 befanden sich 13 Boote in Wladiwostok. Ihr Auftreten bewog die japanische Flotte, vorsichtiger in Seegebieten, in denen U-Boote vermutet wurden, vorzugehen. Insgesamt jedoch fiel ihr Einsatz kaum ins Gewicht. Den Seekrieg entschieden nach wie vor die Überwasserschiffe, vor allem die großen, gepanzerten Artillerieträger. Die skeptische und distanzierte Haltung der Marineführungen zum U-Boot trug wesentlich dazu bei, daß die Möglichkeiten, die die wissenschaftlich-technische Entwicklung bereits bot, nicht voll ausgeschöpft wurden.

Die dennoch relativ schnelle und qualitativ bemerkenswerte Entwicklung der U-Boote seit den 90er Jahren des vergangenen Jahrhunderts darf also nicht darüber hinwegtäuschen, daß die taktisch-technischen Eigenschaften des neuen Kampfmittels vorerst bescheiden blieben. Für die Seeschlacht, die noch im Zentrum des marinetheoretischen Denkens stand, genügten sie überhaupt nicht. Die geringe Unterwassergeschwindigkeit der U-Boote, ihr begrenzter Aktionsradius, die Schwierigkeiten bei der Herstellung stabiler Nachrichtenverbindungen sowie Probleme beim gezielten Torpedoschuß sprachen nicht für den Wert des U-Bootes als «brauchbare Kriegswaffe». Der seit der Jahrhundertwende einsetzende Aufbau von U-Boot-Kräften in den Marinen war zunächst, wie bereits erwähnt, eine präventive Maßnahme, die unmittelbar mit dem forcierten Wettrüsten der imperialistischen Großmächte zusammenhing. Für die Marinen der kleineren Staaten spielte das internationale Waffengeschäft eine nicht zu übersehende Rolle. Geschäftstüchtige Konstrukteure und Firmen, z.B. Nordenfelt, Holland, Lake und Krupp, versuchten, ihre neuesten Artikel überall abzusetzen, bauten und verkauften an jeden zahlungskräftigen Kunden.

Im Besitz von U-Booten, versuchte jede Marine für sich die Frage zu beantworten, wie und mit welcher Aufgabenstellung diese neue Waffe eingesetzt werden konnte. Da die «hohe See» und eine alles entscheidende Seeschlacht als Maßstab galten, blieben anfangs nur Aufgaben «minderen» Ranges, so die des Küstenschutzes. Dem geringen Aktionsradius der ersten Fahrzeuge entsprechend, beschränkten sich die Vorstellungen über den U-Boot-Einsatz zunächst auf die «engere» Küstenverteidigung.

Aufmerksam von den übrigen Seemächten beobachtet, ging Frankreich 1901 als erstes Land daran, das neue Seekriegsmittel im Rahmen eines Manövers zu erproben. Nach dem Auslaufen aus Marseille «griff» die «Gustave Zédé» das französische Mittelmeergeschwader, das vor Ajaccio auf Korsika vor Anker lag, an.

Dabei konnte sie das vor Anker liegende Schlachtschiff «Charles Martell» unbemerkt «torpedieren». Dieser überraschende Angriff der «Gustave Zédé», die bis zum Einsatzort mit eigener Kraft gelaufen war, erregte einiges Aufsehen.

In den folgenden Jahren eroberten sich die U-Boot-Besatzungen durch praktische Erfahrungen ihr neues Aufgabengebiet. Die Kommandanten erlernten die Navigation mit den schwierigen Booten und übten den Angriff. Dabei lernten sie und ihre Besatzungen die Fahrzeuge kennen und beherrschen. Die militärische Aufgabenstellung der U-Boote blieb jedoch die unmittelbare Verteidigung von Häfen und Stützpunkten. Die Einsatzmethoden entsprachen der geringen Unterwassergeschwindigkeit der in ihrer Mehrzahl nur mit Elektroantrieb ausgestatteten U-Boote. Auf der Reede des zu verteidigenden Objektes bekam jedes Boot einen bestimmten Sektor zugeteilt und handelte dort im wesentlichen stationär. Es wurden Unterwasserangriffe gegen Schiffe geprobt, die sich den U-Boot-Positionen näherten, die Reede blockierten oder Kurse liefen, die die U-Boot-Stellungen berührten.

1902 erhielt eine Kommission den Auftrag, die U-Boot-Ausbildung und taktische Erprobung in der französischen Marine zu systematisieren. Sie erarbeitete eine Aufgabenstellung für Manöver der U-Boote, in deren Mittelpunkt 2 Handlungen standen: erstens der Durchbruch durch eine Sicherungslinie und Angriff auf die gesicherten Schiffe; zweitens der Angriff auf in Fahrt befindliche Blockadeschiffe. Nach ersten Auswertungen der gewonnenen Erfahrungen wurden die zu erprobenden Handlungen erweitert. Danach sollten Durchfahrten verteidigt, «gegnerische» Schiffe im Aktionsbereich der U-Boote angegriffen sowie «Fern»fahrten unternommen werden.

Auf diese Weise konnten zwar bemerkenswerte, aber dennoch relativ bescheidene Manövererfahrungen gesammelt werden. Diese gaben aber weder den Gegnern des neuen Seekriegsmittels endgültig recht, noch bestätigten sie die hochgeschraubten Erwartungen mancher U-Boot-Enthusiasten. Die damaligen U-Boote, das zeigten die systematischen Übungen in der französischen Marine, waren z.B. noch nicht in der Lage, eine Blockade von Häfen zu verhindern, wie es ein deutscher Autor bereits 1865 erhofft hatte. Ebensowenig real waren die Hoffnungen eines französischen Marineoffiziers, daß sie in einem zukünftigen Krieg zwischen Großbritannien und Frankreich eine besondere Rolle spielen könnten. Die Manöver der französischen Flotte deckten relativ deutlich die Schwächen und auch die Stärken der zur Verfügung stehenden Typen auf: U-Boot-Angriffe gegen schneller als 10 kn laufende Schiffe mißlangen stets; Torpedoangriffe waren nur gegen ankernde Fahrzeuge relativ erfolgreich; Sicherungslinien der Überwasserfahrzeuge konnten von den U-Booten unbemerkt überwunden werden.

Diese Erkenntnisse gaben Hinweise für U-Boot-Neubauten, bei denen laufend Veränderungen erfolgten. Die sich als besonders hemmend herausstellende geringe Unterwassergeschwindigkeit war eine Eigenart aller U-Boot-Typen bis in die letzten Jahre des zweiten Weltkrieges hinein. Sie bestimmte die U-Boot-Taktik entscheidend. Der Einheitsantrieb beim U-Boot — vor 1914 auf Grund des Standes der Technik und Wissenschaft zunächst nur Elektroantrieb — wurde bald endgültig aufgegeben. Der Einbau eines Verbrennungsmotors für die Über- und eines Elektromotors für die Unterwasserfahrt gehörte zu den Faktoren, die zur Vergrößerung des Aktionsradius der Boote und damit ihrer Effektivität führten.

Das Fazit aus den französischen Erprobungen bis 1902/03 war: U-Boote besaßen als bewegliche und manövrierfähige Kampfmittel unmittelbar vor Häfen oder in Meerengen gewisse Erfolgschancen. Das genügte schon, um mit dem systematischen Aufbau von Unterwasserkräften zu beginnen. Nach 1906 stellte die französische Marine Flottillen in Rochefort, Dunkerque, Toulon und Cherbourg auf. Außerdem wurden U-Boote in Bizerte und dem damaligen Saigon stationiert. Hatte Frankreich 1904 26 Boote in Dienst und 20 in Bau, so waren es 1906 bereits 48 U-Boote mit jeweils einer Wasserverdrängung von 20 bis 430 t und 11 Tauchboote mit jeweils einer Wasserverdrängung zwischen 106 bis 390 t. In Bau befanden sich 11 weitere Tauchboote.

Während des spanisch-amerikanischen Krieges 1898 lancierte man in den USA die Meinung, daß die Küsten unzureichend gegen die spanische Flotte gesichert wären. Diese «Gefahr» war Ausgangspunkt für einen Vorschlag an den Kongreß, zur Sicherung von New York sowie von weiteren Häfen und Küstenplätzen 20 U-Boote bauen zu lassen. Obwohl der Krieg ohne eine ernsthafte Bedrohung der USA-Küsten zu Ende gegangen war, gab man 1901 7 «Holland»-Boote vom Typ «Adder» mit einer Wasserverdrängung von 107 t in Auftrag. Die US-amerikanischen U-Boot-Typen, auch die von S. Lake, waren klein und ebenfalls nur für den Einsatz in Küstennähe geeignet. Im Zusammenhang mit den seekriegstheoretischen Vorstellungen Mahans stand in den USA der Ausbau der Schlachtflotte besonders stark im Vordergrund. Dem Aufbau von U-Boot-Kräften, die in ihrer damaligen Gestalt zwar einen gewissen Wert für die Hafenverteidigung, jedoch nicht für das Erreichen einer Seemachtstellung besaßen, schenkte daher die US Navy wenig Aufmerksamkeit. Die USA besaßen 1908 12 U-Boote, alle vom «Holland»-Typ. 3 vergrößerte «Holland»-Boote und 2 «Lake»-Typen waren zu diesem Zeitpunkt in Auftrag gegeben worden. Im selben Jahr hatte die Marineführung 2 Flottillen zu je 3 Booten gebildet. Der Rest der vorhandenen Fahrzeuge lag teils in der Werft, teils gehörte er Reserveverbänden an.

In beträchtlichem Maße wurden die U-Boote der beiden US-amerikanischen Konstrukteure Lake und Holland ins Ausland verkauft oder dort in Lizenz gebaut. So basierte der 1900 in Großbritannien zögernd einsetzende U-Boot-Bau auf dem «Holland»-Typ. Den bis 1903 nach entsprechenden Unterlagen gebauten ersten 5 «Hollands» folgte eine verbesserte Version, der sogenannte A-Typ. Nach diesen 1902 hergestellten Fahrzeugen kamen im Jahre 1904 der B-Typ mit 280 t Wasserverdrängung sowie der C-Typ mit 290 t, danach der D-Typ und 1910 die 652 t verdrängenden E-Typen. Letztere bildeten den Kern der U-Boot-Kräfte der Royal Navy während des ersten Weltkrieges. Weitere U-Boot-Typen, darunter auch solche, die die britische Marine zu Vergleichszwecken im Ausland aufkaufte, bewährten sich nicht. Dazu gehörte die 904 t verdrängende, mit Dampfturbinen für die Überwasserfahrt ausgerüstete «Swordfish», die als Flotten-U-Boot und nicht für die Küstenverteidigung vorgesehen war.

Um den ursprünglichen Einhüllenbooten der britischen Marine für die Überwasserfahrt eine günstigere Rumpfform zu geben, ging man vom D-Typ dazu über, einen Teil der Tauchzellen und Brennstoffbunker außerhalb des Druckkörpers im Vorschiff anzuordnen. Der Satteltank war eines der Kennzeichen britischer U-Boot-Konstruktionen dieser Jahre. Etwa zur gleichen Zeit wie in anderen Marinen, um das Jahr 1905, begannen in Großbritannien Versuche, in U-Boote Dieselmotore einzubauen. Nach Erprobungen, die sich bis 1908 hinzogen, konnte erstmals «A 13» mit einem Dieselmotor ausgerüstet und in Dienst gestellt werden. Mit dem D-Typ ging die britische Marine seit 1910 zum Bau dieselgetriebener U-Boote über.

In Großbritannien, das bald die stärkste U-Boot-Flotte der Welt besaß, blieben die Unterwasserkräfte im Schatten der überragenden Überwasserflotte. Noch 1902 fand ein britischer Admiral, daß U-Boote «heimtückisch, unehrlich und verdammt un-englisch» seien. Diese Auffassung vertrat J. Fisher allerdings nicht, der 1904 Erster Seelord wurde und die britische Marine zu einem schlagkräftigen Instrument des imperialistischen Staates formte. Fisher räumte den U-Booten den gebührenden Platz im Bestand der Flotte ein. In einem Memorandum schrieb er: «Die U-Boote revolutionieren die Seetaktik ...» Fisher gehörte zu jenen, die frühzeitig die Bedeutung des U-Bootes als möglichen Angreifer auf den Seehandel erkannten. Während seiner Amtszeit wurde der Aufbau der britischen U-Boot-Kräfte verstärkt und systematisiert.

Ähnlich wie in Frankreich, war auch in Großbritannien zunächst die Aufgabe der U-Boote die Verteidigung der Küsten. Die U-Boote sollten über die Reichweite der Küstenbatterien hinaus vor Häfen und wichtigen Plätzen handeln. Es gab Vorstellungen, daß sie nach einem festen Plan solche Positionen, die nachts von Torpedobooten überwacht wurden, am Tage zu bewachen hatten. Daneben erprobte die Royal Navy Angriffsverfahren, bei denen die U-Boote von Torpedobooten oder Zerstörern an den «Gegner» herangeführt wurden. Derartige komplizierte Manöver bewährten sich jedoch nicht. Mit der Vergrößerung des Aktionsradius der Boote erhielten sie Aufgabenstellungen im weiteren Küstenbereich, so bei der Verteidigung der Zugänge zu den britischen Inseln. Ein Plan von 1907 sah vor, daß die Boote des «Holland»- und des A-Typs bei der unmittelbaren Hafenverteidigung eingesetzt werden sollten, während die größeren B-Typen, in Dover stationiert, den Kanal zu decken hatten. Die Integration der U-Boote in die britische Küstenverteidigung und die hierbei gewonnenen Manövererfahrungen trugen 1908 zu der Erkenntnis bei, daß eine enge Blockade von Küsten unter den Bedingungen des Einsatzes von Seeminen und U-Booten künftig nicht durchführbar sein würde.

Neben der Küstenverteidigungsidee begannen sich in Großbritannien Vorstellungen herauszubilden, nach denen die U-Boote als Teil der Schlachtflotten handeln sollten. Hierfür wurden spezielle Bootstypen, sogenannte Flotten-U-Boote, mit großer Wasserverdrängung und relativ hoher Überwassergeschwindigkeit konstruiert. Um die benötigten Geschwindigkeiten zu erreichen, hatten diese Boote Dampfantrieb, wofür man den taktischen Nachteil relativ langer Tauchzeiten in Kauf nehmen mußte. Neben der bereits erwähnten «Swordfish» gehörten dazu in der britischen Flotte die «Nautilus» mit 1270 ts und einer Überwassergeschwindigkeit von 17 kn sowie 10 kn Unterwassergeschwindigkeit. Derartige Bestrebungen, U-Boot-Typen zu bauen, die gemeinsam mit den Überwasserkräften in einer Schlacht handeln sollten, gab es bis in die 20er und 30er Jahre. Ihr Grundanliegen war, das neue Seekriegsmittel U-Boot den Seekriegsvorstellungen Mahans anzupassen. Sie scheiterten letztlich an der schiffbau- und waffentechnischen Realität.

Alles in allem entwickelten sich die britischen U-Boot-Kräfte relativ schnell. Vor Ausbruch des ersten Weltkrieges hatte Großbritannien nicht nur die größte Kriegsflotte der Welt, sondern auch die stärkste U-Boot-Flotte. Im Jahre 1910 waren es 57 Boote, davon 11 des veralteten A-Typs, 11 B-, 33 C- und 2 D-Boote.

Auch die Marine des zaristischen Rußlands begann kurz nach der Jahrhundertwende mit dem Bau von U-Booten. Der steigende Bedarf an Kriegsschiffsmaterial durch den Krieg gegen Japan 1904/05 und die Niederlage des Zarismus trugen dazu bei, daß Rußland neben dem Bau auf eigenen Werften zunächst noch Boote im Ausland kaufen mußte. 1902 hatte Rußland 2 Boote fertig und 6 in Bau, 4 Jahre später gehörten zu seiner Flotte 29 U-Boote, von denen sich 18 in Wladiwostok befanden. Die russischen U-Boot-Kräfte setzten sich auf Grund ihrer Herkunft

U-Boote der russischen Flotte bis 1906

Typ	«Delphin»	«Kasatka»	«Forelle»	«Som»	«Karp»	«Osjetr»
Herkunft	Rußland	Rußland	Dtschl.	USA	Dtschl.	USA
Verdr. in t	113/124	140/177	15,5/16,5	105/122	205/235	153/187
Länge in m	19,6	33,5	13,0	20,0	39,9	22,0
Breite in m	3,3	3,4	2,8	3,5	3,1	3,7
Antrieb in PS	1×300/1×120	1×120/1×100	65	1×160/1×70	2×200/2×200	2×120/2×65
Geschw. in kn	10,0/5,0	8,5/5,5	6,5/6,5	8,5/6,0	10,0/8,5	8,0/4,0
Fahrb. in sm	243/28	700/30	—/3,5	500/30	825/27	250/17
Torpedorohre bzw. Abschußvorr.	2	4	2	1	1	3
Tauchtiefe in m	50	50	30	30	30	30

aus sehr unterschiedlichen Konstruktionen zusammen, so aus «Holland»- und «Lake»-Typen sowie aus Konstruktionen der Germaniawerft.

Erst durch den verstärkten Neuaufbau und Ausbau der zaristischen Flotte nach dem russisch-japanischen Krieg begannen Boote eigener Konstrukteure zu überwiegen. Eine der interessantesten Konstruktionen war die 1908 in Bau gegebene «Krab». Im Gegensatz zu der reinen Torpedobewaffnung aller bisherigen U-Boote hatte sie Vorrichtungen, die das Mitführen und Legen von Seeminen ermöglichten. Obwohl erst nach Ausbruch des ersten Weltkrieges fertiggestellt, hat diese Idee die Konstruktionen in anderen Marinen beeinflußt, darunter die Entwicklung deutscher Minen-U-Boote.

Eine der ursprünglichen Besonderheiten russischer U-Boote waren die an Oberdeck befindlichen Abschußvorrichtungen für

Torpedos. Ihr Vorteil bestand in der Möglichkeit, Torpedos nicht nur voraus, sondern in unterschiedlichen Winkeln zur Fahrtrichtung abzufeuern. Ein wesentlicher Nachteil dieser Vorrichtung bestand darin, daß die Torpedos während der Fahrt nicht gewartet und geregelt werden konnten. Seit der 1905/06 gebauten «Minoga», die bereits Dieselantrieb besaß, hatten daher auch die russischen Boote im Rumpf angeordnete Torpedoabgangsrohre. Zu den modernsten Booten, die erfolgreich während des ersten Weltkrieges eingesetzt wurden, gehörten die «Bars»- und «Morsh»-Typen. Insgesamt nahmen die U-Boot-Kräfte der zaristischen Flotte bis 1914 infolge der begrenzten Werftkapazitäten und deren vorrangiger Nutzung für den Bau von Überwasserschiffen relativ langsam zu.

Andere Marinen, so die Japans, Österreich-Ungarns sowie die kleinerer Seemächte wie Dänemark und der Niederlande erwarben Lizenzen, besonders der geschäftstüchtigen Holland Company oder Lakes. Weniger erfolgreich in diesem Metier war die Germaniawerft der Firma Krupp. Ihre Versuche z. B., Aufträge der niederländischen Marine zu bekommen, schlugen fehl. Erfolg hatte sie dagegen bei dem Bündnispartner des kaiserlichen Deutschlands, Österreich-Ungarn, und in begrenztem Umfang in Rußland sowie mit dem Verkauf eines Bootes nach Norwegen. In der Doppelmonarchie hatte die Marine um 1910 6 Boote von 3 verschiedenen Produzenten, 2 «Lake»-, 2 «Holland»- und 2 «Germania»-Boote.

Eine gewisse Sonderstellung nahm Italien ein. Hier wurden Konstruktionen C. Laurentis mit eigenständigen Vorstellungen zu einem großen Teil für das Ausland gebaut. Italienische Boote führten Schweden, Dänemark, Brasilien, Portugal und als Vergleichsmuster sogar Großbritannien ein. 1909 fuhren 4 Boote der italienischen Marine von Venedig nach La Spezia, um an den Manövern teilzunehmen.

Mit als letzte, wenn auch nur wenig später als andere imperialistische Staaten, begannen Werften des kaiserlichen Deutschlands, U-Boote zu konstruieren und zu bauen, so Ende Februar 1902 die Germaniawerft der Firma Krupp. Nach dem ersten Boot, der «Forelle», schlugen zunächst alle Versuche der Firma fehl, Aufträge zu bekommen. Schließlich gelang das bereits erwähnte Ge-

schäft mit der russischen Regierung. Der erhoffte größte Abnehmer, die Kaiserliche Marine, reagierte zunächst negativ. Noch
1904 heißt es im «Nauticus», dem Sprachrohr des Reichsmarineamtes: «Aber weder eine Umwälzung der modernen Seekriegs-
führung wird das heutige U-Boot herbeiführen noch die endgültige Entscheidung in einem Krieg wesentlich beeinflussen
können. Es wird sich, wie seinerzeit das Torpedoboot, als eine
neue, wenn auch minderwertige Waffe erweisen, sicher aber
nicht als eine, welche die bisherigen Seekriegsmittel ausschließt
oder überflüssig macht.»

Mit diesen Worten nahm die «Nauticus» gegen die sogenannten U-Boot-Schwärmer Stellung, die mit ihren Forderungen die
Konzentration der Seerüstungspläne auf eine Flotte für eine
Schlacht in der Nordsee störten. Zugleich erkannte das Reichsmarineamt an, daß mit dem U-Boot ein neues Seekriegsmittel auf
den Plan getreten war. Letztlich signalisierte der «Nauticus»-Arti-
kel, daß sich auch die Kaiserliche Marine mit dieser neuen
Kampftechnik beschäftigen würde. Der «starke Mann» in der
Flotte des kaiserlichen Deutschlands, Staatssekretär im Reichsmarineamt Admiral Alfred von Tirpitz, entsprach damit dem Interesse der Rüstungsindustrie, deren Produkt «U-Boot» nun endlich
Gewinn abwerfen mußte. Als Großmacht, mit der zur Zeit zweit-
stärksten Flotte der Welt, wollte und konnte das imperialistische
Deutschland an dem neuen Kriegsmittel nicht länger vorüberge-
hen.

Im April 1904 bekam der Marineingenieur G. Berling den Auftrag, unabhängig von den Bemühungen der Kruppschen Werft,
ein U-Boot zu entwerfen. Nach den 3 Booten für das zaristische
Rußland als viertes Boot auf der Germaniawerft gebaut, lief es am
4. August 1906 vom Stapel und wurde am 14. Dezember 1906 als
U 1 in Dienst gestellt. Die jetzt in relativ schneller Folge gebauten
Boote, 1912 schon U 18, wurden anhand eigener und auch ausländischer Erfahrungen ständig verbessert. Es waren alles Zwei-
hüllenboote. Ihre Wasserverdrängung stieg von 283 t bei getauchtem Boot (U 1) auf 465 t (U 18). Die Überwassergeschwindigkeit
stieg von 8 auf 14 kn. Der in den ersten Booten für den Überwasserantrieb verwandte Petroleummotor arbeitete sicherer und zu-
verlässiger als die Motore mit Benzin oder Gasolin als Treibstoff.

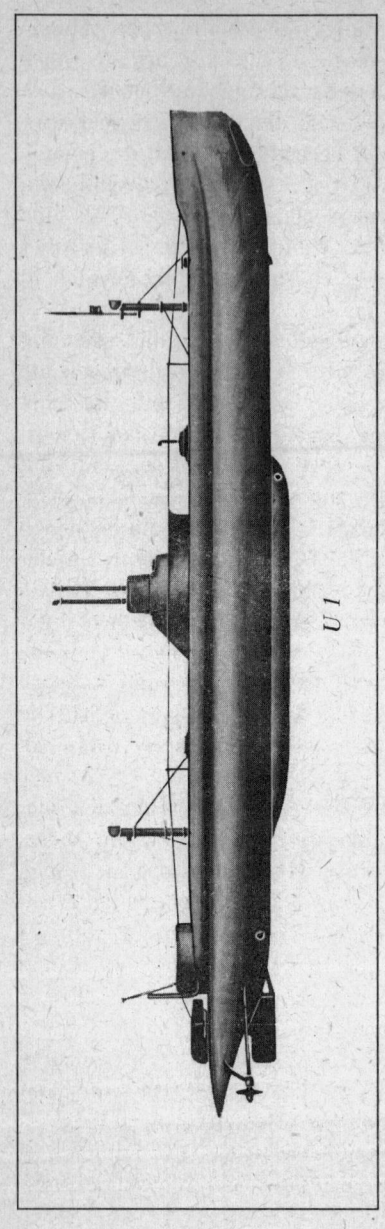

U 1

Dennoch warf auch seine Verwendung infolge des weißen, am Tage weithin sichtbaren Auspuffqualms und einer nachts deutlich wahrnehmbaren Flamme sowie infolge des starken Lärmes taktische Probleme auf. Die in verschiedenen Marinen angestrebte Nutzung des Dieselantriebs für U-Boote konnte die Kaiserliche Marine 1910 durch die Konstruktion eines 850 PS starken U-Boot-Dieselmotors realisieren. Ende des Jahres wurde das erste dieselgetriebene Boot in Auftrag gegeben. Damit hatten nach U 18, dem letzten Petroleummotor-U-Boot, alle U-Boote einen Dieselantrieb für die Überwasserfahrt.

Während den ersten 4 Booten eine Reihe von Mängeln anhaftete, stellten die Fahrzeuge ab U 5 vollwertige Kampfmittel dar, die ausländischen Typen ebenbürtig oder überlegen waren. Die Druckkörper von U 5 bis U 8 hatten einen Durchmesser von 3750 mm und eine Blechstärke von 11 bis 12 mm. Die Konstruktionstauchtiefe betrug bei 2,5facher Sicherheit 50 m. Verzinktes Blech mit einer Stärke von 3,5 bis 4 mm bildete die Außenhaut, zwischen der und dem Druckkörper sich an beiden Seiten angeordnet 8 bis 13 Tauchtanks und 6 Bunker befanden. Das Oberdeck war mit Linoleum ausgelegt. Die Boote hatten neben Seiten- auch Tiefenruder und gesonderte Tauch- sowie Reglertanks. Die Bewaffnung bestand aus 2 Bug- und 2 Hecktorpedorohren; jedes Boot führte 6 Torpedos an Bord. Für die Fahrt unter Wasser war eine Luftergänzungsanlage entwickelt worden. Die verbrauchte Luft wurde durch Kalipatronen gereinigt und dabei mit Sauerstoff angereichert. Bei einer Besatzung von 24 Mann reichte die Atemluft 72 Stunden. Die Sehrohrlänge betrug ab U 5 4,5 m. Erstmals wurde bei diesen Booten eine Kreiselkompaßanlage in der Zentrale eingebaut, da der Magnetkompaß ebenso wie das Chronometer durch die elektrische und magnetische Einwirkung ungenau arbeiteten. Ebenfalls ab U 5 befanden sich Funkanlagen an Bord der Boote. Sie hatten eine Reichweite zwischen Schiff und U-Boot von 50 bis 62 sm. Die Tauchzeit der U-Boote betrug je nach dem Grad der Vorbereitung zwischen 2,5 und 8 Minuten.

Der Einbau von Dieselmotoren ab U 19 führte zu einem deutlich sichtbaren Qualitätsanstieg, der durch verschiedene Detailverbesserungen untermauert wurde. Gleichzeitige Versuche, einen Einheitsantrieb für U-Boote zu entwickeln — interessant war vor allem die Idee d'Equevilleys, ein Dampf-Natron-Boot zu bauen — wurden bei Kriegsausbruch 1914 eingestellt.

Obwohl in der Kaiserlichen Marine der Flottenbau, die Ausbildung und die operative Planung auf eine Schlacht der schweren Überwasserschiffe gerichtet blieben, verstärkte man zugleich den Aufbau der U-Boot-Kräfte. Die Ausgaben von Haushaltsmitteln für den U-Boot-Bau stiegen von 1,5 Millionen 1905, dem ersten Jahr, in dem dafür Geld im Etat vorgesehen war, auf 20 Millionen Mark im Jahre 1913. Die Flottennovelle des Jahres 1912 sah einen jährlichen Zuwachs von 6 Booten vor.

Als Aufgabe in einem künftigen Krieg stellte man sich für die U-Boote einen Einsatz gegen Blockadeschiffe des potentiellen Gegners vor. Ebenso wie in den Marinen der anderen Staaten gingen im kaiserlichen Deutschland die Vorstellungen über die Boote, ihre Einsatzmöglichkeiten und ihren Kampfwert weit auseinander. Im Grunde war auch hier ein Seekriegsmittel vorhan-

Deutsche U-Boote 1906 bis 1910

	U 1	U 9	U 16	U 17
Besatzung	12	29	29	29
Verdr. in t	238 / 283	493 / 611	489 / 627	546 / 691
Länge in m	42,4	57,4	57,8	62,4
Breite	3,8	6,0	6,0	6,0
Antrieb in PS	2 × 200 / 2 × 200	2 × 300 / 2 × 225 / 2 × 580	2 × 342 / 2 × 258 / 2 × 600	4 × 350 / 2 × 560
Geschw. in kn	10,8 / 8,7	14,2 / 8,1	15,6 / 10,7	14,9 / 9,5
Fahrb. sm/kn	1 500/10,0 / 50/5,0	1 800/14,0 / 80/5,0	2 100/15,0 / 90/5,0	6 700/8,0 / 75/5,0
Bewaffnung	1 Bugrohr 3 × 450-mm-Torpedos	2 Bugrohre 2 Heckrohre 6 × 450-mm-Torpedos	=	=

den, für das eine richtige Aufgabe erst gesucht werden mußte. Dies erfolgte im Ergebnis von Erprobungen der U-Boote und, ganz wie in Großbritannien oder Frankreich, aus den Erfahrungen in Flottenmanövern. Erstmalig nahmen U-Boote im Jahre 1909 an Manövern der Hochseeflotte teil.

In den Jahren zwischen der Jahrhundertwende und dem Beginn des ersten Weltkrieges entstand aus den Versuchsbauten einzelner Konstrukteure und Firmen das «moderne» U-Boot, das als neuestes Seekriegsmittel Eingang in alle großen und auch kleinere Flotten fand und dessen technisches Grundprinzip bis in den zweiten Weltkrieg nicht verändert wurde. Allgemein setzte sich das Zweihüllentauchboot mit getrenntem Antrieb für die Unter- bzw. Überwasserfahrt durch. Obwohl die Größe des einzelnen U-Bootes in den Marinen sehr unterschiedlich, ging die Tendenz zu Fahrzeugen mit einer Wasserverdrängung um 500 t, wie es das Beispiel der «Holland»-Boote zeigt.

Entwicklung des «Holland»-Typs

Kiel-legung	Unterwasser-verdrängung in t	Maschine über Wasser in PS	Überwasser-geschw. in kn	Fahrb. über Wasser in sm/kn
1898	70	50	6,0	200/ 6,0
1900	124	160	8,5	300/ 8,5
1904	173	250	9,0	540/ 9,0
1907	342	600	13,0	1 300/11,0
1908	376	600	13,5	2 200/11,0
1909	137	800	14,0	2 500/11,0
1910	483	950	14,5	3 200/11,0
1911	965	2 000	17,0	5 000/11,0

Die Boote konnten bis zu einer Tiefe von 50 m tauchen. Im allgemeinen blieb die Tauchtiefe ein Wert, dem nicht so sehr Beachtung geschenkt wurde. In dem Augenblick, da das U-Boot von der Wasseroberfläche verschwunden war, hatte es den eigentlichen Zweck des Manövers, die Unsichtbarkeit, erreicht. Das Fehlen von Ortungsmitteln und Waffen gegen getauchte Fahrzeuge machte ein Ausweichen in größere Tiefen überflüssig. Im Gegenteil, der Einsatz gegen Überwasserziele erforderte Handlungen unmittelbar unter der Wasseroberfläche auf Sehrohrtiefe.

Etwa ab 1905 hatten alle Boote Periskope mit einem Sehkreis von zunächst 50 Prozent sowie Torpedobewaffnung. Die besonders in der russischen und französischen Marine gebräuchlichen Torpedoabwurfvorrichtungen am Oberdeck wurden zunehmend von den in das Bootsinnere eingebauten Abgangsrohren verdrängt. Je nach Typ konnten in den U-Booten 2 bis 7 Torpedoabgangsrohre am Bug, Heck oder auch rechtwinklig zur Kiellinie angeordnet sein. Um die Wirkung am Ziel zu erhöhen, wurde das Kaliber der Torpedos vergrößert und erreichte in Großbritannien bereits vor dem ersten Weltkrieg 530 mm. Mit dem gleichen Ziel änderte man auch die Form des Gefechtskopfes, dessen Spitze abgerundet wurde, um so mehr Sprengstoff beim Auftreffen zünden zu können. Die größte Schußentfernung der Torpedos betrug etwa 700 m, die wirksamste um 400 m. Der Torpedovorrat, den die Boote mitnehmen konnten, hing von der Größe des Typs ab. Mit den Torpedos in den Rohren konnten es 5 bis 10 sein. Ende des ersten Jahrzehnts des 20. Jahrhunderts begannen die Marinen ihre U-Boote mit Geschützen auszurüsten. Komplizierte Vorrichtungen zum Versenken der Kanonen gab man bald zugunsten fest an Oberdeck installierter Geschütze auf, die aus nicht rostendem Material gefertigt wurden. Noch vor Beginn des ersten Weltkrieges erhielten die britischen D-Typen 76-mm-Geschütze, ebenso die russischen Boote Kanonen des gleichen Kalibers und 2 Maschinengewehre.

Von größter Bedeutung sollte sich für die künftige Entwicklung der U-Boote die Einführung von Funkmitteln in die Flotten erweisen. Die beginnenden Versuche, den Funk auf dem neuesten Seekriegsmittel einzusetzen, machten bald in allen Flotten rasche Fortschritte. Funkverbindungen von U-Booten über Wasser konnten im ersten Weltkrieg zu allen Operationsgebieten der Kaiserlichen Marine hergestellt und gehalten werden. Eine der neuesten Ideen, noch vor Kriegsbeginn zur Konstruktionsreife gediehen, war der Bau von Booten mit Minenlegevorrichtungen.

Bis 1914 stieg die Gesamtzahl der U-Boote in den Flotten insgesamt auf etwa 400. Annähernd die Hälfte davon gehörte den

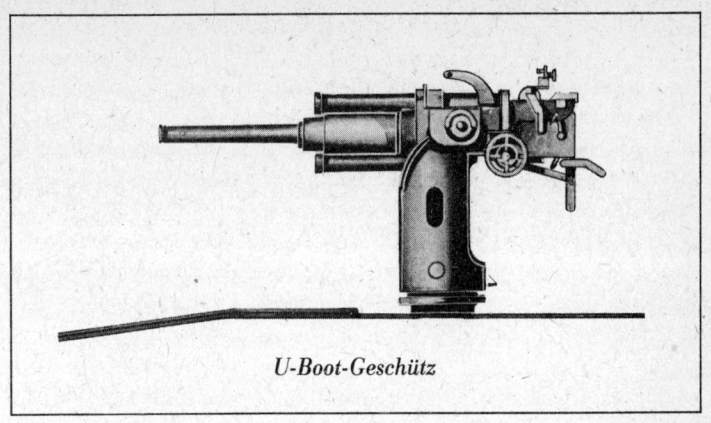

U-Boot-Geschütz

Marinen Frankreichs und Großbritanniens. Noch überwog im Ist-Bestand der Unterwasserfahrzeuge das relativ kleine Küstenfahrzeug, wenn auch die Anzahl der «hochseeverwendungsfähigen» größeren Typen zunahm.

PERSONAL, STRUKTUREN UND AUFGABEN. Solange Konstruktion und Bau von Tauchfahrzeugen die Angelegenheit mehr oder weniger besessener Erfinder gewesen war, bildeten diese bei der Realisierung ihrer Projekte auch die Besatzung der Boote. In manchen Fällen, wenn der Konstrukteur die Unterstützung einer Regierung hatte, stellte diese ihm Hilfspersonal zur Verfügung. Das konnten Freiwillige sein, wie bei der Erprobung des «Brandtauchers» oder beim Einsatz der «submarines» während des Bürgerkrieges in den USA. Anzunehmen ist aber, daß Seeleute oder Soldaten zur Dienstleistung bei derartigen Versuchen befohlen wurden. Das änderte sich in dem Augenblick, als die U-Boote im Auftrag der Seestreitkräfte gebaut, von diesen erprobt und in den Bestand aufgenommen wurden.

In der Regel setzten sich die Besatzungen der U-Boote aus Freiwilligen der jeweiligen Marine zusammen. In Deutschland z.B. rekrutierten sich die Mannschaften vorwiegend aus der Torpederlaufbahn. Um einen Anreiz zu schaffen, sich für das neue Seekriegsmittel zu melden, erhielten die U-Boot-Besatzungen

Sonderzulagen und andere Vergünstigungen. Als sich in Österreich-Ungarn nicht genügend Freiwillige zu den U-Booten meldeten, griff man zur ökonomischen Stimulierung in Form von «Dienstzulagen». In Frankreich erhielten die Besatzungen besondere Abzeichen und Aussicht auf schnellere Beförderung als in den übrigen Teilen der Flotte. Die finanziellen Zulagen waren gestaffelt und lagen für Mannschaften in Frankreich bei 56 Pfennigen (im Ausland 80 Pfennig), bei Offizieren, Deck- und Unteroffizieren bei 80 Pfennigen (Ausland 1,20 Mark). Auch in der aus Längerdienenden bestehenden britischen Flotte bekamen Offiziere und Mannschaften der U-Boote zusätzliche Vergünstigungen.

Bei allen Unterschieden im Detail begann überall in den Flotten mit der Aufstellung regulärer U-Boot-Formationen die Entwicklung ihres Personals zur Elite. Diese Tendenz wurde durch eine Reihe von Besonderheiten gefördert. Zum Dienst auf U-Booten wurde in der Regel gedientes, relativ qualifiziertes Personal herangezogen. Die Besatzungsstärken waren gering, bei einer Zahl von 2 bis 3 Offizieren an Bord mußte jeder einzelne Unteroffiziers- bzw. Mannschaftsdienstgrad im wahrsten Sinne des Wortes lebenswichtige Aufgaben erfüllen. Die Spezifik des U-Bootes erzwang einen besonders hohen Anteil an technischem Personal an der Gesamtbesatzung. Auf den U-Booten der österreichisch-ungarischen Flotte setzte sich die Besatzung eines auf der Germaniawerft gebauten Fahrzeuges aus 2 Offizieren, 3 Deckoffizieren, 10 Mann Maschinenpersonal und 2 Matrosen zusammen. Aus den Festlegungen der Flottennovelle von 1912 in Deutschland gehen in bezug auf die Personalstärke ähnliche Tendenzen hervor. Danach sollte die Zahl des zur See fahrenden Personals in der U-Boot-Abteilung nach folgendem Schlüssel vergrößert werden:

	Offz.	Deck-offz.	Feldw.	Vize-feldw.	Ober-maate	Maate	Ober-matr.	Matro-sen
seemänn. Personal	5	11	2	2	35	54	58	95
Maschine	8	17	–	–	74	111	93	199

Die Ausbildung der Besatzungen erfolgte anfänglich unmittelbar am Fahrzeug. Bald wurden die einzelnen Boote zu Flottillen zusammengefaßt und U-Boot-Schulen gebildet. So wurde in Rußland im Frühjahr 1906 die Schaffung einer U-Boot-Abteilung und -Schule in Libau (Liepāja) befohlen. Auf etwa 10 Booten sollte hier die theoretische und praktische Ausbildung der Offiziere und Unteroffiziere durchgeführt werden. Die Struktur der U-Boot-Kräfte der Kaiserlichen Marine nahm nach 1906 rasch Gestalt an. Im Jahre 1910 fand das Erprobungsstadium sein Ende. Im Oktober wurde eine U-Boot-Schule an Bord des Hebeschiffes «Vulcan» errichtet und im selben Monat die erste U-Boot-Flottille gebildet. Als Landmarineteil für die Besatzungen diente die U-Boot-Abteilung, deren Kommandeur zugleich Chef der U-Boot-Flottille war. Zunächst der Inspektion für das Torpedowesen unterstellt, wurden die Angelegenheiten des neuen Seekriegsmittels herausgelöst und am 15. März 1914 eine eigene Inspektion für das U-Boot-Wesen eingerichtet. Ihr unterstand die Ausbildung, Entwicklung und Leitung des Dienstbetriebes der U-Boote. Ab 7. Januar 1913 gliederte man die U-Boot-Flottille in 2 Halbflottillen um.

In Großbritannien unterstanden die U-Boote zunächst dem «Inspecting Captain of Submarine». Er war auch für das Material und die Ausbildung verantwortlich, ab 1911 nur für die technische Entwicklung im U-Boot-Wesen. Die Führung der U-Boote übernahmen die entsprechenden Befehlshaber in der Flotte, z. B. der «Admiral of Patrols». Die Flottillen stationierte man in Harwich, Devonport, Dundee und Portsmouth. Das entsprach der Vorstellung, die U-Boote zur unmittelbaren Küsten- bzw. Hafenverteidigung einzusetzen.

Ähnlich organisierten alle großen und einige der kleinen Marinen ihre U-Boot-Kräfte. Bemerkenswert dabei ist, daß diese Maßnahmen parallel, und mitunter den realen Erfahrungen mit diesem neuartigen Seekriegsmittel vorgreifend, durchgeführt wurden. Der geringe Wert, den die Admiralität vor Beginn des ersten Weltkrieges den U-Booten beimaß, hatte seine Gründe in der allgemeinen Unkenntnis über das U-Boot, dessen taktische Reife und technische Möglichkeiten gerade erst sichtbar wurden. Die Zurückhaltung der Marineführungen gegenüber überspitzten

Vorschlägen einzelner Publizisten, die die Existenz der schweren Überwasserkräfte nach Einführung der U-Boote in die Flotten gänzlich in Frage stellten, war nicht unbegründet. So versuchte der anonyme Autor eines 1911 in Deutschland erschienenen Buches zu schildern, was die Kaiserliche Marine erwartete, wenn sie die U-Boot-Kräfte nicht wesentlich verstärkte. Der potentielle Gegner, so meinte der Autor, der über eine starke U-Boot-Flotte verfügt, vernichte die geradezu «wehrlosen» Schlachtschiffe der Deutschen. Die zu spät gebauten deutschen U-Boote könnten die Niederlage dann nicht mehr abwenden. In der phantasievollen, unrealistischen Darstellung wurden die Möglichkeiten der U-Boote völlig überschätzt und die Entwicklung von U-Boot-Abwehrmitteln negiert. Nicht unwesentlich war, daß «Submare», so nannte sich der Verfasser, die Rolle der U-Boote nur in ihrem Einsatz gegen die Seestreitkräfte des jeweiligen Gegners sah, ihre Potenzen im Kampf auf den Seewegen gegen die Handelsschiffahrt aber nicht erkannte.

Weitsichtiger, realer und damit ernstzunehmender waren dagegen die Überlegungen des Vizeadmirals a.D. Karl Galster, der die Schlachtflotte nicht völlig abschrieb, den Schwerpunkt jedoch auf die «Kleinkriegführung» legen wollte. In seiner 1907 erschienenen Arbeit wies er bereits darauf hin, daß die U-Boote eine enge Blockade der Nord- und Ostseeküsten unmöglich machen würden. Zugleich legte Galster dar, welche Aussichten U-Boote bei entsprechend organisiertem «Kleinkrieg» gegen den britischen Seehandel haben könnten. Die Abhängigkeit des Landes von den Zufuhren über See und die Insellage Großbritanniens einberechnend, erwartete er bedeutende Wirkungen auf den Kriegsausgang.

Ähnliche Überlegungen brachte im Augustheft 1908 der Zeitschrift «Deutsche Revue» Vizeadmiral Freiherr von Schleinitz vor. In diesem Beitrag forderte er den Bau von U-Booten mit einem Fahrbereich zwischen 5000 und 6000 sm. Sie sollten in einem Krieg gegen England in allen Seegebieten um die britischen Inseln eingesetzt werden und Handelsschiffe vernichten. Das würde «auf den Gegner empfindlicher wirken als eine verlorene Seeschlacht ...»

Galster wie von Schleinitz kamen dem tatsächlichen Geschehen während des ersten Weltkrieges in mehreren Punkten nahe. In bemerkenswerter Weise erkannten sie den ökonomischen Aspekt in einem künftigen Krieg und ebenso die Folgen des U-Boot-Einsatzes auf die Form der Blockade.

Die Frage, ob eine enge oder weite Blockade, war für die deutsche Marineführung auf Grund des Kräfteverhältnisses zwischen der Kaiserlichen Marine und der Royal Navy einer der wesentlichsten Punkte der operativen Planung. Errichtete die britische Flotte, wie angenommen und erhofft wurde, eine enge Blockade der Deutschen Bucht, konnten die eigenen Kräfte Zeit und Ort der Gefechte und der Schlacht bestimmen und bis zu einem gewissen Grade die gewaltige Überlegenheit der Briten ausgleichen. Tatsächlich war man in Großbritannien, wie bereits geschildert, schon 1904 zu der Auffassung gelangt, daß Seeminen und U-Boote eine enge Blockade verhinderten. Zwar wurde 7 Jahre später in der britischen Marineführung der Gedanke einer engen Blockade nochmals erwogen, das blieb jedoch eine Episode, worauf das Auftauchen des Flugzeuges als neues Kampfmittel nicht ohne Einfluß war. Die Fernblockade wurde in den Operationsplänen der Royal Navy endgültig festgeschrieben. Die britische Führung traf 1913 sogar Vorkehrungen zur Ausrüstung der Handelsschiffe mit Kanonen gegen Handelsstörer, erkannte sie doch im weltweiten Schiffsverkehr die eigene «Achillesferse».

Für den Einsatz der U-Boote gegen den Seeverkehr von und nach Großbritannien interessierte sich vor 1914 in der Führung der Kaiserlichen Marine niemand. Bei dem erwarteten kurzen Krieg hielt man den Einsatz von U-Booten gegen den gegnerischen Handel für sinnlos. Entsprechend der Überbewertung der Schlachtflotte und der Seeschlacht sowie ihrer Wirkung auf den Kriegsausgang konnte der Einsatz des neuen Seekriegsmittels nur gegen Kriegsschiffe von Wert sein. Daher waren die Übungen der U-Boot-Kräfte des imperialistischen Deutschlands auf den Kampf gegen die Überwasserschiffe der gegnerischen Flotte ausgerichtet.

Bezeichnend hierfür ist die Schilderung des damaligen Korvettenkapitäns und Chefs der 1. U-Boot-Flottille, Hermann Bauer, über die Frühjahrsmanöver 1914. Danach gehörte er mit seinen Booten zur «Gelben Partei» und stellte den Westgegner dar, dessen Aufgabe es war, die in den deutschen Flußmündungen vermutete «Blaue Flotte» zur Schlacht zu stellen. Der Führer der «Gelben Partei» hatte den U-Booten keine bestimmte Aufgabe gestellt, sie sollte sich aus den Ereignissen ergeben. Auf den Vorschlag Bauers, die U-Boote in die vorderste Linie zu schieben und die Deutsche Bucht, in Quadrate unterteilt, mit U-Booten zu besetzen, ging er bereitwillig ein. Im Ergebnis dieser Maßnahme wurden sämtliche «Blauen Verbände» beim Verlassen der Flußmündungen festgestellt, mit Torpedos angegriffen und dem «Gelben» Führer durch Funkspruch gemeldet. Die Nachkriegsschilderung dieser Ereignisse, möglicherweise von Bauer nach eigenen Kriegserfahrungen subjektiv gefärbt, verdeutlichen zunächst die Haltung der höheren Marineoffiziere zu den U-Booten. Ebenso werden die Einsatzvorstellungen für das neue Seekriegsmittel und die illusorischen Hoffnungen in bezug auf das Vorgehen des potentiellen Gegners sichtbar. Immerhin sah sich der Flottenchef bei der Auswertung des Manövers zu der Feststellung gezwungen, daß die taktische Grundlage für die Führung von Schiffsverbänden einer Überprüfung bedürfe.

Bis zum Beginn des ersten Weltkrieges hatte das neue Kampfmittel U-Boot eine rasche Entwicklung genommen. Ausgehend von der vorherrschenden einseitigen Auffassung vom künftigen Seekrieg war der an jede neue Schiffsklasse angelegte Maßstab der, wie sie sich für den Einsatz in einer Seeschlacht eignete. Hierbei konnte den U-Booten auf Grund ihrer taktisch-technischen Eigenschaften nur eine untergeordnete Rolle beigemessen werden. Sie bestand in der Küstenverteidigung und — nach dem Erreichen der «Hochseeverwendungsfähigkeit» — darin, den Gegner an seiner eigenen Küste aufzuklären und nach Möglichkeit anzugreifen.

2. Einsatz und Bewährung
der U-Boote im ersten Weltkrieg

AUSGANGSLAGE. Bis zum Sommer 1914 hatten die Streitkräfte beider imperialistischen Blöcke, die Mittelmächte mit Deutschland, Österreich-Ungarn und Italien auf der einen und die Entente mit Frankreich, Großbritannien und Rußland auf der anderen Seite,

U-Boot-Bestand
bei Kriegsbeginn 1914

	in Dienst	in Bau
Großbritannien	75	28
Frankreich	62	9
Rußland	36	19
Deutschland	28	17
Österreich-Ungarn	6	2

gewaltige Mengen von Kriegsmaterial angehäuft. Zu den neuesten und modernsten Kampfmitteln, die im Verlauf des Wettrüstens seit der Jahrhundertwende in die Bewaffnung der Flotten eingeführt wurden, gehörten die U-Boote.

An der Entfesselung des Krieges trug der deutsche Imperialismus die Hauptschuld. Der Krieg war ein ungerechter imperialistischer Raubkrieg, den alle beteiligten Großmächte gegen die Interessen der werktätigen Massen mit dem Ziel führten, neue Märkte zu erobern, andere Nationen zu unterwerfen und Konkurrenten auszuschalten. Da die politischen und militärischen Führungen aller teilnehmenden Staaten einen kurzen Krieg erwarteten, beeinflußte die einseitige Ausrichtung auf eine entscheidende Seeschlacht maßgeblich die Operationsplanungen aller Flotten.

Der Hauptseekriegsschauplatz war die Nordsee. Hier befanden sich die Hauptkräfte der beiden stärksten Seemächte der gegnerischen Koalitionen, die Hochseeflotte der Kaiserlichen Marine und die Grand Fleet der Royal Navy.

Der Operationsplan der Hochseeflotte, deren Verbände in den Stützpunkten in der Deutschen Bucht lagen, war strategisch defensiv. Als die schwächere Flotte wollte sie den Angriff des Gegners in der für sie günstigen Nähe eigener Stützpunkte erwarten. Nach Möglichkeit sollte eine Schlacht erst nach einem Kräfteausgleich im Ergebnis taktisch offensiver Vorstöße von Teilen der Flotte sowie durch Minen und U-Boot-Einsatz angenommen werden. Die in der Ostsee befindlichen, sehr schwachen Teile der Kaiserlichen Marine hatten die Aufgabe, der russischen Marine die Seeherrschaft abzugewinnen und Landungsunternehmen zu

Jahr	Typ	Besatzung	Länge in m	Verdr. in ts über/unter Wasser
1901	«Holland»	9	19,35	105/120
1903	A	11	30,48	165/180
1905	B	13	43,59	285/313
1906	C	16	43,59	290/320
1908	D	27	50,29	494/620
1910	E	31	54,25	652/795

verhindern. Pläne für eine Zusammenarbeit mit den Landstreitkräften gab es in Erwartung eines nur kurzen Krieges sowie infolge der überheblichen Unterschätzung des Wertes des britischen Expeditionskorps in Frankreich durch den deutschen Generalstab nicht.

Die Hauptkräfte der britischen Flotte in der Nordsee, die Grand Fleet, hatten, gestützt auf Scapa Flow, die Küsten der britischen Inseln zu schützen, die eigenen Seeverbindungen vom Gegner freizuhalten und eine Fernblockade der deutschen Küsten zu errichten und aufrechtzuhalten. Eine Gruppierung, die Channel Fleet, deckte den Kanaleingang und damit die wichtigen Seeverbindungen zur französischen Küste.

Der Koalitionspartner des deutschen Kaiserreiches, Österreich-Ungarn, setzte seine Flotte zur Verteidigung der Adria ein und blockierte die Häfen Serbiens und Montenegros.

Entsprechend den in der englisch-französischen Marinekonvention von 1912 getroffenen Absprachen wurde die französische Flotte im Mittelmeer konzentriert. Sie sicherte im Zusammenwirken mit schwächeren britischen Kräften die Seeherrschaft der Entente in diesem Raum. In der Ostsee verteidigte die Baltische Flotte der Marine des zaristischen Rußlands die Zugänge zum Finnischen und Rigaer Meerbusen. Die Schwarzmeerflotte deckte die eigenen Küsten gegen Angriffe der deutsch-türkischen Kräfte.

In diese allgemeine Aufgabenstellung und Gliederung waren die U-Boote aller Seiten fest integriert. Die jeweils modernsten

Antriebsart	Geschw. in kn über/unter Wasser	Fahrb. sm/kn	Torpedo- rohre
Benzinmotor	8,5/ 7,0	500/ 7,0	1
Benzinmotor	10,0/ 4,5	320/10,0	1
Benzinmotor	12,0/ 6,5	1000/ 8,5	2
Benzinmotor	12,5/ 6,5	1000/ 8,5	2
Dieselmotor	14,5/10,0	2500/10,0	2
Dieselmotor	15,5/ 9,0	3000/10,0	3

Boote unterstanden in der Regel den Hauptkräften, die älteren setzte man, wie im Frieden erprobt, im Rahmen der Hafen- bzw. Stützpunktverteidigung ein. Großbritannien verfügte zu Kriegsbeginn über 75 Boote, von denen je 3 in China, Malta und Gibraltar stationiert waren. Die überwiegende Zahl der britischen U-Boote war jedoch veraltet und konnte nur als Teil der Küstenverteidigung eingesetzt werden. Den modernsten und kampfkräftigsten Verband bildete die der Grand Fleet unterstellte 8. Flottille in Harwich. Sie bestand aus den 18 größten und neuesten Booten, insbesondere D- und E-Typen. Ihre Aufgabe war es, den Gegner an der eigenen Küste aufzusuchen, seine Flottenbewegungen zu beobachten und wenn möglich, gegnerische Kriegsschiffe anzugreifen.

Die deutschen U-Boote hatten den Auftrag, als Teil der Aufklärungsstreitkräfte in dem in der Deutschen Bucht errichteten Defensivsystem der Hochseeflotte zu handeln. Damit lag der Schwerpunkt ihrer Aufgabe eindeutig in der Verteidigung. Für einen offensiven Einsatz waren unmittelbar bei Kriegsbeginn keine Boote vorgesehen. Die Mehrzahl der in Dienst befindlichen U-Boote der Kaiserlichen Marine gehörte bei Kriegsausbruch zur Hochseeflotte. Sie gliederten sich zu diesem Zeitpunkt in:
I. U-Boot-Flottille: Kleiner Kreuzer «Hamburg»
  1. Halbflottille: Führerboot Torpedoboot «D 5»
    U 5, U 9, U 7, U 8, U 10
  2. Halbflottille: Führerboot Torpedoboot «S 99»
    U 13, U 14, U 16, U 17, U 18

II. U-Boot-Flottille: Kleiner Kreuzer «Stettin»
   3. Halbflottille: Führerboot Torpedoboot «S 100»
      U 19, U 20, U 21, U 22, U 24
   4. Halbflottille: Führerboot Torpedoboot «S 101»
      U 23, U 25, U 27, U 28, U 26
      (Diese Boote waren noch in der Ausrüstung bzw. Ausbildung.)

Die restlichen Boote befanden sich auf Grund ihres ungenügenden Kampfwertes bei den Ostseestreitkräften oder noch in der Ausrüstung. Die Fehlkonstruktion U 2 war zu einer längeren Instandsetzung. In Bau befanden sich die Boote U 29 bis U 45, von denen U 29 bis U 41 sich längst in Dienst hätten befinden müssen, die Werften hatten aber die Lieferfristen nicht eingehalten. Entsprechend dem Mobilmachungsplan wurden mit Kriegsbeginn 17 weitere U-Boote sofort in Auftrag gegeben. Diese sogenannten Ms-Boote unterschieden sich nur wenig von denen der Typen U 41 und U 45. Da ihre Bauzeit mit $1\frac{1}{2}$ Jahren veranschlagt wurde, glaubte die Marineführung nicht daran, daß diese Boote während der angenommenen kurzen Kriegszeit noch eingesetzt werden würden. Die Werften sollten daher nur die Boote beschleunigt zu Ende bauen, die in den ersten 3 Monaten nach Kriegsbeginn noch abgeliefert werden konnten.

Die Führung der Kaiserlichen Marine war sich über den Kampfwert der U-Boote nicht im klaren. Die kampfkräftigsten Einheiten bildeten die dieselgetriebenen Boote ab U 19, obwohl selbst die Petroleumboote einem großen Teil der Boote des Gegners noch immer überlegen waren. Der Kern der U-Boot-Kräfte des imperialistischen Deutschlands, die 10 Dieselboote, hatten eine Bewaffnung von je 4 Torpedorohren (2 Bug- und 2 Heckrohre). Die Torpedos hatten ein Kaliber von 500 mm. Die Zahl der mitgeführten Torpedos betrug anfangs 6, bei der Serie U 43 bis U 50 8 Torpedos. Vor Kriegsausbruch hatten nur die Boote U 21 und U 25 Geschütze an Bord. Alle übrigen wurden im Laufe des Jahres 1915 mit 88-mm-Kanonen ausgerüstet. Mit ihrer Größe und dem Fahrbereich übertrafen sie die vergleichbaren E-Typen der Royal Navy.

Zu den besonderen Stärken der U-Boote des deutschen Imperialismus gehörten die ausgezeichneten Sehrohre. Die deutsche optische Industrie lieferte der Marine hervorragende Geräte, so daß die Unterwasserkräfte in diesem Punkt ihren Gegnern weit überlegen waren. Das galt auch hinsichtlich der Zuverlässigkeit der Torpedos sowie in bezug auf Quantität und Qualität der Funkausrüstung. Im Gegensatz zu den britischen E-Booten, die anfänglich noch ihre Meldungen mit Hilfe von Brieftauben übermittelten, gelangten seit 1913 auf allen U-Booten der Kaiserlichen Marine Funkgeräte zum Einbau. Die Kreiselkompaßanlage war durch das Dreikreiselsystem gegen Seegang unempfindlicher gemacht worden. Als Reserve besaßen die deutschen Boote magnetische Kompasse mit Lichtbildübertragung in das Bootsinnere, so daß eine für die damaligen Verhältnisse sichere Navigation von Bord der U-Boote erfolgen konnte.

Die Form des Außenschiffes bei den deutschen Booten ähnelte der der Torpedoboote. Das entsprach der «Tauchboot»-Zielsetzung, auf dem Marsch über Wasser zu fahren und nur zum Angriff zu tauchen. Aus dem gleichen Grund wechselten die US-amerikanischen und britischen Konstrukteure von der bei ihnen beliebten Spindelform zum Satteltank. Zu den Nachteilen der deutschen U-Boot-Konstruktionen gehörten die schlechten Lebensbedingungen für die Besatzungen, die relativ geringe Unterwassergeschwindigkeit und die zunächst noch relativ lange Zeit bis zum Untertauchen.

Die letzten U-Boot-Konstruktionen aller Seestreitkräfte vor Ausbruch des Krieges besaßen stark angenäherte Kampfeigenschaften, ähnlich denen der britischen und deutschen Boote. Die Ursache dafür lag in dem in allen imperialistischen Staaten vor 1914 annähernd gleichen technischen Niveau. Zugleich führten die nahezu übereinstimmenden seekriegstheoretischen Anschauungen und die dementsprechenden operativen Planungen zu wenig voneinander abweichenden Konstruktionsergebnissen. Dennoch ergaben sich aus den besonderen ökonomischen, politischen und seestrategischen Bedingungen des jeweiligen Staates Unterschiede in den U-Booten-Bauten. So verringerte die notwendige Konzentration auf den Ausbau des Heeres in Frankreich die finanziellen Möglichkeiten für die Flottenrüstung. Die einst führenden französischen U-Boot-Konstruktionen hielten jetzt keinem Vergleich mehr mit denen der Briten und Deutschen stand. Störanfällige Dieselmotoren und extrem lange Tauchzeiten bei den dampfgetriebenen Booten gehörten zu den Mängeln. Eine Reihe weiterer Faktoren an den französischen Typen befriedigte ebensowenig, darunter die Sehrohre, die Akkumulatoren u. a. m. Insgesamt stand die Zahl der französischen U-Boote in keinem Verhältnis zu ihrer Qualität.

Deutsche U-Boote 1910 bis 1914

	U19—22	U23—26	U27—30	U31—41
Besatzung	35	35	35	35
Verdr. in t	$\frac{650}{837}$	$\frac{669}{864}$	$\frac{675}{867}$	$\frac{685}{878}$
Länge	64,2	64,7	64,7	74,7
Breite in m	6,1	6,3	6,3	6,3
Antrieb in PS	$\frac{2 \times 850}{2 \times 600}$	$\frac{2 \times 900}{2 \times 600}$	$\frac{2 \times 1\,000}{2 \times 600}$	$\frac{2 \times 925}{2 \times 600}$
Geschw. in kn	$\frac{15,4}{9,5}$	$\frac{16,7}{10,3}$	$\frac{16,7}{9,8}$	$\frac{16,4}{9,7}$
Fahrb. sm/kn	$\frac{7\,600/8}{80/5}$	$\frac{7\,620/8}{85/5}$	$\frac{7\,900/8}{85/5}$	$\frac{7\,800/8}{80/5}$

In den bei Kriegsbeginn mobilisierten Seestreitkräften der Entente standen im August 1914 folgende U-Boot-Kräfte:

Royal Navy

Grand Fleet
Southern Force:
8. U-Boot-Flottille:
18 U-Boote, davon
8 D-, 10 E-Typen

Admirals of Patrols:
3., 4., 5., 6., 7.,
9. U-Boot-Flottille:
40 Boote des C-, B-
und A-Typs

Hafenflottillen
1. und 2. U-Boot-
Flottille:
6 alte Boote

Mittelmeer
Hafenverteidigung
Gibraltar:
3 Boote Typ B

Hafenverteidigung
Malta:
3 Boote Typ B

Fernostgeschwader
3 Boote Typ C

Australische Flotte
2 Boote Typ E

Französische Marine
Mittelmeer
1. Flottille: 7 Boote
2. Flottille: 8 Boote

Atlantik und Kanal
1. Flottille: 9 Boote
2. Flottille: 7 Boote
3. Flottille: 5 Boote

Russische Marine

Baltische Flotte
1. Division: 5 Boote
2. Division: 3 Boote
3. Division: 3 Boote

Schwarzmeerflotte
4 Boote

Kennzeichnend für die Situation auf beiden Seiten war, daß die Beurteilung der U-Boote, die Vorstellungen über ihren Kampfwert und ihre Einsatzprinzipien ausschließlich aus Manövererfahrungen resultierten. Theoretisch gab es bei allen Flotten eine zweigeteilte Aufgabenstellung: die Küstenverteidigung sowie die offensive Verwendung in den Gewässern des Gegners gegen dessen Kriegsschiffe. Nur die Royal Navy setzte beide Aufgabenstellungen vom ersten Tag des Krieges an in der Praxis durch. Alle übrigen Seestreitkräfte beschränkten sich im wesentlichen auf die Küstenverteidigung, d. h. den defensiven Einsatz der Boote in den eigenen Gewässern.

SEEKRIEGSMITTEL OHNE GEGNER! Nur kurze Zeit nach Kriegsausbruch war es der Royal Navy gelungen, die Seeverbindungen der Mittelmächte zu unterbrechen und eine fast lückenlose Blockade der deutschen Küsten zu errichten. Im Gegensatz zu den illusionären Hoffnungen der kaiserlichen Marineführung erfolgte die Blockade weit abgesetzt von der Deutschen Bucht und unter Verzicht auf ein offensives Vorgehen der Grand Fleet gegen die Hochseeflotte.

Offensiv eingesetzt wurden von britischer Seite aus seit dem 5. August 1914 die U-Boote der 8. Flottille. Von diesem Zeitpunkt

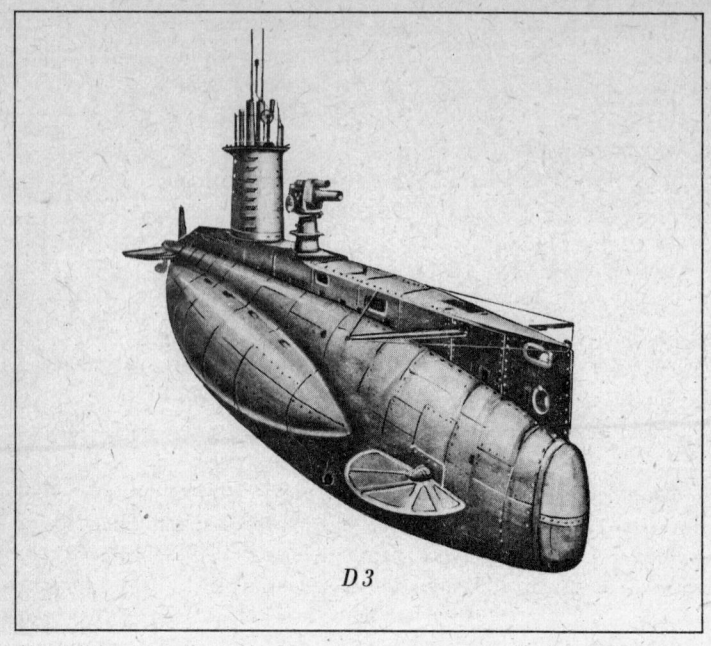

D 3

an standen britische Boote vor Helgoland und den deutschen Stützpunkten. Als vorgeschobenster Teil der britischen Blockadelinien meldeten sie alle Bewegungen des Gegners und griffen immer wieder, wenn auch mit geringem Erfolg, deutsche Kriegsschiffe an. Zwischen dem 8. und 15. August war ein großer Teil der U-Boote daran beteiligt, die britischen Truppentransporte über den Kanal nach Frankreich zu decken. Erfolg gegen ein Kriegsschiff hatte erstmalig das Boot E 9 am 14. September 1914, dem es vor Helgoland gelang, den Kleinen Kreuzer «Hela» der Kaiserlichen Marine zu torpedieren. Trotz des vollen Einsatzes der Boote standen Manövererkenntnisse und Kriegspraxis in einem eklatanten Widerspruch. Weder die britischen, noch die deutschen U-Boote, wie noch gezeigt werden soll, erreichten beim Einsatz gegen Kriegsschiffe die auf Grund der Friedensmanöver erhofften Versenkungsziffern.

Zu dem Komplex der allgemeinen und besonderen Ursachen für diese Erscheinung gehört, daß 1914 zum ersten Mal moderne

U-Boote im Seekrieg eingesetzt wurden. Entgegen den Manöversituationen fanden die Boote Kriegsschiffe nur sehr schwer. Es zeigte sich, daß den U-Booten in weit geringerem Maße als angenommen Kriegsschiffsziele vor die Torpedorohre liefen. Schiffskonzentrationen, wie sie bei Manöverlagen die Regel waren, fanden die U-Boote bei ihren Kriegseinsätzen nicht vor. Auch das Eindringen in die stark gesicherten Stützpunkte war nahezu aussichtslos. Die durch die defensive Grundhaltung beider Seiten entstandene Lage, die «leere» See als Grundproblem des U-Boot-Einsatzes, wurde verschärft durch die gleichfalls auf den Manövererfahrungen basierende Furcht der Flottenführungen vor Torpedo, Seemine und ihren Trägern. Verallgemeinert zeigte sich in diesem Verhalten das Unvermögen aller Marineführungen, die letzten Entwicklungen der Seekriegstechnik richtig einzuschätzen und entsprechende Maßnahmen zu treffen. Zugleich widerspiegelten die geringen Erfolge der U-Boote einen Mangel in ihrer Konstruktion, der bis zum Ende des zweiten Weltkrieges ihre Taktik bestimmen sollte, nämlich ihre geringe Unterwassergeschwindigkeit. Diese Eigenschaft hatte zur Folge, daß selbst in solchen Fällen, wo U-Boote Kriegsschiffe sichteten, die Verhältnisse besonders günstig sein mußten, um auf die nötige Schußentfernung von 300 bis 400 m heranzukommen.

Die Fälle, in denen während der ersten Kriegsmonate U-Boote Erfolge hatten, sahen die Marineführungen als Bestätigung ihrer Meinungen an und werteten sie als Grund, noch behutsamer vorzugehen. U-Boot-Meldungen genügten, um die in einem Seegebiet befindlichen Schiffe zurückzurufen. So wurden von britischer Seite die zum Schutz der Truppentransporte quer über den Kanal ausgelegten Sicherungsstreifen auf die Meldung eines U-Boot-Angriffs sofort eingezogen. Umgekehrt bewirkten die in der Deutschen Bucht befindlichen britischen Boote, daß die zur Bewachung der Flußmündungen eingesetzten Kleinen Kreuzer zurückgezogen wurden.

Zu einer der ersten aktiven Handlungen größeren Ausmaßes im Nordseeraum trugen nicht die deutschen, sondern die britischen U-Boote bei. Auf Grund der Beobachtungen der Boote der 8. Flottille vor Helgoland entwickelte die britische Admiralität den Plan, die leichten deutschen Aufklärungskräfte mit vorher bereitgestellten Verbänden zu überfallen. Köder bei diesem Vorhaben sollten die britischen U-Boote sein. Dieser Plan und die erwartete Gegenaktion der Kaiserlichen Marine führte zum Gefecht vor Helgoland am 28. August 1914. Hierbei verlor die deutsche Seite 3 Kleine Kreuzer und 1 Torpedoboot. Das Kennzeichnende an dem Gefecht, Überfall und Gegenreaktion bei gleichzeitigem Einsatz von U-Booten, sollte bei der Mehrzahl der Kampfhandlungen in der Nordsee für die Dauer des gesamten Krieges bestimmend werden.

Bezeichnend für die Unsicherheit in der Einschätzung der Wirksamkeit der U-Boote durch die Marineführungen ist, daß es vor und unmittelbar nach Kriegsbeginn trotz der «U-Boot-Furcht» fast keine überlegt organisierten U-Boot-Abwehrmaßnahmen gab. Das änderte sich erst, als es dem deutschen U 9 gelang, 3 britische Panzerkreuzer innerhalb weniger Stunden zu versenken.

U 9 befand sich auf einem Einsatz gegen den britischen Kanalverkehr, als ihm die vor der niederländischen Küste patrouillierende «Aboukir», «Cressy» und «Hogue», bezeichnenderweise mit gleichbleibender Geschwindigkeit und gleichbleibendem Kurs in Kiellinie laufend, begegneten. Nachdem U 9 die «Aboukir» torpediert hatte, konnte das U-Boot auch die beiden anderen Kreuzer, die dem Schwesterschiff zu Hilfe kamen, versenken. Der Erfolg von U 9 wurde durch das Verhalten der Panzerkreuzer begünstigt, die sich als Ziel anboten, als sie in dem ersten Treffer eine Minenexplosion vermuteten und zur Rettung ihrer Kameraden stoppten. Zugleich zeigte der schnelle Untergang der Schiffe die geringe Widerstandsfähigkeit der 1901 und 1902 gebauten Fahrzeuge. Besonders gravierend waren die hohen Menschenverluste. An diesem 22. September ertranken 460 Offiziere und Mannschaften.

Die Versenkung der 3 Panzerkreuzer durch U 9 wurde in Deutschland und im neutralen Ausland weit über die reale Bedeutung hochgespielt. Für die Führung der Kaiserlichen Marine war es in erster Linie eine Möglichkeit, ihr nach der Niederlage bei Helgoland angeschlagenes Prestige aufzuwerten. Tatsächlich hatte der Erfolg von U 9 folgende Auswirkungen:

Erstens: Die U-Boot-Gefahr wurde auf britischer Seite noch ernster genommen als bisher. Die Grand Fleet fühlte sich in ihren bisherigen Stützpunkten nicht mehr sicher genug und verlegte nach Nordirland. Erst nach dem Ausbau der Netz- und Balkensperren in Scapa Flow kehrte sie in ihre alten Stützpunkte zurück. Die U-Boot-Gefahr wirkte sich auf alle Operationen der Flotten aus.

Zweitens: Es begannen, insbesondere in der Royal Navy, die systematische Entwicklung der U-Boot-Abwehr und der Bau hierfür benötigter Waffen, Geräte und Mittel. Zu den Sofortmaßnahmen gehörte ein Befehl der britischen Admiralität, demnach havarierten Schiffen nur noch kleine und schnelle Fahrzeuge Hilfe bringen durften. Linienschiffe, Panzerkreuzer und Große Kreuzer liefen von nun an nur mit Zerstörergeleit. Bei U-Boot-Gefahr erhielten die Schiffe den Befehl, Zickzack-Kurs zu steuern und auf hohe Fahrt zu gehen. Zum Handelsschutz wurden größere und ältere Schiffe immer seltener verwandt. Ihren Platz nahmen bewaffnete Hilfskriegsschiffe ein.

Bis Ende des Jahres 1914 waren Land- und Seekriegführung beider Seiten in eine Sackgasse geraten. An den Landfronten lagen sich die Streitkräfte in einem durchgängigen Stellungssystem gegenüber, ohne daß eine Entscheidung fiel. Aus dem erwarteten kurzen Krieg entwickelte sich ein langes, alle Kräfte und Mittel erschöpfendes Ringen.

Auf dem Hauptseekriegsschauplatz gab es einen ähnlichen Stillstand wie an den Landfronten. Die Grand Fleet und die Hochseeflotte blieben als «fleet in being» in ihren Stützpunkten. Die Entscheidungsschlacht fand nicht statt. Der Einsatz der Kleinkampfmittel, zu denen damals die U-Boote zählten, reichte nicht aus, um dem Seekriegsgeschehen eine grundlegende Wende zu geben. Das Ziel der deutschen Seite, durch Minen und U-Boote sowie kombinierte überfallartige Operationen einen Kräfteausgleich zu schaffen, wurde nicht erreicht. Dabei hatten gerade die U-Boot-Kräfte der Kaiserlichen Marine beeindruckende Ergebnisse im Einsatz gegen Kriegsschiffe zu verzeichnen. Immerhin konnten sie bis zum Februar 1915, bei Verlust von 5 eigenen Booten, 10 Kriegsschiffe unterschiedlicher Größe des Gegners versenken. Das war zwar mehr als die gesamte übrige Hochseeflotte vorzuweisen hatte, blieb aber ohne die erwünschte operative Wirkung. Im Gegenteil wurde infolge des zunehmend vorsichtigeren Einsatzes der Großkampfschiffe die Wahrscheinlichkeit eines Zusammentreffens und damit einer Seeschlacht immer geringer. In dieser Situation begann die kaiserliche Marineführung ihr Augenmerk auf den Einsatz von U-Booten gegen die verwundbarste Stelle des Gegners, die Seeverbindungen von und nach Großbritannien, zu richten.

Nachdem ihre ursprünglichen operativen Vorstellungen gescheitert waren, blieb der Angriff auf den Seehandel für die Seekriegführung des imperialistischen Deutschlands eine der wenigen Möglichkeiten, aktiv und mit einer gewissen Aussicht auf Erfolg in den Kriegsverlauf eingreifen zu können. Entgegen dem Eindruck, den die bürgerlich-deutsche Geschichtsschreibung zu erwecken suchte, war der sogenannte U-Boot-Handelskrieg nicht die einzig wirksame Form des U-Boot-Einsatzes.

Der Einsatz der U-Boote gegen den Seehandel des Gegners entwickelte sich zweifellos zu einer wichtigen Aufgabenstellung, er war jedoch nicht identisch mit dem U-Boot-Einsatz schlechthin. Entsprechend der grundlegend andersgearteten seestrategischen Situation Großbritanniens und seiner Verbündeten blieben die U-Boote dieser Staaten während des gesamten Krieges ein normaler Bestandteil der Flotten. Eine kriegsentscheidende Rolle hatten sie nicht. Das erwartete auch niemand von ihnen. Sie wurden mit einer Vielzahl von Aufgaben betraut, darunter in bestimmten Seegebieten auch mit dem Handelskrieg, ohne daß sich ihre Stellung im Rahmen der Gesamtflotte so wandelte, wie es in der Kaiserlichen Marine der Fall war. Der Seehandel der Mittelmächte konnte kein Hauptziel der Entente-U-Boote werden, weil es ihn auf den Weltmeeren seit Kriegsausbruch nicht mehr gab. Dort, wo in Randmeeren, z.B. in der Ostsee, ein begrenzter deutscher Handelsschiffseinsatz erfolgte, gehörte dessen Bekämpfung zu den Aufgaben der britischen Boote und der ihrer Verbündeten. Dem größten Teil der britischen, französischen und russischen U-Boote blieb zwangsläufig nur der Einsatz gegen die Kriegsschiffe des Gegners übrig, da nur sie zu fassen waren.

Diese Lage förderte in Großbritannien die Tendenz zum Bau stark spezialisierter U-Boot-Versionen, die tauchfähigen Torpedobooten, Kreuzern oder Monitoren (für den Einsatz in Küstengewässern bestimmte Artillerieträger) ähnelten. So ließ die Royal Navy den K-Typ bauen, der eine Wasserverdrängung von 1 780 t hatte und über Wasser eine Geschwindigkeit von 23,5 kn lief. Um diese hohe Überwasserfahrt zu erreichen, erhielten die Boote Dampfturbinenantrieb. Die dadurch bewirkten längeren Tauchzeiten wurden in Kauf genommen. Die Bewaffnung des K-Typs bestand aus 4 Bug- und 4 Seitentorpedorohren sowie — bezeichnend für die verfolgten Einsatzabsichten — aus 2 bis 3 102-mm-Geschützen.

Ein weiterer, der M-Typ, war zur Beschießung der belgischen Küste vorgesehen. Er sollte halbgetaucht seine 305-mm-Kanone zum Tragen bringen. Eine andere U-Boot-Entwicklung entstand aus dem Bestreben, die U-Boot-Abwehr auszubauen. Die Hauptaufgabe des hierfür vorgesehenen R-Typs bildete daher die U-Boot-Jagd. Er verdrängte 410 t und war so konstruiert, daß seine Unterwassergeschwindigkeit 15 kn betrug. Die 6 Bugtorpedorohre des R-Typs stellten für die damalige Zeit eine bedeutende Schlagkraft dar.

Im großen und ganzen blieben diese stark spezialisierten Konstruktionen militärisch uneffektiv. 1917 wurden 2 Flottillen aus Booten des K-Typs gebildet und ihrer Aufgabenstellung gemäß direkt der Grand Fleet unterstellt. Ihren Einsatz dachte man sich so, daß sie im Gefecht der Überwasserkräfte die Rückzugswege des Gegners abschneiden und hier oder bei anderen günstigen Gelegenheiten die Schiffe der Hochseeflotte angreifen sollten. Die beiden Flottillen, deren Geschützbewaffnung fast allen Überwasserfahrzeugen unterlegen war und die eine Tauchzeit von 5 Minuten hatten, traten nie in Aktion. Ebensowenig die Unterwassermonitore, die erst nach Kriegsende in Dienst gestellt wurden.

Der größte Teil der britischen U-Boot-Kräfte bestand während des Krieges, wie auch bei den übrigen Seemächten, aus Booten mit einer Wasserverdrängung um 600 t. In Großbritannien war es der bereits erwähnte E-Typ, der auf allen Seekriegsschauplätzen mit unterschiedlichen Aufgabenstellungen zum Einsatz kam. Aus E-Typen bestand auch der überwiegende Teil der in der Nordsee eingesetzten U-Boote. Es gab im wesentlichen 3 Zielsetzungen für die britischen U-Boote:

Erstens: Aufklärung vor der Deutschen Bucht im Interesse der

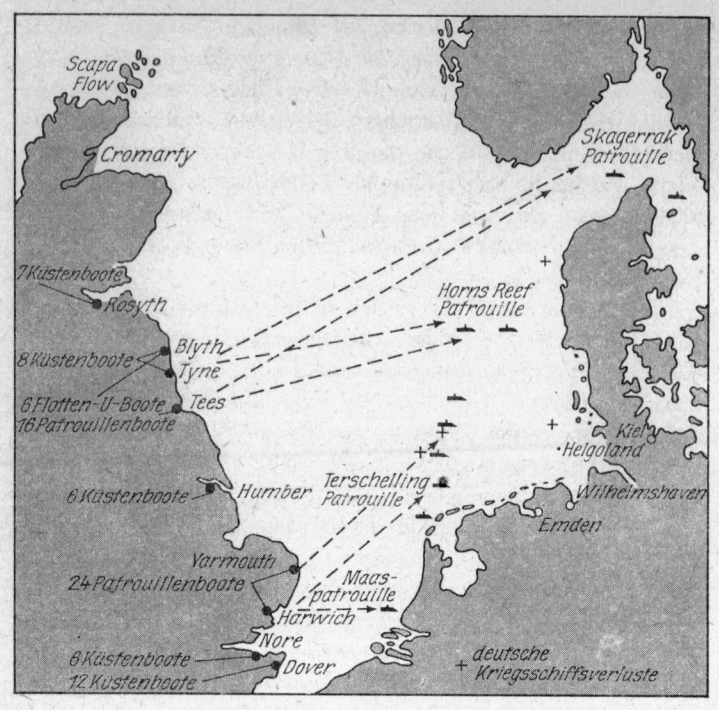

*Die britischen U-Boote und ihre Aufklärungseinsätze
in der Nordsee 1916*

Schlachtflotte; die Meldungen gingen direkt an die Flottenführung; nach Möglichkeit wurden dabei auch deutsche Kriegsschiffe angegriffen. Bei dieser Art Einsatz beschädigten die britischen U-Boote 4 Großkampfschiffe, versenkten einen Kleinen Kreuzer und 2 Torpedoboote. Es gingen dabei 18 britische U-Boote verloren.

Zweitens: Verwendung beweglicher U-Boot-Patrouillen, um gegnerische Überwasserkräfte abzufangen und anzugreifen; diese Art des Einsatzes blieb ohne sichtbaren Erfolg.

Drittens: Einsatz der 2 Flottillen aus K-Booten nach ihrer Indienststellung als Flotten-U-Boote; mit dieser Zielstellung konnte ebenfalls kein spürbarer Erfolg erzielt werden.

Neben der Schwerpunktaufgabe der britischen U-Boot-Kräfte, die Handlungen der Grand Fleet zu unterstützen, gewann die U-Boot-Abwehr zunehmend an Bedeutung. In dem Maße, wie die U-Boot-Bedrohung durch die Kaiserliche Marine zunahm und der Aufbau einer U-Boot-Abwehr in Großbritannien intensiviert wurde, wuchs die Bedeutung der britischen U-Boot-Flottillen im Einsatz gegen die deutschen Boote. Den auf den Auslaufkursen der deutschen Boote lauernden britischen Fahrzeugen gelangen bei entsprechenden Wetterverhältnissen überraschende Torpedoangriffe. Problematisch für den U-Boot-Abwehreinsatz der U-Boote war das Fehlen wirksamer Ortungsmittel, mit denen getauchte Fahrzeuge getauchte U-Boote aufspüren konnten. Dennoch gehörte diese Form der Verwendung der britischen Boote zu den Faktoren, die zur Eindämmung der U-Boot-Bedrohung durch die Kaiserliche Marine führten und den deutschen U-Booten schließlich die Niederlage brachten. Von deren Gesamtverlusten im U-Boot-Krieg versenkten die britischen Boote 10 Prozent; das sind in absoluten Zahlen 18 Fahrzeuge.

Eines der Gebiete, in denen die britischen U-Boote den Handelskrieg in den Vordergrund stellten, war die Ostsee. Die Seewege in diesem Randmeer, insbesondere die Verbindung nach Skandinavien, waren für das kaiserliche Deutschland von entscheidender Bedeutung. Seine Marine, deren relativ schwachen Kräfte in der Ostsee, die jederzeit durch Teile der Hochseeflotte verstärkt werden konnten, beherrschte dieses Seegebiet. Die zaristische Flotte beschränkte sich im wesentlichen auf eine offensive Verteidigung des Finnischen Meerbusens und der Rigaer Bucht. Um den deutschen Seeverkehr wirksamer zu treffen, unterstützte Großbritannien seinen Verbündeten durch die Entsendung von U-Booten in dieses Gebiet. Im Oktober 1915 versuchten 7 E-Boote den Durchbruch durch den Sund. Während das Boot E 11 umkehrte, ging E 13 in den deutschen Sperren verloren. 5 Boote, E 1, E 9, E 8, E 18 und E 19, erreichten die Stützpunkte der Baltischen Flotte. Wenig später gelangten die Boote C 26, C 27, C 32 und C 35 über den Weißmeer-Ostseekanal in die russischen Ostseestützpunkte. Von hier aus handelten die britischen Einheiten gemeinsam mit ihrem Verbündeten an der Flanke der Ostfront. Die Seekriegführung im allgemeinen und der U-Boot-Einsatz im

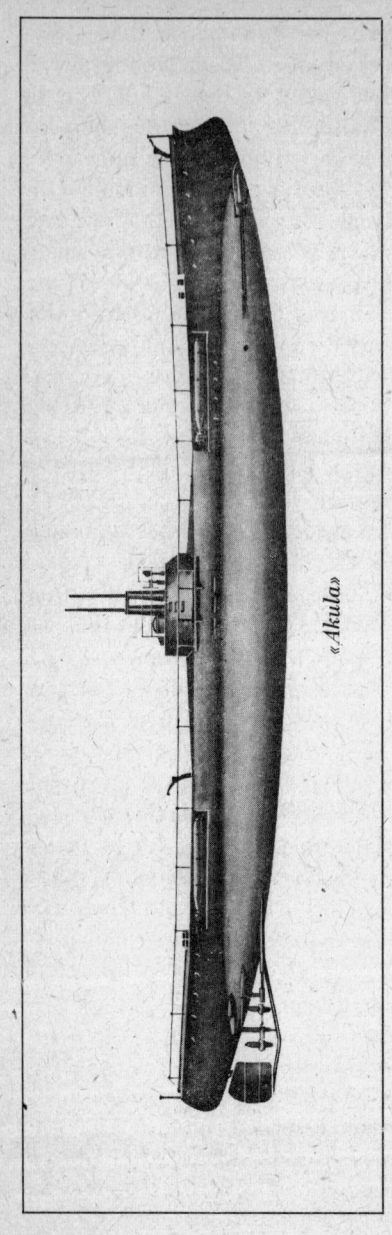

«Akula»

besonderen ist von der östlichen Ostsee aus in den Wintermonaten stark behindert. Dennoch versenkten die russischen und englischen U-Boote im Jahre 1915 2 deutsche Kriegsschiffe und 14 Handelsschiffe mit 28 000 BRT. Die zahlreichen Minensperren in den relativ engen und flachen Gewässern der Ostsee schränkten den U-Boot-Einsatz stark ein. Dies war einer der Faktoren für die Grenzen der Handelskriegführung.

Der alliierte U-Boot-Einsatz in diesem Raum konnte die deutschen Seeverbindungen zwar stören, jedoch nicht nachhaltig unterbinden. Nach dem Frieden von Brest—Litowsk wurden die britischen Boote gesprengt, ihre Besatzungen evakuiert.

Verhältnismäßig starker Einfluß auf das Kampfgeschehen ging von den im Marmarameer handelnden britischen und französischen U-Booten aus. Im Februar 1915 griffen Großbritannien und Frankreich die Dardanellen mit dem Ziel an, die in das Schwarze Meer führenden Engen zu erobern und so eine direkte Verbindung nach Rußland zu erhalten. Im Verlauf dieser Kämpfe operierten U-Boote von Ende April bis Dezember 1915 in dem zwischen Dardanellen und Bosporus liegenden Marmarameer, das den asiatischen vom europäischen Teil der Türkei trennt. Die britischen und französischen Boote überwanden die türkischen Sperren in den Dardanellen und störten die zur See laufenden wichtigen Nachschublinien des türkischen Heeres zur Landfront auf der Halbinsel Gallipoli. Auf Grund der kaum vorhandenen U-Boot-Abwehr konnten die Boote Truppenbewegungen entlang der Küste behindern. Sie beschossen Eisenbahnen und sprengten Brücken. Bei einem relativ hohen Verlust der eingesetzten Boote (50 Prozent), versenkten sie 7 Kriegsschiffe, 11 Transportschiffe, 44 Dampfer und 148 Segelschiffe aller Größen. Der Einsatz der U-Boote entlastete die gelandeten Truppen der Entente und bildete zeitweilig eine der aktivsten Handlungen der Alliierten in diesem Raum.

Im Schwarzen Meer kämpften die U-Boote der russischen Flotte gegen die durch die ehemals deutschen Schiffe «Goeben» und «Breslau» verstärkte türkische Marine. Die 4 älteren Boote, über die zu Kriegsbeginn die Schwarzmeerflotte verfügte, wurden bald durch moderne Typen ersetzt. Dazu gehörte das erste als Minen-U-Boot entworfene und gebaute Fahrzeug, die «Krab».

Die russischen Boote im Schwarzen Meer handelten in erster Linie im Zusammenwirken mit den Überwasserkräften und in ihrem Interesse gegen die türkische Flotte. Hierbei sind die Minenunternehmen der «Krab» besonders erwähnenswert. Zum geringen Teil kamen die U-Boote, wie die übrigen Schiffe der Schwarzmeerflotte, gegen den türkischen Küstenverkehr zum Einsatz.

Überblickt man das Wirken der U-Boot-Kräfte der Entente während des ersten Weltkrieges, so ist festzustellen, daß im Mittelpunkt Handlungen im Interesse der Schlachtflotte standen. Dazu gehörten die operative Aufklärung und Angriffe im taktischen Rahmen auf Kriegsschiffe der Über- und Unterwasserkräfte der Mittelmächte. Gegen die Seeverbindungen des Gegners gerichtete Aktionen spielten nur eine untergeordnete Rolle. Sie blieben örtlich und zeitlich begrenzt.

In Großbritannien, der stärksten Seemacht der Entente, wurden im Verlauf des ersten Weltkrieges 150 neue U-Boote der Flotte zugeführt. Zum Zeitpunkt des Waffenstillstands im Jahre 1918 hatte die Royal Navy 137 U-Boote in Dienst, d. h. gegenüber 1914 fast die doppelte Anzahl. Hauptsächliche Ursache für die Verluste waren auch bei den britischen U-Booten die Seeminen. Von den 54 verlorengegangenen Einheiten der britischen Marine gingen 8 sicher und 11 mit großer Wahrscheinlichkeit auf Grund von Minentreffern unter. Durch U-Boote gingen 5, durch Überwasserfahrzeuge 4 Boote verloren. Der bewährteste britische U-Boot-Typ blieb während des ganzen Krieges über das E-Boot. So waren von den 54 U-Booten, die die Firma Vickers für die britische Marine baute, allein 15 von diesem Typ. 2 dieser Fahrzeuge liefen mit eigener Kraft bis nach Australien. Gegen Kriegsende besaßen die E-Boote mit einer Verdrängung von 780 t (unter Wasser), einer Länge von 55 m, einer Breite von 6,88 m, mit 2 Bug-, 2 Seiten- und einem Hecktorpedorohr ausgestattet, einen beachtlichen Kampfwert. Sie erreichten über Wasser eine Geschwindigkeit von 15 kn, unter Wasser von 10 kn und konnten bei 10 kn Durchschnittsgeschwindigkeit 3225 sm zurücklegen. Dieser U-Boot-Typ war für fast alle in der damaligen Zeit vorstellbaren Aufgaben einsetzbar.

Seekrieg und U-Boote. Das erste halbe Jahr des Seekrieges verlief entgegengesetzt den Erwartungen der Führung der Kaiserlichen Marine. Die britische Flotte suchte weder eine Seeschlacht, noch verliefen ihre Blockadelinien in der Deutschen Bucht, sondern in solch einer Entfernung von ihr, die es der Kaiserlichen Marine unmöglich machte, die britische Flotte durch überraschende Aktionen zu schwächen und in einem günstigen Moment zu schlagen. Der nicht auf Realitäten, sondern illusionären Hoffnungen basierende Operationsplan war nicht durchführbar. Neben geringen Erfolgen im Kreuzerkrieg und bei Einzelunternehmungen mußte die kaiserliche Flotte schon in den ersten Wochen des Krieges die Niederlage bei Helgoland und die Vernichtung des Kreuzergeschwaders bei den Falklandinseln (Malwinen) hinnehmen. In kurzer Zeit waren die Auslandskreuzer und Hilfskreuzer vernichtet und damit die kaiserliche Flagge vom offenen Meer verschwunden. Die mit großem propagandistischem und finanziellem Aufwand gebaute Hochseeflotte erwies sich — in der Nordsee eingeschlossen — als untauglich, die Interessen der herrschenden Klassen Deutschlands durchzusetzen.

Die ursprüngliche Einsatzform der U-Boote bei der Sicherung der Deutschen Bucht stellte sich als für Besatzungen und Boote wenig geeignet heraus. Sie wurden durch den taktisch defensiven Einsatz stark beansprucht, ohne daß sie irgendwelche Erfolge hatten. Die der Hochseeflotte unterstellten U-Boot-Flottillen wurden daher schon Ende August 1914 taktisch offensiv eingesetzt. Vorstöße in die Nordsee, den Kanal und an die Küsten der Britischen Inseln hatten die bereits erwähnte Wirkung auf die Royal Navy. Grundlegend änderte sich damit an der strategischen Situation der Kaiserlichen Marine nichts. Der andauernde Krieg und schließlich das Erstarren der Fronten erforderte einen größeren Beitrag der Seestreitkräfte zur Realisierung der Kriegsziele des deutschen Imperialismus. Da eine Seeschlacht unter den gegebenen Bedingungen zu risikovoll erschien, stand die Marineführung vor der Aufgabe, Mittel und Wege zu finden, damit die Flotte kurzfristig zur baldigen Beendigung des Krieges im Sinne der herrschenden Klassen des kaiserlichen Deutschlands beitragen konnte. Der Gedanke, die U-Boote gegen den Seehandel, die Achillesferse des britischen Imperialismus, einzusetzen, lag damit auf der Hand.

Der Einsatz von Schiffen gegen die Seeverbindungen und die Handelsschiffahrt eines Gegners ist so alt, wie der Seekrieg selbst. Über Jahrhunderte hinweg war der Kaperkrieg ein fester, häufig zum Seeraub tendierender Bestandteil der Seekriegführung. Erst Mitte des 19. Jahrhunderts, nachdem Großbritannien als stärkste Seemacht daran Interesse zeigte, kam es im April 1856 in der Pariser Deklaration zu ersten völkerrechtlichen Vereinbarungen über die Behandlung von Handelsschiffen im Seekrieg. Mit diesen Vereinbarungen und einigen anderen Verträgen wurde der Platz des Handelsschiffes in Seekriegen vertraglich fixiert, ohne daß es als mögliches Objekt militärischer Handlungen ausgenommen wurde. Der Kreuzer- oder Handelskrieg galt vor Beginn des ersten Weltkrieges entsprechend den vorherrschenden Seekriegsauffassungen als untergeordnete, wenig wirksame Form des Seekrieges. Dieses Urteil hing zusammen mit den Vorstellungen über die wahrscheinliche Dauer eines kommenden Krieges und mit der damit verbundenen unzureichenden Klärung der Bedeutung der Ökonomie im Krieg. Die Wirkung eines Angriffs auf den Seehandel, das hatten alle historischen Erfahrungen gelehrt, trat erst nach längerer Zeit ein. Bei Staaten, die von Zufuhren über See nicht oder kaum abhängig waren, dauerte es noch länger. Es entbehrte nicht einer gewissen Folgerichtigkeit, daß daher in allen Marinen dem Kreuzer- oder Handelskrieg nur geringe Aufmerksamkeit zuteil wurde. Neben allgemeingültigen Aspekten gab es spezifische Momente jeder kriegführenden Seite, aus denen die Marineführungen ihre Haltung zum Handelskrieg nährten.

Für Großbritannien und seine Bündnispartner war die Blokkade der relativ gut zu überwachenden Küsten der Mittelmächte die effektivste Form des Handelskrieges. Innerhalb kürzester Frist mußten die Handelsschiffe Deutschlands oder Österreich-Ungarns, wenn sie ein- oder auslaufen wollten, dem Gegner in die Hände fallen. Die Erweiterung der Liste der Waren, die als kriegswichtig beschlagnahmt werden konnten, die sogenannte Konterbande, verhinderte auch die Einfuhren auf neutralen Schiffen. Auf diese Weise führte die gewaltige Überlegenheit der Entente, ihre strategische Situation und ihre seegeographische Lage auch ohne direkten Waffeneinsatz zur Störung und Unterbindung der Seezufuhren der Mittelmächte.

Das imperialistische Deutschland und Österreich-Ungarn standen vor einer grundsätzlich anderen Situation. Die Abhängigkeit Großbritanniens von Zufuhren über See, seine Insellage und die weltweiten Seeverbindungen, auf denen sich britische Schiffe bewegten, verlockten geradezu zum Handelskrieg. Anderseits herrschte in der deutschen Marineführung die Auffassung vor, daß nur eine Seeschlacht die Entscheidung bringen würde. Zugleich war der imperialistische deutsche Staat nicht in der Lage, neben den benötigten starken Landstreitkräften auch eine große Schlachtflotte und die erforderliche Anzahl von Handelsstörern zu bauen und in Dienst zu halten. Hinzu kam, daß der deutsche Imperialismus über keine geeigneten Stützpunkte verfügte, von denen aus der Kreuzerkrieg weltweit hätte geführt werden können. Nicht zuletzt plante und erwartete die politische und militärische Führung im imperialistischen Deutschland einen kurzen Krieg.

Alles in allem war der Handelskrieg für die Kaiserliche Marine eine untergeordnete, wenig wirksame Form des Seekrieges, wenn sie sich auch auf Grund der Gegebenheiten genötigt sah, gewisse Vorbereitungen dafür zu treffen. Daher bereitete der Admiralstab der Marine in bestimmtem Umfang eine Handelskriegführung mit Überwasserkräften bereits im Frieden vor. Die sorgfältig geplanten Handlungen der hierfür eingesetzten Auslands- und Hilfskreuzer sollten die Aktionen der Hochseeflotte ergänzen. Nachhaltige Wirkungen durch den Kreuzerkrieg erwartete jedoch niemand. Die Kriegswirklichkeit bestätigte die Zweifel. Bis Ende 1914 war es der britischen Marine gelungen, der Bedrohung durch die deutschen Kreuzer und Hilfskreuzer Herr zu werden. Die später eingesetzten Hilfskreuzer versetzten der britischen Handelsschiffahrt Nadelstiche, ihre Wirkung auf den Kriegsverlauf war im wesentlichen propagandistischer Natur.

Obwohl man in Großbritannien vereinzelt bereits in der Vorkriegszeit einen Einsatz von U-Booten durch das kaiserliche Deutschland gegen den eigenen Handelsverkehr in Betracht gezogen hatte, dachte zu diesem Zeitpunkt in der deutschen Marineführung niemand an ein derartiges Vorgehen. Dazu war das seekriegstheoretische Denken zu einseitig auf die Seeschlacht ausgerichtet und das Seekriegsmittel U-Boot zu unbekannt. Die

Gründe, daß zunächst die Unterwasserkräfte für den Handelskrieg nicht in Erwägung gezogen wurden, waren folgende:

erstens die fehlerhafte Einschätzung in bezug auf die Kriegsdauer;

zweitens das Vorherrschen des Seeschlachtgedankens mit seinen Folgen auf Kriegsschiffbau, Taktik der Flotten und Operationsplanungen;

drittens war daher die deutsche, vom Kräftepotential her unterlegene Seite gezwungen, alles auf die Vorbereitung und Führung einer Seeschlacht zu konzentrieren.

Erst im Herbst 1914 wurde in Deutschland der Gedanke, U-Boote gegen den britischen Handel einzusetzen, ernsthaft erwogen. Das anfängliche Zögern resultierte aus der noch vorherrschenden Hoffnung auf eine Seeschlacht, der auch der U-Boot-Einsatz untergeordnet bleiben sollte. Eine Aufgabenteilung kam nicht in Frage, da die Anzahl der U-Boote zu gering war. Dieser Faktor war zugleich ein Argument gegen den Handelskriegseinsatz, dessen Ergebnis kaum nachhaltige Wirkung auf Großbritannien haben konnte. Dennoch nahm die Zahl der Befürworter eines Einsatzes der U-Boote gegen den britischen Handel zu. Unter ihnen war auch der Staatssekretär im Reichsmarineamt, Großadmiral Alfred von Tirpitz. Sie rechneten mit dem Abschreckungsfaktor infolge überraschender, unvorhersehbarer Verluste durch die Unterwasserkräfte. Sie dachten, im Ergebnis «warnungsloser» Torpedierungen von Handelsfahrzeugen würden sich die zivilen Besatzungen weigern, auszulaufen, die Frachtraten würden steigen und es käme sogar zu Panikreaktionen. Damit wäre die britische Regierung gezwungen, ihre Niederlage einzugestehen.

Das größte Problem bei diesen Spekulationen bestand darin, daß die «warnungslose» Versenkung gegen die bestehenden Regeln des Seekriegsrechts verstieß. Aber das hinderte die Marineführung des deutschen Imperialismus keineswegs daran, die U-Boote einzusetzen. In den Auseinandersetzungen, die seit Herbst 1914 in den herrschenden Kreisen des kaiserlichen Deutschlands geführt wurden, ging es nicht mehr um die Frage, ob, sondern wann der U-Boot-Handelskrieg beginnen sollte. Es ging letztlich nur darum, welcher Zeitpunkt und welche Form gewählt werden

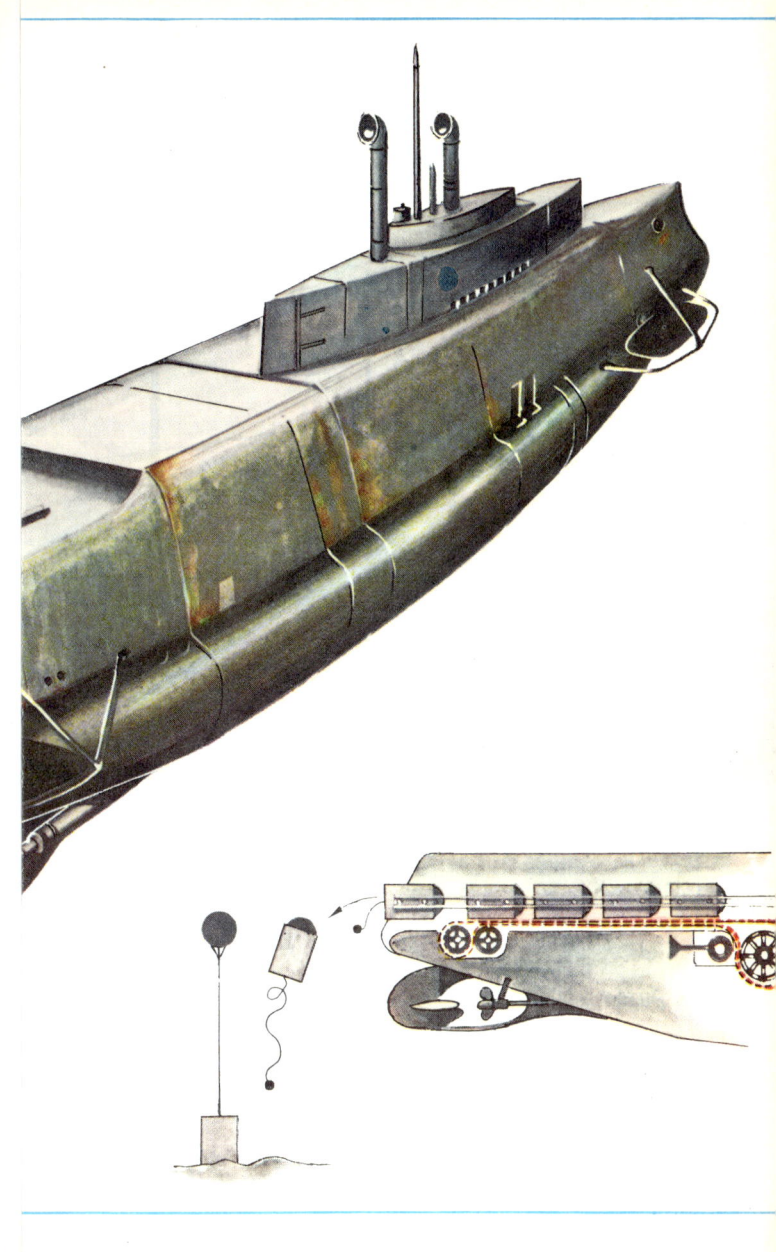

sollten, um nachteilige Folgen für die eigene Lage auszuschließen.

Unabhängig von den Überlegungen der Führungsebenen hatten die U-Boot-Kommandanten von sich aus begonnen, Handelsschiffe, die unter britischer Flagge fuhren, anzugreifen. Am 20. Oktober 1914 versenkte U 17, etwa 7 sm von der norwegischen Küste entfernt, den Dampfer «Glitra» nach Prisenordnung. In einem solchen Fall mußte das Kriegsschiff das Handelsfahrzeug anhalten, seine Papiere und Ladung kontrollieren, ob es entsprechend der allgemein anerkannten Listen Konterbande mit sich führte. Die in ein derartiges Verzeichnis aufgenommenen Güter, z. B. Waffen oder Geräte für die Streitkräfte, durften beschlagnahmt werden. Das Schiff mußte als Prise in einen Hafen gehen. In Ausnahmefällen konnte die Prise versenkt werden, wobei jedoch ausreichend für die Sicherheit der Besatzung gesorgt werden mußte. Die Erfüllung dieser Bedingungen war U-Booten nur in geringem Umfang möglich. Dies war für die Befürworter des uneingeschränkten U-Boot-Krieges der Hauptgrund für ihre ablehnende Haltung gegenüber der Prisenordnung. Fiel doch hierbei der psychologische Faktor, die «Abschreckung», weg. Zunächst handelten weitere Boote, so U 21 im Kanal, nach diesem Beispiel. Immerhin versenkten die U-Boote bis Ende Januar 1915 10 Schiffe mit 20103 BRT.

Um die Zielsetzung und den Charakter der weiteren Seekriegführung begannen um den Jahreswechsel 1914/15 in der deutschen Marineführung Auseinandersetzungen, in denen sich 2 Auffassungen herausschälten. Eine, u. a. vertreten vom Chef des Stabes der Hochseeflotte, Kapitän zur See Zenker, forderte den Kampf auf See «energischer» zu führen und die Zusammenarbeit von U-Booten, Luftschiffen und Hochseeflotte enger zu gestalten. Dabei blieb das Ziel eine Seeschlacht, die jedoch aktiver gesucht werden sollte. Das bedeutete im wesentlichen die Fortsetzung des bisherigen Vorgehens, wenn auch in einer etwas modifizierten Art und Weise.

Eine andere Gruppe, zu deren Sprecher sich Tirpitz machte, trat für den konzentrierten Einsatz der U-Boote gegen den Seeverkehr von und nach Großbritannien ein. Dieser Teil der Marineoffiziere fand lebhafte Unterstützung in den reaktionärsten und aggressivsten Kreisen des deutschen Monopolkapitals und seiner Apologeten. Dem widersetzten sich zunächst Politiker und verantwortliche Offiziere der Marineführung, unter ihnen der Chef des Admiralstabes, der den Gedanken des Handelskrieges mit U-Booten aus völkerrechtlichen Erwägungen ablehnte. Nachdem sich jedoch bis Ende 1914 die Seekriegslage nicht verändert hatte und auch an den Landfronten alles wider die Planungen lief, blieb, wie es in einer Denkschrift aus dem Auswärtigem Amt hieß, nur noch die Frage übrig, «wann die Maßregel (die Errichtung einer U-Boot-Blockade um die britischen Inseln — d. Verf.) ohne Schädigung unserer Lage ergriffen werden darf». Die Beantwortung dieser Frage blieb bis 1917 das Hauptproblem in den Auseinandersetzungen um den U-Boot-Krieg.

Schließlich stimmten der Reichskanzler von Bethmann-Hollweg am 2. Februar und Wilhelm II. am 4. Februar 1915 der Eröffnung des U-Boot-Handelskrieges in Form einer Blockade der britischen Inseln zu. Eine vom 4. Februar datierte Veröffentlichung des Chefs des Admiralstabes erklärte die Gewässer um Großbritannien und Irland einschließlich des Kanals zum Kriegsgebiet. In diesen Gewässern wurde die warnungslose Vernichtung aller britischen Schiffe angedroht und die Möglichkeit der Zerstörung neutraler Fahrzeuge in Aussicht gestellt. Um den Neutralen eine Frist zu geben, in der sie sich auf diese Bedingungen einstellen konnten, legte man den Beginn des U-Boot-Krieges auf den 18. Februar fest. Von besonderem Gewicht war, daß die Erklärung des Admiralstabes keine Garantie für Menschenleben übernahm und daß die neutrale Schiffahrt bedroht wurde. Auf Grund der sofortigen Proteste der Neutralen, insbesondere der USA, erhielten die U-Boote den Befehl, US-amerikanische und italienische Schiffe besonders rücksichtsvoll zu behandeln.

Die Richtlinien für den schließlich am 22. Februar begonnenen U-Boot-Krieg befahlen: Der U-Boot-Krieg ist mit allem Nachdruck zu führen; feindliche Handelsschiffe sind zu vernichten; neutrale Schiffe sollen geschont werden. Der letzte Punkt schränkte ein, daß neutrale Kennzeichen noch keine Gewähr für die Nationalität wären. Für den Fall der Verwechslung wurden die U-Boot-Kommandanten von der Verantwortung entbunden.

Für die Durchführung des U-Boot-Handelskrieges standen der

deutschen Marine im Februar 1915 27 Boote zur Verfügung. Davon befanden sich am 22. Februar 8 in Reparatur, 5 in der Abnahme und ein Boot auf der U-Boot-Schule, so daß effektiv 13 Boote im Kriegsgebiet stehen konnten. Die U-Boot-Kräfte der Kaiserlichen Marine unter dem Führer der U-Boote (F. d. U.), Korvettenkapitän Hermann Bauer, waren noch wie zu Kriegsbeginn in die I. und II. U-Boot-Flottille zu je 2 Halbflottillen gegliedert. Stützpunkt der I. Flottille war Helgoland, der II. Flottille Emden.

Der F. d. U. hatte für die Führung des U-Boot-Handelskrieges die Besetzung von 3 Stationen vorgesehen: 1. Westküste Englands; 2. Südküste (Englischer Kanal); 3. Ostküste Englands zwischen Firth of Forth und dem Tyne. Die Dieselboote sollten an der West-, die petroleumgetriebenen Boote an der Süd- und die neuesten U-Boote an der Ostküste operieren.

Alle im beginnenden Handelskrieg eingesetzten U-Boot-Typen stammten aus der Zeit vor Kriegsausbruch. Auf Grund der großen Terminverzögerungen bei den Bauzeiten kam Anfang Februar 1915 als letzter Friedensauftrag U 41 zur Ablieferung. Ursprünglich geplanter Termin war der 1. August 1914 gewesen. So konnten bei diesen Bauten die Kriegserfahrungen nur in sehr begrenztem Umfang berücksichtigt werden. Dennoch hatte sich in dem ersten Kriegshalbjahr die Kampfkraft der U-Boote erhöht. Dies resultierte insbesondere aus den zunehmenden Kriegserfahrungen der Besatzungen sowie aus den Detailveränderungen an den Booten.

Allgemein erwies sich, daß die Boote und Besatzungen weit leistungsfähiger waren, als man in der Vorkriegszeit angenommen hatte. Umbauten erhöhten die Seefähigkeit und den Kampfwert der Boote. So bekamen die deutschen Boote feste Schutzbleche um die offenen Brücken, die bisher bestenfalls mit Segeltuchplanen geschützt wurden. Dadurch erhielt die Brückenwache besseren Schutz vor überkommender See während langer Fahrten. Nach dem Ausbau der an Bord befindlichen Telefonbojen wurden Netzabweiser auf den Booten installiert u. a. m. Von besonderer Bedeutung war die Verkürzung der Tauchzeit auf 1 bis 2 Minuten durch Vergrößerung der Flutöffnungen und der Entlüftungsleitungen, die jetzt unmittelbar ins Freie führten. Die

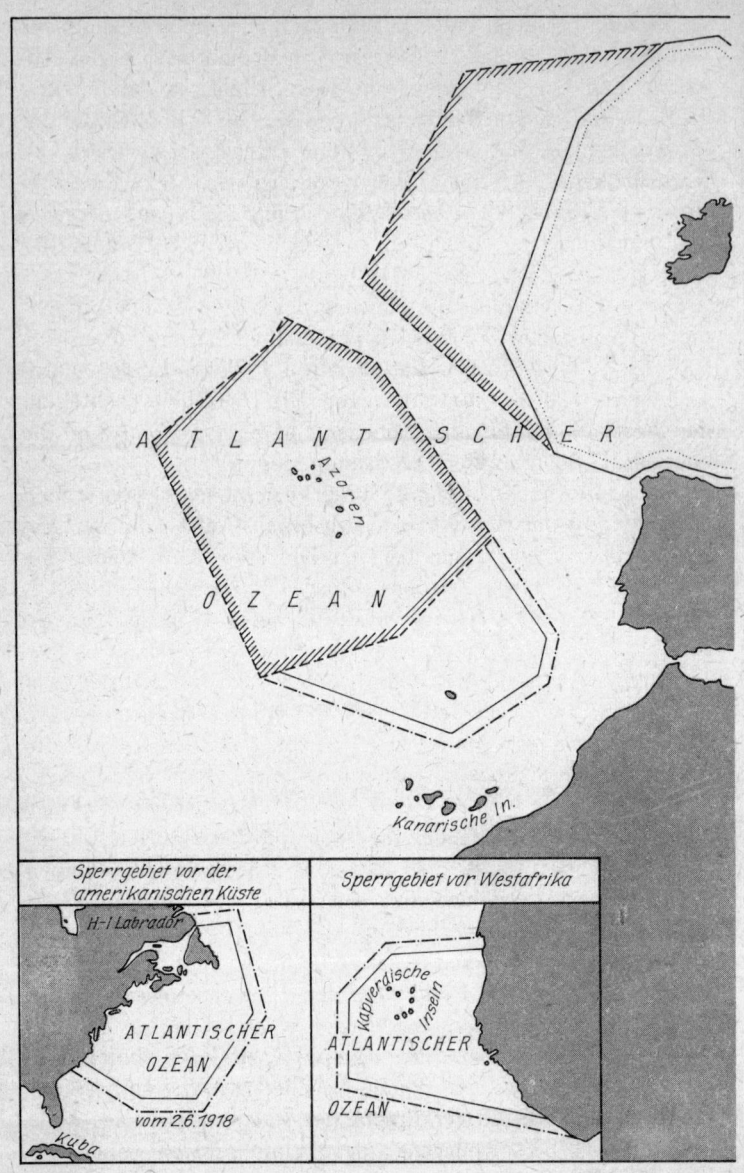

Die U-Boot-Sperrgebiete der Kaiserlichen Marine 1917/18

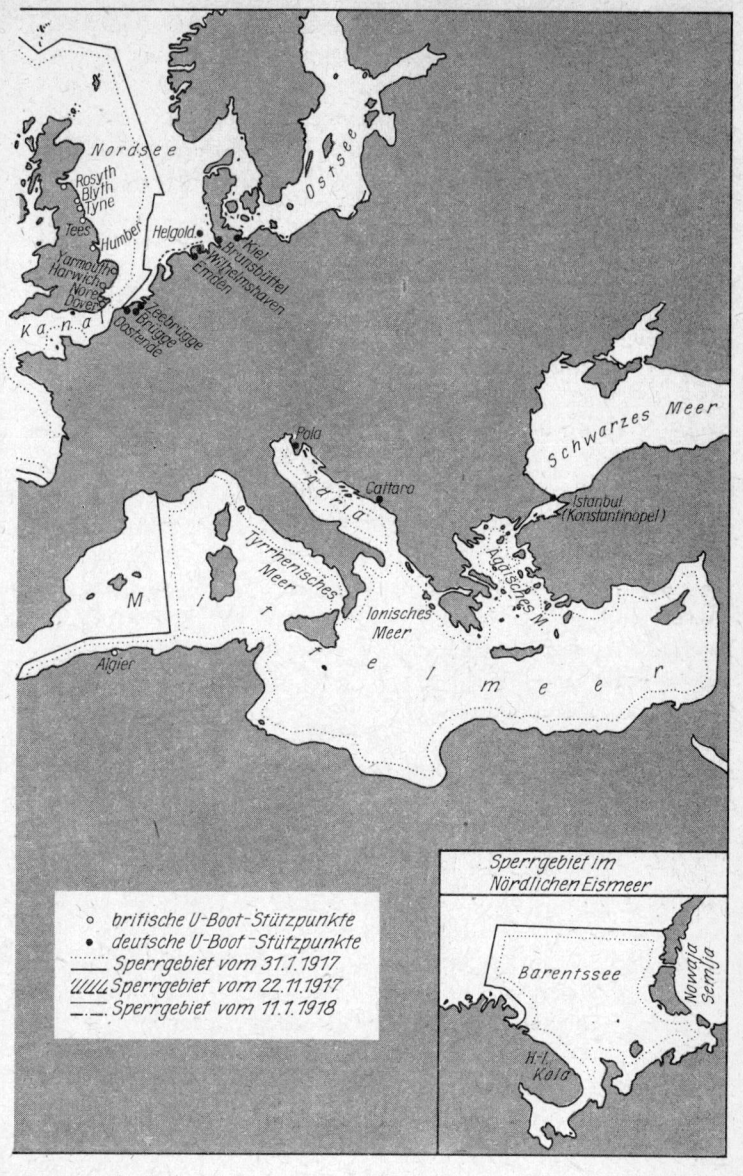

Nordsee

Ostsee

Rosyth
Blyth
Tyne
Tees
Humber   Helgold.
Yarmouth   Kiel
Harwich.   Brunsbüttel
Nore   Wilhelmshaven
Dover   Emden
K a n a l
        Zeebrügge
        Brügge
        Oostende

Pola

A d r i a

Cattara

Tyrrhenisches
Meer

M   i   t
Algier

Ionisches
Meer

Schwarzes Meer

Istanbul
(Konstantinopel)

Ägäisches M.

t   e   l   m   e   e   r

- o britische U-Boot-Stützpunkte
- ● deutsche U-Boot-Stützpunkte
- ...... Sperrgebiet vom 31.1.1917
- ⁓⁓⁓ Sperrgebiet vom 22.11.1917
- —·—· Sperrgebiet vom 11.1.1918

Sperrgebiet im
Nördlichen Eismeer

Barentssee

Nowaja
Semlja

H.-l.
Kola

Tauchdauer des einzelnen Bootes stellte sich als viel länger heraus, als man unter Friedensbedingungen angenommen hatte. Durch Kampfhandlungen gezwungen, mußte U 20 $11\frac{1}{4}$ Stunden unter Wasser bleiben, was Besatzung und Boot ohne Schaden überstanden. So zeigte sich nach den ersten Kriegswochen, daß das U-Boot ein brauchbares, wenn auch weiter technisch verbesserungsfähiges Kampfmittel war.

Der im Februar 1915 begonnene U-Boot-Einsatz war eine auf unmittelbare und rasche Wirkung zielende Maßnahme. Vorherrschendes operatives Bestreben in der Marine und ihrer Führung blieb eine «Seeschlacht» der schweren Überwasserkräfte. Die Führungsorgane der Kaiserlichen Marine waren nicht bereit, ihre Auffassungen vom Seekrieg und ihre Operationspläne radikal zu ändern. Eine weitergehende Vorstellung entwickelte in einer Denkschrift vom 1. Februar 1915 der Chef des 1. Geschwaders der Hochseeflotte, Admiral Lans. Nach seinem Vorschlag sollte der Schwerpunkt der Seekriegführung der Hochseeflotte in die Ostsee verlegt werden. In der Nordsee sollte sich die Kaiserliche Marine auf den U-Boot-Handelskrieg, den Minenkrieg und die Ausnutzung der Deutschen Bucht zu begrenzten Operationen beschränken. Lans' Vorschläge fanden nicht nur keine Resonanz, er wurde gezwungen, seinen Abschied zu nehmen.

Von den gegen den britischen Seehandel eingesetzten U-Booten befanden sich nach den ersten Erfahrungen jeweils ein Drittel im Operationsgebiet, ein Drittel auf dem Hin- oder Rückmarsch und ein Drittel wurde technisch überholt. In absoluten Zahlen ausgedrückt, hieß das bei den vorhandenen U-Booten, daß sich selten mehr als 3, in der Regel aber weniger, im Einsatzraum befanden.

Die Taktik der im Handelskrieg eingesetzten U-Boote war denkbar einfach. Sie liefen in die 3 genannten Seegebiete, wo sie in Erwartung der ein- oder auslaufenden Schiffe kreuzten. Während des Kreuzens auf den vorher festgelegten Stationen, die so ausgewählt waren, daß sie in den bekannten Ballungsgebieten des Seeverkehrs lagen, versuchte jeder Schiffskommandant, so viele Handelsschiffe wie möglich aufzubringen. Nach Verbrauch der Vorräte bzw. der Torpedos oder Granaten lief jedes Boot wieder seinen Stützpunkt an. Da das Einbringen der Schiffe als Prise nur in den seltensten Fällen möglich war, wurden die Schiffe, nachdem die Besatzungen in die Boote gegangen waren, versenkt. Für das Versenken der Schiffe benutzten die U-Boot-Kommandanten in erster Linie das Geschütz oder die Sprengladung. Erst an zweiter Stelle stand der Torpedo. Die Gründe hierfür lagen in der Schwierigkeit, bei jedem Wetter einen gezielten Über- oder Unterwassertorpedoschuß abzugeben, sowie in der begrenzten Anzahl der Torpedos an Bord der U-Boote. Der erhöhten Bedeutung des Geschützes beim Einsatz gegen Handelsschiffe Rechnung tragend, erhielten seit Frühjahr 1915 alle U-Boote 88-mm- oder 105-mm-Kanonen. Der warnungslose Unterwassertorpedoschuß bildete in dieser Phase des U-Boot-Einsatzes die Ausnahme. Von den 116 von Anfang Mai bis Juli 1915 versenkten Schiffen wurden nach dem amtlichen deutschen Seekriegswerk, «Der Krieg zur See 1914—1918», 22 durch Unterwassertorpedoschuß und 94 mit Geschützfeuer bzw. durch Sprengladung zerstört.

Der Einsatz gegen die Handelsschiffahrt hatte bestimmte Veränderungen an den technischen Details der Boote zur Folge. Am auffälligsten war die durchgehende Ausrüstung mit Geschützen aus nichtrostendem Material. Zugleich wurde der Gefechtssatz an Artilleriemunition erhöht. Gegen Minenankertaue und U-Boot-Netze baute man um die vorspringenden Teile der Boote Minenabweiser. Die Netzsägen auf dem Bug der Fahrzeuge waren zugleich Teil der Sende- und Empfangsantenne der Funkanlage. Schließlich kamen im Frühjahr 1915 2 völlig neue U-Boot-Konstruktionen zum Einsatz.

In Zusammenhang mit der in Kürze zu erwartenden Besetzung der belgischen Küste mit Brügge und seinen Vorhäfen Zeebrügge und Ostende durch deutsche Truppen und angesichts der langen Bauzeiten für große Boote kam die Idee auf, kleinere und schnell zu bauende U-Boote zu entwerfen. Die ersten diesbezüglichen Überlegungen stammten bereits vom August 1914. Der neue Typ mußte in kurzer Bauzeit und hoher Stückzahl herzustellen sein. Dabei nahm man einen kleineren Aktionsradius und eine schwache Bewaffnung in Kauf. Nach Ausarbeitung mehrerer Entwürfe genehmigte das Reichsmarineamt am 5. Oktober 1914 den Bau von 15 Booten eines UB genannten Typs. Wegen ihrer geringen

Größe, sie verdrängten nur 127 t über Wasser, wurden sie in Ein-
hüllenbauweise mit nur einer Schraube konstruiert. Tauchtanks,
Regler und Bunker befanden sich im Druckkörper. Ausgehend
von der in der Marine vorherrschenden Tauchbootkonzeption
hatten die UB-Boote, entgegen den Einhüllenfahrzeugen der britischen und der US-amerikanischen Marine, eine für die Überwasserfahrt geeignete Rumpfform. Dem vom Druckkörper gebildeten
Außenschiff wurden ein Bug- und ein kleines Heckteil aufgesetzt.
Als Überwasserantrieb diente ein 60 PS Beibootdiesel, für die
Unterwasserfahrt eine 120 PS E-Maschine. Mit diesem Antrieb
erreichten die UB-Boote über Wasser bei 5 kn Geschwindigkeit
einen Fahrbereich von 1600 sm. Unter Wasser kamen sie auf
eine Höchstgeschwindigkeit von 5,5 kn. Eine für die damalige
Zeit beeindruckende Besonderheit war die kurze Tauchzeit von
nur 22 Sekunden. Als Bewaffnung trugen die Boote 2 Bugtorpedorohre für 450-mm-Torpedos und ein 8-mm-Maschinengewehr.

Die ersten UB- und UC-Boote

	UB 1 bis UB 17	UC 1 bis UC 10
Besatzung	14	14
Verdr. in t	$\frac{127}{142}$	$\frac{168}{183}$
Länge in m	28,1	34,0
Breite	3,2	3,2
Antrieb in PS	$\frac{1 \times 60}{1 \times 120}$	$\frac{1 \times 90}{1 \times 175}$
Geschw. in kn	$\frac{6,5}{5,5}$	$\frac{6,2}{5,2}$
Fahrb. sm/kn	$\frac{1650/5}{45/4}$	$\frac{750/5}{50/4}$
Bewaffnung		
Torpedorohre	2	12 Minen
Torp.-Vorrat/Kal. mm	$\frac{2/450}{1\,\text{MG}}$	

Ebenfalls im Oktober 1914 begann der Bau von Minen-U-Booten auf der Basis des UB-Typs. Während das Achterschiff und der Turm im wesentlichen von den UB-Konstruktionen übernommen wurden, mußte das Vorschiff für die Aufnahme der Minen völlig neu konstruiert werden. Die Boote bekamen, um die Minen auch während der Fahrt legen zu können, 6 schräg angeordnete Schächte, in denen 12 Minen lagerten. Die ersten, als UC bezeichneten Typen wurden am 23. November 1914 bestellt und kamen im Frühjahr 1915 zur Flotte.

Am 29. März 1915 wurde die aus UB-Typen bestehende U-Boot-Flottille Flandern in Dienst gestellt. Es war der erste U-Boot-Verband in der Kaiserlichen Marine außerhalb des Bereichs des F.d.U. Die Flandern-Flottille gehörte zum Marinekorps, dem der Küstenschutz in Belgien und die in Küstennähe handelnden Teile der Landfront unterstellt waren. Der Kommandierende Admiral des Marinekorps hatte eine Immediatstellung inne, das heißt, er hatte direkten Zugang zum Kaiser. Am Tage der Indienststellung bestand die U-Boot-Flottille Flandern aus 4 UB-Booten. Bis zum September 1915 kamen 5 weitere UB- und 8 UC-Boote hinzu.

Die Nähe der britischen Küste schuf günstige Einsatzmöglichkeiten für die von den belgischen Stützpunkten aus operierenden Boote. So betrug die Entfernung von Brügge bis zur Themsemündung nur 70 sm. Durch den relativ kurzen Anmarschweg wurde die Einsatzdauer dieser U-Boote gegenüber den Flottillen, die aus den Stützpunkten in der Deutschen Bucht operierten, sehr effektiv. Auf der anderen Seite war die Flandern-Flottille infolge der unmittelbaren Nähe der Landfront und der Vorherrschaft der britischen Flotte im Kanal direkt gefährdet, d.h. von der Land- und der Seeseite. Hinzu kam die zusätzliche Bedrohung aus der Luft, da die Stützpunkte im Aktionsbereich der Fliegerkräfte des Gegners lagen. Gegen diese Gefährdung wurden erstmals U-Boot-Bunker errichtet. Zugleich verstärkte man die aktive und passive Küstenverteidigung durch Minensperren, Küstenbatterien u.a.m. Nicht zuletzt wurden die U-Boote selber zur Sicherung der belgischen Küste herangezogen.

Eine Besonderheit der Flandern-Flottille war, daß ihre ersten Boote auf dem Schienenwege an den Einsatzort gelangten. In

Einzelteile zerlegt, transportierte man sie mit der Eisenbahn bis Antwerpen, wo sie zusammengebaut wurden. Auf dem nach Brügge führenden Binnenkanal fuhren die Boote schließlich in ihre Stützpunkte.

Die UB-Typen, technisch zwar gelungen, konnten jedoch bald den schnell wachsenden Anforderungen des Kriegseinsatzes nicht mehr entsprechen. Ihre Seeausdauer war zu gering, die Bewaffnung genügte nicht, und vor allem erwies sich der Einwellenantrieb als völlig unzureichend. Wenn der Dieselmotor ausfiel, waren die Boote praktisch hilflos, da die Energie der Batterien nur für kurze Zeit die E-Maschine antreiben konnte. Schließlich war auch die Überwassergeschwindigkeit zu gering. Sie wurde von vielen Handelsschiffen übertroffen. Damit konnten diese Boote die ihnen gestellte Aufgabe, den Seeverkehr anzugreifen, nur bedingt erfüllen. Das führte zu Modifizierungen in der Angriffstaktik, so zum Befehl des Flottillenchefs, auch gegen Handelsschiffe getaucht zu operieren und den Unterwassertorpedoschuß anzuwenden.

Noch im Frühjahr 1915 arbeitete die U-Boot-Inspektion daher an dem Entwurf eines vergrößerten Küstenbootes, das dann die Typenbezeichnung UB II bekam. Man verzichtete nun auf die Bahntransportfähigkeit und schuf einen erheblich größeren Typ als den UB I genannten Vorgänger. Von 2 Dieselmotoren angetrieben, erhielt er eine höhere Überwassergeschwindigkeit und einen größeren Aktionsradius. Für die im folgenden übereinander angeordneten 2 Bugtorpedorohre mit einem Kaliber von 500 mm führten die Boote 4 Torpedos mit. Eine 50-mm-Kanone vervollständigte die Bewaffnung. Zu den Verbesserungen gehörten auch ein zweites Sehrohr und eine weiterentwickelte Antennenanlage.

Zu den ersten deutschen U-Booten, die im Mittelmeer und im Schwarzen Meer handelten, gehörten ebenfalls die UB-Typen. Ähnlich wie die Flandernboote, wurden sie, in mehrere Teile zerlegt, mit der Bahn befördert. Im Stützpunkt der österreichisch-ungarischen Marine Cattaro (Kotor) zusammengebaut, gingen sie auf dem Seeweg nach Konstantinopel. Sie sollten als U-Boote der Mittelmeerdivision die Verteidigung der Dardanellen gegen die Landungsoperation der Briten und Franzosen unterstützen.

U 21 gelangte mit einem Zwischenaufenthalt in Cattaro erstmals auf dem Seeweg bis zu den Meerengen. Im Mai 1915 versenkte U 21 die zum Küstenbeschuß eingesetzten britischen Linienschiffe «Triumph» und «Majestic», worauf die Flottenkräfte der Entente zurückgezogen wurden. Damit entlastete das U-Boot die Verteidigung der Dardanellenfront erheblich. Einige der UB-Boote transportierten, da der Landweg in die Türkei nicht benutzbar war, aus Österreich wichtige Ersatzteile und Zünder zum türkischen Verbündeten.

Nachdem am 23. Mai 1915 Italien Österreich—Ungarn den Krieg erklärt hatte, schickte der deutsche Admiralstab weitere Boote in das Mittelmeer. Sie bildeten zunächst die U-Boot-Halbflottille Pola. Da sich das imperialistische Deutschland zunächst noch nicht im Kriegszustand mit Italien befand, setzten die deutschen Boote bei Handlungen gegen italienische Schiffe die österreichische Flagge. Dennoch unterstand die U-Boot-Halbflottille Pola weiter dem Admiralstab der Kaiserlichen Marine. Bis zum September 1915 verlegten 13 U-Boote in das Mittelmeer, davon waren 4 UB- und 4 UC-Typen. Ihre wichtigste Aufgabe bestand darin, die Zufuhr zu den alliierten Fronten auf dem Balkan und in Kleinasien zu stören. Aber ebenso wie im Jahre 1914, griffen die U-Boot-Kommandanten, wenn sich die Gelegenheit bot, auch Handelsschiffe der gegnerischen Staaten an.

Auf dem Ostseekriegsschauplatz handelten die Boote der V. U-Boot-Halbflottille, aus der die V. U-Boot-Flottille bzw. die U-Flottille Kurland hervorging. Die dem Ostseebefehlshaber unterstellten Boote gehörten in der Regel, ähnlich wie bei den Überwasserkräften, zu den älteren Konstruktionen. Zusätzlich kamen jedoch in diesem Seegebiet auch moderne Boote der Nordseeflottillen zum Einsatz. Die U-Boote in der Ostsee operierten in erster Linie im Interesse der Überwasserkräfte, die Handelskriegführung spielte nur eine untergeordnete Rolle. Die Lage der Kaiserlichen Marine und ihrer U-Boote ähnelte auf diesem Seekriegsschauplatz der der britischen Flotte in der Nordsee.

Der eingeschränkte U-Boot-Handelskrieg in der Nordsee und den Gewässern um Großbritannien führte 1915 unausweichlich zu diplomatischen Verwicklungen. Erste Versenkungen neutraler Schiffe im Kriegsgebiet, eines niederländischen und eines norwegischen Dampfers, konnten noch durch Schadenersatzzahlungen ausgeglichen werden. Folgenschwerer war die Torpedierung des britischen Passagierschiffes «Lusitania», mit dem auch US-amerikanische Bürger untergingen. Dieses Ereignis, das nach neueren bürgerlichen Untersuchungen ein erwünschtes, wenn nicht sogar arrangiertes Geschehen im Sinne der britischen Regierung gewesen sein soll, führte zu heftigen Protesten der USA-Regierung. Das Verhältnis zwischen dem kaiserlichen Deutschland und den USA, die handfeste ökonomische Interessen mit Großbritannien und anderen Ententestaaten verbanden, verschlechterte sich daraufhin zusehends. Weiteren Zündstoff bot die Versenkung des britischen Dampfers «Arabic», auf dem ebenfalls Bürger der USA mitfuhren. Die militärische und politische Führung des kaiserlichen Deutschlands, die zu diesem Zeitpunkt keinen Bruch mit den USA oder einem anderen neutralen Land wünschte, drängte auf Rücksichtnahme in der Führung des U-Boot-Handelskrieges. Da die Marineführung dem nicht zustimmen wollte, befahl schließlich der Chef des Admiralstabes, Admiral von Holtzendorff, am 18. September 1915 die Einstellung des Einsatzes der U-Boote gegen den britischen Seeverkehr an der Westküste Englands und im Kanal.

Damit endete die erste Phase des Einsatzes von U-Booten im Handelskrieg auf einem Hauptseekriegsschauplatz. Der unmittelbare Erfolg, den sich Teile der deutschen Marineführung von der «Abschreckung» erhofft hatten, war nicht eingetreten. Die Versenkungsziffer war, berücksichtigt man die Anzahl der eingesetzten U-Boote, relativ hoch. Sie genügte aber bei weitem nicht, um Großbritannien kapitulationsreif zu «torpedieren». Von Februar bis September 1915 hatten die deutschen U-Boote 493 Schiffe mit 807 139 BRT versenkt. Zur selben Zeit gingen 15 U-Boote verloren, während 40 neue Boote, darunter 9 Flotten-Boote und 31 UB- bzw. UC-Boote in Dienst gestellt wurden.

Bereits vor dem Septemberbefehl des Admiralstabchefs hatten sowohl die Verluste als auch die relativ geringen Indienststellungen von U-Booten sowie die geographische Ausweitung des U-Boot-Krieges zum Erliegen des Handelskrieges mit U-Booten um die britischen Inseln geführt. Im September befanden sich schließlich 2 U-Boote gegenüber 6 U-Booten in den vorhergegangenen Monaten in See. Das bedeutete, daß nicht die «Behinderung» durch einschränkende Befehle den U-Boot-Einsatz scheitern ließ, sondern die unrealistische Aufgabenstellung.

In den nun folgenden Monaten bis zum Beginn des uneingeschränkten U-Boot-Einsatzes, also von September 1915 bis Februar 1917, erhielten die U-Boot-Kräfte der Kaiserlichen Marine sehr unterschiedliche Aufgaben. Sie hingen vom Seekriegsschauplatz und den dort vorhandenen Kräften und Mitteln ab. Im Mittelmeer stand die Handelskriegführung weiterhin im Mittelpunkt. Durch diesen Raum verliefen wichtige Seeverbindungen der Entente. Die Gefahr eines Konflikts mit dem stärksten neutralen Land, den USA, war relativ gering. Auch hatten die Vertreter des uneingeschränkten U-Boot-Krieges, denen es um «Alles oder Nichts» ging, den Nebenseekriegsschauplatz Mittelmeer nicht so sehr im Blickpunkt.

Die U-Boote handelten hier fast unbemerkt, in Anlehnung an die Prisenordnung. Im Mittelmeer, das zu dieser Zeit nicht zum Kriegsgebiet erklärt worden war, durften gegnerische Transporter und bewaffnete britische Handelsdampfer angegriffen werden. Es kam zu verschiedenen formalen Modifikationen der Angriffsverfahren. Vom 15. Juli 1916 an durften z. B. alle Handelsschiffe gegnerischer Staaten, ob bewaffnet oder unbewaffnet, auf den Nachschubrouten für die Ententetruppen auf dem Balkan und in Kleinasien warnungslos versenkt werden. Ein Befehl vom 12. Oktober desselben Jahres ließ den Handelskrieg nach der Prisenordnung zu und gab bewaffnete Handelsschiffe für jeden Angriff frei. Die sich ständig ändernden Weisungen für die Handelskriegführung hatten auf den Einsatz der U-Boote und die konkreten Ergebnisse ihrer Operationen geringen Einfluß. Im Bereich des Mittelmeeres gelang U 35 in der Zeit vom 26. Juli bis 20. August 1916 das erfolgreichste Unternehmen im U-Boot-Handelskrieg: 54 versenkte Schiffe mit insgesamt 90 350 BRT. In der Periode von Oktober 1915 bis Januar 1917 erreichte die U-Boot-Flottille Pola durch Torpedos, Artillerie, Sprengpatronen und Seeminen ein Versenkungsergebnis von 519 Schiffen mit 1 417 022 BRT. Die hier genannten Zahlen, die dem amtlichen Seekriegswerk entnommen sind, liegen neuesten Untersuchungen zufolge zu hoch.

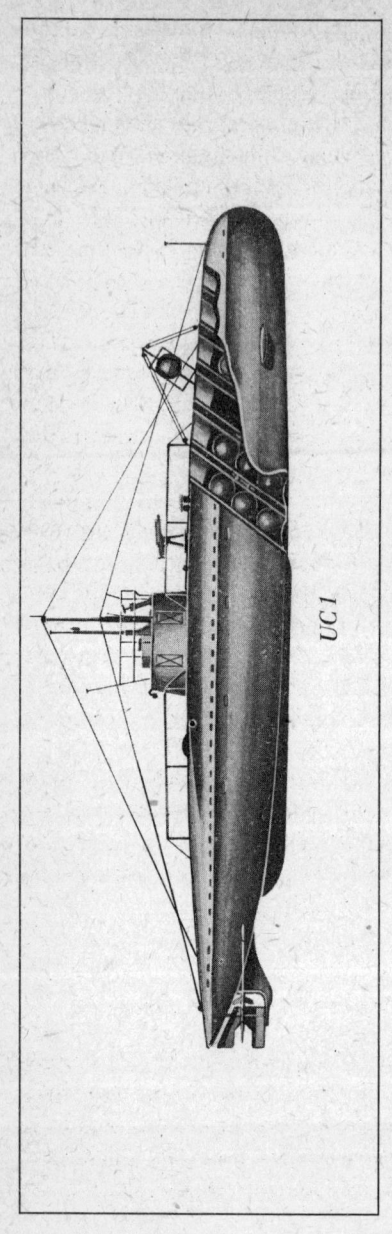

UC1

Die kaiserliche Marineführung setzte die U-Boote nicht auf allen Seekriegsschauplätzen im Handelskrieg ein. Ihr Ziel war es, von der politischen Führung die Erlaubnis für den uneingeschränkten U-Boot-Einsatz zu erzwingen. Deshalb hielt man es für angebracht, einer chauvinistischen Öffentlichkeit angebliche politische «Hemmnisse» zu demonstrieren. So kam es in der Zeit bis Februar 1917 zu vielen, sich überlagernden und zum Teil schwer zu vergleichenden Einsatzformen der U-Boot-Kräfte. Nicht in allen diesen Fällen lag bewußtes Vorgehen zugrunde. Vielmehr widerspiegeln sich darin vor allem die Konzeptionslosigkeit und der mangelnde Realitätssinn der Seekriegführung des imperialistischen Deutschlands. So führte schon die unklare Führungsstruktur der Marine mit ihren zahlreichen Immediatstellen dazu, daß die Flandern-Flottille anders vorgehen konnte, als die Mittelmeerboote und diese wiederum anders, als die Boote der Hochseeflotte.

Inkonsequent und den realen Verhältnissen nicht entsprechend, ging die Marineführung auch an die Baupolitik heran. Grundsätzlich war sie bis 1917 nicht bereit, sich eindeutig auf den Bau von U-Booten zu konzentrieren. Zugleich gab es keine klare Schwerpunktbildung auf einen oder wenige Bootstypen. Die Richtung im U-Boot-Bau wurde im wesentlichen von 2 Tendenzen bestimmt: einmal von dem Gedanken an einen weiteren, künftigen Krieg gegen Großbritannien, zum anderen von Ad-hoc-Lösungen für den gegenwärtigen Krieg. Dabei wurde im Grunde die derzeitige Handelskriegführung stets als Notlösung für den Augenblick angesehen, während U-Boote für die «Seeschlacht», wenn nicht in diesem, dann in einem zweiten Krieg das eigentliche Ziel blieben.

Zu den Augenblickslösungen gehörte im U-Boot-Bau die verstärkte Hinwendung zu den Minen-U-Booten. Die Seemine, einmal gelegt, konnte Handels- oder Kriegsschiffe vernichten, wobei die Verantwortung des entsprechenden Bootes und damit die Möglichkeit völkerrechtlicher Auseinandersetzung ausgesprochen gering blieb. Der Einsatz der Minen-U-Boote, insbesondere von Stützpunkten in Belgien aus, war eine der Hauptformen des Handelskrieges im Atlantik und im Kanal. Nach dem 18. September 1915, dem Zeitpunkt der Einstellung des eingeschränkten U-

Boot-Handelskrieges durch die Flotten-U-Boote und die Flandern-Flottille, nahm die Minenkriegführung merklich zu. So waren im Mai 1915 8 UB-Boote und 1 UC-Boot von Flandern aus im Einsatz. Im Juni waren es 9 UB- und 3 UC-Boote, im Juli 9 UB- und 4 UC-Boote, im August 8 UB- und 5 UC-Boote, im September 3 UB- und 6 UC-Boote.

Noch vor Einstellung des U-Boot-Krieges im Herbst 1915 begann man mit der Konstruktion eines neuen, größeren Minen-U-Bootes. Der UC II genannte Typ erhielt eine Wasserverdrängung von mehr als 400 t im aufgetauchten Zustand, konnte 18 naßgelagerte Minen in 6 Schächten mitführen und hatte neben Torpedobewaffnung eine 88-mm-Kanone. Da auf dem Vorschiff neben den Minenschächten die druckfesten Überwasserausstoßrohre angeordnet waren, befand sich das Geschütz zwischen Turm und Vorschiff in einer wannenartigen Vertiefung. Dieses charakteristische Merkmal brachte den Nachteil mit sich, daß die Geschützplattform bei bewegter See schnell überspült wurde. Um gute Überwassereigenschaften zu erzielen, war der Bootskörper nach dem Zweihüllenprinzip gebaut.

Bezeichnend für den Stellenwert des Mineneinsatzes ist, daß noch vor der Bewährung des neuen Typs die zu bauende Anzahl der Boote erhöht wurde. Anfänglich auf 21 festgelegt, veranlaßte Tirpitz, der sich Anfang 1916 der Angelegenheit persönlich annahm, den Bau von 31 Minen-U-Booten zusätzlich. Das war bis dahin die höchste Anzahl von Booten eines Typs, die die Kaiserliche Marine in Auftrag gab.

Welche Bedeutung man den Minen-U-Booten beimaß, zeigt die Konstruktion eines großen Boottyps mit trockengelagerten Minen. Hierbei versuchten die Konstrukteure eines der Probleme, die es bei den UC-Typen gab, nämlich die nasse Minenlagerung, zu lösen.

Bei den UC-Booten wurden die Minen in 6 Schächten mitgeführt, die, so beim UC II, im Vorschiff hintereinander durch den Druckkörper führten und dem Wasser oben und unten freien Zutritt ließen. In der Regel wurden die Minenschächte durch beiklappbare Grätings abgedeckt. Ein wesentlicher taktischer Nachteil dieser Konstruktion war, daß die vor Fahrtantritt in den Schächten eingelagerten Minen nicht mehr gewartet werden

	(U 71, U 72; U 75 bis U 80)
Besatzung	32
Verdr. in t	$\frac{755}{832}$
Länge Breite in m	56,8 5,9
Antrieb in PS	$\frac{2 \times 450}{2 \times 400}$
Geschw. in kn	$\frac{10,6}{7,9}$
Fahrb. sm/kn	$\frac{5\,800/7}{83/4}$
Bewaffnung Torpedorohre Torp.-Vorrat/Kal. mm	2 4/500
	1 88-mm-Kanone
	34 Minen

konnten. Aus diesem Grund mußten die Seeminen anfänglich innerhalb von 7, bei einem späteren Typ im Zeitraum von 21 Tagen gelegt werden. Eine günstigere Lösung bot sich erst nach der Konstruktion einer speziellen U-Boot-Mine, der sogenannten UE-Mine, die auf eigens hierfür konstruierten Booten durch Schleusen im Achterschiff ins Wasser gelassen wurde. Diese Minen konnten, da sie während der Fahrt im Bootsinnern blieben, auch nach dem Auslaufen eingestellt und gewartet werden. Auf diese Weise vergrößerten sich ihre Einsatzmöglichkeiten.

Der Entwurf eines entsprechenden Bootstyps, nach der Mine UE genannt, lag am 5. Januar 1915 vor. Er verdrängte über Wasser mehr als 700 t und war zugunsten einer möglichst schnellen Endfertigung ein Einhüllenboot. Mit Hilfe von in Satteltanks befindlichen Treibölbunkern konnte sogar ein Fahrbereich von 8 000 sm bei 7 kn erreicht werden. Neben 34 Minen hatten die UE-Boote

2 Torpedoausstoßrohre an Oberdeck, wobei das eine an Backbord des Vorschiffs und das andere an Steuerbord des Achterschiffs angebracht war. Eine 88-mm-Kanone befand sich hinter dem Turm.

Die Ursachen für die Konzeptionslosigkeit hinsichtlich des U-Boot-Baues im ersten Weltkrieg lagen nicht allein in subjektiven Fehlentscheidungen, wie es die bürgerliche apologetische Marinegeschichtsschreibung besonders nach dem ersten Weltkrieg darzustellen versuchte. In der Konzeptionslosigkeit zeigte sich der Widerspruch zwischen der Realität und den Anforderungen des Krieges sowie den vorherrschenden Seekriegs- und Seemachtvorstellungen in der Kaiserlichen Marine. Die relativ große Typenvielfalt der deutschen Unterwasserkräfte war letztlich eine der

Entwicklung der UB- und UC-Typen

Typ	UB I	UB II	UB III
Jahr	1914	1915	1916
Besatzung	14	22	34
Verdr. in t	127 / 142	263 / 292	516 / 651
Länge in m	28,1	36,1	55,3
Breite	3,2	4,4	5,8
Antrieb in PS	1 × 60 / 1 × 120	2 × 142 / 2 × 140	2 × 550 / 2 × 394
Geschw. in kn	6,5 / 5,5	9,2 / 5,8	13,6 / 8,0
Fahrb. sm/kn	1 650/5 / 45/4	6 500/6 / 45/4	8 500/6 / 55/4
Bewaffnung Kal. in mm Torp.-Rohrz.	2	2	5
Torp.-Vorrat/Kal.	2/450	4/500	10/500
Art. Z./Kal.	1 MG	1/50	1/88
Minen	—	—	—

Folgen des gleichzeitigen Strebens nach einer großen Überwasserflotte für die angestrebte Weltmachtstellung des deutschen Imperialismus und den Erfordernissen des derzeitigen Krieges. Die langen Bauzeiten waren nur eine der sichtbaren Konsequenzen dieses Widerspruchs. So fehlten am 1. Juli 1916 an den bereits bei Kriegsbeginn vergebenen 72 U-Booten immer noch 32. Der Ausweg der Marineführung aus dem Bauzeitproblem bestand in der Vergabe immer neuer, angeblich vereinfachter U-Boot-Typen. Den größten Nutzen daraus zogen die am Bau beteiligten Unternehmen, für die aus den hohen Kosten der kleinen Serien entsprechende Profite entsprangen.

Aus den geplanten kleinen, einfachen Booten wurden in der Regel immer wieder Typen mit mehr als 500 t Verdrängung. Die

UCI	UCII	UCIII
1914	1915	1916
14	26	32
$\frac{168}{183}$	$\frac{417}{493}$	$\frac{474}{560}$
34,0	49,4	56,1
3,2	5,2	5,5
$\frac{1 \times 90}{1 \times 175}$	$\frac{2 \times 250}{2 \times 230}$	$\frac{2 \times 330}{2 \times 385}$
$\frac{6,2}{5,2}$	$\frac{11,6}{7,0}$	$\frac{11,5}{6,6}$
$\frac{750/5}{50/4}$	$\frac{8\,340/7}{55/4}$	$\frac{8\,400/7}{40/4,5}$
$\frac{-}{-}$	$\frac{3}{7/500}$	$\frac{3}{7/500}$
1 MG	1/88	1/105
12	18	18

Entwicklung der UB- und UC-Typen war ein bezeichnendes Beispiel. Für den Handelskrieg in den britischen Gewässern genügte nach Auffassung der Marineführung ein mittleres Boot, stärker und größer als die vorhergehenden UB-Boote, aber kleiner und vor allem schneller zu bauen als die Ms-Typen. Nach dem Vorbild der UC-II-Typen konstruierte man ein Boot mit relativ großer Überwassergeschwindigkeit, weitem Fahrbereich und starker Offensivbewaffnung, den Typ UB III. Im Endeffekt hatte es eine Wasserverdrängung von über 500 t und an den langen Bauzeiten änderte sich nichts. Die Auslieferung der ersten Fahrzeuge zögerte sich bis zum November 1917 hin, so daß diese speziell für den Handelskrieg gedachten Kampfboote erst nach dem Februar 1917, dem Zeitpunkt der Eröffnung des uneingeschränkten U-Boot-Krieges, zur Flotte gelangten.

Neben Maßnahmen, die sich unmittelbar auf die Kriegführung richteten, erarbeiteten die Führungsstellen der Kaiserlichen Marine auch perspektivische Vorstellungen für die Entwicklung und den Bau von U-Booten. In hoffnungsloser Fehleinschätzung der militärischen Lage gingen diese Überlegungen von einem baldigen, siegreichen Kriegsende aus, dem ein zweiter Waffengang gegen Großbritannien folgen würde. So war es im Entwurf einer Denkschrift der U-Boot-Inspektion vom April 1915 zu lesen. Darin wurde die Auffassung vertreten, daß die Drohung mit dem U-Boot-Handelskrieg auch nach Kriegsende den Schutzschirm bilden würde, hinter dem die «Weltmacht» Deutschland eine angemessene Überwasserflotte aufbauen könnte. Für diesen Zweck sollten U-Boot-Kräfte in einer Stärke von 154 Booten — nicht eingerechnet die sehr kleinen UB- und UC-Boote — bis 1924 aufgestellt werden. Die britische Entwicklung nachvollziehend, schlug man in der Denkschrift den Bau von Booten mit Einheitsantrieb und dampfgetriebene Boote mit hohen Überwassergeschwindigkeiten vor.

Ähnlich weitzielende Absichten enthielt eine zweite, diesmal im Admiralstab erarbeitete Denkschrift vom 6. Januar 1916. Zu einem Zeitpunkt, da der erste Weltkrieg noch nicht beendet war, wurde für einen künftigen Krieg gegen Großbritannien die totale Blockade der britischen Inseln durch Minen und U-Boote vorgeschlagen. Als Bedarf an großen und kleinen Torpedo- und Minen-U-Booten berechneten die Verfasser eine Anzahl von 483. Diese Vorgaben sollten spätestens in 5 Jahren realisiert werden — angesichts der tatsächlichen Verhältnisse eine krasse Fehlrechnung, denn alle mit dem U-Boot-Bau beschäftigten Werften lieferten 1916 von den monatlich geplanten 12 Booten nur 9.

Auch beim Einsatz der tatsächlich vorhandenen U-Boote gab es keine klare Schwerpunktbildung, die trotz des Geredes von der Bedeutung des U-Boot-Handelskrieges der Lage wirklich entsprach. Grundsätzlich waren die kampfkräftigsten und zahlenmäßig stärksten U-Boot-Flottillen der Hochseeflotte unterstellt und wurden in deren Operationsgebiet eingesetzt. Entsprechend den immer noch vorhandenen Bestrebungen nach einer entscheidenden Seeschlacht erfolgte ihr Einsatz häufig im Interesse der Hochseeflotte. Die den U-Booten gestellten Aufgaben bestanden in der Aufklärung und im Angriff auf gegnerische Kriegsschiffe, wie an folgenden Beispielen kurz erläutert werden soll:

Für den Vorstoß der Hochseeflotte am 31. Mai 1916, der zur Schlacht vor dem Skagerrak führte, war vorgesehen, 6 bis 10 Boote des F.d.U. und 6 bis 8 Boote der Flandern-Flottille einzusetzen. Die U-Boote der Flotte sollten vor Scapa Flow, dem Moray Firth, dem Firth of Forth, dem Humber und nördlich der Insel Terschelling, die Flandern-Boote vor der Themse Aufstellung nehmen. Wichtigste Aufgabe war die Beobachtung der Grand Fleet und nach Aufklärung der Angriff auf die gegnerischen Streitkräfte. Da sich das Auslaufen der Überwasserkräfte verzögerte, änderte man den Plan für den U-Boot-Einsatz. 10 U-Boote erhielten nun den Befehl, vom 17./18. bis zum 22. Mai in einem Streifen von 15 bis 20 sm Länge und 100 bis 120 sm Breite zwischen Norwegen und Großbritannien nach gegnerischen Kriegsschiffen zu suchen. Vom 23. Mai an hatten sie die zugewiesenen Positionen vor den britischen Marinestützpunkten zu beziehen. Hier sollten die U-Boote in gegeneinander abgegrenzten Sektoren, deren Schnittpunkt in den Ausfahrten der Stützpunkte der Royal Navy lagen, Angriffschancen gegen Kriegsschiffe wahrnehmen. 3 Boote erhielten die Aufgabe, vor dem Firth of Forth, Moray Forth und westlich der Orkney-Inseln Minen zu legen.

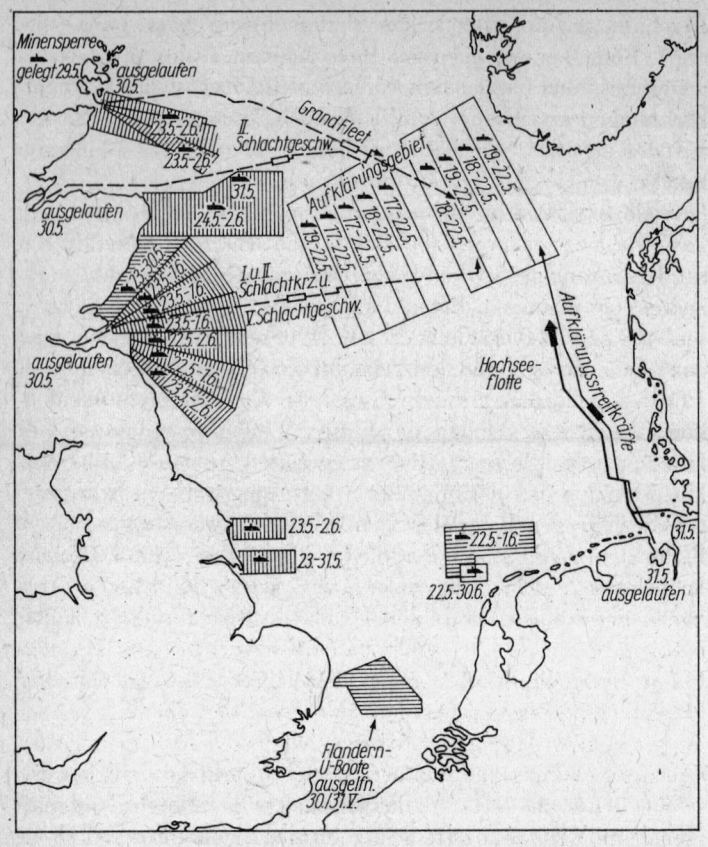

Handlungen der U-Boote der deutschen Hochseeflotte
und der Flandernflottille vor Beginn der Skagerrakschlacht
Ende Mai 1916

Die britische Flottenführung, die ebenfalls einen Vorstoß beabsichtigte, schickte, da ihr die zunehmenden Aktivitäten der Hochseeflotte nicht verborgen blieben, zu den bereits vor der Deutschen Bucht befindlichen U-Boot-Vorposten zusätzlich 2 Boote in die Nordsee. Die Einsatzgebiete dieser zusätzlichen Kräfte lagen vor dem Kattegat und vor Göteborg.

An der eigentlichen Schlacht vor dem Skagerrak, die sich im

Ergebnis der Aktivitäten beider Flotten entwickelte, nahm keines der U-Boote beider Seiten teil. Ihre Meldungen über den Gegner waren für beide Flottenchefs taktisch nicht auswertbar, da sie unklar blieben und häufig zeitlich überholt waren. U-Boot-Angriffe auf die aus der Schlacht zurückkehrenden Überwasserschiffe blieben erfolglos. Eine Spätwirkung hatten jedoch die von U-Booten gelegten Minensperren. In eine von ihnen lief der britische Panzerkreuzer «Hampshire» und sank. Insgesamt blieben die besonders auf deutscher Seite erhofften U-Boot-Erfolge aus.

Dennoch kamen U-Boote während des Vorstoßes der Hochseeflotte am 18. August erneut mit zum Einsatz. Die Grundidee des Chefs der Hochseeflotte, Admiral Scheer, bestand in dem seit 1914 von beiden Seiten immer wieder unternommenen Versuch, dem Gegner einen Hinterhalt zu legen. Um Teile der Grand Fleet in eine U-Boot-Falle zu locken, sollten Überwasserkräfte der Hochseeflotte den Köder bilden. Es wurden 3 U-Boot-Gruppen gebildet, die den Befehl erhielten, zunächst den Aufmarsch der Flotte zu decken. Nach deren Rückzug hatten die U-Boote sich so zu formieren, daß die zur Verfolgung eingesetzten britischen Verbände mit großer Wahrscheinlichkeit in ihre Aufstellung laufen mußten. Bei diesem Unternehmen hatte Scheer mehr Erfolg. Den U-Booten gelang es, die britischen Kreuzer «Nottingham» und «Falmouth» zu versenken.

Aus diesen Beispielen wird ersichtlich, daß die U-Boote als Teil der Seestreitkräfte auch auf deutscher Seite durchaus wirksam einzusetzen waren. In Bezug auf die genannten Unternehmen räumte Scheer das in seinen Erinnerungen auch ein, als er schrieb: «Die Verwendung unserer U-Boote in beweglichen Standlinien hatte den beabsichtigten Erfolg gehabt und verdiente jedenfalls den Vorzug gegenüber Wartestellungen vor den feindlichen Ausfallhäfen, die außerdem wertlos sein mußten, wenn die Schiffe bereits in See waren. Auch für die Aufklärung hatten diesmal die U-Boote gute Arbeit geleistet.» Dennoch konnten die U-Boote nicht die in sie gesetzten übertriebenen Erwartungen erfüllen und das Kräfteverhältnis im Seekrieg grundlegend verändern. Ihr Beitrag, und das zeigte ihr Einsatz durch die Hochseeflotte in den Monaten bis zum Beginn des uneingeschränkten U-Boot-Krieges, war ausschließlich von taktischem Wert. Alle Vorstellungen, die darüber hinausgingen, entsprachen nicht dem Stand der Entwicklung des Seekriegsmittels U-Boot. Unzufrieden mit dem bisher Erreichten, benutzten die Führung der Kaiserlichen Marine und Teile der herrschenden Klassen des imperialistischen Deutschlands die Erfahrungen des Seekrieges zugleich als Beleg für ihre Forderung nach dem uneingeschränkten U-Boot-Einsatz.

SEEKRIEG DER U-BOOTE. Bis zum Sommer 1916 gerieten die Mittelmächte in eine militärisch immer ungünstigere Situation. An keiner der Landfronten waren sie der «siegreichen» Beendigung des Krieges nähergekommen. Die Ermattungsstrategie des Chefs des Generalstabes, von Falkenhayn, führte 1916 zur Niederlage bei Verdun. Rumänien trat an der Seite der Entente in den Krieg ein, deren Streitkräfte durch ihre allgemeine strategische Offensive 1916 das kaiserliche Deutschland und seine Verbündeten hart in Bedrängnis brachten. Auch die Seekriegführung hatte dem deutschen Imperialismus keine wesentliche Entlastung gebracht. In der Schlacht vor dem Skagerrak hatte die Royal Navy zwar die größeren Verluste hinnehmen müssen, doch änderte ihre taktische Niederlage nichts an der allgemeinen Situation. In dieser Lage setzten sich die extrem militaristischen Kräfte mit der Schwerindustrie, den Junkern und ihren Propagandainstitutionen, insbesondere der Alldeutsche Verband und der Flottenverein, die seit Herbst 1914 für den uneingeschränkten U-Boot-Handelskrieg eintraten, durch.

Völlig eingestellt hatte die Kaiserliche Marine den Angriff auf den Seeverkehr nach Großbritannien zu keiner Zeit. Seit dem 11. Februar 1916 führten die U-Boot-Kräfte in der Nordsee den verschärften U-Boot-Krieg. Hierbei durften bewaffnete britische Handelsschiffe, ähnlich wie Kriegsschiffe, warnungslos angegriffen und versenkt werden. Aus Rücksicht auf die Haltung der USA-Regierung wurden seit Mitte Februar Passagierschiffe aus diesen Bestimmungen ausgenommen. Sie mußten geschont werden. Dennoch kam es am 24. März zur Versenkung der «Sussex», eines britischen Passagierdampfers mit USA-Bürgern an Bord. Erneute Proteste der USA-Regierung führten zur Zuspitzung des deutsch-amerikanischen Verhältnisses und zunächst zu dem Befehl des Admiralstabes, die U-Boote nur noch strikt nach Prisenordnung einzusetzen. Damit nicht einverstanden, befahl der Chef der Hochseeflotte, Admiral Scheer, den ihm unterstellten Flottillen, die Angriffe auf die Handelsschiffahrt gänzlich einzustellen. Die gleiche Haltung, in mancher Beziehung an eine Nötigung der politischen Führung erinnernd, nahm auch der Kommandierende Admiral des Marinekorps, von Schröder, ein. In den nächsten Monaten kam es in der Nordsee zum bereits erwähnten vorrangigen Einsatz der U-Boot-Kräfte im Interesse der Hochseeflotte. In beiden Verbänden jedoch wurde der Mineneinsatz, der die Handelsschiffahrt nicht unerheblich traf, nicht untersagt. Der U-Boot-Handelskrieg nach Prisenordnung dagegen ging im Schwarzen Meer und im Mittelmeer unabhängig von den Befehlen in den anderen Operationsgebieten weiter.

Dieses doppelbödige Verhalten, Befehle und Gegenbefehle, kennzeichnet die Führung des U-Boot-Krieges bis zum Februar 1917. Dies berührte das Einsatzergebnis der U-Boot-Kräfte letztlich sehr wenig, da es in erster Linie von Faktoren bestimmt wurde wie der Anzahl der einsatzfähigen Boote, ihrer Bewaffnung, Taktik und dem Ausbildungsstand der Besatzungen. Das politische Ringen um die Form des U-Boot-Einsatzes hat in erster Linie Gewicht als Teil der Auseinandersetzung innerhalb der herrschenden Klassen um die maximale Realisierung der Annexions- und Expansionsprogramme des deutschen Imperialismus. Die an diesen Konflikten beteiligte Marineführung gelangte zunehmend zu der Auffassung, mit dem uneingeschränkten U-Boot-Krieg den im Klassen- und Gruppeninteresse wirksamsten Beitrag zur Kriegführung des deutschen Imperialismus leisten zu können. Nach 1918 — und in Teilen der bürgerlichen Historiographie bis heute — diente der angeblich verspätete Zeitpunkt der Eröffnung des uneingeschränkten Einsatzes der U-Boote als Erklärung für ihre Niederlage. Einer gründlichen Analyse der Ereignisse hält diese Auffassung nicht stand.

Schon im Sommer 1916 gingen, entgegen den offiziellen Befehlen, aber mit Duldung ihrer unmittelbaren Vorgesetzten, einzelne Kommandanten der Flottenboote und der Flandern-Flottille zum Handelskrieg nach Prisenordnung über. Legalisiert wurde dieses Vorgehen durch einen entsprechenden Befehl in

Flandern bereits Mitte August. Auf Befehl des Chefs des Admiralstabes vom 6. Oktober, begannen schließlich 9 Tage später die Flottenboote den Handelskrieg nach Prisenordnung. Dabei hatte aber weniger die Art des Angriffs, sondern vielmehr die steigende U-Boot-Anzahl bis in das Jahr 1917 hinein eine stetige, wenn auch nicht gleichmäßige Erhöhung der britischen Tonnageverluste zur Folge.

Weit weniger von Erfolg gekrönt blieben die Einsätze der U-Boote gegen Kriegsschiffe. In den Jahren 1915/16 konnten 40 Kampfschiffe, darunter 6 Linienschiffe, 3 Panzer- und 3 Kleine Kreuzer, versenkt werden. Diese Zahlen, so bemerkenswert sie für das neue Seekriegsmittel U-Boot waren, hatten keine operativ-strategische Wirkung. Diese konnte nur, wie weite Teile der herrschenden Kreise im kaiserlichen Deutschland annahmen, der Einsatz der U-Boote gegen den britischen Seehandel bringen. Die gleiche Ansicht vertrat nun auch der Flottenchef. So lautete die Folgerung Scheers in seinem Schlußbericht zur Skagerrakschlacht: «... trotzdem kann kein Zweifel bestehen, daß selbst der glücklichste Ausgang einer Hochseeschlacht England in diesem Kriege nicht zum Frieden zwingen kann.» Aus diesem Grunde meinte er: «Ein sieghaftes Ende des Krieges in absehbarer Zeit kann nur durch Niederringen des englischen Wirtschaftslebens erreicht werden, also durch Ansetzen der Unterseeboote gegen den englischen Handel.»

Ausgehend von den Erwartungen, die die Marineführung und die herrschenden Klassen im Kaiserlichen Deutschland an den U-Boot-Einsatz knüpften, müßte man vermuten, sie hätten die gesamte Planung diesem Ziel untergeordnet. Das war jedoch nicht der Fall. Die deutsche Marineführung ließ den Gedanken einer Seeschlacht nicht grundsätzlich fallen. Die kurzfristige Zielsetzung der neuen operativen Vorstellungen spiegelt sich u. a. in der U-Boot-Baupolitik des imperialistischen Deutschlands wider. Sie war zögernd und inkonsequent, so daß die Zunahme des U-Boot-Bestandes der Kaiserlichen Marine vor allem aus dem günstigen Verhältnis zwischen Indienststellungen und Abgängen resultierte. Bis Dezember 1916 hatte die Marine des imperialistischen Deutschlands einen Abgang von 51 Booten, davon gingen 46 während oder im Ergebnis von Gefechtshandlungen verloren.

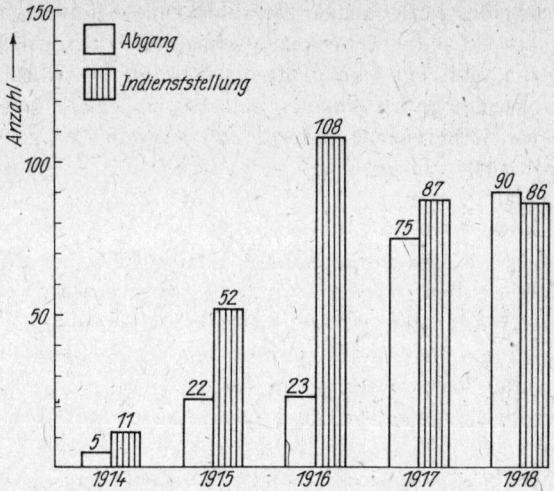

Abgang

Indienststellung

Anzahl →

150

108

100

87

90   86

75

52

50

22   23

5   11

1914   1915   1916   1917   1918

*Abgänge und Indienststellungen von U-Booten der
Kaiserlichen Marine 1914 bis 1918*

Was diese Zahlen nicht widerspiegeln, war der eklatante Widerspruch zwischen den Aufgaben der U-Boot-Kräfte und ihren
Möglichkeiten, was aus dem übertriebenen Glauben der Marineführung an die abschreckende Wirkung eines uneingeschränkten
U-Boot-Handelskrieges auf Großbritannien resultierte. Die zugleich unverändert gebliebenen seekriegstheoretischen Auffassungen sowie die darauf basierenden Seeherrschaftsvorstellungen
nährten diesen Glauben. Auf der anderen Seite ging die Marineführung davon aus, mit den vorhandenen Booten Großbritannien
besiegen zu können und verzichtete daher auf energische Maßnahmen zur Steigerung der U-Boot-Zahlen. Im Gegenteil, vereinzelt gab es schon während des Krieges Überlegungen, wie die
überzähligen Boote nach Friedensschluß am reibungslosesten
ausgemustert werden könnten.

Es darf nicht übersehen werden, daß bei dem damaligen Stand
der Technik die U-Boote einen beträchtlichen Wert im Kampf
«Schiff gegen Schiff» besaßen. Jedoch waren sie nicht in der
Lage, «Seeherrschaft» im Sinne von Mahan auszuüben und —
was besonders bedeutsam war — sie auf Dauer zu behaupten.

Das vermochte eben nur eine große Überwasserflotte. Derartige Seestreitkräfte blieben daher das unangetastete Ziel der Marineführung der deutschen Monopolbourgeoisie, da sie nur mit ihnen eine den Weltherrschaftsplänen des deutschen Imperialismus entsprechende Seeherrschaft zu errichten glaubte.

In diesen kurz umrissenen Überlegungen war letztlich die «tolerante» Haltung gegenüber den ständigen Bauverzögerungen der Werftindustrie begründet. Obwohl bereits zu dieser Zeit wissenschaftlich-technische Voraussetzungen existierten, um die Produktion von U-Booten zu erhöhen, griff man im wesentlichen zu extensiven Maßnahmen. Da die Arbeitskräfte — und Materialressourcen durch die Anforderungen der Landkriegführung begrenzt waren, kam die Marineführung zu keiner Zeit aus ihren Schwierigkeiten heraus. Im Ansatz war bereits eine Erscheinung zu erkennen, die für die Streitkräfte des imperialistischen Deutschlands besonders im zweiten Weltkrieg typisch werden sollte. Es wurde die Qualität des einzelnen Kampfmittels in den Vordergrund gestellt, da man die Quantität der Mittel des Gegners nicht erreichen konnte. Das war eine weitere Ursache für die laufenden Veränderungen an den Konstruktionen und für den Bau spezialisierter Typen, woraus wiederum die kleinen Serien eines Bootstyps herrührten.

Dennoch ist nicht zu übersehen, daß der U-Boot-Krieg der Kaiserlichen Marine in der Zeit von 1915 bis Ende 1916 ein gewichtiger Beitrag zur imperialistischen Kriegführung war. Kriegsentscheidende Wirkung aber hatte er ebensowenig wie alle anderen Maßnahmen der militärischen Führung. Die Möglichkeit für die herrschenden Klassen, den Krieg 1916 durch einen imperialistischen Frieden zu beenden, schienen nahezu ausgeschöpft. Als Trumpf galt nun der uneingeschränkte Einsatz der U-Boote gegen den Handel von und nach Großbritannien.

Seit Anfang des Jahres 1916 trat auch die Oberste Heeresleitung (OHL) des imperialistischen Deutschlands für den U-Boot-Handelskrieg in seiner schrankenlosesten Form ein. Nach Einsetzung der dritten OHL im Sommer 1916 ging es endgültig nur noch um die Frage, den militärisch und außenpolitisch günstigsten Moment für seinen Beginn zu finden. Dieser schien Anfang Dezember 1916 gekommen, als der Feldzug gegen Rumänien vor dem erfolgreichen Abschluß stand. Schließlich konnten auch die letzten Bedenken in den herrschenden Kreisen gegen die Wirksamkeit des U-Boot-Einsatzes beseitigt werden. Der Admiralstab sicherte nämlich in einer Denkschrift vom Dezember zu, daß bei einer Versenkungsrate von 600 000 BRT je Monat sowie nach dem Ausfall von zwei Fünfteln der neutralen Schiffe, die für Großbritannien liefen, dieser Gegner in wenigen Monaten besiegt sein würde. Am 9. Januar 1917 wurde beschlossen, den uneingeschränkten U-Boot-Handelskrieg am 1. Februar zu beginnen. Das Risiko eines möglichen Kriegseintritts der USA und weiterer bisher neutraler Staaten wurde in Kauf genommen.

Der Übergang zum uneingeschränkten U-Boot-Krieg entsprach dem besonders aggressiven Wesen des deutschen Imperialismus, der va banque spielte, um seine maßlosen Kriegsziele doch noch durchzusetzen.

In Vorbereitung des uneingeschränkten U-Boot-Krieges gab der Chef des Admiralstabes am 12. Januar einen geheimen Befehl an die Hochseeflotte und das Marinekorps. Eine entsprechende Weisung an die U-Boot-Flottille Pola stammte vom 27. Januar. Der Admiralstab befahl für die zum Kriegsgebiet erklärten Gewässer um Großbritannien, Frankreich, Italien sowie im östlichen Mittelmeer: «Vom 1. 2. 17 ab … ist jedes innerhalb des Sperrgebietes angetroffene feindliche Handelsschiff ohne weiteres anzugreifen. … Neutrale Dampfer … und bewaffnete feindliche Passagierdampfer sind im Sperrgebiet der Nordsee bis 12 Uhr nachts vom 6./7. 2., im übrigen Sperrgebiet bis 12 Uhr nachts vom 12./13. 2. nach Prisenordnung, von da ab innerhalb des gesamten Sperrgebietes wie feindliche Schiffe zu behandeln … Außerhalb des Sperrgebietes sind unbewaffnete Handelsschiffe nach Prisenordnung zu behandeln. Bewaffnete Handelsschiffe sind ohne Warnung anzugreifen.» Dieser Befehl galt zugleich für die Fliegerkräfte und ab 27. Februar auch für die Überwasserkräfte der Kaiserlichen Marine. Das verschärfende Moment in der am 1. Februar begonnenen Form des U-Boot-Krieges war die Ankündigung, auch neutrale Schiffe in den Kriegsgebieten warnungslos zu versenken. Die dazu erklärten Seeräume wurden systematisch erweitert. Es kamen in der folgenden Zeit Teile des Nördlichen Eismeeres, der Küste der USA sowie der Seeraum um die Kapverden und die Azoren hinzu.

Mit dem Beginn des uneingeschränkten U-Boot-Krieges änderten sich die Operationsziele der Kaiserlichen Marine. Nicht mehr die Seeschlacht der Linienschiffsflotten stand im Mittelpunkt der Operationspläne, sondern der Einsatz gegen die Seehandelsverbindungen von und nach Großbritannien. Der Gegner sollte durch den ökonomischen Druck gezwungen werden, den Kampf aufzugeben. In einem Tagesbefehl vom 31. Januar 1917 erläuterte der Flottenchef, Admiral Scheer, die neue Lage: «Hingabe, Arbeitstreue, Angriffs- und Abwehrkraft jeder Stelle der Marine hat in den Dienst der Unterseebootwaffe zu treten ... Auch die Verwendung der Hochseestreitkräfte wird sich damit selbstverständlich den Bedingungen des Unterseebootkrieges anzupassen haben ... Wir dürfen aber auch in diesem Kriegsabschnitt nicht aus dem Auge und dem Gefühl verlieren, daß die Seegeltung eines Staates nur getragen wird von einer kampffähigen Hochseeflotte.» In diesen Sätzen wurde nochmals deutlich erklärt, daß die Marineführung glaubte, mit den U-Booten den Krieg zu gewinnen. Für den imperialistischen Frieden aber benötigte sie in erster Linie eine starke Schlachtflotte.

Für die nächste Zeit bekamen die Hochseestreitkräfte folgende Aufgaben: Sicherung des Ein- und Auslaufens der U-Boote durch die Deutsche Bucht; Schwächung der U-Boot-Abwehr des Gegners im Sperrgebiet; Einsatz der Überwasserstreitkräfte zur Vernichtung von Frachtraum.

Zur Realisierung dieser Aufgabenstellung führte die Flottenführung verschiedene Maßnahmen und Operationen durch. Das Marinekorps in Flandern erhielt weitere Torpedoboote zugeteilt und deren Tätigkeit wurde aktiviert. Mitunter kam es zum Einsatz von Überwasserkräften der Hochseeflotte gegen britische Geleitzüge, und im Bereich der Deutschen Bucht deckten Geschwader der Hochseeflotte die Handlungen der Minensuchflottillen oder sogar die Bergung eines havarierten U-Bootes.

Entgegen den hochgespannten Erwartungen und Ankündigungen, die extrem militaristische Kreise, ihre Propagandisten und auch die Marineführung sowie die OHL an den uneingeschränkten U-Boot-Krieg knüpften, blieben die ihn militärisch und technisch begleitenden Maßnahmen auf ein Minimum beschränkt. Daraus ergab sich, daß bei Beginn des uneingeschränkten U-Boot-Krieges jene Typen eingesetzt werden konnten, die etwa 1915 und in den ersten Monaten des Jahres 1916 in Auftrag gegeben worden waren.

Aber auch 1916 erfolgten keine außergewöhnlichen konstruktiven bzw. fabrikatorischen Schritte im Hinblick auf den beabsichtigten U-Boot-Handelskrieg. Es wurden nur 48 Boote aller Typen in Auftrag gegeben, darunter 10 Ms-Boote und 16 UB-III-Boote. Bezeichnend für diese Jahre war die Hinwendung zum Bau von U-Kreuzern, der vordergründig mit der Handelskriegführung nach Prisenordnung begründet wurde, im Kern jedoch auf die Schaffung eines U-Boot-Typs für die «Weltmacht»-flotte zielte. Das erste Boot dieser Größenordnung fuhr als Handels-U-Boot im Sommer 1916 in die zu dieser Zeit noch neutralen USA. Es durchbrach die britische Blockade der deutschen Küsten und kehrte mit einer Ladung Gummi, Nickel und Zinn nach Deutschland zurück. Nach einer zweiten Reise wurde es, wie die übrigen im Bau befindlichen Handels-U-Boote, zum U-Kreuzer umgerüstet und für diesen Zweck auch verwendet. Diese Tendenz gipfelte in den im Februar 1918 in Auftrag gegebenen U-Kreuzern des Typs 44, von denen keiner bis Kriegsende fertiggestellt wurde.

U-Kreuzer des Typs 44

Besatzung	104
Verdr. in t	3800
	•
Länge	125,0
Breite in m	10,5
Antrieb in PS	4 × 6000 Dampfturbine
	2 × 450 Dieselgenerator
	2 × 1900 E-Maschine
Geschw. in kn	25,0
	9,5
Bewaffnung	6 Torpedorohre
	3 oder 4 × 150-mm-Kanonen

Die als Kampf-U-Boote entworfenen und gebauten U-Kreuzer waren die größten während des ersten Weltkrieges in Dienst gestellten U-Boote. Ein als Kampf-U-Boot fertiggestelltes Handels-U-Boot operierte erstmals im Sommer 1918 vor der Ostküste Nordamerikas und legte dabei 9700 sm zurück.

Der Bau von U-Kreuzern entsprang ähnlichen Bestrebungen wie in der britischen und französischen Marine, nämlich U-Boote in Dienst zu stellen, die gemeinsam mit den Überwasserkräften handeln konnten. Für den U-Boot-Handelskrieg waren diese Typen schlecht geeignet, da sie technisch aufwendig und taktisch unhandlicher als die Boote mittlerer Größe waren.

Große U-Boote der Kaiserlichen Marine

	Ms-Boote	U-Kreuzer	Minen-U-Boote	große Ms-Boote
Jahr	1915	1916	1917	1918
Besatzung	36	96	40	46
Verdr. in t	757	2158	1164	1335
	998	2785	1512	1830
Länge in m	65,8	97,5	81,5	88,1
Breite	6,2	9,1	7,4	7,9
Antrieb in PS	2×1200	1×450	2×1200	2×450
	2×600	2×3000	2×600	2×1750
		2×1300		2×845
Geschw. in kn	15,6	17,5	14,7	18,0
	8,6	8,5	7,0	9,0
Fahrb. sm/kn	11380/8	20000/8	10750/8	12000/8
	56/6	70/4,5	35/4	90/4,5
Bewaffnung Kal. in mm Torp.-Rohrz.	6	6	4	6
Torp.-Vorrat/Kal.	12/500	24/500	12/500	16/500
Art. Z./Kal.	1/105	2/150	1/150	1/150
	1/88	2/ 88	1/88	—
Minen	—	—	72	—

Auch nach Beginn des uneingeschränkten U-Boot-Krieges bestand in der Marineführung keine einheitliche Auffassung über die weitere Baupolitik. Während die U-Boot-Inspektion, die inzwischen im direkten Kontakt mit der allgewaltigen OHL stand, auf weitestgehende Ausschöpfung der vorhandenen Kapazitäten bestand, bremsten der Admiralstab und das Reichsmarineamt. So wollte die U-Boot-Inspektion bis Ende 1918 die höchstmögliche Anzahl von 123 Booten aller Typen bauen, der Admiralstab aber, der den Krieg in 6 Monaten zu gewinnen beabsichtigte, lehnte dies ab. Es wurden daher im Februar 1917 nur 36 Boote bestellt. Erst Anfang Juni 1917, am Ende der sechsmonatigen Frist für den Erfolg des U-Boot-Krieges, kam es auf Intervention der OHL zu einer Einigung zwischen den beteiligten Marinestäben. Ende des Monats wurden 95 Boote in Auftrag gegeben. Am 17. Dezember 1917 wurde ein vorläufig endgültiges U-Boot-Bauprogramm beschlossen, wonach 110 Boote hergestellt werden sollten.

Auffallend in allen Programmen war nach wie vor die Tendenz zur Fertigung von großen U-Booten. Die Grundtypen wurden von Serie zu Serie größer, wie schon bei den UB-Booten. Zugleich hielten die Bestrebungen an, viele der großen U-Boot-Typen zu bauen. Das wiederum führte auf Grund der langen Bauzeiten und spezifischer Bedingungen auf den Nebenseekriegsschauplätzen, insbesondere an der flandrischen Küste, zur Neukonstruktion von kleinen und mittleren Typen.

An den komplizierten Unterstellungsverhältnissen der U-Boot-Kräfte änderte sich auch nach dem Februar 1917 nichts. Sie blieben unübersichtlich. Je nach Operationsgebiet waren sie dem jeweiligen örtlichen Oberbefehlshaber unterstellt.

Gliederung der U-Boot-Kräfte Januar 1917

Hochseeflotte:
Führer der U-Boote (F. d. U.)
I. U-Flottille:
25 Boote, davon 5 UB- und 9 UC-Typen
II. U-Flottille:
11 Boote, davon 1 UB-Typ

III. U-Flottille:
12 Boote
IV. U-Flottille:
16 Boote

Marinekorps:
U-Flottille Flandern:
36 Boote, davon 17 UB- und 19 UC-Typen

Ostseestreitkräfte: ·
V. U-Boot-Flottille (ab 1.11.1916 U-Flottille Kurland):
18 U-Boote, davon 7 UB- und 3 UC-Typen, sowie eine geringe
Anzahl von Vorkriegsbooten

Deutsche U-Flottille Pola:
29 Boote, davon 6 UB- und 9 UC-Typen

U-Boote der Mittelmeerdivision in Konstantinopel:
11 Boote, davon 6 UB- und 3 UC-Typen

Die Zahlen in der Aufstellung erfassen alle in dem jeweiligen
Verband eingesetzten U-Boote. Aus ihnen wird die Schwerpunktbildung des Admiralstabes in der Nordsee und im Atlantik sichtbar. Die Tendenz, die kampfstärksten U-Boote bei der Hochseeflotte einzusetzen, läßt sich auch an folgenden Zahlen ablesen.
Danach stieg die Anzahl der Boote bis 1917 bei der Hochseeflotte von 8 auf 46, beim Marinekorps von 15 auf 22, bei der U-
Flottille Pola von 7 auf 22, in der Ostsee von 5 auf 9. Nur in Konstantinopel sank die Anzahl der Boote von 5 auf 3.

An der Grundstruktur der U-Boot-Verbände änderte sich bis
zum Kriegsende nur wenig. Die Führungen der Flottillen bekamen einen höheren Rang, größere Befehlsgewalt und stärkere
Stäbe. Aus dem F. d. U. in Wilhelmshaven wurde am 5. Juni 1917
der Befehlshaber der Unterseeboote (B. d. U.). Je ein Führer der
Unterseeboote (F. d. U.) wurde am 9. Juni im Mittelmeer und am
1. Oktober in Flandern eingesetzt. Die in der Ostsee handelnde
U-Flottille Kurland wurde am 10. Dezember 1917 aufgelöst. Ihre
Boote wurden aufgeteilt. Die mit Wirkung vom 27. März 1917

aufgestellte U-Kreuzer-Flottille erhielt am 22. Dezember die Bezeichnung U-Kreuzer-Verband und unterstand direkt dem Admiralstab.

Am 1. Februar 1917 verfügte die Kaiserliche Marine über 104 U-Boote, von denen 46 Flotten-, 33 UB- und 23 UC-Boote waren. Der Bestand an U-Booten stieg bis zum Mai 1917 auf 126. Er konnte auf Grund der zunehmenden Verluste und der im Verhältnis dazu nur geringen Ersatzbauten nicht weiter gesteigert werden. Entsprechend den U-Boot-Zahlen und im Interesse einer möglichst guten Auslastung der Reparaturkapazität der Werften wurde die Anzahl der Stützpunkte in der Nordsee vergrößert. Im Laufe des Jahres 1917 verlegte die I. U-Boot-Flottille nach Brunsbüttel. Die II. Flottille verblieb in Helgoland. Nach Wilhelmshaven kam die III. und nach Emden die IV. Flottille. Die am 10. September neu gebildete V. U-Boot-Flottille wurde in Bremerhaven stationiert.

Das Schwergewicht des Einsatzes der vorwiegend aus Ms-Typen bestehenden Flottenboote lag an der englischen West- und Ostküste, der irischen Westküste und im Nördlichen Eismeer. Die Operationsgebiete des U-Kreuzer-Verbandes befanden sich an der Ostküste der USA und der Westküste Afrikas. Die Boote der Flandern-Flottille handelten im Kanal und an der französischen Westküste.

Operationsgebiet für die von Pola und Cattaro aus handelnden Boote war das gesamte Mittelmeer, nachdem im Herbst 1917 der bis dahin freie Zufahrtsweg nach Griechenland gesperrt worden war. Die Boote der Mittelmeerdivision in Konstantinopel operierten nach dem Dezember 1917 in der Ägäis, begrenzt auch im Schwarzen Meer gegen die junge Sowjetmacht.

An der Taktik der U-Boote änderte sich nach Beginn des uneingeschränkten U-Boot-Krieges zunächst wenig. Die Boote, aufgestellt in Positionen, die sich mit Knotenpunkten des Schiffsverkehrs deckten, warteten auf die ein- und auslaufenden Schiffe. Die Wahl der Methoden und Waffen bei der Versenkung der Handelsschiffe trafen die Kommandanten selbständig in Abhängigkeit von der taktischen Lage. In den ersten Monaten nach der Eröffnung des uneingeschränkten U-Boot-Krieges dominierte noch die Versenkung durch Artillerie. Der Unterwassertorpedoschuß blieb, weil er schwierig durchzuführen und der Torpedo-vorrat gering war, noch immer relativ selten.

Mit Einführung des Geleitzugsverkehrs von und nach Großbritannien im Sommer 1917 standen die U-Boote vor neuen, bisher nicht gekannten Problemen. Das Finden der Geleitzüge in den Weiten der See war für das einzelne U-Boot schwierig. Vor allem konnte im Ergebnis der britischen Funkaufklärung, die durch den undisziplinierten Funkverkehr der deutschen U-Boote noch erleichtert wurde, der Kurs der Geleitzüge je nach der U-Boot-Lage verändert werden. Wesentlich war, daß die einzeln operierenden U-Boote beim Angriff auf den Geleitzug auf die konzentrierten U-Boot-Abwehrkräfte stießen, denen sie in der Regel unterlagen.

Die massierte Abwehr führte zwangsläufig zu Bestrebungen, die angreifenden Kräfte gleichfalls zu konzentrieren. Derartige Überlegungen, das heißt der gemeinsame Angriff von 2 und mehr U-Booten, traten seit dem Frühjahr 1917 bei verschiedenen deutschen U-Boot-Verbänden, so im Mittelmeer und im Bereich des B. d. U., auf. Sie führten 1918 zu gemeinsamen Angriffen von 2 und mehr Booten auf Geleitzüge der Entente. Diesen Operationen, sie geschahen nicht selten nur auf Grund von Absprachen der Kommandanten untereinander, fehlte das Systematische. Nicht zuletzt war dies eine Auswirkung der uneinheitlichen Führung der U-Boot-Verbände. In jedem Verband wurden eigene Erfahrungen gesammelt, ohne sie zu vergleichen und zu verallgemeinern. Daher blieb die folgerichtige und konsequente Weiterentwicklung sich abzeichnender neuer U-Boot-Angriffstaktiken in den Anfängen stecken. Aber auch einige während des Krieges nur sehr schwer zu lösende technische Schwierigkeiten trugen dazu bei. Dazu gehörte die Sicherstellung stabiler Nachrichtenverbindungen zwischen den Booten sowie zwischen Booten und Führung. Damit hing die in der Praxis noch zu erprobende Frage zusammen, wer und von wo aus die in Gruppen angreifenden Boote befehligen sollte.

Die von den U-Booten erreichten Versenkungsziffern kamen in den ersten Monaten an die vom Admiralstab als notwendig bezeichnete Grenze von 600 000 BRT heran. Die Anzahl der versenkten Schiffe erreichte im April 1917 einen Höhepunkt und

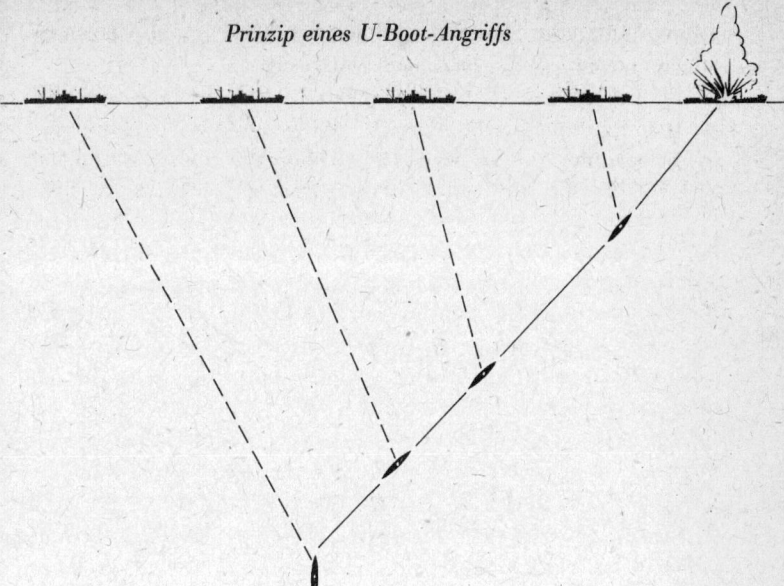

hatte seit dem Sommer desselben Jahres eine rückläufige Tendenz. Entgegen dem bis heute von manchen bürgerlichen Autoren vermittelten Eindruck stiegen nach Beginn des uneingeschränkten U-Boot-Krieges die U-Boot-Erfolge nicht sprunghaft an. Zunächst nahmen sie zwar in etwas größerem Maße zu. Die Ursachen dafür lagen nur zum geringsten Teil in der veränderten Form der Kriegführung, die schon vorher in erster Linie von taktischen Erwägungen und erst dann von der befohlenen Einsatzvariante bestimmt gewesen war. Zum Ansteigen der Versenkungsziffer in den Monaten Februar bis April 1917 trugen vor allem die gestiegene Anzahl der vorhandenen U-Boote und ihr verbesserter Kampfwert bei. Die Marineführung konnte die Anzahl der eingesetzten Fahrzeuge durch die Konzentration der gesamten U-Boot-Kräfte auf den Handelskrieg zeitweilig auf einen bisher nicht dagewesenen Höhepunkt bringen. Kurzzeitig befanden sich je Tag im Durchschnitt 45 Boote im Einsatz. Im Juli 1917 waren es sogar 52. Dieser Personal- und Materialanspannung folgte zwangsläufig eine Flaute, die infolge der Verluste und der unzulänglichen Baupolitik noch verschärft wurde.

Das Ergebnis der U-Boot-Offensive der Jahre 1917/18 verschärfte die militärisch-politische Lage Großbritanniens und seiner Verbündeten beträchtlich, ohne daß aber die Erwartungen der politischen und militärischen Führung des kaiserlichen Deutschlands eintrafen. In Großbritannien hatte man die Gefahr, die vom U-Boot-Einsatz gegen den Handelsschiffsraum ausging, nicht sofort voll erkannt. Die U-Boot-Abwehr galt insbesondere dem Schutz der Kriegsschiffe. Der Schutz der Handelsschiffahrt war weniger durchgreifend. Er richtete sich auf den Schutz der Seewege und nicht auf den der Schiffe. Zum Eigenschutz bekamen die Handelsschiffe Geschütze und Artilleriebedienung an Bord. Seit 1915 wurden Unterwasserhorchgeräte gebaut. Ihre Wirksamkeit blieb bis 1917 gering, da mit ihnen nicht die Entfernung zum Ziel gemessen werden konnte. Eine erste wirksame Waffe gegen getauchte U-Boote war die Wasserbombe. Anfänglich gab es 2 unterschiedliche Typen, einen Typ mit einer Ladung von 60 kg und einen anderen mit 150 kg Sprengstoff. Der Vorschrift nach hatte jedes U-Boot-Abwehrfahrzeug je 2 Wasserbomben von jeder Größe mitzuführen. Erstmals soll im Juli 1916 ein U-Boot durch Wasserbomben vernichtet worden sein. Etwa 1917 konnte die Konstruktion verbessert werden, und der kleine Bombentyp wurde abgeschafft. Schließlich bekam 1918 jeder Zerstörer 30 bis 40 Wasserbomben. Eine weit über ihre Wirkung propagandistisch hochgespielte Maßnahme war die sogenannte U-Boot-Falle. Als harmlose Handelsfahrzeuge getarnte Hilfskriegsschiffe lockten die U-Boote an und versuchten, sie durch das Feuer der getarnten Bewaffnung zu vernichten. Zur U-Boot-Abwehr gehörte eine Reihe weiterer Maßnahmen wie Flugzeugpatrouillen, U-Boot-Netze sowie die Kombination von Netzen und Minen. Insgesamt blieben aber bis Ende 1916 die Erfolge der U-Boot-Abwehr relativ begrenzt.

Die Situation änderte sich nach der Ernennung Admiral J. R. Jellicoes im Dezember 1916 zum Ersten Seelord. Er gehörte zu jenen Marineoffizieren, die seit längerem auf die Gefahren, die von den U-Booten für die Seezufuhren Großbritanniens ausgingen, aufmerksam gemacht hatten. Entsprechend den neuen Anforderungen im Seekrieg bekam Jellicoe die Vollmacht, die Admiralität zu reorganisieren und die Entwicklung der U-Boot-Abwehr zu forcieren. Es gab von nun an 2 Stellvertreter des Ersten Seelords, von denen der «Assistant Chief of Naval Staffs» für den Schutz der Handelsschiffahrt und die U-Boot-Bekämpfung verantwortlich war. Die Bekämpfung der U-Boote, die gegen den Seehandel von und nach Großbritannien vorgingen, wurde eine Schwerpunktaufgabe der Royal Navy.

Einer der entscheidendsten Schritte zur Abwehr der U-Boot-Offensive der Kaiserlichen Marine war die Einführung des Geleitzugsystems im Sommer 1917. Gegen diese Maßnahme gab es Widerstände aus der britischen Wirtschaft und der Marineführung mit den unterschiedlichsten Argumenten. Solange sich die Schiffsverluste infolge des U-Boot-Krieges in Grenzen hielten, konnte eine Verteuerung der Frachtraten und der Versicherungspolicen den Unternehmen nicht unwillkommen sein, denn sie erhöhte die Profitrate. Trotz der zunehmenden Probleme unternahm daher die Regierung lange nichts in dieser Richtung. Erst Ende 1916 und im Frühjahr 1917 begannen die Schiffsverluste Ausmaße anzunehmen, die im Gesamtinteresse der britischen herrschenden Klassen nicht länger tragbar waren. Die Frage der Geleitzüge wurde nun konsequent in Angriff genommen.

Nachdem sich noch herausstellte, daß die Kohlenschiffsgeleitzüge, die auf Verlangen des französischen Bündnispartners seit Februar 1917 über den Kanal liefen, von den U-Booten fast völlig unbehelligt blieben, gaben Ende April die Seelords ihre Zustimmung zur Organisation eines transozeanischen Probegeleitzuges. Mitte Juli 1917 liefen, nach Zustimmung der USA-Marineführung, die ersten Konvois von den USA nach Großbritannien und 4 Wochen später in die umgekehrte Richtung. Die transozeanischen Geleitzüge hatten bis zum 15. Grad westlicher Länge einen Geleitschutz. Danach setzten die Schiffe ihre Fahrt einzeln fort. Die freigewordenen Fahrzeuge des Geleitschutzes übernahmen die nach Großbritannien bestimmten Dampfer, die bei ihrer Fahrt über den Atlantik durch einen Kreuzer oder Hilfskreuzer begleitet worden waren. Diese Atlantik-Geleitzüge bestanden aus 20 bis 30 Schiffen, die in 4 bis 6 Kolonnen eingeteilt, liefen. An ihren Flanken patrouillierten die Geleitfahrzeuge. Von besonderem Gewicht für die Bildung von kampfstarken Geleitschutzkräften war die Unterstützung durch die USA, nachdem auch sie in den ersten Weltkrieg eingetreten waren. Anfang Mai schon trafen die ersten 6 USA-Zerstörer in Europa ein. Bis August waren es 31 und 2 Tender. Die schrittweise auf allen Routen von und nach Großbritannien gebildeten Geleitzüge hatten einen durchschlagenden Erfolg. Von nun an erreichten die U-Boote ihre Versenkungen im wesentlichen nur noch bei Einzelfahrern. Die Verluste der Geleitzüge durch U-Boot-Angriffe blieben gering.

Die zurückgehenden U-Boot-Erfolge zwangen die deutsche Marineführung, Veränderungen einzuleiten. So versuchte man, durch organisatorische und strukturelle Maßnahmen den Problemen in der Baupolitik Herr zu werden. Dafür wurde am 5. Dezember 1917 das U-Boot-Amt, eine für alle Angelegenheiten des U-Boot-Baues zuständige Dienststelle, gebildet. Um den U-Boot-Bau zu beschleunigen, wurden Ende 1917 5 weitere Werften hinzugezogen.

Im Mai 1918 fand eine Besprechung im Reichsmarineamt statt, zu der der Admiralstab grundsätzliche Überlegungen vortrug. Erstmals wurde darauf orientiert, den Bau neuer Typen oder wesentliche Änderungen an vorhandenen Konstruktionen zu vermeiden, da dadurch Bauverzögerungen eintraten. Es entstanden in den folgenden Wochen beim U-Boot-Amt Pläne, wie die U-Boot-Neubauten zu steigern seien und welche Typen gebaut werden sollten. Man dachte, je Monat annähernd 13 Fahrzeuge zu bauen. Diese Vorstellung scheiterte an der realen Lage im kaiserlichen Deutschland. Es fehlte den Werften an Facharbeitern, da sie an der Front waren. Das Heer konnte sie auf Grund der hohen Verluste nicht entbehren.

Obwohl die Situation nahezu aussichtslos war, wurden die Vorstellungen des U-Boot-Amtes von dem Programm, das der Chef der neu geschaffenen Seekriegsleitung, Scheer, verfolgte, noch überboten. Der nach ihm benannte Bauplan wurde mit Vertretern der OHL und der Monopolbourgeoisie im Herbst 1918 beraten und am 2. Oktober beschlossen. Danach sollten bis 1920 insgesamt 405 U-Boote gebaut werden, davon 110 des Ms-Typs, 43 eines verbesserten Ms-Typs, des sogenannten Projekts 42a, 15 große Minen-U-Boote, 66 UC-, 55 UB-III-, 15 UF- und

101 Boote des G-Typs. Für die Realisierung dieses Programms wären allein 40 000 bis 60 000 Werftarbeiter zusätzlich erforderlich gewesen. Dies war bei der militärisch-politischen Lage Ende 1918 illusorisch.

Der U-Boot-Handelskrieg war verloren. Seine Wiederbelebung mußte an materiellen, aber auch personellen Problemen scheitern. Die notwendigen Besatzungen für die zusätzlichen Boote, wenn sie gebaut worden wären, hätten kaum gestellt werden können. Nach Angaben des Reichsmarineamtes vom 14. September 1918 fehlten der Marine noch 10 000 Rekruten. 1919 wären es sogar 40 000 gewesen.

Die steigenden Verluste an U-Booten sowie die Neubauten ließen die Personalfrage zu einem brennenden Problem werden. Zu Kriegsbeginn verfügten die U-Boot-Kräfte über 1 400 Mann, davon 747 gut ausgebildete Freiwillige auf U-Booten. Bei Kriegsende dienten auf den U-Booten 5 467 Mann, und die U-Boot-Kräfte insgesamt bestanden aus 11 917 Mann, deren Ersatz bei dem steigenden Bedarf nicht allein aus Freiwilligen gedeckt werden konnte. Zum Dienst auf den U-Booten mußten zunehmend Kommandierungen vorgenommen werden. Sie galten als «Himmelfahrtskommando», zu dem nicht selten «mißliebige» Personen geschickt wurden. Die Kommandanten und Wachoffiziere sowie die leitenden Ingenieure wurden an der U-Boot-Schule in Eckernförde ausgebildet. In der U-Boot-Abteilung, später U-Boot-Division, erhielten Unteroffiziere und Mannschaften eine spezielle Ausbildung. Dennoch blieben 20 Prozent des Mannschaftsersatzes ohne Spezialausbildung.

Kriegsmüdigkeit und die hohen Verluste im Jahre 1918 wirkten sich auf die Moral der Besatzungen stärker aus, als aus den Legenden der bürgerlichen deutschen Marinegeschichtsschreibung hervorgeht. Bezeichnenderweise hielt es der B. d. U. im Oktober für nötig, den mangelnden «vaterländischen Gedanken und soldatischen Geist» durch «Vorteile materieller Art» anzuregen. Hierfür beantragte er, daß für jeden Aufenthaltstag im Sperrgebiet eine für Mannschaften, Unter-, Deckoffiziere und Offiziere gestaffelte Zulage von 7,50 bis 15,00 Mark sowie eine Prämie für jede versenkte Tonne von einem Pfennig und für jede geworfene Mine von einer Mark gezahlt werden sollten. «Die U-Boot-Fahrten vor dem Feinde und die versenkten Tonnen, das muß auch in materieller Beziehung das Erstrebenswerteste sein», meinte Michelsen, B.d.U. Um die U-Boot-Besatzungen möglichst nicht dem «zersetzenden Einfluß» langer Werftliegezeiten auszusetzen, müßten diese verringert werden: «Ist der Mann erst auf Fahrt, so werden ihn die kriegerischen Ereignisse und die Sorgen um seine eigene Sicherheit schon eher zu höchsten Anspannungen seiner Kräfte bringen», schrieb der B. d. U. an das Reichsschatzamt. Das Schreiben Michelsens zeigt den Stand der Moral der U-Boot-Besatzungen bedeutend realistischer als die «vaterländische» Geschichtsschreibung.

Die *Ursachen für das Scheitern* des U-Boot-Handelskrieges bestehen nicht nur aus einer Reihe einzelner Faktoren, und er ist auch nicht mit moralischen Kategorien zu bewerten. Der Einsatz der U-Boote gegen den Seehandel und damit gegen die Wirtschaft des Gegners, ohne Rücksicht auf völkerrechtliche Bestimmungen, entsprach dem imperialistischen Charakter dieses Krieges. Das für die militärische und politische Führung des kaiserlichen Deutschlands besonders charakteristische Streben nach solchen Waffen, deren Wirkung die prinzipielle Unterlegenheit des deutschen Imperialismus wettmachen sollte, entsprang letztlich dem grundlegenden Widerspruch zwischen seinen irrealen Kriegszielen und den begrenzten Mitteln. Hierin zeigen sich seine besondere Abenteuerlichkeit und Aggressivität. Daraus ergaben sich auch die maßlose Überbewertung des U-Boot-Einsatzes gegen den britischen Seehandel und die Unterschätzung der U-Boot-Abwehr.

Noch andere Faktoren ließen den U-Boot-Handelskrieg scheitern:

Erstens wurde das britische ökonomische Potential zu niedrig und die «abschreckende» Wirkung des U-Boot-Einsatzes zu hoch bewertet.

Zweitens erkannte man die realen Bedingungen des Seekrieges nicht, und es kam zu einer inkonsequenten Haltung in bezug auf den Einsatz der U-Boote und ihre Rolle in den Seestreitkräften.

Drittens zog dies alles Schwächen in der operativen Führung der U-Boot-Kräfte sowie eine verfehlte U-Boot-Baupolitik nach sich.

Von 1906 bis 1918 hatte die Kaiserliche Marine 374 U-Boote in Dienst gestellt. Von August 1914 bis November 1918 waren es 346 Boote, von denen 115 Flotten-, 136 UB- und 95 UC-Boote waren. Während des ersten Weltkrieges führten 320 deutsche U-Boote 3274 Einsätze durch und versenkten 6394 zivile Schiffe von insgesamt 11948702 BRT sowie 100 Kriegsschiffe, von insgesamt 366249 t. 178 U-Boote der Kaiserlichen Marine gingen bei Einsätzen verloren. 5132 Mann der U-Boot-Flotte fielen, starben an Verwundungen oder wurden als vermißt gemeldet. Gegen die deutschen U-Boote kämpften 140000 Mann, die auf 3000 Zerstörern, Sloops, 35 U-Booten, in 550 Flugzeugen, 75 Luftschiffen, 4000 Hilfsfahrzeugen und an anderen Stellen ihren Dienst versahen.

Der Einsatz der U-Boote gegen den britischen Seehandel hatte Großbritannien und seine Verbündeten in große Schwierigkeiten gebracht. Der Einfluß der U-Boote auf den Verlauf des Krieges im allgemeinen und den des Seekrieges im besonderen war größer als der jeder anderen Schiffsklasse der Seestreitkräfte. Damit hatte das U-Boot das Großkampfschiff zwar nicht abgelöst, aber es war zu einem ernst zu nehmenden Faktor im Seekrieg geworden.

Die U-Boote der Kaiserlichen Marine teilten nach der Niederlage des deutschen Imperialismus das Schicksal der Hochseeflotte. An die Entente mußten 176 Boote abgeliefert werden, die an die Sieger verteilt wurden. Großbritannien bekam 105, Frankreich 46, Italien 10, Japan 7, die USA 6 und Belgien 2 Boote.

III

Entwicklungstendenzen der U-Boot-Kräfte in der Zeit zwischen den beiden Weltkriegen

1. Die Auswirkungen von Revolution und Krieg auf die Flotten

ALLGEMEINE KRISE DES KAPITALISMUS UND DIE MARINEN. Der erste Weltkrieg und die Große Sozialistische Oktoberrevolution kennzeichnen den Beginn der allgemeinen Krise des Kapitalismus. Sie erfaßte in allen Staaten der kapitalistischen Welt, sowohl bei den Siegern als auch bei den Unterlegenen, das gesamte gesellschaftliche Leben. Die Oktoberrevolution veränderte die weltpolitische Lage grundlegend, sie zerbrach die alleinige Herrschaft des Kapitalismus. Zwei Lager standen sich jetzt in der Welt gegenüber.

Durch den ersten Weltkrieg hatten sich alle der kapitalistischen Gesellschaft innewohnenden Widersprüche verschärft. Durch das Beispiel der Oktoberrevolution beflügelt, erfaßte die revolutionäre Nachkriegskrise große Teile Europas und anderer Kontinente.

Entgegen den Hoffnungen und Interessen der Volksmassen blieb auf Grund der Beendigung des Krieges durch einen imperialistischen Frieden die potentielle Gefahr eines neuen Weltkrieges bestehen. Darauf wies W. I. Lenin bereits 1920 in einer Rede anläßlich des Jahrestages der Gründung der III. Internationale hin. Ausgehend von einer gründlichen Analyse der ökonomischen und politischen Widersprüche zwischen den kapitalistischen Großmächten kam Lenin in der damaligen Situation zu der Schlußfolgerung, daß ein neuer, zweiter Weltkrieg unvermeidlich sei, wenn die Imperialisten und die Bourgeoisie nach wie vor an der Macht blieben.

Zugleich entstand mit der Vertiefung der inneren Widersprüche der kapitalistischen Gesellschaft nach der Oktoberrevolution ein Gegensatz von welthistorischer Bedeutung, der Widerspruch zwischen den beiden gesellschaftlichen Systemen. Er wurde zum Hauptwiderspruch der neuen Epoche. Seine Auswirkungen und die innerimperialistischen Widersprüche beeinflußten auch das Militärwesen immer stärker.

Die Veränderungen seit den Jahren 1917/18 führten zu grundsätzlichen Modifizierungen der Seekriegstheorie im allgemeinen und der Fragen der Seestreitkräfte im besonderen. Grundlegende Probleme der imperialistischen Militärtheorie dieser Jahre, so die Bedeutung des moralischen und ökonomischen Faktors im Krieg, mußten auch von den Marineführungen und den Marinetheoretikern der kapitalistischen Staaten neu durchdacht werden. Obwohl in allen Flotten gern und häufig die Maxime zitiert wurde, nicht Schiffe kämpfen, sondern Menschen, ließen die Erfahrungen in der Marine des imperialistischen Deutschlands Zweifel darüber, wie dieser Grundsatz zeitgemäß zu interpretieren sei. Anders formuliert, hieß das: Über die nötige Qualität der Ausbildung der Besatzungen und die Anerziehung von Kampffreudigkeit bzw. -bereitschaft war man sich im klaren. Aber zu der Erkenntnis, daß der moderne Krieg ein gewisses Maß an Bewußtsein auch beim jüngsten Matrosen voraussetzte, mußte man sich erst durchringen. Das war nicht zuletzt deshalb kompliziert, weil die revolutionären Ereignisse seit 1917 den herrschenden Klassen die Gefahr verdeutlichten, die von bewußt handelnden Soldatenmassen für das imperialistische System ausging. Zu den Versuchen, diesen Widerspruch zu lösen, gehörte die in der Nachkriegszeit zunehmende Tendenz zur Schaffung von Berufsarmeen, von denen man sich größere Möglichkeiten der Kaderauswahl und der Manipulierung der Soldaten im Interesse der herrschenden Klassen versprach. Die relativ lange Dienstzeit in den Seestreitkräften und die Verkleinerung der Flotten nach 1918 kamen diesen Absichten entgegen. Eine sich in diesen Jahren verstärkende Tendenz zu Formationen und Waffengattungen mit Elitecharakter stand damit im Zusammenhang. Letzteres traf z. B. bei den Seestreitkräften für die U-Boot-Verbände zu.

Vor und während des ersten Weltkrieges waren die Flotten gewaltig ausgebaut worden und der Einfluß von Wissenschaft und Technik auf die Entwicklung der Seekampfmittel war immer intensiver geworden. Das ließ gerade für die Seestreitkräfte die qualitativ und quantitativ neue Bedeutung des wissenschaftlichen und ökonomischen Faktors erkennen. Ebenso hatte der Krieg gezeigt, welche Wirkungen eine auf die Wirtschaft des Gegners gerichtete Kriegführung haben konnte.

Konkret sah die Entwicklung der Seestreitkräfte nach dem ersten Weltkrieg folgendermaßen aus: Die Kampfkraft des Einzelschiffes wurde durch qualitative Veränderungen in verschiedensten Bereichen erhöht und gleichzeitig die Anzahl der Kampfschiffe in den Flotten verringert. Kennzeichen der Verbesserungen bei Über- und Unterwasserfahrzeugen in den 20er und 30er Jahren war, daß sie, jede für sich genommen, wenig gewichtig erschienen. Sie bestanden vor allem aus der Weiterentwicklung und der Vervollkommnung bisheriger Methoden im Kriegsschiffbau sowie aus der Erhöhung des Wirkungsgrades der Geräte und Waffen. Man erhöhte die Maschinenleistungen, führte durchgehend die Ölfeuerung ein, konstruierte Dieselmotore für große Überwasserfahrzeuge, wandte Schweißverfahren im Kriegsschiffbau an und verbesserte nicht zuletzt die Leistungsfähigkeit der Nachrichtenmittel. Zu revolutionierenden Veränderungen kam es jedoch nicht. In ihrer vollen Tragweite von den Marineführungen nicht erkannt, nahm die Anzahl der Marineflugzeuge zu. Diese land- oder bordgestützten Flugzeuge, die den Seestreitkräften direkt unterstellt oder in deren Interesse eingesetzt werden konnten, eröffneten völlig neue Möglichkeiten.

Einen nicht zu unterschätzenden Einfluß auf die Flottenentwicklung nach dem ersten Weltkrieg hatten die Flottenkonferenzen. Obwohl jede der beteiligten Seemächte hierbei ihre imperialistischen Ziele verfolgte, spiegelten die Verhandlungen über die Zusammensetzung und Größe der Flotten letztlich die völlig veränderte weltpolitische Lage wider. Das Flottenwettrüsten, bei den Siegermächten auch nach Kriegsende nicht beendet, drohte eine Dimension zu erreichen, die den durch Krieg und Nachkrieg verelendeten Volksmassen kaum noch zugemutet werden konnte und ihrer Friedenssehnsucht diametral gegenüberstand. Um den Völkern die «Abrüstungsbereitschaft» ihrer Regierungen zu demonstrieren, trafen sich 1921/22 Vertreter der wichtigsten kapitalistischen Seemächte in Washington. Hier einigten sich die USA, Großbritannien, Japan, Frankreich und Italien auf ein vertraglich fixiertes Kräfteverhältnis bei den großen Überwasserkampfschiffen sowie auf die Begrenzung der Tonnage bei den einzelnen Klassen.

Die Washingtoner Konferenz, der die Konferenzen 1930 und 1936 in London folgten, beseitigte weder die Widersprüche zwischen den imperialistischen Teilnehmerstaaten, noch verhinderte sie den weiteren Ausbau der Flotten. In letzter Konsequenz ging es den imperialistischen Regierungen nur um die Fixierung des durch den ersten Weltkrieg entstandenen Kräfteverhältnisses zur See. So mußte in Washington Großbritannien offiziell die Marineparität der USA anerkennen. Japan erreichte, daß die Pazifikmächte keine bewaffneten oder befestigten Stützpunkte auf den Inseln ihrer Kolonialbesitzungen im Stillen Ozean errichten durften.

Über eine Frage konnten sich die beteiligten Staaten weder 1922 noch auf den anderen Flottenkonferenzen einigen, nämlich über das neue Seekriegsmittel U-Boot. Die Bestrebungen Großbritanniens, das nach den Erfahrungen aus dem ersten Weltkrieg durch U-Boote besonders gefährdet war, den U-Boot-Einsatz zu beschränken bzw. generell zu verbieten, hatten keinen Erfolg. Dem standen die Interessen der übrigen imperialistischen Mächte entgegen. Selbst bereits formulierte einschränkende Klauseln über den Einsatz von U-Booten traten nicht in Kraft, da Frankreich sie nicht ratifizierte. So wurden die U-Boote praktisch aus den Vertragsvereinbarungen ausgeklammert.

Hierin wird ein Grundzug bei der Einführung neuer Militärtechnik in Ausbeutergesellschaften deutlich. Einmal vorhandene und in die Bewaffnung der Streitkräfte aufgenommene Kampfmittel blieben im Bestand und wurden eingesetzt. Vorstellungen bürgerlicher Politiker und Wissenschaftler, daß Waffen auf Grund ihrer besonderen Wirkung Kriege verhindern könnten, waren und sind, bewußt oder unbewußt, Illusion. Zur Durchsetzung eines Verbots bestimmter Kampftechnik und damit gewisser Rüstungsbegrenzungen gehört in erster Linie der Druck breitester Volksmassen auf ihre imperialistischen Regierungen. Das war in bezug auf die U-Boote nicht der Fall. Der Gedanke, die schreckliche Wirkung eines Kampfmittels an sich könnte zu seiner Ächtung führen oder kriegsverhindernd wirken — im 19. Jahrhundert hatte z. B. ein amerikanischer Konstrukteur sein Boot «peace maker» genannt —, bestätigte sich selbst nach den Erfahrungen des U-Boot-Krieges bis 1918 nicht.

Im Gegenteil, die Haltung der imperialistischen Regierungen gegenüber den U-Booten und dem U-Boot-Einsatz nach dem ersten Weltkrieg zeigte, daß ihre Bedenken, die sie während des Krieges und zum Teil auch danach gegen den Einsatz von U-Booten äußerten, in erster Linie pragmatisch bedingt waren. Der imperialistische Charakter ihrer Politik siegte über humanistische und völkerrechtliche Grundsätze. Die Propaganda gegen den U-Boot-Handelskrieg war letztlich nur ein Mittel der psychologischen Kriegführung. Sichtbar geworden war dies bereits in einem Schreiben Lord Fishers an seinen Kontrahenten Tirpitz vom 17. März 1916: «Ich mache Ihnen wegen der U-Boot-Sache keine Vorwürfe. Ich würde dasselbe getan haben, aber unsere Idioten hier in England wollten es nicht glauben, als ich es sagte.»

Das Verhalten der Regierungen imperialistischer Staaten sowie ihrer militärischen und politischen Repräsentanten zum Seekriegsmittel U-Boot und seinen Einsatzformen kann letztlich nur auf Grund der Einschätzung W. I. Lenins über den imperialistischen Krieg beurteilt werden. Er schrieb im April 1917 dazu: «Wenn aber ein Krieg geführt wird zwischen zwei Gruppen von Räubern und Unterdrückern um die Teilung der Beute, darum *wer mehr* Völker unterjochen, *wer mehr* rauben soll, so ist für einen *solchen* Krieg die Frage, wer zuerst angefangen, wer den Krieg erklärt hat usw., sowohl ökonomisch als auch politisch ohne jede Bedeutung.» (W. I. Lenin, Werke, Bd. 24, S. 102 f.)

Die Problematik des U-Boot-Krieges, von dem Fisher in seinem Privatschreiben offen zugab, daß er ihn ebenso geführt hätte, bestand vor allem in seiner Wirkung gegen Nichtkombattante. Erstmals in der neueren Zeit richtete sich mit dem Einsatz der U-Boote gegen Handelsschiffe die Kriegführung offiziell in größerem Maßstab nicht nur allein gegen Sachwerte, sondern auch gegen Zivilisten. Mit dem Einsatz der U-Boote wurden mehrere seekriegs- und völkerrechtliche Bestimmungen verletzt. Die besonders aggressive und expansive Politik des deutschen Imperialismus führte zum erstmaligen Einsatz des neuen Seekriegsmittels in großem Maßstab. Trotz der allgemein verbalen Verurteilung der U-Boot-Kriegführung war jedoch keiner der imperialistischen Staaten, einschließlich den USA, bereit, auf das U-Boot als Seekriegsmittel zu verzichten. Das U-Boot blieb auch nach 1918 völkerrechtlich anerkanntes Seekriegsmittel. Die Möglichkeit, es wiederum gegen die zivile Schiffahrt einzusetzen, blieb bestehen.

DIE U-BOOT-KRÄFTE DER SIEGERMÄCHTE. Für die Seestreitkräfte der Entente waren im ersten Weltkrieg die Überwasserkräfte mit ihrem Kern, den Schlachtschiffsverbänden, das entscheidende Mittel des Seekrieges geblieben. Die Schlachtschiffe waren die Hauptträger des Kampfes um die Seeherrschaft, der im Rahmen der allgemeinen Anstrengungen der Flotten einen wichtigen Platz einnahm. Durch Sicherung bzw. Erringung der Seeherrschaft suchten die Marineführungen die strategischen und operativen Ziele im Seekrieg zu erreichen. Hauptmethoden hierfür waren die Seeblockade und die Schlacht der schweren Überwasserkräfte. Die U-Boot-Kräfte hatten dabei wichtige unterstützende Aufgaben zu erfüllen. Aus diesen Einsatzschwerpunkten ergab sich der Platz der Unterwasserkräfte im Seekrieg der Entente und hier vor allem Großbritanniens.

Trotz ihrer zweitrangigen Rolle während des gesamten Krieges stiegen in den Flotten der Entente die U-Boot-Zahlen, z.B. in der britischen Flotte von 75 im Jahre 1914 auf 165 am Ende des Krieges. Die USA, die erst 1917 in den Krieg eintraten, verfügten 1918 über 120 Boote.

Die qualitative Entwicklung in der Royal Navy, der für den Seekrieg bestimmenden Flotte, lief vor allem auf Bootstypen zum gemeinsamen Einsatz mit der Schlachtflotte hinaus, so die erwähnten Flotten-U-Boote, auf Patrouillenboote zum Einsatz im Rahmen der Seeblockade, auf U-Jagd-Boote sowie auf einige spezielle Typen, die in sehr geringen Stückzahlen projektiert und gebaut wurden. Insgesamt widerspiegelte sich in der relativ großen Anzahl von Grundmustern der Versuch, für fast jede vorstellbare Aufgabe entsprechende Boote zu bauen.

Jahr	Typ	Verdr. in ts über/ unter Wasser	Besat- zung	Länge in m	Geschw. in kn über/ unter Wasser	Fahrb. sm/kn über Wasser	Tor- pedo- rohre
1914	S	252/ 386	18	45,1	13,0/ 8,5	1600/ 8,5	2
1915	V	364/ 486	18	45,1	14,0/ 9,0	3000/ 9,0	2
1915	W	320/ 490	18	45,7	13,0/ 8,5	2500/ 9,0	2
1915	F	353/ 525	18	46,0	14,5/ 8,5	3000/ 9,0	3
1915	G	693/ 964	31	56,7	15,5/ 9,5	2400/12,5	5
1915	H	364/ 434	23	45,7	13,0/11,0	1600/10,0	4
1916	J	1200/1900	44	83,8	19,0/ 9,5	5000/12,5	6
1917	N	1270/1694	42	73,2	17,0/10,0	5300/11,0	6
1917	K	1780/2450	48	103,6	23,5/10,0	3000/13,5	8
1917	L	870/1055	35	70,4	17,0/10,0	3800/10,0	6
1918	M	1650/1950	65	90,2	14,0/ 8,0	3840/10,0	4
1918	H	440/ 500	22	52,1	11,5/ 9,0	1600/10,0	4
1918	R	410/ 500	22	49,6	9,5/15,0	2000/ 8,0	6
1918	L_{50}	960/1150	35	71,6	12,5/ 8,0	4500/ 8,0	6

Der allgemeinen Entwicklung entsprechend, verringerte die britische Flotte nach Kriegsende sofort die Anzahl ihrer Boote. An erster Stelle wurden die Vorkriegsbauten und weniger bewährte Typen ausgemustert. Aber auch die für die U-Boot-Abwehr entwickelten Fahrzeuge des R-Typs verschwanden relativ schnell aus dem Bestand. In der Herausnahme des einzigen U-Boot-Typs, der auf die U-Boot-Jagd spezialisiert war, widerspiegelte sich zu einem gewissen Teil die in den 20er Jahren herrschende Illusion über die Stärke der U-Boot-Abwehr. Die Erfolge, die Großbritannien durch die Massierung seiner U-Boot-Abwehrkräfte im Krieg erzielt hatte, wurden verabsolutiert. Nach 1918 unterschätzte die Mehrzahl der führenden Flotten die künftigen Einsatzchancen der U-Boote gegen den Handel des Gegners. Marineführungen und -theoretiker erkannten nicht, daß sowohl in technischer als auch in taktischer Beziehung die Möglichkeit des Kampfmittels U-Boot bisher nicht voll ausgeschöpft worden waren.

Während des ersten Jahrzehnts nach Ende des ersten Weltkrieges zogen sich Experimente mit verschiedenen Konstruktionen hin. Dennoch setzte sich in der britischen und den übrigen Flotten die Tendenz durch, die Anzahl der U-Boot-Typen zu verringern. Schließlich blieb es im wesentlichen bei 3 Grundmustern: dem für Patrouillenaufgaben geeigneten Boot von 600 bis 1 000 t Wasserverdrängung mit Torpedo- und Artilleriebewaffnung und einem Boot von fast 2 000 t Wasserverdrängung mit Torpedo- und starker Artilleriebewaffnung für den Einsatz in entfernten Gewässern. Bei den letzteren, den Flotten-U-Booten, spielten immer noch Vorstellungen über das gemeinsame Handeln mit den Überwasserkräften eine Rolle. Erhalten blieben als drittes Grundmuster auch U-Boot-Konstruktionen zum Minenlegen.

Die Wertschätzung der U-Boote als Seekriegsmittel resultierte in erster Linie aus ihren Fähigkeiten, Aufgaben im taktischen Bereich zu lösen. Zu diesem Zweck erfolgten die Konstruktion und der Bau von U-Booten bei den großen Seemächten. Das berührte die Stellung der Schlachtschiffe und der übrigen Überwasserkräfte im Gesamtrahmen der Seestreitkräfte in keiner Weise. Sie blieben das Hauptkampfmittel des Seekrieges. Wie die künftigen Flotten zusammengesetzt sein sollten, widerspiegelt eine Zusammenstellung der Bauvorhaben bei Kriegsende. Danach hätten sich die Seestreitkräfte der Siegermächte bis Mitte der 20er Jahre folgendermaßen entwickelt:

	Großbrit.	USA	Japan	Frankr.	Italien
Großkampfschiffe	29	29	24	7	5
Flugzeugträger	6	1	1	—	—
Kreuzer	90	20	20	12	12
U-Boote	100	120	50	40	25

Die schließliche Reduzierung der ehrgeizigen und kostspieligen maritimen Rüstungsvorhaben der imperialistischen Großmächte änderte nichts an dem Verhältnis der Schiffsklassen untereinander. Entscheidend blieben die schweren Überwasserkräfte, insbesondere die Artillerieträger. 10 Jahre später, 1930, hatten Großbritannien 16 Schlachtschiffe in Dienst, die USA 18, Japan und Frankreich je 6, das faschistische Italien 4. An Flugzeugträgern hatten Großbritannien 6, die USA und Japan je 3 und Frankreich einen im Bestand der Flotte. Die geplanten U-Boot-Zahlen dagegen wurden realisiert und bis 1930 sogar bei einigen Marinen überboten. So hatten die USA bis dahin insgesamt 100 Boote in Dienst und 6 in Bau, Japan verfügte über 60 U-Boote und ließ 10 bauen, Frankreich hatte 60 in Dienst und 35 in Bau, Italien 65 in Dienst und 10 in Bau. Eine Ausnahme machte Großbritannien, das nur über 50 Boote verfügte und 10 in Bau hatte.

In der Steigerung der U-Boot-Zahlen bei fast allen großen Flotten der Welt widerspiegelte sich die Tatsache, daß es für den U-Boot-Bau keine vertraglichen Beschränkungen gab und daß die Kosten für das Einzelfahrzeug noch relativ niedrig waren. Den genannten U-Boot-Zahlen standen 1930 in Großbritannien 235 Schlachtschiffe, Flugzeugträger, Kreuzer und Zerstörer gegenüber, in den USA 266, in Japan 162, in Frankreich 92 und in Italien 87. Ohne den U-Boot-Bau zu vernachlässigen, legten alle großen Seemächte auch nach dem ersten Weltkrieg das Schwergewicht auf den Ausbau der Überwasserkräfte, wobei für sie im Vordergrund stand, den Kampfwert des einzelnen Schiffes zu steigern.

Niederlage und kein Ende. In seinem Artikel 191 bestimmte der am 28. Juni 1919 unterzeichnete, den ersten Weltkrieg völkerrechtlich beendende Versailler Vertrag: «Der Bau und der Erwerb von Unterwasserfahrzeugen, selbst zu Handelszwecken, ist in Deutschland untersagt.» Die vor und während des Krieges fertiggestellten oder in Bau befindlichen U-Boote mußten schon vor Abschluß des Friedensvertrages entsprechend den Bedingungen des Waffenstillstands den Siegern übergeben bzw. zerstört werden. Aus der Konkursmasse erhielten die Ententestaaten 160 Boote, darunter alle U-Kreuzer und Minen-U-Boote. Insbesondere die U-Kreuzer fanden das Interesse der Marineführungen der USA, Japans und Frankreichs, die die Erfahrungen des Gegners für eigene Konstruktionen auswerteten. So wurden in den USA nach dem Vorbild des Projekts 46, das waren die U-

Kreuzer der Serie U 140 und U 141 aus dem Jahre 1918, die Boote des V-Typs entworfen, in Japan der Typ I-1.

Die herrschenden Kreise des imperialistischen Deutschlands waren weit davon entfernt, die militärischen Bestimmungen des Friedensvertrags hinzunehmen, schon gar nicht bei einem gewichtigen Seekriegsmittel wie dem U-Boot. Die Festlegungen der Sieger in bezug auf die U-Boote sollten für die nächsten Jahre zwar lästig werden, sie waren jedoch kein ausgesprochenes Hindernis. In gewisser Hinsicht erleichterten sie der deutschen Marineleitung sogar Entscheidungen, da sie nun keine Rücksicht auf veraltetes Material zu nehmen brauchte. Außerdem ließ die politische und ökonomische Situation des Landes kaum einen größeren Aufwand für die U-Boot-Rüstung zu, als er dann tatsächlich betrieben wurde. Dennoch waren die militärischen Bestimmungen des Versailler Vertrags, auch das Verbot des U-Boot-Baues, für die chauvinistische Propaganda in den Jahren der Weimarer Republik ein häufig gebrauchtes Argument.

Unmittelbar nach dem Ende des ersten Weltkrieges stand auch für die Marine zunächst die Aufgabe im Vordergrund, die erschütterten Machtpositionen des deutschen Imperialismus wieder festigen zu helfen. Marineintern galt es, aus den Trümmern der Kaiserlichen Marine — entgegen den Bestrebungen revolutionärer und demokratischer Kräfte — eine Flotte aufzubauen, die den reaktionären und aggressiven Zielen der herrschenden Klassen dienlich sein konnte. Bezeichnend für den Geist, der erhalten bleiben sollte, war die spektakuläre Selbstversenkung der Hochseeflotte im britischen Flottenstützpunkt Scapa Flow. Mit diesem von der Marineführung gebilligten Schritt war eine Ehrenrettung der Flotte vor der bürgerlichen Klassengesellschaft und ein marinespezifischer Beitrag zur Dolchstoßlegende beabsichtigt.

Von praktischer Bedeutung für die Regenerierung der Marine auf reaktionärer Grundlage war ihr militärischer Beitrag zur Niederwerfung der revolutionären Arbeiterbewegung in Deutschland. Gegen die Arbeiterklasse wurden die 3 in Stationen der Nord- und Ostsee gebildeten Marinebrigaden, deren berüchtigtste die der aktiven Seeoffiziere H. Ehrhardt und W. von Loewenfeld waren, eingesetzt. Dieser Einsatz trug zur Erhaltung der kapitalistischen Ordnung bei. Zugleich waren die Marinebrigaden Sammelbecken für reaktionäres Personal aus der Kaiserlichen Marine, das von den rechten sozialdemokratischen Führern dazu auserwählt wurde, den Kaderstamm der neuen Marine zu bilden.

Nach einer Reihe von Einzelmaßnahmen zur Ausschaltung progressiver Kräfte legten der Reichswehrminister, G. Noske, und der Vertreter des Reichsmarineamtes, Vizeadmiral M. Rogge, im März 1919 das Gesetz über die Bildung einer vorläufigen Reichsmarine vor, das am 16. April 1919 nach Zustimmung durch die Nationalversammlung in Kraft trat. Einen Abschluß bei der Schaffung der rechtlichen Voraussetzungen für die Stabilisierung der Marine des deutschen Imperialismus bildete das Wehrgesetz vom 23. März 1921, das entsprechend den Bestimmungen des Versailler Vertrages den zahlenmäßigen Umfang sowie das Ergänzungsprinzip für die Reichsmarine, so der offizielle Name der Seestreitkräfte der Weimarer Republik seit März 1921, fixierte.

Bereits im zweiten Jahr nach Beendigung des Krieges begannen in der damals noch vorläufigen Reichsmarine zielgerichtete, illegale Bestrebungen, Waffen und Gerät über die Bestimmungen des Friedensvertrages hinaus zu erhalten und ihre Weiterentwicklung einzuleiten. Noch 1920 wurde der Kleine Kreuzer «Emden» in Bau gegeben. Illegale Arbeiten zur Entwicklung der Marinefliegerkräfte, der Minenwaffe, zum Bau von Schnellbooten und U-Booten wurden aufgenommen. So verkauften im selben Jahr die Germaniawerft und die Vulcanwerft in Stettin (Szczecin) Projektzeichnungen der U-Kreuzer und U-Minen-Kreuzer an Japan. Ihr Bau in Japan erfolgte unter Aufsicht deutscher U-Boot-Konstrukteure, so daß deren Erfahrungen weiter genutzt wurden.

Auf Vorschlag und Betreiben der Marineführung kam es 1922 durch 3 Werften, die Germaniawerft, die AG Vulcan und die AG Weser, zur Gründung einer Firma für die Konstruktion und Erprobung von U-Booten. Um die alliierten Bestimmungen zu umgehen, erhielt diese Firma ihren Sitz in Den Haag und wurde als N.V. Ingenieurskontor vor Scheepsbouw (IvS) ins niederländische Firmenregister eingetragen. Das IvS wurde mit Reichsgeldern aus illegalen Rüstungsfonds gestützt. Es erhielt Konstruktionsunterlagen der deutschen U-Boote aus dem ersten Weltkrieg sowie führende U-Boot-Konstrukteure als Mitarbeiter. Als Verbindungsstelle zur Reichsmarine fungierte ein getarntes U-Boot-

Referat in Berlin unter dem Namen Mentor Bilanz. Dieses trug vom Jahre 1928 an die Bezeichnung Ingenieurbüro für Wirtschaft und Technik. Im Juni 1927 erhielt das illegale U-Boot-Referat eine technische Abteilung, deren Aufgabe es war, Vorschläge und Forderungen der Marineleitung unter konstruktiven Gesichtspunkten zu bearbeiten und Typenentwürfe herzustellen.

Das IvS machte fast 20 Staaten Angebote für die Konstruktion und den Bau von U-Booten. Mit 6˙ Staaten sind Vertragsabschlüsse getätigt worden. Dabei kam dem Büro zugute, daß es die Preise der legal arbeitenden ausländischen Konkurrenten unterbieten konnte. Die berühmt-berüchtigte Seetransportabteilung unter Kapitän zur See Lohmann z. B. zahlte dem IvS beim Verkauf von 2 Booten an die Türkei einen Zuschuß von einer Million Mark. Mit Hilfe derartiger Subventionen gelang es dem Ingenieurbüro, unter den Preisen der französischen und italienischen U-Boot-Werften zu bleiben. Für die Marineleitung bestand der Gewinn darin, über das IvS Erfahrungen beim Bau von U-Booten zu gewinnen, in bestimmtem Umfang das Können der ingenieurtechnischen Kader zu erhalten und auf den neuesten Stand der Entwicklung zu bringen. Der deutschen Marineleitung zufolge war es Ziel und Zweck der Tätigkeit des IvS, geeigneten Partnern Projekte anzubieten, die gewissermaßen die Funktion von Prototypen für künftige Boote der Reichsmarine hatten. Zugleich konnten die bei Überführungsfahrten und Erprobungen als Berater wirkenden ehemaligen U-Boot-Offiziere der Kaiserlichen Marine ihre Erfahrungen erneuern und vervollständigen. Die bekanntesten und für die Entwicklung der U-Boote der faschistischen Kriegsmarine relevantesten IvS-Konstruktionen waren die Entwürfe für Spanien und für Finnland.

Die seit 1924 in den industriell entwickelten imperialistischen Staaten einsetzende Periode der relativen Stabilisierung ermöglichte auch in Deutschland einen Aufschwung in der Marinerüstung. Die Marineleitung beschloß im Frühjahr 1926, ausgehend von einem bereits im Herbst 1918 konzipierten weiterentwickelten UB-III-Typ, ein U-Boot im Ausland bauen und praktisch erproben zu lassen. Die Wahl fiel auf Spanien, wo sich der Industrielle H. Echevarrieta als Partner anbot. Nach verschiedenen konstruktiven Modifizierungen, u. a. auf Grund von Forderungen

der spanischen Admiralität, lag ein Projekt mit folgenden Daten
vor: Wasserverdrängung 755 t auf- und 965 t untergetaucht,
Länge 72,38 m, Breite 6,20 m. Für das Boot waren als Antrieb
2 Diesel- mit je 1 400 PS und 2 E-Maschinen mit je 500 PS vorgesehen, die ihm eine Geschwindigkeit von 17 bzw. 8,5 kn und
einen Aktionsradius von 11 200 sm bei 10 kn und unter Wasser
180 sm bei 2,5 km ermöglichen sollten. Die vorgesehene Bewaffnung bestand aus 4 533-mm-Torpedorohren und einem Vorrat
von 10 bis 12 Torpedos. Weiter waren eine 105-mm- und eine
20-mm-Kanone vorgesehen. Die Besatzung sollte 32 Mann stark
sein.

Das Boot, es erhielt die Bezeichnung E 1, wurde in Cadiz aus
in Deutschland vorgefertigten Teilen montiert. Es fand allerdings
zunächst keinen Abnehmer. Erst 1934 gelang es, das Fahrzeug
an die Türkei zu verkaufen, wo es 1935 als «Gür» in Dienst gestellt wurde. Für die deutsche Marineleitung war das in jedem
Fall ein Erfolg. Nach den so gewonnenen Erfahrungen konnten
die Entwürfe verbessert und der Typ I A für die faschistische
Kriegsmarine sowie in Weiterentwicklung der Typ IX gebaut werden. Nicht zuletzt diente E 1 als Erprobungsfahrzeug für den von
der Torpedoversuchsanstalt entwickelten schwallosen Torpedoausstoß.

Von nicht zu unterschätzender Bedeutung für die illegale U-
Boot-Entwicklung waren die Aufträge, die das IvS für Finnland
realisierte. Die Beziehungen dorthin wurden ebenfalls Mitte der
20er Jahre aufgebaut. Als erstes entstanden in Finnland ab 1926
3 Minen-U-Boote nach IvS-Entwürfen von 493 bzw. 715 t Wasserverdrängung. Sie wurden von deutschen Besatzungen 1930 erprobt und dann von der finnischen Marine übernommen. Es
folgte ein nur 99 t verdrängendes Boot zum Einsatz auf dem La-
dogasee.

Im Frühjahr 1926 beschlossen Vertreter der deutschen Marineleitung als kleinstes U-Boot ein schnell zu bauendes und relativ
kampfkräftiges 250-t-U-Boot entwerfen zu lassen. In dem entsprechenden Protokoll hieß es bezeichnenderweise: «... sehr wünschenswert wäre es, wenn eine befreundete fremde Macht ein solches Boot nach IvS-Plänen bauen ließe, so daß Erfahrungen
damit gemacht und eingehende Bauzeichnungen angefertigt wer-

den würden.» Eigentlicher Auftraggeber war die Reichsmarine, in deren Etat für 1931 die Kosten eingeplant wurden. Das Boot wurde nach Vorstellungen aus dem getarnten U-Boot-Referat in Berlin und des IvS entworfen und in Finnland gebaut. Im Mai 1933 lief es vom Stapel. Die bis zum Sommer 1934 dauernden Erprobungen führten deutsche Besatzungen durch, die so erstmals praktisch ausgebildet werden konnten. Aus diesem Boot ging unmittelbar der Typ II der faschistischen Kriegsmarine hervor.

Der U-Boot-Bau des IvS, die Erprobungs- und Überführungsfahrten der verkauften Boote hatten zur Folge, daß die Kontinuität in der U-Boot-Entwicklung für die Marine des imperialistischen Deutschlands nach dem ersten Weltkrieg nicht abriß. Das betraf den Bau der Boote selber, deren Waffen und ihre Erprobung sowie bis zu einem gewissen Grade auch das Personal. In bezug auf die Waffenentwicklung beispielsweise wurden die bis 1918 zurückreichenden Entwicklungsarbeiten an E-Torpedos 1923 wieder aufgenommen. Seit 1927 wurden die E-Torpedos in Schweden erprobt und 3 1933 in Deutschland gefertigte Exemplare in Finnland erstmals von U-Booten verschossen.

Die umfangreichen illegalen Maßnahmen waren die Voraussetzung für die zu Beginn der 30er Jahre einsetzende Planung in der Marineleitung zur Aufstellung von U-Boot-Kräften und schließlich die Grundlage für den schnellen Aufbau der U-Boot-Kräfte der faschistischen Kriegsmarine.

2. Die Entstehung
der sowjetischen Seestreitkräfte
und ihrer U-Boot-Flotte

REVOLUTION, BÜRGERKRIEG UND FLOTTE. Am 15. Januar 1918 unterzeichnete W. I. Lenin das Dekret über die Schaffung der Roten Arbeiter-und-Bauern-Armee, am 29. Januar das Dekret über die Bildung der Roten Arbeiter-und-Bauern-Flotte.

Die völlige Zerschlagung der sich auflösenden zaristischen Armee und Marine und der Aufbau neuer, sozialistischer Streitkräfte gehörten zu den kompliziertesten Aufgaben, vor denen der junge Sowjetstaat von der ersten Stunde seines Bestehens an stand. Zu den besonderen Schwierigkeiten, die er hierbei überwinden mußte, gehörten die Probleme, die aus der Zerrüttung der Wirtschaft und des Transportwesens des Landes resultierten. Es fehlte an Lebensmitteln, an Waffen und Ausrüstung. Das Volk war kriegsmüde, und erfahrene, der Revolution ergebene Kommandeurskader waren kaum vorhanden.

Das alles traf besonders auf die Seestreitkräfte zu. Als ein Bestandteil der Streitkräfte des jungen Arbeiter-und-Bauern-Staates, maß ihnen die KPR(B) größte Bedeutung zu. Während des Bürger- und Interventionskrieges kämpften 75 000 Matrosen an den Landfronten. Die Hauptaufgabe der sowjetischen Seekriegsflotte damals war in dem einheitlichen strategischen Plan des Kampfes aller Streitkräfte festgelegt, der durch gemeinsames sowie selbständiges Handeln von Armee und Flotte bestimmt wurde.

Das schwimmende Material, auch die U-Boote, bestand aus dem Erbe der vorrevolutionären Zeit. Die Hauptkräfte der Flotte lagen in der Ostsee, bedeutende Teile im Schwarzen Meer. In den übrigen Seegebieten gab es ungenügende oder keine Flottenkräfte. In der gesamten Seekriegsflotte existierten nach 1917 52 U-Boote, der größte Teil davon lag in der Ostsee. Nach der berühmten Eisfahrt der Baltischen Flotte im Winter 1918, bei der sich die Schiffe dem Zugriff der Weißfinnen und deutschen Interventionstruppen entzogen, verteidigte die Flotte die seewärtigen Zugänge nach dem damaligen Petrograd. Im Bestand der Baltischen Flotte befanden sich noch 12 U-Boote des «Bars»-Typs und 4 ältere Boote («Minoga», «Okun», «Makrel» und «Kasatka»). Sie wurden im Frühjahr und Sommer 1918, soweit sie noch einsatzfähig waren, vor allem zur Aufklärung gegen die deutsche Marine genutzt.

Nach dem November 1918 drangen britische und schwache französische Seestreitkräfte in die Ostsee ein und gingen zur Unterstützung der Konterrevolution gegen die junge Sowjetmacht vor. Bei den Kämpfen gegen die Interventen versenkte ein Zerstörer der Baltischen Flotte das britische U-Boot L-55. Das Boot «Pantera» der Roten Flotte torpedierte den britischen Zerstörer «Vittoria.»

Auf persönliche Weisung Lenins wurden die 4 älteren Boote aus der Ostsee auf dem Schienenweg nach Astrachan transportiert. Sie kamen von der Wolgamündung aus auf dem Kaspischen Meer gegen die Truppen Koltschaks sowie gegen britische Interventen zum Einsatz.

Die U-Boote im Schwarzen Meer fielen, soweit sie nicht von ihren eigenen Besatzungen versenkt worden waren, den Weißgardisten bzw. den Interventen in die Hände. Dennoch konnte hier 1920 das erste sowjetische Boot «Schachtjor» in Dienst gestellt werden. Ende des Jahres lief es aus und griff die über See ins Ausland fliehenden Reste der zerschlagenen weißgardistischen Wrangel-Armee an.

Am Ende der schweren Jahre des Bürger- und Interventionskrieges verfügte die Sowjetregierung nur noch über einen geringen Schiffsbestand in der Ostsee. Die Schwarzmeerflotte existierte praktisch nicht mehr, ebenso die Verbände im Nordmeer und im Pazifik. Das noch verbliebene Schiffsmaterial war durch die 7 Kriegsjahre verbraucht, die Maschinenanlagen und Waffen verschlissen. M. W. Frunse schätzte den damaligen Zustand der Flotte folgendermaßen ein: «Während der ganzen Revolution und des Bürgerkrieges ... haben wir den größten und besten Teil des Materials eingebüßt und eine gewaltige Anzahl erfahrener und fachkundiger Kommandeure verloren ... wir haben eine ganze Reihe von Stützpunkten und schließlich den Hauptkern und den Mannschaftsbestand verloren. In der Summe bedeutet das alles, daß wir aber keine Flotte mehr haben.»

Der Zustand der Wirtschaft des jungen Sowjetstaates, eingeschlossen der der Werften, machte den Bau neuer Schiffe und Boote unmöglich. Die einzige Chance, die zur Verteidigung des Landes dringend benötigten Seestreitkräfte zu schaffen, bestand zunächst in der Rekonstruktion des noch in den Häfen vorhandenen Schiffsbestands. Damit wurde in der Ostsee begonnen. Die Verteidigung der Seegrenzen dort war besonders wichtig. Außerdem lagen dort die Schiffe, und die Situation in den Werften war günstiger als anderswo.

Der X. Parteitag der KPR(B), auf dem die Hauptrichtungen für den Aufbau von Armee und Flotte beim Übergang zur Friedenszeit festgelegt wurden, nahm einen umfassenden Beschluß zur

Militärfrage an, in dem es u.a. hieß: «... in Übereinstimmung mit der allgemeinen Lage und den materiellen Ressourcen der Sowjetrepublik sind Maßnahmen zum Wiederaufbau und zur Stärkung der Roten Seekriegsflotte zu ergreifen.» In Erfüllung des Parteitagsbeschlusses kamen bis 1922 zunächst 1218 ehemalige Marineangehörige zur Flotte zurück. Zugleich wurden die besten der noch vorhandenen Schiffe und Boote wieder einsatzklar gemacht. Im Ergebnis aller Anstrengungen standen der Baltischen Flotte bald wieder 9 U-Boote zur Verfügung. Sie gliederten sich in 2 U-Boot-Divisionen. Die 5 Boote, die im Schwarzen Meer wieder rekonstruiert werden konnten, bildeten eine U-Boot-Division. 4 der Schwarzmeerboote waren vom Typ AG, ein Boot und die Boote in der Ostsee waren «Bars»-Typen. Sie entsprachen in ihren technischen Leistungen den entsprechenden Typen ausländischer Konstruktionen der Vorkriegsjahre. Sie brachten einen gewissen Zuwachs an militärischem Potential bei der Verteidigung der Seegrenzen der Sowjetrepublik. Daneben lag ihre Bedeutung in der Möglichkeit, Besatzungen für künftige, neue U-Boot-Typen auszubilden und zu trainieren.

Sowjetische U-Boote der Rekonstruktionsphase

Typ	Verdr. in t	Länge	Breite in m	Antrieb in PS	Geschw. in kn	Fahrb. in sm
«Bars»	650 / 780	67,9	4,4	2 × 250 / 2 × 450	11,5 / 8,5	2500 / 30
AG	355 / 433	46,0	4,8	2 × 240 / 2 × 160	13,0 / 10,5	1750 / 25

Die Zeit des Aufbaus schildert der sowjetische Admiral J. A. Pantelejew in seinem Buch «Mein Leben für die Flotte». Er kam 1925 zur Schwarzmeerflotte und diente als Steuermann auf dem U-Boot «Nerpa», dem verbliebenen «Bars»-Typ. Zur Rolle der 5 U-Boote schreibt Pantelejew: «Unsere selbständige U-Boot-Abteilung war damals der einzige solide Kampfverband unserer Flotte.»

140

Mit der Rekonstruktion des noch vorhandenen Materials begannen theoretische Überlegungen über die Schwerpunkte des weiteren Aufbaus der Flotte. Hierfür erarbeitete die Anfang April 1922 tagende erste Gesamtrussische Konferenz der Kommunisten der Seestreitkräfte Empfehlungen, die von den realen Mitteln und Möglichkeiten des Landes ausgingen. Die Anhänger des Großkampfschiffbaues kritisierend, wiesen die Teilnehmer der Konferenz darauf hin, daß die Flotte ihren Auftrag zur Verteidigung des Landes nur in engem Zusammenwirken mit der Roten Armee erfüllen könne. In der Flotte käme es auf das Zusammenwirken aller Überwasserschiffe mit den U-Booten und den Seefliegerkräften an.

Im folgenden Jahr wurde eine Kommission gebildet, deren Aufgabe es war, Vorstellungen über den Einsatz von U-Booten auszuarbeiten. Ein weiteres Jahr später folgte ein Beschluß des Rates der Volkskommissare über die Konstruktion und den Bau von neuen U-Booten.

Mitte der 20er Jahre ging die Rekonstruktionsphase der Flotte zu Ende. Ausgehend von den Ergebnissen des bisherigen wirtschaftlichen Aufbaus entsprechend den Beschlüssen des XIV. Parteitages der KPR(B) über die Industrialisierung des Landes, nahm im November 1926 der Rat für Arbeit und Verteidigung ein Sechsjahresprogramm für den Kriegsschiffbau an, das u. a. den Bau von 12 neuen U-Booten vorsah. Am 5. März 1927 wurden die ersten 3 Boote des Typs «Dekabrist» auf Kiel gelegt, am 14. April folgten 3 weitere. Der systematische Aufbau der sowjetischen Unterwasserkräfte begann.

DIE STÄRKSTE U-BOOT-FLOTTE. Die wirtschaftliche Entwicklung der Sowjetunion war letztlich die Voraussetzung für die militärische Stärke und technische Ausstattung ihrer Streitkräfte. Dementsprechend wurden gleichlaufend zu den Fünfjahrplänen der Volkswirtschaft entsprechende Programme für den Aufbau der Streitkräfte aufgestellt und realisiert. Bei der Beantwortung der Frage, wie die Flotte der jungen Sowjetmacht aussehen soll, galt es, eine Reihe von Faktoren zu berücksichtigen. Dazu gehörten die zu erwartende internationale, militärpolitische und strategische Situation und das allgemeine Kräfteverhältnis in der Welt, die Haupttendenzen des wissenschaftlich-technischen Fortschritts und der Entwicklung der Kampfmittel sowie geographische Faktoren und nicht zuletzt die materiellen Möglichkeiten. Anhand einer gründlichen Analyse bestimmte die Parteiführung Rolle und Stellung der Seekriegsflotte bei der Verteidigung des Landes. Daraus folgte die Wertung der Waffengattungen in den Teilstreitkräften sowie die einzelner Kampfmittel und Schiffsklassen in der Flotte. Die Seekriegsflotte erhielt zunächst, entsprechend den realen Kampfmöglichkeiten, die Aufgabe, kurze Schläge aus unterschiedlichen Richtungen auf das wichtigste Objekt des Gegners führen zu können. Dabei durfte die Verbindung zu den eigenen Basen nicht verlorengehen. An der Führung des Schlages, so wurde empfohlen, sollten Überwasserkriegsschiffe, Torpedoschnellboote, U-Boote, Fliegerkräfte und Küstenartillerie beteiligt sein. Er sollte gestützt auf eine Minen-Artillerieposition organisiert werden.

Im Mai 1928 bestimmte der Revolutionäre Kriegsrat der UdSSR erneut die Stellung der Seekriegsflotte im System der Streitkräfte. Der Flotte wurden folgende Aufgaben gestellt: Unterstützung von Operationen der Landstreitkräfte in Küstenrichtung; Verteidigung der Küsten, Basen und politisch-ökonomischen Zentren in Verbindung mit den Landstreitkräften; Einsatz zur Störung der Seeverbindungen des Gegners.

Obwohl sich bis Ende der 20er Jahre die Bewaffnung und Ausrüstung bedeutend verbessert hatten, blieb die Seekriegsflotte in ihrer Entwicklung gegenüber den Seestreitkräften der großen imperialistischen Staaten zurück. Die weitere Steigerung der Verteidigungsfähigkeit der UdSSR, eine Notwendigkeit, um die imperialistischen Aggressoren zu zügeln, hing entscheidend davon ab, wie es gelang, das Niveau der Produktivkräfte zu heben. Für die Steigerung der Kampfkraft der Streitkräfte, insbesondere der Flotte, waren die sozialistische Industrialisierung des Landes und die Schaffung einer modernen Schwerindustrie unabdingbare Voraussetzungen.

Das Schwergewicht beim Aufbau der Flotte legte man auf leichte Überwasserkräfte, die Verstärkung der Küstenverteidigung und der Minenpositionen, die Formierung von landgestütz-

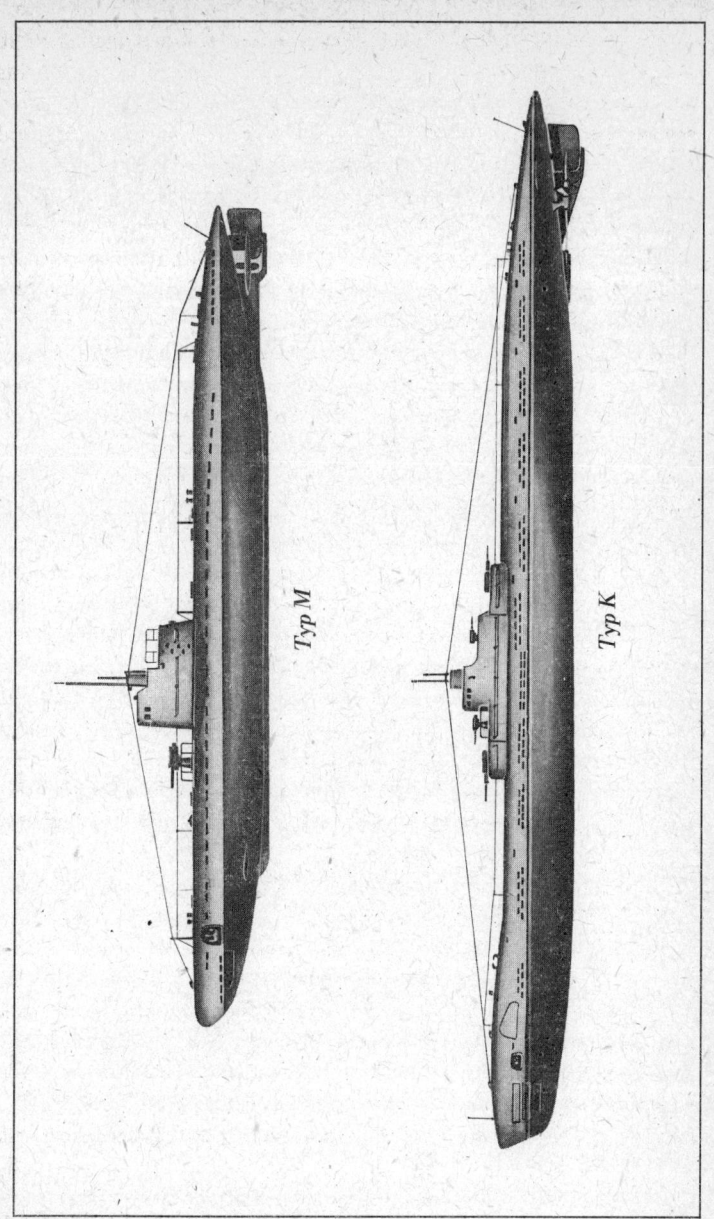

Typ M

Typ K

ten Seefliegerkräften und den Bau von U-Booten. Dementsprechend sah der Fünfjahrplan 1928 bis 1933 für den Kriegsschiffbau eine besonders starke Entwicklung der U-Boot-Kräfte vor. Das erste U-Boot sowjetischer Konstruktion, der Typ D oder «Dekabrist» wurde am 18. November 1930 in Dienst gestellt. Es war ein Zweihüllenboot, das über Wasser 932,8 ts und getaucht 1 353,8 ts verdrängte. Es hatte eine Länge von 76 m und eine Besatzung von 53 Mann. Die Bewaffnung bestand aus 8 Torpedorohren, einer 100-mm- und einer 45-mm-Kanone sowie aus einem 7,62-mm-Maschinengewehr.

Parallel zum Typ D entstand der Typ L oder «Leninez». Unter ständiger Weiterentwicklung in mehreren Serien gebaut, bewährte sich dieser Typ unter härtesten Einsatzbedingungen. Die Boote des L-Typs verdrängten getaucht ursprünglich 1 327 ts und waren 81 m lang. Anstelle der Hecktorpedorohre hatten sie 2 horizontal angeordnete Minenschächte, in denen 14 Minen mitgeführt werden konnten. Ihre Artilleriebewaffnung bestand aus einer 100-mm- und einer 45-mm-Kanone. Im Bug führten sie 6 Torpedorohre. Am 23. Oktober 1933 kam das erste Boot des L-Typs zur Flotte, und bis Ende 1939 folgten ihm weitere 19.

Insgesamt sah der erste Fünfjahrplan den Bau von 18 großen und 4 kleinen U-Booten vor. Der wirtschaftlichen Entwicklung der UdSSR entsprechend, konnte der zweite Fünfjahrplan höhere Ziele setzen. Das Programm für den Aufbau der Seestreitkräfte für die Jahre 1933 bis 1938 vom 11. Juni 1933 bestimmte, daß 69 große, 200 mittlere und 100 kleinere, also insgesamt 369 U-Boote zu bauen seien.

Eine herausragende Konstruktion dieser Jahre war der Typ Schtsch oder «Schtschuka». Das erste Boot wurde am 14. Oktober 1933 in Dienst gestellt. Die mittleren Boote des Schtsch-Typs waren als Standardboote für alle Flotten vorgesehen. Sie wurden in mehr als 4 Bauserien in großer Anzahl gefertigt und waren vor Beginn des Großen Vaterländischen Krieges der Sowjetunion der zahlenmäßig verbreitetste U-Boot-Typ in der Seekriegsflotte. Der Typ Schtsch verdrängte getaucht bis zu 710 ts und war 58,8 m lang. Bis 1940 lieferten die Werften der Flotte 75 Boote dieses Typs.

Noch im Mai 1931 begann in der Sowjetunion der Bau von

U-Kreuzern. Es waren relativ schnelle Boote mit 1200 t Wasserverdrängung, 6 Bugtorpedorohren und 2 100-mm-Geschützen. Im Juli 1936 wurden 3 Einheiten dieses P-Typs in Dienst gestellt.

Für den Einsatz in küstennahen und in räumlich begrenzten Gewässern bestimmt waren die U-Boote des M («Maljutka»)-Typs. 1932 hatten die Konstruktionsarbeiten begonnen, und im zweiten Fünfjahrplan gingen die ersten Boote in Bau. Die ste Serie M VI waren Boote von nur 161 t mit 2 Bugtorpedorohren. Noch mit Mängeln behaftet, die bei den folgenden größeren Booten der Serien M XII (206,5 t Wasserverdrängung) und XI (300 t Wasserverdrängung) abgestellt werden konnten, war ser Typ besonders für die Pazifikflotte von Bedeutung. Er onnte in relativ kurzer Zeit in hoher Stückzahl produziert und mit der Eisenbahn transportiert werden. Daher stand auch an erster Stelle der Bau von 40 Booten des M-Typs für den Einsatz im Fernen Osten. 78 Einheiten der Serien M XII und M XI folgten.

Um Erfahrungen anderer für sich nutzbar zu machen und so das eigene Verteidigungspotential schneller zu stärken, griff die militärische Führung der Sowjetstreitkräfte auch auf Möglichkeiten des Auslandes zurück. Im Falle des Aufbaus der U-Boot-Kräfte war es der Abschluß eines Lizenzvertrages zu Beginn der 30er Jahre mit dem IvS über einen verbesserten E 1, den E II-Typ. Der Bau des neuen Bootes begann im Dezember 1934 in Leningrad. Am 23. September 1936 wurde das erste Boot mit der Typenbezeichnung S in Dienst gestellt. Den ersten Einheiten, S 1 bis S 3, folgte die Serie IX bis … von 17 Booten bis Kriegsbeginn. Der S-Typ verdrängte 828 t über und 1080 t unter Wasser, war 77,8 m lang und besaß 2 2200-PS-Diesel und 2 550-PS-E-Maschinen.

Der letzte sowjetische Vorkriegstyp entstand 1934. Bis 1941 wurden von dem Flotten-U-Kreuzer, dem K-Typ, 6 Boote mit der Bezeichnung K 1, K 2, K 3, K 21, K 22 und K 23 in Bau gegeben. Es waren Boote mit sehr großer Wasserverdrängung und sehr starker Bewaffnung. Ihr großer Fahrbereich, fast 15000 sm, machte sie für Fernunternehmen besonders geeignet.

Insgesamt wurden in der Sowjetunion von 1927 bis zum 22. Juni 1941 296 U-Boote gebaut. Zu Beginn des Großen Vater-

	D	L II	Schtsch X	S	M XII	K
Verdr. in ts	932 / 1353	1051 / 1327	590 / 710	840 / 1070	206,5 / 258,1	1490 / 2104
Besatzung	53	54	40	45	20	64
Länge in m	76,0	81,0	58,8	77,8	44,5	97,6
Breite	6,4	7,0	6,2	6,4	3,3	7,4
Antrieb in PS	2 × 1100 / 2 × 525	2 × 1100 / 2 × 525	2 × 800 / 2 × 400	2 × 2200 / 2 × 550	800 / 400	2 × 4200 / 2 × 1200
Geschw. in kn	14,7 / 9,0	14,0 / 9,0	13,6 / 8,0	19,5 / 9,6	13,2 / 8,2	21,1 / 10,3
Fahrb. in sm	7500 / 132	6000 / 135	7500 / 126,5	9500 / 135	1880 / 107	14040 / 176
Bewaffnung (Kal. in mm)		20 Minen				20 Minen
Torp.-Rohrz./ Kal.	8/533	6/533	6/533	6/533	2/533	10/533
Geschütze Z./Kal.	1/100 1/45	1/100 1/45	2/45	1/100 1/45	1/45	2/100 2/45
MG Z./Kal.	1/7,62	–	2/7,62	1/7,62	2/7,62	2/7,62

ländischen Krieges der Sowjetunion befanden sich 218 U-Boote in Dienst. Damit besaß die sowjetische Seekriegsflotte vor Beginn des zweiten Weltkrieges die zahlenmäßig stärksten U-Boot-Kräfte der Welt.

Die sowjetischen U-Boot-Kräfte waren auf 4 Flotten verteilt. Zur Baltischen Rotbannerflotte und zur Schwarzmeerflotte kamen ab 1932 die Seestreitkräfte des Fernen Ostens, 1935 in Pazifikflotte umbenannt. Aus der 1933 aufgestellten Nordflottille ging 1937 die Nordflotte hervor. Die Baltische Flotte verfügte Ende der 30er Jahre mit mehr als 60 U-Booten über die stärksten U-Boot-Kräfte aller operativen Verbände der sowjetischen Seestreitkräfte. Es folgte die Schwarzmeerflotte mit weniger als 60 Booten, die Pazifikflotte mit annähernd 50 U-Booten und die Nordflotte mit rund 30 Booten. Im Verhältnis zu den Überwasserkräften befanden sich im Nordmeer und im Pazifik die zahlenmäßig stärksten U-Boot-Verbände. Die kampfkräftigsten U-Boote mit großem Aktionsradius und starker Bewaffnung gehörten zur Baltischen und zur Schwarzmeerflotte.

Die Zunahme an Kampfkraft der sowjetischen U-Boot-Verbände in den 30er Jahren ergab sich nicht allein aus der Zuführung einer großen Anzahl neuer Boote. In der Flotte, insbesondere auf den U-Booten, dienten ausgewählte, der Partei und dem sozialistischen Vaterland treu ergebene Matrosen und Offiziere. Mit dem schrittweisen Übergang zum einheitlichen Kaderprinzip in den sowjetischen Streitkräften 1935 bis 1938 erhöhte sich die Qualität in der Ausbildung und Erziehung des U-Boot-Personals. 1939 wurde das Gesetz über die allgemeine Militärdienstpflicht erlassen. Den Gesetzen zufolge wurde die Dienstzeit verlängert. Auf den in Brigaden und Divisionen gegliederten U-Booten dienten Wehrpflichtige, deren Dienstzeit 5 Jahre dauerte.

In engem Zusammenhang mit den materiellen Möglichkeiten des Landes entwickelte sich auch die sowjetische Seekriegskunst. Sie schuf die theoretischen Voraussetzungen für den Aufbau zweckentsprechender U-Boot-Kräfte mit klarer Aufgabenstellung für den Verteidigungsfall. Dies widerspiegelte sich in der Entwicklung der sowjetischen Seestreitkräfte zu einem maritimen Machtmittel, in dem Überwasser-, Flieger- und Unterwasserkräfte in einem relativ ausgewogenen Verhältnis zueinander standen, wobei das Schwergewicht zunächst auf den leichten Überwasserkräften und den U-Booten lag.

Ende der 30er Jahre war die Theorie vom «Kleinkrieg» zur See überholt. Entsprechend den gewachsenen Möglichkeiten der sowjetischen Flotte wurde sie von der Theorie der typischen Seeoperationen abgelöst. Eine 1940 herausgegebene Vorschrift über die Führung von Seeoperationen faßte die diesbezüglichen Ansichten zusammen. Seeoperationen sollten selbständig oder gemeinsam mit den Land- und Luftstreitkräften durchgeführt werden. Die Vorschrift orientierte auf ein Zusammenwirken der Unter- und Überwasserkräfte, der Seefliegerkräfte und der Küstenartillerie. Größte Bedeutung bei Kampfhandlungen zur See wurde dem Angriff beigemessen. Gegen die Seeverbindungen hatten U-Boote und die Fliegerkräfte als Stoßkraft zu handeln. Die schweren Überwassereinheiten galten als größte Offensiv- und Verteidigungskraft der Seestreitkräfte, da sie zusammen mit anderen Schiffsklassen zu einem ausdauernden Kampf mit dem Gegner in der Lage waren.

Unmittelbar vor Beginn des zweiten Weltkrieges erarbeitete die sowjetische Seekriegskunst die Theorie über den operativen Einsatz der Seestreitkräfte. Nach ihr sollten verschiedene Gattungen der Flottenkräfte durch konzentrierte Schläge gegen die gegnerische Flotte die gestellten Aufgaben erfüllen. Die Schläge sollten im Verlauf mehrerer aufeinanderfolgender oder paralleler Operationen mit einheitlicher strategischer Aufgabe erfolgen.

Diese theoretischen Auffassungen gingen in die Gefechtsvorschriften der Seekriegsflotte ein. Den Grundprinzipien der sowjetischen Militärdoktrin entsprechend, war die Flotte untrennbarer Bestandteil der Streitkräfte. Eine neue Vorschrift aus dem Jahre 1930 sowie die darauf basierende von 1937 regelten den Gefechtseinsatz der U-Boote, Seefliegerkräfte und TS-Boote. Zusammenwirkend sollten bewegliche Verbände unterschiedlicher Bestimmung gemeinsam Schläge gegen Küstenobjekte, Seeverbindungen und Kampfschiffe des Gegners führen können. Weiterhin beinhaltete die Vorschrift die Organisation und Führung gemeinsamer Schläge auf offener See, an Meerengen, Zugängen zu Stützpunkten des Gegners sowie in seinem Küstengebiet.

Insgesamt verfügte die UdSSR Ende der 30er Jahre über starke Seestreitkräfte, die sich auf eine den Anforderungen der damaligen Zeit entsprechende Militärtheorie stützen konnten, wenn auch festgestellt werden muß, daß es gewisse hemmende Faktoren für den effektivsten Einsatz der U-Boote gab. So konnten sich die oben erwähnten Auffassungen bis zum Überfall des faschistischen Deutschlands auf die UdSSR nicht völlig durchsetzen. Vorherrschend blieben Überlegungen der inzwischen nicht mehr zeitgemäßen Theorie des «Kleinkrieges», deren defensive Ansichten über Rolle und Einsatz der Flotte dem Entwicklungsstand der sowjetischen Seestreitkräfte nicht mehr entsprachen. Das hatte negative Auswirkungen auf die sowjetischen U-Boot-Kräfte. Zum Beispiel stellte sich während des Großen Vaterländischen Krieges die Dislozierung einer hohen Anzahl von Booten mit großer Reichweite in Randmeeren, wie der Ostsee und dem Schwarzen Meer, als ungünstig heraus. Dort konnten diese Kräfte kaum manövrieren, während sie von den Stützpunkten im Nordmeer aus effektiver hätten handeln können. Ebenso führte die Beschränkung der Hochseeboote und U-Kreuzer auf den engen Rahmen des taktischen Handelns, insbesondere im küstennahen Raum, zu relativ begrenzten Erfahrungen der Kommandanten und Besatzungen für den Einsatz auf hoher See.

Kennzeichnend für die sowjetische Seekriegsflotte waren das hohe Ausbildungsniveau, die hohen moralischen und kämpferischen Eigenschaften ihrer Angehörigen. Die Gefechtsbereitschaft in allen Teilflotten war hoch. Die Angehörigen der Seestreitkräfte waren, wie sich im Großen Vaterländischen Krieg der Sowjetunion zeigte, willens und in der Lage, die ihnen gestellten Aufgaben zu erfüllen.

3. Flotten- und U-Boot-Entwicklung in den kapitalistischen Staaten während der Vorkriegsjahre

SEEMÄCHTE, SEEKRIEG UND U-BOOTE. Der erste Weltkrieg hatte den Platz des U-Bootes als integrierten Bestandteil der Seestreitkräfte bestätigt. Alle wichtigen Flotten zogen daraus die Konsequenz, daß den Auswirkungen eines U-Boot-Einsatzes auch in künftigen Seekriegen Rechnung getragen werden müsse. Die Niederlage der U-Boote des imperialistischen Deutschlands stand nicht im Widerspruch zu dieser Erfahrung. Sie belegte vielmehr die unreale Aufgabenstellung an das neue Seekriegsmittel und letztlich das Versagen der Seekriegführung der Kaiserlichen Marine. Nur sie hatte nämlich den U-Booten mit dem Angriff auf die gegnerischen Seeverbindungen eine Aufgabe mit kriegsentscheidender Zielsetzung gestellt. Alle übrigen Seestreitkräfte hielten die U-Boote für ein Kriegsmittel, das, wie andere auch, Erfolge und Niederlagen aufzuweisen hatte. Sie schätzten dessen Vor- und Nachteile, erstere besonders im Hinblick auf die Kosten-Nutzen-Relation, verhältnismäßig realistisch ein. Bei relativ geringem ökonomischem Aufwand war das U-Boot ein hochwirksames Kriegsmittel, das selbst teure und personalaufwendige Schlachtschiffe gefährden konnte.

Fast alle Flottenführungen beurteilten die Wirksamkeit der U-Boote und ihre künftige Rolle in den Seestreitkräften vor allem unter dem Aspekt ihres Einsatzes im Interesse der Überwasserkräfte. Die grundlegende Einstellung der imperialistischen Seekriegstheorie zum Handelskrieg, auch dem mit U-Booten, hatte sich nicht geändert. Vorherrschend blieben auch in den Jahren zwischen den beiden Weltkriegen die Ideen Mahans und Colombs, d. h., die Handlungen der schweren Überwasserkräfte gegeneinander standen im Mittelpunkt der Seekriegsplanungen. Alle übrigen Formen der Kriegführung zur See, von der kombinierten Operation bis zum Angriff der gegnerischen Seeverbindungen, blieben zweitrangig.

In bezug auf den Einsatz der U-Boote gegen den Seehandel eines Gegners schien die Niederlage der deutschen Unterwasserkräfte zu belegen, daß die U-Boot-Abwehr stärker war und es auch bleiben würde. Ganz allgemein galt, daß es einerseits keinen militärisch-maritimen Grund dafür gebe, freiwillig auf den Bau und die Indiensthaltung von U-Booten zu verzichten, daß andererseits ihre Wirksamkeit im Handelskrieg nicht noch einmal ein solches Ausmaß wie im ersten Weltkrieg erreichen werde. Unausgesprochen planten aber verschiedene Marineführungen den Handelskrieg in einem bestimmten Umfang ein.

Am stärksten im U-Boot-Bau engagiert blieben die imperialistischen Seemächte USA, Großbritannien, Japan, Frankreich und Italien. Daneben nahmen seit dem ersten Weltkrieg mehr und mehr mittlere und kleine kapitalistische Staaten U-Boote in den Bestand ihrer Flotten auf. Einige Länder begannen oder setzten, wie Schweden, den eigenständigen U-Boot-Bau fort. Andere, so z. B. Norwegen, kauften U-Boote wie bisher in den traditionellen Schiffbauländern und bei Waffenexporteuren.

Einer deutschen Statistik aus dem Jahre 1932 zufolge, die heuchlerisch die geringe Abrüstungsbereitschaft der übrigen Mächte belegen sollte, verfügten zu dieser Zeit die Flotten über folgende U-Boot-Anzahlen:

| | fertig | | in Bau |
	neue	ältere	
Großbritannien	50	11	5
USA	74	33	3
Japan	70	—	2
Frankreich	63	23	24
Italien	34	15	25

Darüber hinaus besaßen oder ließen bauen: Argentinien 3, Brasilien 9, Dänemark 13, Rumänien 1, Spanien 28, Finnland 4, Jugoslawien 4, Niederlande 31, Türkei 4, Norwegen 9, Polen 3, Portugal 6 und Schweden 18 U-Boote. Damit hatten, die UdSSR nicht mitgerechnet, 18 Staaten 565 U-Boote fertig oder in Bau.

Die Aufgaben der U-Boote waren in allen Flotten ähnlich. Sie wurden gesehen in der Küstenverteidigung, im Mineneinsatz und in Handlungen an der gegnerischen Küste, in der Fernaufklärung und im Einsatz am Rande einer Schlacht der schweren Überwasserkräfte.

Aus diesen Vorstellungen wird deutlich, wie wenig die bürgerliche Seekriegstheorie in den 20er und 30er Jahren in der Lage war, die neuen Entwicklungstendenzen in ihrer Gesamtheit zutreffend einzuordnen und Schlußfolgerungen zu ziehen. Maßstab der Stärke einer Flotte blieb nach wie vor die Anzahl und Größe der Schlachtschiffe. Alle übrigen Schiffsklassen dienten ihrer Unterstützung und Sicherung.

Ab Ende der 20er Jahre begann sich schließlich, wenn auch nur zögernd, die Beurteilung der Flugzeugträger zu wandeln. Von einer Schiffsklasse mit Hilfsschiffscharakter änderte sich ihre Stellung zu der eines Hauptkampfschiffes. Dennoch blieb die Überschätzung der mit Artillerie bewaffneten Großkampfschiffe bis in die Jahre des zweiten Weltkrieges erhalten. Neben subjektiven Ursachen spielte immer noch eine Rolle, daß die Artillerie der Überwasserschiffe die Macht der «Mutterländer» in allen Teilen der Welt derart nachhaltig demonstrierte, wie es Flugzeuge oder U-Boote nicht konnten.

Eine Reihe von politischen Ereignissen und ihre militärischen

Begleiterscheinungen in den Jahren zwischen den beiden Weltkriegen machen den Wert, den Schiffskanonen für die imperialistische Außenpolitik besaßen, deutlich. Kanonenboote der USA und anderer Großmächte befanden sich z. B. zur Unterdrückung und Ausplünderung Chinas auf den großen Flüssen des Landes. In Shanghai erschienen britische, französische und US-amerikanische Schiffe, wenn es galt, die Interessen der eigenen herrschenden Klassen gegen den japanischen Konkurrenten zu sichern.

Eine ebenso zweifelhafte Rolle in der Außenpolitik spielten Schiffskanonen in der zweiten Hälfte der 30er Jahre. Im nationalrevolutionären Krieg der spanischen Republik 1936 bis 1939 kamen Überwasserkräfte als Instrument der sogenannten Nichteinmischungspolitik Großbritanniens, Frankreichs und der USA zum Einsatz. Um angeblich die internationale Schiffahrt im Mittelmeer vor Übergriffen zu schützen, wurde eine internationale Seeüberwachung eingeführt. An ihr beteiligten sich neben britischen und französischen Überwasserkräften bezeichnenderweise auch Schiffe des faschistischen Deutschlands und Italiens. Die in letzter Konsequenz gegen die spanische Republik gerichtete «Nichteinmischungspolitik» bediente sich multinationaler Seestreitkräfte aus Überwasserkräften. Ungeachtet dessen störten italienische U-Boote und die mit Hilfe der faschistischen Regierungen Deutschlands und Italiens immer stärker werdenden Luftstreitkräfte der Franco-Putschisten die Zufuhren in die spanische Republik. 55 italienische U-Boote, die damals ihre Nationalität verschleierten, fuhren von November 1936 bis September 1937 annähernd 65 Einsätze. Sie versenkten in spanischen Gewässern, in der Ägäis und vor den Küsten Algeriens und Tunesiens mindenstens 15 Schiffe, darunter 2 sowjetische.

Der größte Wandel im operativ-taktischen Bereich auf dem Gebiet der Seekriegführung in der Zeit von 1918 bis 1939 vollzog sich mit dem Übergang zur Kampfgruppentaktik. Die Abkehr von der Linienschifftaktik, wie sie im Prinzip bereits im 18. Jahrhundert üblich gewesen war, hatte mehrere Gründe. Das waren z. B. Führungsprobleme beim Aufmarsch so unterschiedlicher Kampfschiffe wie Flugzeugträger und Schlachtschiffe, die qualitativ-technischen Veränderungen im Kriegsschiffbau, aber auch neue Waffen des Seekrieges wie das Flugzeug. An die Stelle des in Linie aufmarschierenden Gros der gesamten Seestreitkräfte traten operative Verbände aus verschiedenen Schiffsklassen, die sich bei der Aufklärung und im Gefecht, beim Angriff und in der Abwehr gegenseitig ergänzten. Die Kampfgruppen, in der Royal Navy «force» und in der US Navy «task force» genannt, sollten auch mit U-Booten zusammenarbeiten.

Vor den mittleren und kleinen Marinen standen die Seekriegsprobleme naturgemäß nicht in solchem Umfang. Durch ihre ökonomischen und technologischen Möglichkeiten waren den politischen Ambitionen und Seerüstungen dieser Staaten Grenzen gesetzt. Dennoch versuchten viele, selbst wenn es nur Miniaturausgaben sein konnten, den großen Flotten ähnliche Seestreitkräfte aufzubauen und zu unterhalten. Dies kam den Interessen der Großmächte entgegen, und nicht selten wurde diese Tendenz von ihnen gefördert, da sich daraus technologische Abhängigkeiten entwickelten, die wiederum die politischen und ökonomischen Beziehungen beeinflußten. Das traf nicht zuletzt auf das Gebiet der U-Boot-Rüstung zu. Einerseits war der Besitz von U-Booten für die kleineren Staaten erstrebenswert, da mit Unterwasserkräften bei geringem Aufwand ein hoher militärischer Nutzen erzielt werden konnte. Andererseits aber waren zum Bau der technisch verhältnismäßig schwierig zu fertigenden Fahrzeuge Voraussetzungen erforderlich, die in der damaligen Zeit nur wenige Staaten erfüllen konnten. Das hatte schließlich zur Folge, daß die Mehrzahl der kleineren Seemächte ihren U-Boot-Bestand aus den Werften der Großmächte ergänzte.

Für die Konstruktion und den Bau von U-Booten ging in den 20er Jahren die Zeit des Experimentierens zu Ende. Entsprechend den allgemeinen Tendenzen in der Marinerüstung begrenzten die Marineführungen die Anzahl der in Dienst befindlichen Boote, begannen die Typenvielfalt zu verringern und nahmen Verbesserungen an den Grundtypen vor. Solche technischen Veränderungen berührten nicht die Grundlagen der Konstruktionen, sie vervollkommneten die technischen Details. Die Grundtypen und die Relation von großen, mittleren und kleinen U-Booten zueinander wurden von der Geographie des Seeschauplatzes, für den sie bestimmt waren, von dem Schwerpunkt der Aufgabenstellung und anderen Faktoren beeinflußt. Grundsätzlich blieben die Unterwasserfahrzeuge aller Marinen Tauchboote. Die Möglichkeiten, die der wissenschaftlich-technische Fortschritt bereits in den Jahren nach dem ersten Weltkrieg für den Übergang zu einem «echten» Unterseeboot eröffnete, wurden nicht ausgeschöpft.

Zu den Veränderungen in den technischen Details gehörte seit Mitte der 20er Jahre das Schweißen des Rumpfes, wodurch die Tauchtiefen gesteigert und die Wirkung der Wasserbomben verringert werden konnten. Eine in die Zukunft weisende Idee ergab sich aus dem Wiederaufgreifen der Frischluftzuführung, des späteren Schnorchels. Erstmals wieder auf niederländischen Booten 1937 installiert, spielte wohl zunächst der Gedanke eine Rolle, bei den in den Tropen dienenden Fahrzeugen die Innenluft zu verbessern.

Von größter Bedeutung für den U-Boot-Bau waren die Fortschritte in der Elektrotechnik. Der Übergang zum Röhrensender und -empfänger, die Erforschung der Eigenschaften verschiedener Wellenlängen u. a. m. schufen grundlegende Verbesserungen für die funktechnische Führung und den Einsatz der U-Boote. Damit lagen zugleich die Grundlagen für die Entwicklung von Ortungsgeräten vor. Diese wissenschaftlichen Erkenntnisse wurden auf militärischem Gebiet jedoch erst während des zweiten Weltkrieges voll genutzt.

Unmittelbar wirkten sich die Verbesserungen auf den Antrieb der Boote aus. Sie bekamen durchkonstruierte, leistungsstarke und ökonomisch arbeitende Motoren, die ihnen einen Fahrbereich von mehr als 10 000 sm ermöglichten. Die Einführung der Magnetzündung für die Torpedos verbesserte die Wirkung dieser Hauptwaffe der U-Boote am Ziel. Nicht zuletzt verringerten der schwallose Torpedoausstoß und die Einführung von Elektrotorpedos die Gefahr des Entdecktwerdens des Bootes und damit seine taktische Situation.

Die Marine der USA hatte im ersten Weltkrieg fast keine praktischen Einsatzerfahrungen sammeln können. Die in den 20er Jahren getroffenen Überlegungen über die Richtung der U-Boot-Entwicklung basierten im wesentlichen auf der Auswertung des Seekrieges der europäischen Flotten und den davon abgeleiteten Aufgaben der eigenen Seestreitkräfte. Grundsätzlich führte

Typ	Herkunft	Kal.	Länge	Masse	Geschw.	Lauf-strecke
		in mm	in m	in kg	in kn	in m
Mk 8	Großbrit.	533	6,70	1535	45	4500
G 7 a	Deutschl.	533	7,16	1538	40	6000
G 7 e	Deutschl.	533	7,16	1608	30	5000
Mk 15	USA	533	6,25	1415	45	5500
53-38	UdSSR	533	7,20	1615	44,5	4000

die in der Nachkriegszeit forcierte Entwicklung der US Navy zur stärksten Flotte der Welt zugleich zu einem raschen Ansteigen der U-Boot-Zahlen. Entsprechend den vorrangig im pazifischen und asiatischen Raum liegenden Expansionszielen der herrschenden Klassen der USA und der geographischen Lage des Landes richteten sich die Bestrebungen in erster Linie auf große Boote mit weitem Aktionsradius und langer Einsatzdauer. Beeinflußt durch die U-Kreuzer der ehemaligen Kaiserlichen Marine des imperialistischen Deutschlands entstanden daher nach 1918 die als V-Typ bezeichneten großen Boote.

Ende der 20er Jahre war in den USA die Experimentierphase der Nachkriegsentwicklung im U-Boot-Bau abgeschlossen. Eine Ausarbeitung des Naval War College aus dem Jahre 1930 nannte zusammenfassend 3 Aufgaben für die U-Boote der US Navy und legte damit die Richtung künftiger konstruktiver Überlegungen fest: 1. Aufklärungsaufgaben im Interesse der Schlachtflotte; 2. selbständige Handlungen gegen gegnerische Kriegsschiffe; 3. taktischer Einsatz im Rahmen und mit der Schlachtflotte. Nicht genannt blieb in dieser öffentlich geführten Diskussion der Einsatz gegen die Seeverbindungen des Gegners. Die Boote für diese Aufgaben und damit die unmittelbaren Vorläufer der im zweiten Weltkrieg eingesetzten Typen wurden in zunehmenden Stückzahlen in den 30er Jahren gebaut. Sie erhielten mit jeder Serie technische Detailverbesserungen und Anlagen, so daß ihr Kampfwert bei Kriegseintritt der USA 1941 sehr hoch war.

Die in den USA vor Beginn des zweiten Weltkrieges gebauten

U-Boote tendierten zu einem Typ mit annähernd 1500 ts Wasserverdrängung, starker Torpedobewaffnung und einem großen Torpedovorrat. Anstelle von Torpedos konnten Minen mitgeführt werden. Die Artilleriebestückung konnte aus einer 76- und einer 127-mm-Kanone bestehen. Die Tauchtiefen bis zu 91 m blieben im herkömmlichen Rahmen. Allerdings bildeten klimatisierte Innenräume und gut ausgestattete Unterkünfte für die zwischen 50 und 90 Mann starken Besatzungen ein typisches Merkmal der U-Boote der US Navy. Dies war nicht zuletzt eine wesentliche Voraussetzung für die lange Einsatzdauer der Fahrzeuge in entfernten Seegebieten wie im Pazifik und in Asien. Gleichzeitig diente das auch dem Ergänzungssystem der USA-Flotte in den Jahren vor Ausbruch des zweiten Weltkrieges. Die angeworbenen Berufssoldaten, aus denen sich der Personalbestand der US Navy zusammensetzte, erhielten nicht nur einen relativ hohen Sold, sondern mußten auch mit entsprechenden Lebensbedingungen an Bord und in den Landunterkünften zufriedengestellt werden.

Die Mehrzahl der US-amerikanischen U-Boote war, entsprechend den Expansionsinteressen der herrschenden Klassen der USA, in Asien und im Pazifik stationiert. So befanden sich 1931 bei der Asienflotte 12 und im Pazifik 55 U-Boote. Bis zum Eintritt der USA in den zweiten Weltkrieg wurde die Anzahl der U-Boote systematisch erhöht. Von 1936 bis 1939 kamen 20 neue Boote zur Flotte. Von größter Bedeutung war die Vorbereitung für den Serienbau. Die von 1921 bis 1939 gebauten wichtigsten U-Boot-Typen, die als Flotten-U-Boote bezeichneten Fahrzeuge, bildeten dann auch den Kern der Unterwasserkräfte der USA-Flotte während des zweiten Weltkrieges.

Auffallend an der Nachkriegsentwicklung der Royal Navy waren zunächst die Experimente mit den als Versuchsfahrzeuge genutzten Booten des M- und K-Typs aus dem ersten Weltkrieg. So wurde das Boot M-3 zum Minen-U-Boot umgebaut. M-2 erhielt anstelle des Geschützes einen druckfesten Hangar für Flugzeuge und ein Katapult für deren Start auf das Vorschiff. 1921 begann der Bau eines U-Boot-Kreuzers, der 1925 fertig wurde und in diesen Jahren das größte Unterwasserfahrzeug der Welt war. Eine Reihe von Erfahrungen des deutschen U-Kreuzer-Baues

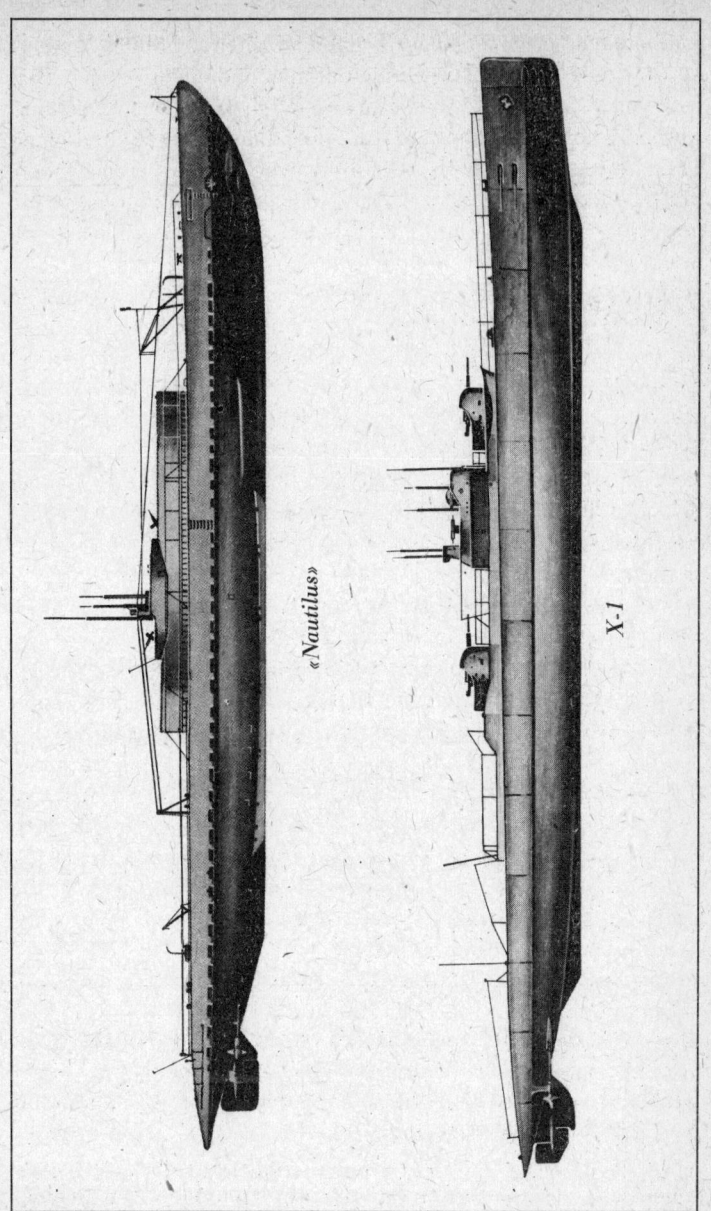

«Nautilus»

X-1

Typ	Jahr	Verdr. in ts	Besatzung	Länge	Breite
				in m	
V−1 («Barracuda»)	1921	2 000 2 620	88	104,1	8,4
V-4 («Argonaut»)	1925	2 710 4 164	86	116,1	10,0
V-5 («Narwhal»)	1926	2 730 3 900	89	112,9	10,1
V-7 («Delphin»)	1930	1 560 2 240	63	97,3	8,2
V-8 («Cachalot»)	1932	1 110 1 650	45	82,6	7,3
«Porpoise»	1934	1 310 1 934	50	91,7	7,3
«Perch»	1935	1 330 1 997	50	91,7	7,6
«Shark»	1934	1 316 1 968	50	90,8	7,6
«Salmon»	1936	1 435 2 198	55	93,8	7,9
«Sargo»	1937	1 450 2 350	55	94,6	8,2
«Seadragon»	1938	1 450 2 350	55	94,6	8,2
«Tambor»	1939	1 475 2 370	60	93,6	8,3

flossen in diesen X-1 genannten Typ ein. Es war ein Riese von 2 425 ts, dem ein Dieselantrieb eine Geschwindigkeit von 18,5 kn verlieh. Die Bewaffnung von X-1 bestand aus 4 132-mm-Kanonen und 6 Bugtorpedorohren.

Etwa mit Beginn der 30er Jahre hörte auch im britischen U-Boot-Bau die Experimentierphase auf. Die nunmehrigen Neubau-

Antrieb in PS	Geschw. in kn	Aktionsr. sm/kn	Torp.-Rohrz./Kal. Torp.-Vorrat (Kal. in mm)		Art./Kal.
6 200	18,7	10 000/11	6/533		2/127
2 400	9,0		12		
3 175	15,0	18 000/10	4/533		2/152
2 200	8,0		16		
5 633	17,4	18 000/10	6/533		2/152
1 600	8,0		38—40		
4 086	17,0	16 000/ 7	6/533		1/100
1 750	8,0		21		
3 070	16,5	11 000/10	6/533		1/76,2
1 600	8,0		16		
4 300	18,0	11 000/10	6/533		1/76,2
2 085	8,0		18		
4 300	18,8	11 000/10	6/533		1/76,2
2 366	8,0		18		
4 300	18,0	11 000/10	6/533		1/76,2
2 085	8,0		18		
5 500	17,0	11 000/10	8/533		1/76,2
2 660	8,7		24		
5 500	20,0	11 000/10	8/533		1/76,2
2 740	8,7		24		
5 500	20,0	11 000/10	8/533		1/76,2
2 740	8,7		24		
5 400	20,0	11 000/10	10/533		1/76,2
2 740	8,7		24		

ten waren große, wenn auch technisch nicht außergewöhnliche U-Boote, von denen die ersten für den Fernen Osten bestimmt waren. Weit stärker als in jeder anderen Marine waren die U-Boote der Royal Navy ein gewöhnlicher Teil der Flotte, die in ihrer Masse aus Überwasserschiffen bestand. Das für den Schutz der weltweiten Seeverbindungen des britischen Empire wenig ge-

Jahr	1926	1930	1930
Typ	O	P	R
Verdr. in ts	1490 / 1892	1760 / 2040	1740 / 2015
Besatzung	56	56	56
Länge in m	90,2	88,0	87,4
Geschw. in kn	13,5 / 9,5	18,0 / 9,0	18,0 / 9,0
Fahrb. sm/kn	6500/10	8400/10	8800/10
Bewaffnung (Kal. in mm)			
Torpedorohre/ Kal.	8/533	8/533	8/533
Art.-Z./Kal.	1/100	1/100	1/100

eignete Kampfmittel U-Boot und seine geringe Effektivität im Rahmen der Kanonenbootdiplomatie des britischen Imperialismus trugen zu seiner Unterschätzung durch die Marineführung bei. Neben speziellen Minen-U-Booten begann man sich in Großbritannien auf den S-Typ für den Nordsee-Einsatz, die T-Boote für die Fernverwendung und die U-Typen für Schulzwecke zu konzentrieren. Das erfolgte jedoch in derart geringem Ausmaß, daß die britischen U-Boot-Kräfte zu Beginn des zweiten Weltkrieges über 10 unterschiedliche Typen in ihrem Bestand führten. Darunter befanden sich noch die veralteten Boote des H- und L-Typs aus dem ersten Weltkrieg, die nur beschränkt einsatzfähig waren.

Bei den modernen, in den Jahren zwischen 1930 und 1934 gebauten britischen Booten wurden die technischen Details vor allem bestimmt durch den zu erwartenden Einsatz gegen Überwasser- und Unterwasserverbände eines möglichen Gegners.

Schon die Ende der 20er Jahre gebauten O-Typen, für den pazifischen Raum bestimmt, führten erstmals das Unterwasser-

1932	1936	1938	1939
S	«Narwhal»	U	T
735	1 750	630	1 300
935	2 150	730	1 575
36	59	37	56
61,5	89,3	58,2	81,9
14,0	16,0	12,0	16,0
10,0	8,5	8,5	8,0
3 690/10	7 400/10	4 050/10	8 000/10
6/533	6/533	6/533	11/533
	50 Minen		
1/76	1/100	—	1/100

horchgerät «Asdic». Bemerkenswert war die außerordentlich
starke Torpedobewaffnung des britischen T-Typs. Mit einer Salve
konnten bis zu 6 Torpedos abgefeuert werden. So konnte eine
außerordentlich starke Ladung gleichzeitig ans Ziel gebracht und
die Trefferwahrscheinlichkeit vergrößert werden. Besonders
diese Eigenschaften kamen den Aufgaben entgegen, die die britischen U-Boote in einem künftigen Krieg zu lösen hatten: Aufklärung und Einsatz gegen Kriegsschiffe. Die Konstruktion der
Druckkörper und die Antriebsanlagen erwiesen sich bei den letzten Vorkriegstypen als so gelungen, daß sie im Prinzip den gesamten zweiten Weltkrieg über nur gering verändert werden
mußten.

In den herrschenden Klassen Frankreichs, nach dem ersten
Weltkrieg die stärkste Landmacht Europas, gab es Bemühungen,
auch eine dementsprechende Seemacht zu besitzen. Diesen
Land- und Seemachtansprüchen standen jedoch die ökonomi-
schen Realitäten entgegen. Aus diesem Widerspruch resultierten
Tendenzen, die relativ billigeren und zugleich militärisch wirksa-

men U-Boote anstelle der sehr teuren Überwasserfahrzeuge zu bauen und einzusetzen.

In Fortsetzung der Ideen der «Jeune Ecole» und auf Grund der Erfahrungen der deutschen Marine mit dem U-Boot-Handelskrieg waren entscheidende Teile der französischen Marineführung für einen Einsatz der U-Boote gegen die Zufuhren eines künftigen Gegners. Besonders dafür geeignet hielt man große und stark bewaffnete U-Boot-Kreuzer.

Die französische Republik baute daher in den 20er und 30er Jahren eine der größten U-Boot-Flotten der imperialistischen Großmächte. Die wichtigste den U-Booten zugewiesene Aufgabe war die Sicherung der französischen Seewege im Mittelmeer und im Atlantik. Dazu baute man die stark bewaffneten und großen U-Boote «erster Klasse», während die kleineren Typen «zweiter Klasse» im Küstenschutz eingesetzt werden sollten.

Die Nachkriegsentwicklung begann 1922 mit dem Bau von Patrouillenbooten, die über Wasser 975 t verdrängten sowie mit 3 Entwürfen für Küstenverteidigungsboote von 570 t. Daraus folgten 2 Entwicklungslinien: die eine zum Küstenboot des Typs «Argonaute» und die andere zu dem großen Kampfboot des «Redoutable»-Typs, von dem zwischen 1924 und 1930 allein 30 Fahrzeuge in Bau gegeben wurden. Daneben entstand nach 1930 der speziell als Minen-U-Boot entworfene «Saphir»-Typ. Die 6 U-Boote dieses Typs hatten seitlich angeordnete, frei durchflutete Minenschächte. Die Anzahl der mitgeführten Minen betrug 32.

Kennzeichnend für die französischen U-Boote waren eine für die damalige Zeit relativ starke Artilleriebestückung sowie die unterschiedlichen Torpedokaliber und die Anordnung der Torpedorohrsätze. Während die übrigen Flotten ein einheitliches Torpedokaliber von 533 mm hatten, befanden sich auf den französischen Booten 2 unterschiedliche Kaliber. Den Handelskriegsüberlegungen folgend, gab es bei französischen U-Booten einen schwenkbaren Torpedorohrsatz an Oberdeck, mit dem Überwasserangriffe gefahren werden sollten. Die U-Boot-Kreuzeridee gipfelte in dem Bau der «Surcouf». 1934 in Dienst gestellt, d. h. zu einer Zeit, als die U-Boot-Größen der übrigen Marinen bereits reduziert worden waren, hatte die französische Flotte mit

Typ	Verdr. in t	An- trieb in PS	Ge- schw. in kn	Fahrb. sm/kn	Torp.-Rohrz./Kal. Art.-Z./Kal. (Kal. in mm)
«Requin» 1926	974 1441	2 × 1450 2 × 900	15,0 9,0	5650/10	10/550 1/100
«Ondïne» 1927	626 787	2 × 600 2 × 500	14,0 7,5	3500/7,5	7/550 1/75
«Saphir» 1930	761 925	2 × 650 2 × 500	12,0 8,0	•	2/500 2/400 32 Minen
«Redou- table» 1931	1570 2084	2 × 3000 2 × 1000	19,0 10,0	10000/10	9/550 2/400 1/100
«Argo- naute» 1932	651 807	2 × 650 2 × 500	13,7 9,2	4000/10	8/550 2/400
«Surcouf» 1934	3304 4381	2 × 3800 2 × 1700	18,0 8,5	10000/10	6/550 4/400 2/203 2/37 1 Wasser- flugzeug

diesem Fahrzeug das größte U-Boot am Vorabend des zweiten Weltkrieges. Die «Surcouf» war annähernd wie ein Kreuzer bewaffnet, ihre Eigenschaften unter Wasser waren jedoch nicht besser als die der weit weniger aufwendigen mittelgroßen U-Boote. Das Verhältnis von Aufwand und militärischem Nutzen war sehr ungünstig. Dennoch plante die französische Regierung den Bau von 2 weiteren Fahrzeugen dieses Typs, der aber auf Grund von unbefriedigenden Versuchen mit der «Surcouf» unterblieb. Der vom französischen Admiralstab konsequent durchgesetzte Flottenplan hatte zum Ergebnis, daß das Land 1939 eine U-Boot-Streitkraft von 97 Booten besaß.

Auch in Japan vollzog sich nach dem ersten Weltkrieg ein starker Aufschwung im U-Boot-Bau. Der japanische Imperialismus, sprungbereit zur Ausweitung seiner Herrschaftssphäre im asiatischen und pazifischen Raum, trieb seine Seerüstungen in großem Maßstab voran. Merkmale des japanischen U-Boot-Baues waren 2 Extreme: die Fertigung besonders großer und besonders kleiner Bootstypen. Die Ursachen dafür lagen in der Schwerpunktaufgabe für die U-Boote, der Unterstützung der Überwasserflotte, sowie in den geographischen Bedingungen, die durch die gewaltigen Entfernungen des pazifischen Raumes gekennzeichnet sind. Die U-Boote mußten daher entweder so groß sein, daß sie eine den Überwasserschiffen entsprechende Reichweite besaßen, oder so klein, daß sie von anderen Fahrzeugen mitgeführt werden konnten und erst unmittelbar am Ziel mit eigener Kraft in den Einsatzraum gelangten. Weitere Kennzeichen des japanischen U-Boot-Baues der Zwischenkriegszeit waren die sehr kleinen Serien einzelner Typen und der geringe technische Komfort der Boote sowie die extrem kargen Bedingungen für die Besatzungen.

Die japanischen U-Boote des Ro-Typs, 1921/22 in Bau gegeben, verdrängten noch maximal 998 t, die U-Kreuzer des I-53-Typs bereits 1 635 t. Zu den größten Booten gehörte der I-7-Typ, die 2 231 t verdrängten. Sie erreichten aufgetaucht 23 kn. Neben 6 Torpedorohren hatten sie auf dem Vorschiff eine Unterbringungs- und Startmöglichkeit für ein Wasserflugzeug.

Die Erfahrungen ausnutzend, die sie beim Bau von Klein-U-Booten gewonnen hatte, begann die japanische Marineführung Ende 1937 mit dem Bau eines U-Bootes mit hoher Unterwassergeschwindigkeit. Das Versuchsboot wurde im August 1938 zu Wasser gelassen. Es hatte eine Länge von 42,80 m und eine Breite von 3,30 m. Seine Verdrängung betrug über Wasser 244,6 t und unter Wasser 280 t. Obwohl es bei der Erprobung die geplanten Geschwindigkeiten nicht erreichte, lief es immerhin 21,34 kn unter Wasser. Die japanische Marineführung erkannte aber die neuen taktischen Möglichkeiten nicht. Sie kapitulierte vor den zahlreichen Problemen, die bei den Versuchen auftraten. Die Erprobungen mit dem Kriegsschiff Nr. 71, so die Bezeichnung, wurden abgebrochen.

Zur selben Zeit schufen die japanischen Konstrukteure

Kleinst-U-Boote von 40 t Verdrängung. Ihre Besatzung bestand aus 2 Mann, die Bewaffnung aus 2 400-mm-Torpedos. Die Kleinst-U-Boote unterlagen strengster Geheimhaltung. Sie sollten insbesondere durch ihren überraschenden Einsatz gegen feindliche Kriegsschiffe ihre Wirkung erzielen.

Einen ähnlich schnellen Aufschwung nahm die U-Boot-Rüstung im faschistischen Italien. Aufbauend auf den Konstruktionserfahrungen aus der Zeit vor und während des ersten Weltkrieges, entstand dort bis zum Ausbruch des zweiten Weltkrieges die zahlenmäßig stärkste U-Boot-Flotte der imperialistischen Seemächte.

Entsprechend den weitreichenden, aggressiven Expansionsplänen des italienischen Faschismus begann mit dem Bau mittlerer und großer U-Boote 1924 in Italien eine rasche U-Boot-Rüstung. Die mittleren Boote, etwa 800 t Überwasserverdrängung, sollten im Mittelmeer eingesetzt werden. Die etwa 1 400 t verdrängenden großen Boote des «Ballila»-Typs waren für den Einsatz im Atlantik bestimmt. Versuche, einen U-Boot-Kreuzer mit Torpedobewaffnung, Minenlegeeinrichtungen und Einrichtungen zum Mitführen eines Flugzeuges zu bauen, wurden aus technischen Gründen abgebrochen.

Mit Beginn der 30er Jahre begannen auch im faschistischen Italien der Bau und die Indienststellung der dann im zweiten Weltkrieg eingesetzten U-Boot-Typen. Ähnlich wie bei den übrigen europäischen Seemächten wandte man sich dem Bau einiger weniger Grundtypen zu. Es waren mittlere Boote für den Mittelmeereinsatz, so etwa der «Perla»-Typ mit 620 t Verdrängung, Boote für die Fernverwendung von rund 1 000 t und U-Kreuzer des «Ammiraglio»-Typs, die 1 461 t verdrängten.

Vergleicht man die Entwicklung des U-Boot-Baues in der Zwischenkriegszeit, so zeigt sich, daß die Seemächte nach einer Phase des Experimentierens in den 20er Jahren mit Beginn des neuen Jahrzehnts sich im wesentlichen auf wenige, im Prinzip sehr ähnliche Grundmuster konzentrierten. Zahlenmäßig blieben die U-Boot-Kräfte in der Regel begrenzt — das war indirekt ein Ausdruck der Fehlinterpretation der Möglichkeiten dieses Kampfmittels in einem künftigen Krieg.

U-Boote für den atlantischen Zufuhrkrieg. Was die deutsche Marineführung betraf, so hatte sie sich zu keiner Zeit damit abgefunden, ohne U-Boote bleiben zu müssen. Das bedeutete keinesfalls, daß sie den Wert der Boote höher bemaß, als dies die Marineführungen der anderen imperialistischen Seemächte taten. Aus der Niederlage der eigenen U-Boote im ersten Weltkrieg schlußfolgerte sie: U-Boote seien eine «Sonderwaffe», deren Einsatz nur unter ganz bestimmten Bedingungen kriegsentscheidende Wirkung haben könne. Aus dieser Sicht waren die Chancen, die die Kaiserliche Marine während des ersten Weltkrieges im U-Boot-Handelskrieg gehabt hatte, ein Sonderfall gewesen, der sich nicht wiederholen würde.

In der sich bis zum Beginn der 30er Jahre in Deutschland durchsetzenden Seekriegstheorie vom atlantischen Zufuhrkrieg stand der Einsatz schwerer Überwasserkräfte im Mittelpunkt. Ausgehend von der Erkenntnis, daß die deutsche Flotte rein kräftemäßig in absehbarer Zeit keine Seeschlacht mit der überlegenen britischen und französischen Marine zu bestehen vermochte und die Entwicklungsrichtung der Seekriegsmittel die althergebrachte Seeschlacht nicht mehr zuließ, setzte sich schließlich der Gedanke des Zufuhrkrieges in der Marine des deutschen Imperialismus durch. Die Operationen im Zufuhrkrieg sollten so angelegt werden, daß der Gegner keine Gelegenheit mehr haben würde, überlegene Kräfte zu konzentrieren. Durch geschicktes und bewegliches Operieren glaubte man, den Gegner zur Zersplitterung seiner Kräfte zwingen und diese einzeln schlagen zu können. Für diesen Zweck sollte die Flotte in starke und bewegliche Kampfgruppen aus Panzerschiffen, schweren Kreuzern, Flugzeugträgern und den notwendigen Aufklärungs- und Sicherungskräften zusammengefaßt werden. Schlachtschiffe sollten diesen Kampfgruppen als Rückhalt dienen. U-Boote, die auf Grund ihrer technischen Eigenschaften nicht in der Lage waren, mit den Überwasserkräften zu handeln, sollten gesondert operieren.

Kennzeichnend für die Seekriegstheorie des imperialistischen Deutschlands waren die Überschätzung des Schlachtschiffes und die unzutreffende Bewertung der Rolle der Flugzeugträger und anderer Schiffsklassen, nicht zuletzt auch der U-Boote. Beim Kampf um die Seeherrschaft, der in der Seekriegstheorie vorherrschenden Auffassung nach die wichtigste Aufgabe der Flotten, konnten die U-Boote nur als Hilfswaffe eingesetzt werden. Hierbei besaßen sie, so lautete die Lehrmeinung, großen Wert vor allem bei der Fernaufklärung und der in der Regel zufälligen Ausnutzung von Angriffschancen gegen Kriegsschiffe. Als wichtige Eigenschaft der U-Boote galt ihre Fähigkeit, durch das Minenlegen in den für die Überwasserkräfte unzugänglichen Seegebieten Wirkung zu erzielen. Insgesamt sah man die Hauptaufgabe der U-Boot-Kräfte in Handlungen jeder Art in den vom Gegner beherrschten Meeresteilen. Auch vom Handelskriegseinsatz versprach sich die Marineführung trotz der einschränkenden Konventionen, an deren Durchsetzung sie nicht glaubte und die sie sowieso nicht einzuhalten beabsichtigte, Erfolge. «Selbst bei Befolgung der Vorschriften der U-Boot-Konvention», heißt es in einem Dokument aus dem Jahre 1937, «ist zu erwarten, daß das U-Boot auch in Zukunft eine bedeutende Rolle als Handelsstörer spielen wird.» Kriegsentscheidende Wirkung erwartete man von den U-Booten — ob im Rahmen der Prisenordnung eingesetzt oder warnungslos versenkend — bei dieser Form des Seekrieges nicht. Alles in allem bedeutete dies aber nicht, auf den Besitz von U-Booten zu verzichten. Die ihnen zugedachte Rolle beschränkte sich auf die Erfüllung «untergeordneter» Aufgaben.

Dennoch waren U-Boote gerade für die Marine des besonders aggressiven deutschen Imperialismus von außerordentlichem Wert. Sie waren das Seekriegsmittel, das kurzfristig zu fertigen war und einen relativ hohen Kampfwert besaß. Daher schienen sie besonders geeignet, die durch den Versailler Vertrag beschränkte Marine des deutschen Imperialismus schnell zu verstärken. Dementsprechend gab es bereits Mitte der 20er Jahre in der Marineführung Überlegungen für den Bau mittlerer und kleiner U-Boote im Mobilmachungsfall. Anfangs, im Jahre 1926, bestand noch die Absicht, auf die Typen des ersten Weltkrieges UB III und UC III sowie auf die UB II-Boote zurückzugreifen. Schließlich entschied man, die modernsten Entwürfe aus der Zeit des ersten Weltkrieges, die Typen F und G in das Mobilmachungsprogramm 1926 aufzunehmen. Die illegalen Konstruktionsarbeiten schufen die Voraussetzungen dafür, das erstmals in das Programm des Jahres 1930 eine reine Nachkriegskonstruktion, das von dem bereits erwähnten IvS gebaute U-Boot E 1, aufgenommen werden konnte. Schließlich legte der Umbauplan des Jahres 1932 fest, daß bis 1938 je 8 Boote des für Finnland gebauten 500-ts-Typs und 8 des E 1-Typs gebaut und in Dienst gestellt werden sollten. Im Dezember 1932 wurde entschieden, anstelle des finnischen Bootes kleine 250-ts-Boote zu bauen.

Mit der Errichtung der faschistischen Diktatur in Deutschland am 30. Januar 1933 hatten die reaktionärsten, am meisten chauvinistischen, am meisten imperialistischen Kräfte des deutschen Finanzkapitals ihre Positionen bei der Vorbereitung des Krieges um die Weltherrschaft entscheidend verbessert. Mit dem direkten Vorgehen der faschistischen Machthaber gegen alle fortschrittlichen Kräfte und Errungenschaften wurde der innere Widerstand gegen eine forcierte Aufrüstung weitgehend beseitigt. Auch für die Durchführung der bereits vorher vorbereiteten Flottenrüstung entstanden neue, günstigere Bedingungen. Teilweise vorhandene, marinespezifische Vorbehalte des Chefs der Marineleitung, Raeder, gegenüber der Naziführung waren bereits im Frühjahr 1933 ausgeräumt. Die Flottenrüstung wurde fortgesetzt, blieb zunächst jedoch hinter der des Heeres und der Luftwaffe zurück.

Der hektischen Aufrüstung des faschistischen Deutschlands entsprechend, entstand eine Reihe von U-Boot-Bauprogrammen, die bald überholt waren oder auf Grund außenpolitischer Faktoren noch nicht realisiert werden konnten. Dabei ist zu bemerken, daß dem britischen Kontrahenten die Marinerüstungen des faschistischen Deutschlands nicht verborgen blieben. Wie aus einer Aktennotiz im Oberkommando der Kriegsmarine (OKM) hervorgeht, war die Situation im März 1935 folgende: «Große Ankündigungen (in bezug auf die Marinerüstungen — d. Vf.) sollen unterbleiben, um die für England den übrigen Mächten gegenüber schwierige Stellung nicht mehr zu erschweren. Motto: Handeln und Mund halten. Im übrigen sei England über alles im Bilde.»

Bereits am 2. Februar 1933 genehmigte der Reichswehrminister der faschistischen Regierung, von Blomberg, die Gründung einer U-Boot-Schule in Kiel für den 1. Oktober desselben Jahres. Sie nahm, noch unter der Tarnbezeichnung U-Boot-Abwehrschule, planmäßig den Betrieb auf und bildete im ersten Lehrgang 8 Offiziere und 70 bis 80 Unteroffiziere und Matrosen aus.

Im Kern erfolgte die Entwicklung der U-Boot-Kräfte auf 2 Ebenen. Auf der einen vollzogen die Marineverantwortlichen jene Maßnahmen, die zur unmittelbaren Aufstellung von U-Boot-Verbänden führen sollten. Auf der anderen Ebene fanden die Diskussionen und Planungen statt, die, langfristig angelegt, das endgültige Bild der U-Boot-Kräfte des faschistischen Deutschlands bestimmen sollten. Im ersten Fall ging es darum, möglichst schnell in den Besitz von Unterwasserfahrzeugen zu gelangen, um rasch eine Vergrößerung der Seestreitkräfte zu erreichen und über eigene Fahrzeuge für Ausbildungszwecke zu verfügen. Diese Bestrebungen wurden auf verschiedenen Gebieten deutlich. Eine Aktennotiz über ein Gespräch zwischen Raeder und Hitler vom 2. November 1934 offenbart dies. Vom Oberbefehlshaber der späteren Kriegsmarine darauf hingewiesen, daß es wünschenswert wäre, bei kritischer politischer Lage im ersten Quartal 1935 «6 U-Boote bereits zu besitzen», sicherte Hitler zu, «wenn die Lage es erfordere, mit dem Zusammenbau zu beginnen». Nicht weniger bezeichnend ist, daß Hitler in diesem Gespräch die Bedeutung der Marinerüstung bestätigte und sie erforderlichenfalls aus Mitteln der faschistischen Zwangsgewerkschaft, der «Deutschen Arbeitsfront», zu finanzieren beabsichtigte.

Die illegalen Vorbereitungen für die erste Aufbaustufe der faschistischen deutschen U-Boot-Flotte erfolgten innerhalb kürzester Zeit und relativ reibungslos. Darin widerspiegelten sich sowohl die Kontinuität der U-Boot-Entwicklung im imperialistischen Deutschland seit 1918 als auch die doppelbödige Politik anderer imperialistischer Staaten, insbesondere Großbritanniens, gegenüber dem faschistischen Deutschland. Die faschistische Regierung setzte die bereits vor der Machtübernahme am 30. Januar 1933 eingeleiteten Rüstungsmaßnahmen mit Duldung der britischen Regierung verstärkt fort. Grundlage für diese Haltung war die Beschwichtigungspolitik anderer imperialistischer Staaten gegenüber Hitlerdeutschland mit ihrer antikommunistischen bzw. antisowjetischen Grundkomponente. Obwohl der Eifer der faschistischen Marineführung auf Grund außenpolitischer Faktoren 1933/34 etwas gebremst wurde, standen die ersten U-Boote bereits 4 Monate nach Abschluß des deutsch-britischen Flottenvertrages vom 18. Juni 1935 bereit, in Dienst gestellt zu werden.

Der Flottenvertrag legalisierte die Verletzung der Rüstungsbestimmungen des Versailler Vertrages und gestattete der faschistischen Kriegsmarine, 35 Prozent der Gesamttonnage der Seestreitkräfte des British Commonwealth zu bauen, bei U-Booten sogar 100 Prozent. Letztere «Großzügigkeit» Großbritanniens resultierte nicht zuletzt aus der Fehleinschätzung der Wirksamkeit von U-Booten in einem möglichen Krieg. Die Seestreitkräfte des imperialistischen Deutschlands, die seit dem Frühjahr 1935 Kriegsmarine hießen, erklärten sich ebenso «großzügig» bereit, vorerst nicht über 45 Prozent der britischen U-Boot-Tonnage — in absoluten Zahlen waren das 23 700 ts — hinauszugehen. Diese Geste fiel der Kriegsmarineführung nicht schwer, reichten doch die Baukapazitäten sowieso noch nicht aus. Zugleich benötigte die Kriegsmarine auch Zeit, um die endgültigen Grundzüge ihrer Marinerüstung, einbezogen des U-Boot-Baues, festzulegen.

Am 1. Oktober 1934 wurde auf der U-Boot-Schule in Kiel ein weiterer Lehrgang aufgenommen, und schon am 1. Dezember folgte der nächste. Damit hatte die faschistische Kriegsmarine bis Mitte 1935 die Besatzungen für etwa 14 große und 12 kleine U-Boote — das waren rund 920 Mann — zur Verfügung. Schließlich erfolgte am 28. Juni 1935 die Indienststellung von U 1 und am 28. September die der aus 9 U-Booten bestehenden 1. U-Boot-Flottille «Weddigen». Chef des neuen Verbandes wurde der damalige Fregattenkapitän Karl Dönitz.

2 U-Boot-Typen bildeten den Grundstock der U-Boot-Kräfte des faschistischen Deutschlands. Das waren einmal die kleinen Boote des Typs II A, die nur 250 t verdrängten und 40 m lang waren. Die Besatzung bestand aus 25 Mann, die Bewaffnung aus 3 Bugtorpedorrohren. Es konnten 5 Torpedos oder 18 Minen mitgeführt werden. Die Boote waren über Wasser 13 kn und getaucht 7 kn schnell. Geringfügige Änderungen führten zu den Serien II B, II C und II D. Die Einhüllenboote, im Marinejargon «Einbäume» genannt, hatten nur geringen Kampfwert. Ihre niedrige Geschwindigkeit, der geringe Aktionsradius und die schwache Bewaffnung machten sie nur bedingt einsatzfähig. In erster Linie waren und blieben es Schulboote.

Der zweite Typ, I A, war ebenfalls vor 1935 entwickelt und in Auftrag gegeben worden. Es war ein mittleres Boot von offiziell

712 t Verdrängung und einer Besatzung von 43 Mann. Sein Aktionsradius, 7900 sm bei 10 kn, ermöglichte einen Einsatz westlich der britischen Inseln. Das Boot hatte 6 Torpedorohre und konnte 14 Torpedos oder 42 Minen mitführen. Seine Artillerie bestand aus einer 105-mm- und einer 20-mm-Kanone.

Mit diesen beiden Grundtypen lagen die Ausgangskonstruktionen der deutschen U-Boote fest. Ihr Bau war anfangs noch von den Beschränkungen beeinflußt, die die illegale Rüstung mit sich gebracht hatte. Bereits vor der offiziellen Legalisierung der U-Boot-Rüstung begannen Überlegungen um Nachfolgekonstruktionen, die alle Möglichkeiten des modernen U-Boot-Baues ausschöpfen sollten und durch die seekriegstheoretischen Vorstellungen über einen künftigen Seekrieg bestimmt wurden. Im Prinzip ging es um die Entscheidung, welche Hauptaufgabe die U-Boote in einem Seekrieg zu lösen hatten, um dann dafür die entsprechenden Typen zu konstruieren und zu bauen. Aber gerade diese Frage führte in der Folgezeit zu Diskussionen in der Kriegsmarineführung und wurde erst unmittelbar vor Kriegsausbruch entschieden.

Eine Einigung konnte über den Bau spezieller Minen-U-Boote erzielt werden. Nach der Entwicklung entsprechender Minen in den 30er Jahren, der Torpedomine Typ A und der Torpedomine Typ B, führte jedes U-Boot eine bestimmte Anzahl davon mit. Der Nachteil war, daß die aus den Torpedorohren auszustoßenden Minen nur anstelle von Torpedos und in geringer Anzahl mitgeführt werden konnten. Um an der gegnerischen Küste größere Wirkung zu erzielen, reichte der Minenvorrat eines normalen Torpedo-U-Bootes nicht aus. Daher war der Bau spezieller Minenboote, die zu selbständigen Handlungen an Küsten und vor Stützpunkten des Gegners geradezu prädestiniert waren, der nächste Schritt. Es war beabsichtigt, den Typ I A umzukonstruieren, um möglichst kurze Entwicklungszeiten zu erreichen. Vorgabe war, daß das Boot neben Torpedos noch 30 Ankertauminen oder 45 Grundminen — ohne Torpedos 54 bzw. 75 — tragen konnte.

Weitere Konstruktionspläne sahen den Bau eines Schnellbootträgers vor, der über Wasser 1500 t verdrängen sollte. Hinzu kam der Bau eines Vorrats- und Werkstatt-U-Bootes, eines mit

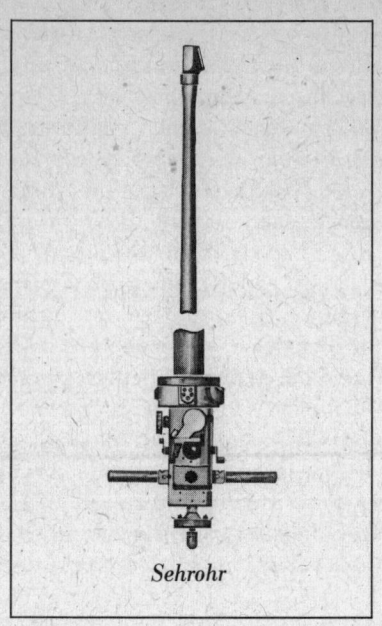

Sehrohr

Dampfeinheitsantrieb und eines mit Kreislaufantrieb. Alle diese Überlegungen wurden im Zusammenhang mit den Vorstellungen über den Aufbau einer Flotte für den Zufuhrkrieg letztlich verworfen. Realisiert wurde die Vorstellung, den Typ II zu vergrößern. Als Typ VII sollte es zum Hauptkampfboot der faschistischen Kriegsmarine im zweiten Weltkrieg werden.

Der Grund für die deutliche Hinwendung der Kriegsmarine zum Kampfboot mittlerer Größe waren nicht allein technische Faktoren oder militärische Überlegungen. Der von der faschistischen Diktatur direkt anvisierte und schnell vorbereitete Krieg zur Durchsetzung der Herrschaftspläne des deutschen Imperialismus wirkte sich in hohem Maße auf den U-Boot-Bau aus. Noch galt die vertraglich fixierte Tonnagebegrenzung im U-Boot-Bau, die vom Standpunkt der herrschenden Klassen im imperialistischen Deutschland weitestgehend ausgeschöpft werden sollte. Um die Kampfkraft der Kriegsmarine schnell zu erhöhen, hieß die Devise zunächst, eine möglichst große Anzahl mittlerer Boote sei besser, als wenige große Boote.

Dennoch blieb das Grundbestreben im faschistischen U-Boot-Bau große Bootstypen für den Zufuhrkrieg. So begann im Ergebnis einer entsprechenden Forderung des Marinekommandoamtes Ende 1935 die Projektierung des Typs IX, der bereits 700 t über Wasser verdrängte und einen Fahrbereich von mehr als 10 000 sm besaß. Gegen diese Tendenz stellte sich der F. d. U., Dönitz. Der ehrgeizige, dem Faschismus besonders zugetane Marineoffizier arbeitete sich in die Aufgabe, die ihm 1935 gestellt wurde, schnell ein. Er kam bald zu einer Auffassung, die die Rolle der U-Boote höher bewertete als es in der Kriegsmarineführung der Fall war. Seine Meinung vertrat er vor 1939 bereits in Veröffentlichungen und setzte dieses taktische Konzept beim Aufbau der faschistischen U-Boot-Kräfte durch.

Dönitz ging davon aus, daß die Stärke des U-Bootes in seiner Unsichtbarkeit läge. Durch diese Eigenschaft könnten U-Boote unbemerkt in beliebigen Seegebieten angreifen. Die Asdic-Gefährdung hielt er für übertrieben, um so mehr, da er die Boote entsprechend ihres Charakters als «Tauchboote» nach Möglichkeit über Wasser operieren lassen wollte. Dönitz wollte die U-Boote als Torpedoträger, als Minenleger, Fernaufklärer, im Zusammenwirken mit den Überwasserkriegsschiffen und im Handelskrieg einsetzen. Den Schwerpunkt des U-Boot-Einsatzes im Krieg gegen Großbritannien sah er im Angriff auf den Seehandel. Aus diesem Grund forderte er den Bau einer möglichst großen Anzahl mittlerer U-Boote, da diese schnell zu fertigen und der ideale Handelsstörer seien.

Die Marineführung, aber auch die Mehrzahl der höheren Offiziere der Kriegsmarine, teilten die Auffassungen von Dönitz nicht. Im Grunde war die seit Ende 1935 einsetzende Auseinandersetzung um das Schwergewicht im U-Boot-Bau Teil der Entscheidung über die Grundrichtung des Ausbaues der gesamten Kriegsmarine und somit der Durchsetzung der Zufuhrkriegskonzeption. Die endgültige Entscheidung auch in Hinsicht auf die U-Boote fiel mit dem sogenannten Z-Plan.

Am 20. August 1938 setzte der Oberbefehlshaber der Kriegsmarine, Raeder, einen Planungsausschuß ein und beauftragte diesen, Richtlinien für den weiteren Ausbau der Kriegsmarine auszuarbeiten. Der Ausschuß, er trat erstmals am 23. September zusammen, bot 2 Varianten an. Die erste sah den Bau von U-Booten und Panzerschiffen vor. Damit sollte in erster Linie der Kampf gegen die britischen Seeverbindungen geführt werden. Der Vorteil dieses Vorschlages bestand in der Möglichkeit seiner schnellen Realisierung. Die zweite Variante beinhaltete die Schaffung einer «ausgewogenen», kampfkräftigen Flotte, die in einem offensiven Zufuhrkrieg gegen die britische Handelsschiffahrt gleichzeitig die britischen Seestreitkräfte bekämpfen sollte.

Raeder trat für die zweite Variante ein, die schließlich auch von Hitler im Januar 1939 mit geringen Änderungen bestätigt wurde und als sogenannter Z-Plan in die Geschichte einging. Bei der Bestätigung verfügte Hitler, daß der Plan in 6 Jahren zu verwirklichen sei. Den Schwerpunkt des Z-Planes bildete eindeutig der Bau von Überwasserfahrzeugen, vor allem von Schlachtschiffen. Demgegenüber nahmen die U-Boote einen weit weniger gewichtigen Platz ein. Sie hatten «den Zufuhrkrieg gegen England nach ihren eigenen Gesetzen zu führen». Vorrangig sollten Schlachtschiffe und U-Boote in der ersten Phase der Realisierung des Planes gebaut werden, d. h. Schlachtschiffe, weil sie nur in langer Bauzeit fertigzustellen waren, und U-Boote, weil sie «das einzig wirksame operative Seekriegsmittel» in der Zeit der «maritimen Schwäche» seien.

F. d. U., Dönitz, an der Ausarbeitung des Z-Planes nicht beteiligt, blieb bei seiner Ansicht über den Charakter eines künftigen U-Boot-Einsatzes und die in erster Linie dazu benötigten U-Boot-Typen. In Auswertung eines Kriegsspieles im Winter 1938/39 forderte er für den Handelskriegseinsatz 300 Boote, die zu drei Vierteln aus dem mittleren Typ VII bestehen sollten.

Während eines Manövers im Mai 1939, an dem 20 U-Boote beteiligt waren, ließ der F. d. U. den Angriff auf einen Geleitzug üben. In Auswertung der Geleitzugsübung legte Dönitz seine Auffassung schließlich im August 1939 in einer Denkschrift nieder, die er Raeder am ersten Tag des Krieges, am 1. September, übergab. Der F. d. U. ging von der erwarteten Auseinandersetzung mit Großbritannien aus, in der das U-Boot für die faschistische Kriegsmarine von größter Bedeutung sein würde. Nochmals wiederholte er seine Forderung nach 300 Booten und einem Verhältnis der zu bauenden Typen von 3:1 zwischen mittleren und gro-

U-Boot-Bau nach dem Z-Plan

	für Küsten-verwendung	für Fern-verwendung	für Sonder-aufgaben
1939	32	34	—
1940	32	52	—
1941	32	73	6
1942	32	88	10
1943	33	112	16
1944	39	133	22
1945	45	157	27
1946	52	161	27
1947 (Endziel)	60	162	27

ßen Kampfbooten. Der F. d. U. forderte die Forcierung des U-Boot-Baues und zu diesem Zweck die Errichtung einer besonderen, dem Oberbefehlshaber der Kriegsmarine direkt verantwortlichen Dienststelle.

Die Auffassungen von Dönitz über den U-Boot-Krieg entsprachen weitgehend den taktisch-technischen Einsatzmöglichkeiten der damaligen U-Boote. Die spätere Entwicklung zeigte, daß sie ein überaus gefährliches, effektives Seekriegsmittel waren. Die Tätigkeit von Dönitz schlug sich konkret in erster Linie in der Ausbildung und Erziehung der Offiziere und Mannschaften der faschistischen U-Boot-Kräfte für den Handelskrieg nieder. Seine Vorstellungen über Größe und Zusammensetzung der U-Boot-Flotte blieben bis zum Beginn des zweiten Weltkrieges nur auf dem Papier. Im Gegenteil, die Marinerüstung und mit ihr der U-Boot-Bau blieben auf Grund der ökonomischen Möglichkeiten der Nazidiktatur hinter den Planungen zurück.

Am Beginn des zweiten Weltkrieges standen die faschistischen U-Boot-Kräfe erst am Anfang ihres Aufbaues. Entscheidend jedoch war, daß sie ausgebildete Soldaten und durchkonstruierte Bootstypen für ihre Schwerpunktaufgabe, den Handelskrieg, besaßen. Die potentiellen Möglichkeiten der Unterwasserkräfte waren einer der Gründe für die Gefährlichkeit der Kriegsmarine des faschistischen Deutschlands.

IV.

Einsatz und Entwicklung der U-Boote im zweiten Weltkrieg

1. Die U-Boote der Kriegsmarine als Hauptkampfmittel der Seekriegführung des faschistischen Deutschen Reiches

HILFSMITTEL DES ATLANTISCHEN ZUFUHRKRIEGES. Mit den Salven der «Schleswig-Holstein» in den frühen Morgenstunden des 1. September 1939 begann der deutsche Imperialismus zum zweiten Mal den Versuch, die Welt zu seinen Gunsten und in seinem Interesse neu aufzuteilen. Der vom faschistischen Deutschen Reich entfesselte Krieg war jedoch mehr als nur eine Neuauflage des ersten Weltkrieges.

Der zweite Weltkrieg entstand auf Grund der Wirkung des Gesetzes der ungleichmäßigen Entwicklung des Kapitalismus und der Zuspitzung der Widersprüche zwischen den imperialistischen Ländern. Er war die Fortsetzung der vor Beginn des Krieges verfolgten Politik der imperialistischen Großmächte, die auf Eroberung von Territorien, Exportmärkten, Einflußbereichen, Kolonien, Rohstoffquellen und Kapitalanlagesphären oder deren Sicherung gerichtet war. Der zweite Weltkrieg, seinem Wesen nach ein imperialistischer Krieg, unterschied sich dennoch grundlegend vom ersten Weltkrieg.

Seit der Großen Sozialistischen Oktoberrevolution war der Imperialismus nicht mehr das allein herrschende Gesellschaftssystem auf der Welt, da mit der UdSSR nun ein sozialistischer Staat existierte. Die beiden entgegengesetzten Gesellschaftssysteme bedingten einen neuen Hauptwiderspruch, den Widerspruch zwischen Sozialismus und Kapitalismus. Aus dieser Lage ergab sich, daß selbst nach Ausbruch des Krieges 1939 die Vernichtung der

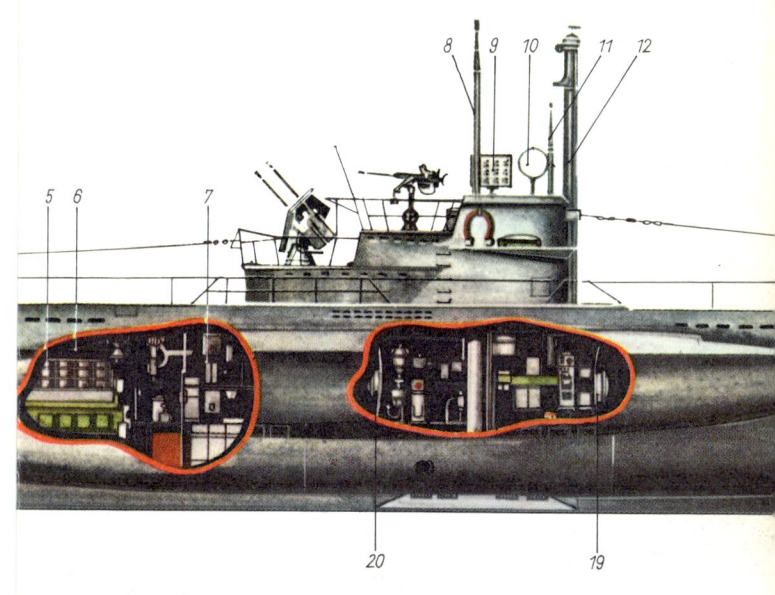

Typ VII C

1 Hecktorpedorohr, 2 Hecktorpedo- und E-Maschinenraum,
3 Backbord-Schalttafel, 4 Backbord-E-Maschine,
5 Backbord-Diesel, 6 Dieselraum, 7 Kombüse,
8 Luftzielsehrohr, 9 Funkmeßbeobachtungsgerät,
10 Funkpeilrahmen, 11 Angriffssehrohr,
12 Schnorchel, 13 Schlauchbootbehälter,
14 Torpedoklappen, 15 Tiefenruder, 16 Bugtorpedorohre,
17 Mannschaftsraum, 18 Reservetorpedo,
19 und 20 Kugelschott

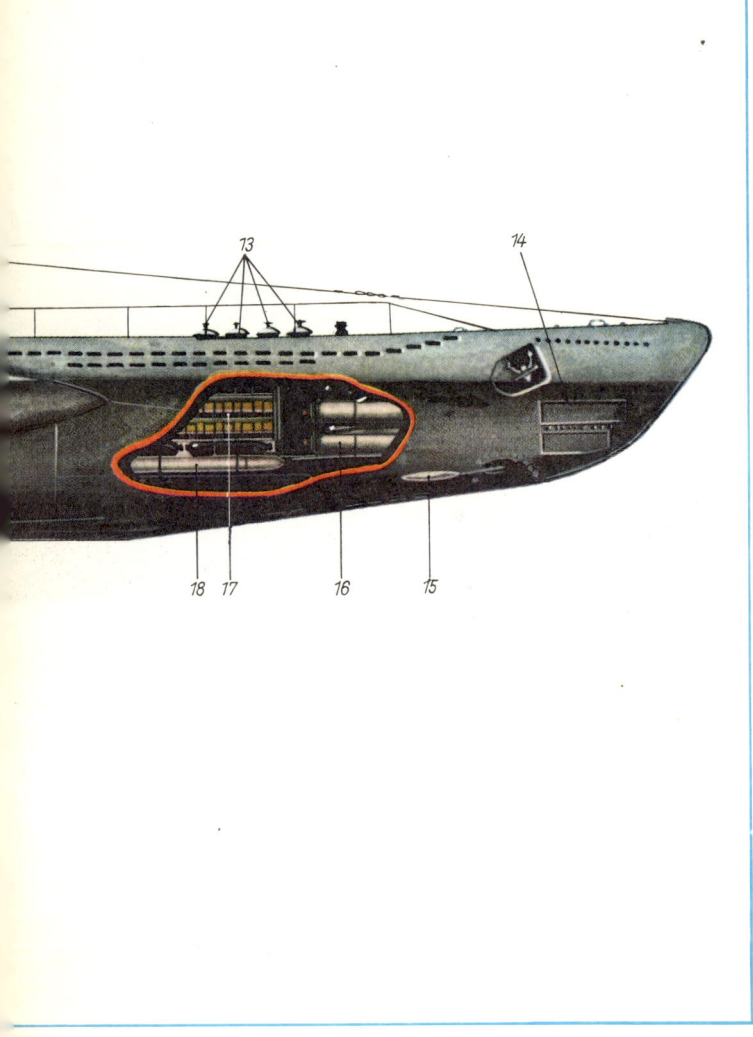

UdSSR letztlich Ziel der herrschenden Klassen beider imperialistischen Mächtegruppierungen war. Dennoch erwiesen sich die innerkapitalistischen Widersprüche als so stark, daß zunächst der Krieg gegen den Sowjetstaat ausblieb.

Anders auch als im ersten Weltkrieg war der Hauptaggressor eine faschistisch-imperialistische Macht, deren Kriegsziele die nationale Unterdrückung und sogar die physische Liquidierung ganzer Völker beinhalteten. Daraus folgte, daß dem Krieg gegen das faschistische Deutschland von Anfang an, insbesondere sichtbar am Kampf des polnischen Volkes, Elemente eines gerechten und nationalen Befreiungskrieges innewohnten.

Nicht zuletzt muß die Existenz von marxistisch-leninistischen Parteien in den kapitalistischen Ländern als ein weiterer, sehr wesentlicher Unterschied zu der Zeit von 1914 gesehen werden. Die kommunistischen Parteien waren fähig und in der Lage — der Verlauf des Krieges stellte es unter Beweis — eine organisierte und konsequent kämpfende Widerstandsbewegung gegen den faschistischen Aggressor ins Leben zu rufen. Eine Widerstandsbewegung, die den Befreiungscharakter des Krieges der gegen den faschistischen Block kämpfenden Staaten wesentlich mit bestimmte.

Für die U-Boote der faschistischen Kriegsmarine begann der zweite Weltkrieg bereits Mitte August. Wie aus dem Tagebuch des F. d. U. hervorgeht, wurde auf einen Anruf aus dem Oberkommando der Kriegsmarine (OKM) am 15. August 1939 ein Bordfest für die Offiziere der U-Boote abgesagt und die Mobilmachung befohlen.

Am 21. August stellte der F. d. U. in einer Lagebetrachtung fest, daß bis zum Abend dieses Tages 35 Boote im Aufmarsch begriffen seien und bis zum 30. August mit weiteren 8 zu rechnen sei. Insgesamt hatte die Kriegsmarine danach für den geplanten Aufmarsch 43 Boote zur Verfügung. Davon konnten westlich der britischen Inseln 22 eingesetzt werden. Die übrigen waren wenig wirksame 250-t-Boote. Bis Ende August gelang es, weitere U-Boote in Dienst zu stellen, so daß die faschistische deutsche Marine am 1. September 57 Boote besaß, davon 7 vom Typ IX, 10 vom Typ VII A, 8 vom Typ VII B und 30 vom Typ II sowie 2 vom Typ I A. Sie waren in 6 Flottillen gegliedert und unterstanden dem

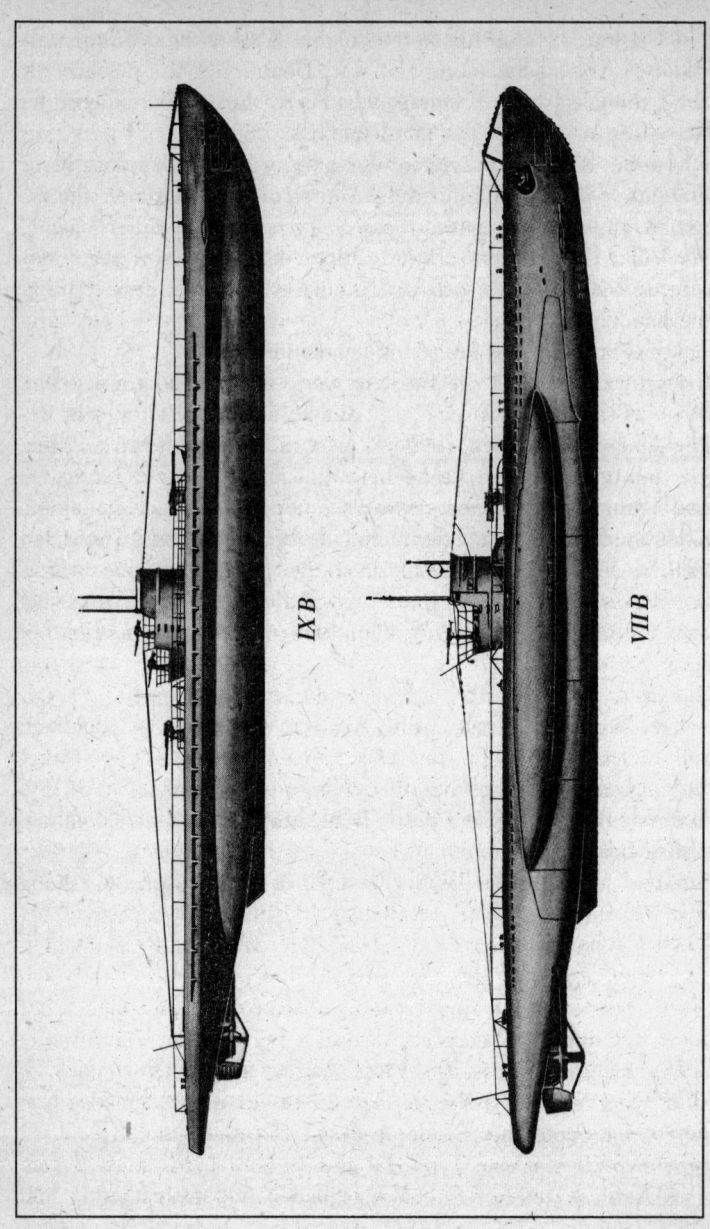

IXB

VIIB

178

F. d. U., dem damaligen Kapitän zur See Karl Dönitz. Dönitz, seit Oktober Konteradmiral und ab 17. Oktober 1939 Befehlshaber der U-Boote (B. d. U.), unterstand im Hinblick auf die operative Kriegführung unmittelbar der Seekriegsleitung (SkL). Da es zwischen ihm und der SkL keine Führungsinstanz gab, waren seine Befugnisse sogar größer als die des Flottenkommandos. In den ersten Kriegsmonaten hatte auch der Marinegruppenbefehlshaber West, der für die Nordseekriegführung verantwortlich war, Weisungsrecht gegenüber dem B. d. U., soweit U-Boote in der Nordsee handelten.

Die Mannschaften der Unterwasserkräfte der faschistischen Kriegsmarine, in der Vorkriegszeit sowie in den ersten Kriegsjahren Freiwillige, durchliefen die Ausbildung der U-Boot-Schule. Für Ausbildungszwecke bestand eine Schulflottille aus 11 Booten. Bei der Auswahl, Ausbildung und Erziehung der Matrosen und Unteroffiziere der U-Boote spielten, wie in der gesamten Kriegsmarine, die Erfahrungen aus dem ersten Weltkrieg und der Schock der Novemberrevolution in der Marine des deutschen Imperialismus eine außerordentliche Rolle. Es wurde alles getan, um zu verhindern, daß es in den Reihen der Seestreitkräfte des faschistischen deutschen Imperialismus zu revolutionären Aktivitäten kam.

Die Angehörigen der U-Boot-Kräfte galten als Elite und wurden auch so behandelt. Einer besonders sorgfältigen physischen und psychischen Auswahl folgten hohe Anforderungen in der Ausbildung sowie im täglichen Dienst, verbunden mit den schon traditionellen Vergünstigungen für U-Boot-Besatzungen. Das war zunächst die übliche Tauchzulage, die für Offiziere 4,— RM, Oberfeldwebel 3,— RM, Feldwebel, Maate, Stabsgefreite und Oberstabsmatrosen 2,50 RM sowie für Mannschaften 1,50 RM für jeden Tag betrug, an dem sich das Boot auf See befand. Die Bordzulagen und das Verpflegungsgeld hatten die doppelte Höhe der sonst üblichen Summe. Während des Krieges kamen eine Reihe weiterer materieller Vergünstigungen für Offiziere und Mannschaften, z. B. gesonderte Urlauberzüge und besondere Urlauberpäckchen oder ausgewählte Erholungsmöglichkeiten, hinzu.

Offiziere gelangten über die normale Offiziersausbildung bei entsprechender Eignung zur «U-Boot-Waffe». Kommandierungen zu U-Booten erfolgten besonders dann, wenn der Offiziersanwärter als für kleine Fahrzeuge besonders geeignet angesehen wurde. Neben einer theoretischen Ausbildung erhielten sie eine Bordausbildung. Fähnriche und Kommandantenschüler mußten während des Krieges ein Bordpraktikum auf einem im Einsatz befindlichen U-Boot absolvieren. Kennzeichnend für die Ausbildung der Besatzungen blieben während des gesamten Krieges die außerordentlich hohen Anforderungen. Das war nicht zuletzt deshalb möglich, weil hier die sich freiwillig Meldenden das vorfanden, was sie auf Grund ihrer bisherigen militaristisch-faschistischen Erziehung in Schule und Hitlerjugend und nicht selten auch im Elternhaus erwarteten.

Den U-Boot-Kräften war entsprechend einer Weisung des OKM — gerade wegen der geringen Anzahl der Boote — die Aufgabe gestellt, ausschließlich gegen den gegnerischen Handel vorzugehen. Diese Auftrag bedeutete keineswegs die Hinwendung zum U-Boot-Handelskrieg im operativ-strategischen Maßstab.

Insgesamt war die faschistische Kriegsmarine zum Zeitpunkt des Kriegsausbruches den britischen, französischen und polnischen Flottenkräften unterlegen.

Trotz des ungünstigen Kräfteverhältnisses hieß es in der Weisung Nr. 1 des Oberkommandos der Wehrmacht (OKW) vom 31. August 1939: «Die Kriegsmarine führt Handelskrieg mit dem Schwerpunkt gegen England!» Dabei wurde Handelskrieg nicht als U-Boot-, sondern als Zufuhrkrieg der schweren Überwasserkräfte der faschistischen Kriegsmarine, insbesondere der Panzerschiffe, verstanden.

In der Marineführung war man sich natürlich darüber im klaren, daß in der ersten Phase des Krieges die Flotte nur einen geringen Beitrag zur Kriegführung zu erbringen vermochte. Der eigentliche Krieg der Marine, der «richtige» Seekrieg, stand in einer weiteren Etappe des Kampfes um die Weltherrschaft noch bevor. Die Voraussetzungen dafür sollten durch die Unterjochung des europäischen Kontinents geschaffen werden. Erst ein so entstandenes «Großdeutsches Reich» wäre in der Lage und fähig, mit einer entsprechenden Flotte die Weltmeere zu erobern und die eigene Seeherrschaft zu erkämpfen.

Die Flotten der kriegführenden Staaten
im September 1939

	Großbrit.	Frankr.	Polen	Deutschl.
Schlachtschiffe	15	7	—	2
Flugzeugträger	7	1	—	—
Panzerschiffe	—	—	—	3
Schwere Kreuzer	15	7	—	1
Leichte Kreuzer	49	11	—	6
Zerstörer	192	61	4	21
Torpedoboote	—	12	3	12
U-Boote	69	76	5	57

Das Bestreben der Marineführung, auch in der ersten Phase des Krieges einen möglichst großen Beitrag zur Kriegführung des deutschen Imperialismus zu leisten, entsprang nicht zuletzt dem festen Entschluß, kein zweites Mal eine «untätige» Flotte zuzulassen. Man wollte auf jeden Fall vermeiden, daß sich das Geschehen wie im ersten Weltkrieg und sein für die Flotte des deutschen Imperialismus beschämendes Ende wiederholten. Das hieß, die Marine setzte vom ersten Kriegstag an die ihr zur Verfügung stehenden Kräfte rücksichtslos und offensiv mit dem Schwerpunkt «Angriff gegen die Seeverbindungen» von und nach Großbritannien ein, um so ihre Bedeutung für den faschistisch-deutschen Imperialismus nachdrücklich zu beweisen.

Im Gegensatz zu den Überlegungen und Forderungen des F. d. U., Dönitz, spielte der U-Boot-Krieg zunächst jedoch nicht die zentrale Rolle in der faschistischen Seekriegführung. Er war ein, wenn auch selbständiger Bestandteil des Zufuhrkrieges der gesamten Marine.

Nicht zuletzt schätzte man die U-Boot-Kriegführung deshalb relativ gering, weil sowohl der Oberbefehlshaber der Kriegsmarine als auch sein F. d. U. gewisse Einschränkungen in der Handelskriegführung hinnehmen mußten. Um ein militärisches Eingreifen Großbritanniens und Frankreichs zugunsten des überfallenen Polens wenigstens hinauszuzögern, die Verbündeten vielleicht auseinanderzumanövrieren, sollten sich die U-Boote und Überwasserkräfte strikt an die Prisenordnung halten. Gegen französische Handelsschiffe durften sie anfänglich überhaupt nicht vorgehen. Als ein U-Boot der faschistischen Kriegsmarine am 3. September 1939 warnungslos den britischen Passagierdampfer «Athenia» versenkte, entsprach das zwar völlig dem Geist der faschistischen Seekriegführung, jedoch nicht den augenblicklichen außenpolitischen Interessen der Naziregierung. Daher wurde die Torpedierung rundweg geleugnet, das Kriegstagebuch gefälscht und der Kommandant — bezeichnenderweise — überhaupt nicht zur Rechenschaft gezogen.

Als nach der Okkupation Polens das Gros des faschistischen Heeres und der Luftwaffe im Westen zur Verfügung stand, wurden auf Drängen der Marineführung die einschränkenden Bestimmungen für den Handelskrieg allmählich beseitigt. «Je früher (der) Beginn und je brutaler, um so früher die Wirkung, um so kürzer der Krieg. Alle Einschränkungen verlängern den Krieg», erklärte Raeder Hitler am 10. Oktober 1939. Daher forderte er schärfste und rücksichtsloseste Kriegführung. Der propagandistischen Wirkung wegen wurde jeder Schritt zum uneingeschränkten U-Boot-Einsatz als Antwort auf eine angeblich vorangegangene britische Maßnahme hingestellt und Begriffe, die an den U-Boot-Handelskrieg im ersten Weltkrieg erinnerten, nach Möglichkeit vermieden.

Wie aus einer Zusammenstellung des OKW über Einschränkungen bei Kampfhandlungen vom 25. Januar 1940 hervorgeht, gab es zwar formal noch gewisse Differenzierungen nach Seegebiet, Herkunftsland und Typ des anzugreifenden Schiffes, im Kern aber waren diese Unterschiede gegenstandslos. Nach der Behandlung des «Athenia»-Falles war klar, daß für die Marineführung nur der Erfolg zählte und kein Kommandant für das Übertreten der einschränkenden Maßnahmen zur Rechenschaft gezogen werden würde. Zugleich fand man zur außenpolitischen Absicherung die Formel «warnungslos unter Vortäuschung Mineneinsatz», da für Minentreffer keine Verantwortung übernommen zu werden brauchte.

Als sich Großbritannien nach der Kapitulation Frankreichs dem Willen der faschistisch-deutschen Regierung nicht beugte und den Widerstand fortsetzte, fielen auch die letzten formalen

Einschränkungen für den U-Boot-Krieg. Ab August 1940 konnte im Operationsgebiet um die britischen Inseln jedes Schiff warnungslos versenkt werden. Die zum Operationsgebiet erklärten Seeräume wurden je nach den Belangen der U-Boot-Kriegführung erweitert, so bis Grönland und bis an die Küste Nordamerikas.

Noch weniger als im ersten Weltkrieg bildeten die völkerrechtlichen Bestimmungen ein Hemmnis oder eine Einschränkung für den U-Boot-Einsatz. Entsprechend dem verbrecherischen Charakter des Krieges von seiten des faschistischen deutschen Imperialismus trug auch die von seinen Streitkräften verfolgte Kriegführung verbrecherische, besonders brutale Züge. Daher benötigte das faschistische Deutsche Reich, bis es zum totalen Einsatz der U-Boote überging, nicht wie die Führung im Deutschen Kaiserreich 3 Jahre, sondern es genügte etwas weniger als ein Jahr.

Die Versenkungsziffern der faschistischen U-Boot-Kräfte hielten sich zunächst in relativ engen Grenzen. So vernichteten die U-Boote der Kriegsmarine bis Februar 1940 254 Schiffe mit 886 654 BRT. Von den bei Kriegsbeginn vorhandenen 57 U-Booten gingen 16 verloren, 9 neue Boote wurden in Dienst gestellt.

Der Einsatz einer derart geringen Anzahl von U-Booten konnte den Seeverkehr zwar stören, aber keine ernsthaften Folgen für die Kriegführung der Verbündeten nachsichziehen. Um eine der Kriegführung angemessene Anzahl von U-Booten zu erreichen, war der Friedensplanung gemäß mit Kriegsbeginn das Mobilmachungsprogramm in Kraft getreten. Nach diesem Plan war der Bau aller großen, im Z-Plan vorgesehenen Schlachtschiffe, mit Ausnahme der im Bau weit fortgeschrittenen Einheiten, sofort gestoppt worden. Schwerpunkt in dem Mobilmachungsprogramm war nun der Bau von Zerstörern, Torpedobooten und von 108 U-Booten. Um den Ausbau der Unterwasserkräfte zu forcieren, ordnete Raeder im September 1939 die Bildung einer Amtsgruppe U-Boot-Wesen im OKM an.

Dönitz begnügte sich, als es darum ging, die beginnende Schwerpunktverlagerung auf die U-Boot-Kräfte zu beschleunigen, nicht allein mit Denkschriften. Einen propagandistischen Erfolg ersten Ranges organisierte er mit dem Eindringen eines U-Bootes in den britischen Flottenstützpunkt Scapa Flow. Zur Ausführung seiner Idee wählte er den ehrgeizigen Kommandanten von U 47, Kapitänleutnant Prien. In der Nacht vom 13. zum 14. Oktober 1939 gelang es Prien, mit seinem Boot in den gut gesicherten Flottenstützpunkt einzudringen und das britische Schlachtschiff «Royal Oak» zu versenken. Mit dem Schiff gingen 833 Mann der Besatzung unter.

Priens Aktion wurde von der Goebbelspropaganda über das tatsächliche Maß ihrer militärischen Bedeutung enorm hochgespielt. Prien wurde von der faschistischen Propaganda zum «Nationalhelden» hochstilisiert. Seine Person diente den Militärs zur Manipulierung der Jugend, um deren Begeisterungsfähigkeit für den imperialistischen Krieg zu mißbrauchen.

Das Boot Priens wurde am 8. März 1941 von einem britischen Zerstörer versenkt; kein Mann der Besatzung überlebte. Aus propagandistischen Gründen verzögerte die Naziführung die Bekanntgabe des Todes ihres «Helden». Daraus entstandene Gerüchte über einen angeblichen Widerstand Priens gegen den faschistischen Krieg wurden später von geschäftstüchtigen Publizisten der BRD ausgenutzt. Aufgebauscht und immer wieder kolportiert diente die Legende um Prien letztlich der Verfälschung des wahren Charakters der Kriegsmarine des faschistischen deutschen Imperialismus.

Das Ansehen des F. d. U., dessen Beförderung zum Konteradmiral an Bord des gerade eingelaufenen U 47 bekanntgegeben wurde, wuchs. Die von ihm geführten Boote, auch der U-Boot-Krieg insgesamt, bekamen einen neuen, einen höheren Stellenwert in der Führung des faschistischen Deutschlands. An diesem Umstand konnten die Zweifler an der Wirksamkeit der U-Boote nicht vorüber. So gesehen ist das Eindringen von U 47 in den britischen Flottenstützpunkt Scapa Flow mit der Versenkung der 3 britischen Panzerkreuzer durch U 9 zu Beginn des ersten Weltkrieges zu vergleichen. Das Bild von der Dönitzschen Elite, das im Ergebnis des Propagandarummels um Prien und seine Besatzung entstand, war ein wichtiger Faktor, der die Hinwendung der Nazimarine zur U-Boot-Kriegführung förderte.

Die erforderlichen Pläne zur zahlenmäßigen Vergrößerung der Unterwasserkräfte wurden noch 1939 ausgearbeitet. Nach mehreren Zwischenstufen sah der endgültige Plan vor, bei 10 Prozent kalkulierten eigenen Verlusten bis zum Oktober 1943 einen Bestand von 320 U-Booten zu erreichen. Diese 320 Boote sollten in einem Verhältnis von 1:3 gebaut werden, d. h., auf ein Boot des Typs IX C sollten 3 VII-C-Boote gefertigt werden. Daneben sah man noch die Fertigung von 16 II D, 4 Fern- und 4 Minen-U-Booten sowie von 4 U-Boot-Tankern vor.

Die Realisierung dieser Planung erforderte eine Reihe schwerwiegender Eingriffe in den Bau von Überwasserschiffen. So mußte der Bau von Handelsschiffen und der von Überwasserkriegsschiffen stark eingeschränkt bzw. eingestellt werden. Den Forderungen, zugunsten des U-Boot-Bauprogramms die Heeres- und Luftwaffenrüstung zu beschneiden, gaben Hitler und das OKW jedoch nicht nach.

Trotz einer Reihe von Maßnahmen, zu denen die Organisation des U-Boot-Baues und seine Technologie gehörten, gelang es der faschistischen Kriegsmarine zunächst nicht, die geplanten U-Boot-Zahlen zu erreichen. Wenn die vorhandenen Boote schließlich doch den Plan übertrafen, so lag das vor allem daran, daß die U-Boot-Verluste mit etwa 5,7 Prozent unter den erwarteten 10 Prozent blieben. Tiefgreifende technische Neuerungen in der U-Boot-Entwicklung schlugen sich in der Planung nur gering nieder, weil keine Kapazitäten vorhanden waren. Ebensowenig berücksichtigt wurden mögliche Entwicklungen der UAW-Mittel beim Gegner. Daraus ergab sich, daß trotz des Erreichens der geplanten Sollzahl 1943 der Kampfwert der Boote unter den militärtechnischen Anforderungen lag.

Von denen in der Tabelle aufgeführten U-Booten erwiesen sich die Typen VII und IX als diejenigen, die den Vorstellungen des B. d. U. am meisten entsprachen. Beide Typen, insbesondere der Typ VII, kamen im Atlantik zum Einsatz. Hervorgegangen aus dem UB-III-Boot des ersten Weltkrieges, erwiesen sich bereits die ersten 10 VII-A-Boote als sehr seetüchtig. Nach 2 Jahren erfolgte die Anschlußserie, 24 Boote des Typs VII B, bei dem die Erfahrungen mit den ersten Typ-VII-Booten Berücksichtigung fanden.

Die Typen VII waren Einhüllenboote mit angesetztem Vor- und Achterschiff sowie aufgesetztem Oberdeck und Brücke. In den an den Seiten angeordneten Wülsten befanden sich die Tauch- und

Typ	IA	IIA	IIB	IIC
Verdr. in t	862	254	279	291
	983	303	329	341
Besatzung	43	25	25	25
Länge in m	72,4	40,9	42,7	43,9
Breite	6,2	4,1	4,1	4,1
Antrieb in PS	2 × 1540	2 × 350	2 × 350	2 × 350
	2 × 500	2 × 180	2 × 205	2 × 205
Geschw. in kn	17,8	13,0	13,0	12,0
	8,3	6,9	7,0	7,0
Fahrb. sm/kn	6700/12	1050/12	1800/12	1900/12
Tauchtiefe in m	100	80	80	80
Bewaffnung (Kal. in mm)				
Torp.-Rohrz./Kal.	6 × 533	3 × 533	3 × 533	3 × 533
Torp.-Vorrat	14	6	6	6
Art.-Z./Kal.	1 × 105	1 × 20	1 × 20	1 × 20
	1 × 20			

Regelzellen. Der Treibstoffbunker war beim Typ VII A im Druckkörper. Die Bewaffnung bestand aus 4 Bug- und 2 Hecktorpedorohren, letztere waren außerhalb des Druckkörpers. Veränderungen beim VII-B-Typ betrafen in erster Linie den Überwasserfahrbereich, die Überwassergeschwindigkeit und den Torpedovorrat. Die neuen Boote wurden um 2 m verlängert und die so vergrößerten Satteltanks als zusätzliche Treibstoffbunker benutzt. Daraus ergab sich eine beachtliche Vergrößerung des Fahrbereichs. Durch Veränderungen an der Maschinenanlage konnte die Geschwindigkeit über Wasser leicht erhöht werden. Der Torpedovorrat wurde auf 14 vergrößert.

Noch vor Kriegsbeginn erfolgte der Übergang zum Typ VII C, von dem jedoch bei Ausbruch des Krieges noch kein Boot zur Verfügung stand. Veranlassung für den Bau des neuen Typs gab

IID	VIIA	VIIB	IXA
$\dfrac{314}{364}$	$\dfrac{626}{745}$	$\dfrac{753}{857}$	$\dfrac{1\,032}{1\,153}$
25	44	44	48
44,0	64,5	66,5	76,5
4,9	5,8	6,2	6,5
$\dfrac{2\times350}{2\times205}$	$\dfrac{2\times1\,160}{2\times375}$	$\dfrac{2\times1\,400}{2\times375}$	$\dfrac{2\times2\,200}{2\times500}$
$\dfrac{12,7}{7,4}$	$\dfrac{16,0}{8,0}$	$\dfrac{17,2}{8,0}$	$\dfrac{18,2}{7,7}$
3450/12	4300/12	6500/12	8110/12
80	100	100	100
$\dfrac{3\times533}{6}$	$\dfrac{5\times533}{11}$	$\dfrac{5\times533}{14}$	$\dfrac{6\times533}{22}$
1×20	1×88	1×88	1×105
	1×20	1×20	1×20
			1×37

der beabsichtigte Einbau eines Schallortungsgerätes, aus dem sich die Notwendigkeit ergab, das gesamte Boot um 600 mm zu verlängern. Der so entstandene Typ wurde schließlich das Standardboot der faschistischen Kriegsmarine während des zweiten Weltkrieges.

Dem Entwurf des Typs IX lag die Idee zugrunde, ein Boot zu besitzen, das mit seinen über 700 t Wasserverdrängung in der Lage war, auch in entfernten Seegebieten über einen längeren Zeitraum zu operieren. Zugleich verfolgte die Marineführung mit diesem Bootstyp das Ziel, ein Seekriegsmittel für das operative Zusammenwirken mit den Überwasserhandelsstörern zu besitzen. Die Konstruktion nach dem Zweihüllenprinzip blieb in der Praxis unter der geplanten Überwassergeschwindigkeit. Die Veränderungen innerhalb der aufeinanderfolgenden Serien IX B und

IX C gegenüber IX A waren gering. Sie bezogen sich beim Typ IX B im wesentlichen auf ein verbreitertes Außenschiff.

Die Boote des Typs I A und II befanden sich seit Ende 1939 nicht mehr in den Einsatzflottillen. Die 2 gefertigten Boote des Typs I A wurden nicht weiterentwickelt, da Dönitz dem Typ VII den Vorzug gab. Der Typ II hatte, trotz der Vergrößerung des Fahrbereichs, eine zu geringe Kampfkraft. Beide U-Boot-Typen fanden als Schulboote in der Ostsee Verwendung. Vom Typ II B wurden 6 Boote über die Donau ins Schwarze Meer befördert und hier gegen die sowjetische Schwarzmeerflotte eingesetzt.

Bewaffnung und technische Ausstattung der Boote der faschistischen Kriegsmarine wiesen keine außergewöhnlichen Besonderheiten auf. Ähnlich wie in anderen Flotten, führten die Boote in der Regel an Oberdeck Artillerie, die sich während des Krieges bald als überflüssig erweisen sollte.

Gewissermaßen ein besonderes Kennzeichen der Boote der faschistisch-deutschen Kriegsmarine waren und blieben die außergewöhnlich schlechten Lebensbedingungen für die Besatzungen. Die dürftige Inneneinrichtung, die räumliche Beengtheit und die kaum vorhandenen Wascheinrichtungen verlangten den Besatzungen das Letzte an physischem und psychischem Leistungsvermögen ab.

Ein Vorteil der faschistischen U-Boot-Typen gegenüber denen anderer Flotten war allerdings, daß sie von vornherein zum Einsatz gegen die Handelsschiffahrt gebaut worden waren. Für Experimente mit U-Kreuzern und anderen Spezialtypen reichte der faschistischen Kriegsmarine nicht die Zeit. Es wurden trotz gegenläufiger Tendenzen vor allem mittlere Boote mit ihrer relativ kurzen Bauzeit bevorzugt, da sie für den Handelskriegseinsatz um die britischen Inseln besonders geeignet waren.

Auch die Besatzungen hatte Dönitz in erster Linie für den Einsatz auf den gegnerischen Seeverbindungen gedrillt. Alle weiteren möglichen Aufgabenstellungen für U-Boote sah Dönitz als nebensächlich an, die von der Hauptsache ablenkten. Der B. d. U. wehrte sich daher nach Möglichkeit gegen jede Einbindung in die allgemeinen Flottenaufgaben, was ihm mit den zunehmenden Erfolgsziffern der U-Boot-Kräfte immer besser gelang. Die Verselbständigungstendenzen zeigten sich am deutlichsten in der Idee

188

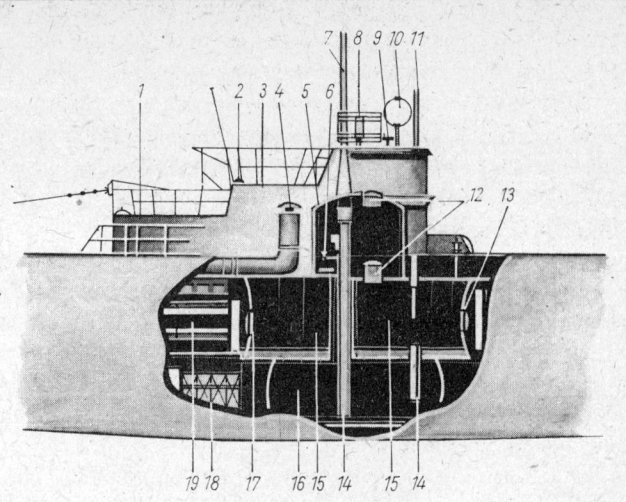

Turm des Typs VII C
1 untere Geschützplattform, 2 druckfeste Munitionsbehälter,
3 obere Geschützplattform,
4 Zuluftleitung zum Maschinenraum
(hinter der Brückenverkleidung),
5 Druckkörperhülle, 6 Kommandantensitz am Sehrohr,
7 Angriffssehrohr,
8 Funkmeßantenne, 9 Funkmeßbeobachtungsantenne,
10 Funkpeilantenne,
11 Luftziel- und Navigationssehrohr, 12 Turm- und Zentraleluk,
13 vordere Kugelschott, 14 Sehrohrschächte, 15 Zentrale,
16 Tauchtank, 17 achtere Kugelschott,
18 Batterieraum, 19 Unterkunft

von einem vierten Wehrmachtteil «U-Boot-Waffe», die zu Beginn
des zweiten Weltkrieges in Marinekreisen die Runde gemacht haben soll.

Ein derartiger Anspruch war schon allein auf Grund der geringen U-Boot-Zahlen irreal. Die vorhandenen einsatzklaren U-
Boote reichten noch nicht einmal aus, um in den ersten Monaten
des Krieges die Idee vom Gruppeneinsatz zu realisieren. Die U-
Boote der faschistischen Kriegsmarine fuhren daher Einzelan-

griffe, wie sie bereits im ersten Weltkrieg üblich waren. Aus Furcht vor Flugzeugen griffen die Kommandanten anfangs getaucht an. Um der Unterwasserortung der britischen U-Boot-Abwehr zu entgehen, setzte sich jedoch bald der nächtliche Überwasserangriff durch. Das entsprach den Vorstellungen aus dem geheimen «Handbuch für den U-Boot-Kommandanten», in dem es hieß: «Der Überwassertorpedoangriff kommt für das U-Boot nur bei Nacht in Frage … Grundsätzlich soll sich der U-Boot-Kommandant vor Augen halten, daß das U-Boot, wenn nicht ganz besonders ungünstige Verhältnisse vorliegen, nachts immer schlechter zu sehen ist als jedes Überwasserschiff.» Haupteinsatzgebiete in den ersten Kriegsjahren waren die Knotenpunkte der Seewege vor den britischen Inseln, wo die U-Boote bestimmte Räume zugewiesen bekamen, in denen sie dem britischen Schiffsverkehr auflauern sollten.

Schließlich hatte Dönitz ein Minimum an U-Booten zur Verfügung, mit denen er erstmals vom 10. bis 19. Oktober 1939 im Nordatlantik eine Gruppe von 6 Booten bilden konnte. Den Einsatz dieser Gruppe befehligte ein auf einem der U-Boote eingeschiffter Führer. Von den 6 angesetzten Fahrzeugen gingen 3 im Verlauf der Kämpfe verloren. Insgesamt versenkten die U-Boote während der Operation 17 Schiffe mit 103 603 BRT. Ähnliche Handlungen am 15. November 1939 und am 17. Februar 1940 blieben erfolglos.

Dennoch hielt Dönitz den Gruppenangriff für eine erfolgversprechende Möglichkeit des U-Boot-Einsatzes. Die wichtigste Lehre aus den ersten Unternehmen bestand darin, daß die Funkführung durch eine Landbefehlsstelle die stabilste Führungsvariante schien. Ein an Bord befindlicher Kommandeur verlor nach Beginn des Gefechts die Übersicht über das Geschehen. Im Gegensatz dazu konnte ein Befehlshaber an Land mit seinem Stab die operativ-taktische Lage auch nach Eröffnung des Gefechts noch übersehen. Er konnte entsprechend der sich ändernden Lage während des gesamten Geleitzugkampfes reagieren. Nach diesen Erfahrungen wurden U-Boot-Gruppen grundsätzlich von Land aus geführt. Unabhängig davon blieb aber der Gruppeneinsatz von U-Booten für die ersten Kriegsjahre eine Ausnahme. Die Regel war der Einzelangriff.

Obwohl die faschistische Kriegsmarine zunächst über keine speziellen Minen-U-Boote verfügte, machten gerade in den ersten Kriegsmonaten Mineneinsätze vor den britischen Inseln einen wesentlichen Teil der Handlungen der U-Boote aus. Insbesondere die kleinen 250-t-Boote, d. h. nahezu die Hälfte des U-Boot-Bestandes, setzte man hierfür ein. Auf Grund ihres geringen Aktionsradius und ihrer relativ schwachen Bewaffnung waren sie für Torpedoeinsätze auf den Seeverbindungen westlich Großbritanniens ungeeignet. So findet sich im Kriegstagebuch des B. d. U. am 1. Januar 1940 die Eintragung, daß der Mineneinsatz, im Gegensatz zum Torpedo, die «wirksamste Waffe zur Zeit» sei. Darin widerspiegelte sich aber auch eine der größten Schwachstellen der faschistischen U-Boote, nämlich ihre mangelhaften Torpedos.

In der faschistischen Kriegsmarine befanden sich die Torpedotypen G 7a und G 7e in der Bewaffnung. Der G 7a, ein von einem Heißluft-Dampfgemisch angetriebener Einheitstorpedo, entsprach dem Stand der torpedotechnischen Entwicklung in den anderen Marinen. Einstellbar waren dabei der Weitschuß, bei dem der Torpedo eine Laufstrecke von 12 500 m bei 30 kn Geschwindigkeit hatte, der Nahschuß mit 40 kn und einer Laufstrecke von 7 800 m und der Schnellschuß mit 44 kn bei 5 800 m. Besonders geeignet für den Abschuß aus U-Booten war der G 7e, da er elektrisch angetrieben wurde. Sein besonderer Vorzug bestand darin, daß er blasenfrei und geräuscharm lief. Beide Torpedotypen konnten wahlweise mit Aufschlagzünder oder magnetischer Abstandzündung verwendet werden.

Ebenso wie in anderen Flotten beherrschten die U-Boote der faschistischen Kriegsmarine nach beiden Seiten den Winkelschuß bis 90 Grad. Durch unterschiedliche Winkeleinstellungen konnten sie einen Fächer schießen, der die Trefferwahrscheinlichkeit erhöhte. Das Schießverfahren lief folgendermaßen ab: Die Schußwerte wurden in die Torpedorechenanlage eingegeben, die dann jede Korrektur dieser Werte verarbeitete und sie automatisch auf die Torpedos übertrug. Nachdem sie das Rohr verließen, gingen sie entsprechend den eingestellten Werten automatisch auf Kurs.

Bereits im Oktober 1939 mußte der B. d. U. feststellen, daß wenigstens 30 Prozent aller Torpedos Versager wären und die Beseitigung dieses Zustandes das «vordringlichste Problem der U-Boot-Waffe» sei. Schließlich erreichte die «Torpedokrise» während des Überfalls auf Dänemark und Norwegen ihren Höhepunkt. Zahlreiche Fehlschüsse und Irrläufer bei den Torpedoangriffen der eingesetzten U-Boote führten zu einer Untersuchung; sie ergab ernsthafte Mängel am Zünder und an der Regeleinrichtung. Das Zünderproblem konnte nicht sofort gelöst werden, daher mußte anstelle des magnetischen Abstandzünders auf den Aufschlagzünder zurückgegriffen werden. Das bedeutete, wie selbst von Dönitz eingeschätzt, hinsichtlich der Sprengwirkung der Torpedos einen Rückfall auf das Jahr 1918. Erst im Dezember 1942 konnte ein neuer magnetischer Abstandzünder, der zuverlässig wirkte, eingeführt werden.

Die fehlerhaften Torpedos setzten den Wirkungsgrad der U-Boote der faschistischen Kriegsmarine erheblich herab. Die Boote, insbesondere der Typ VII, erwiesen sich auch unter Kriegsbedingungen als gelungene Konstruktionen. Schwierigkeiten gab es mit den Motorengestellen, die zu schwach waren, und mit den Auspuffventilen, die in größeren Tiefen nicht dicht blieben. Als ernsthaftestes Problem stellte sich schon bald nach Kriegsbeginn, ähnlich wie im ersten Weltkrieg, die lange Werftliegezeit bei Reparatur und Bau der Fahrzeuge heraus. Dies führte — neben dem Abzug der für die Ausbildung benötigten Schulboote — dazu, daß die Kriegsmarine die Anzahl der tatsächlich im Einsatz befindlichen Boote nur sehr langsam steigern konnte.

Sucht man nach Ursachen, lagen sie weder in mangelndem Verständnis noch im fehlenden Wohlwollen auf seiten der politischen Führung für die Marine. Vielmehr zeigten sich darin die Grenzen der ökonomischen Möglichkeiten des faschistischen Deutschen Reiches, die zu einer Schwerpunktbildung bei der militärischen Durchsetzung des Expansionsprogramms des deutschen Imperialismus zwangen. Entsprechend den im Herbst 1939 beabsichtigten Zielen blieben Heeres- und Luftwaffenrüstung im Vordergrund der Aufmerksamkeit der politischen und militärischen Führung. Für Belange der Kriegsmarine standen aus diesen Gründen nur relativ begrenzte Mengen an Schiffsbaumaterial, vor allem Stahl und Buntmetalle, zur Verfügung. Nicht

U-Boot von 1872

Russisches U-Boot von S. K. Drzewicki, 1881

Französische U-Boote um 1880

*Deutsches U-Boot,
vermutlich 1892 in Auftrag gegeben*

«Lake»-Boot, 1901

*«Holland»-Boote
um 1905*

Maschinenraum eines deutschen U-Bootes im ersten Weltkrieg

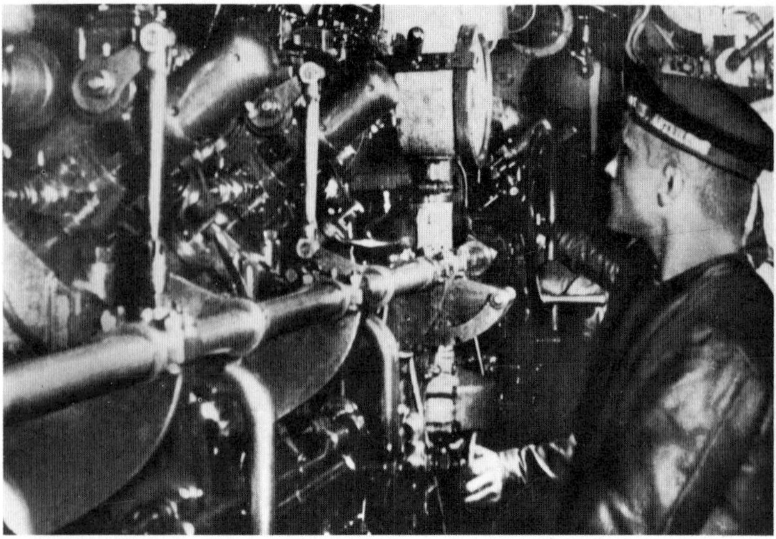

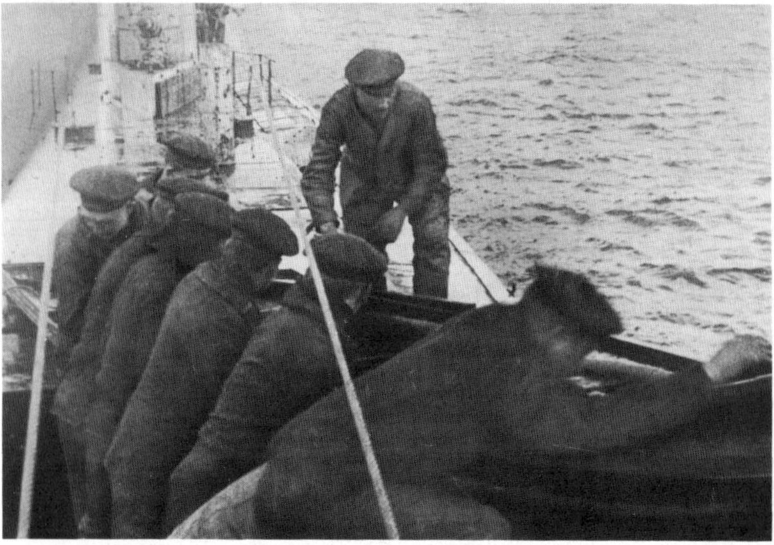

Aussetzen eines Beibootes

Britische U-Boote der 20er Jahre

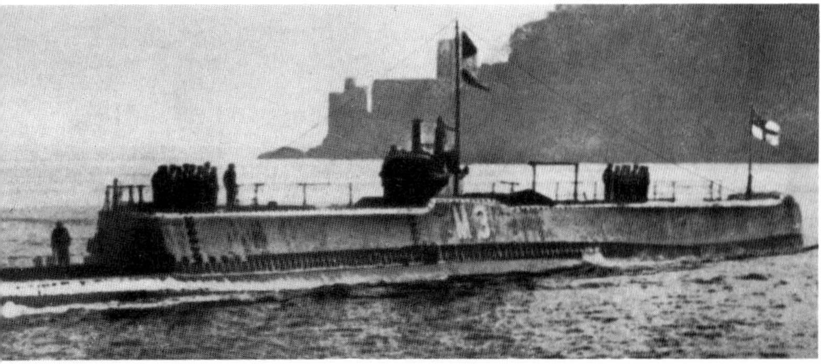

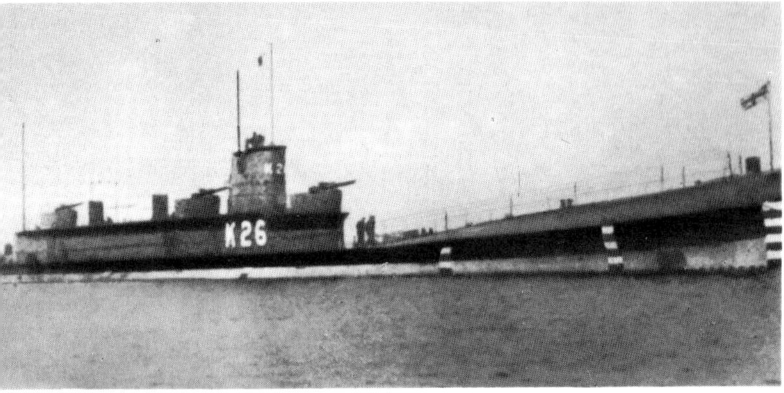

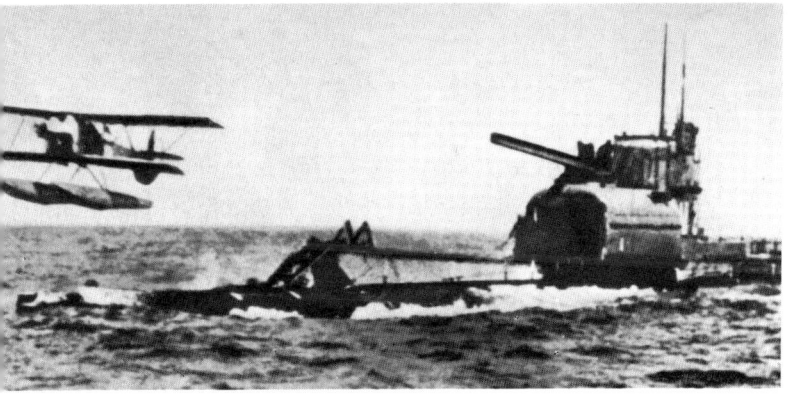

Aufsetzen des Vorschiffes auf den Druckkörper

Öffnung für Bugtorpedorohre im Druckkörper

Druckkörper und Außenhaut

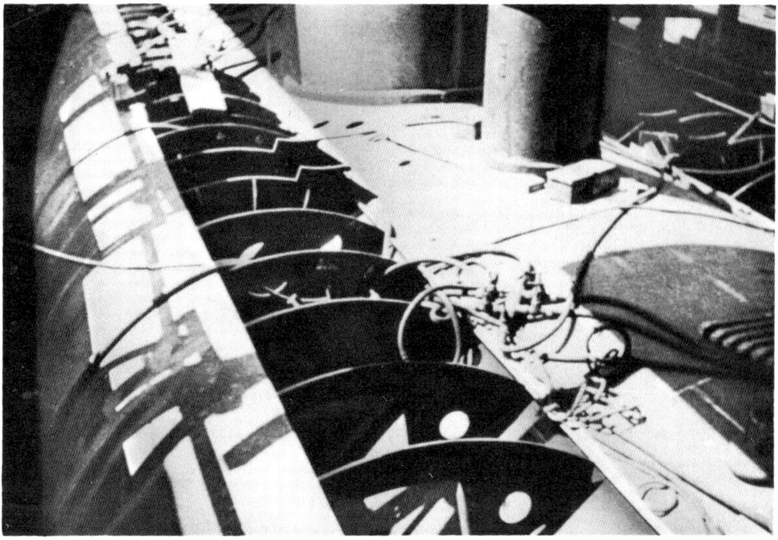

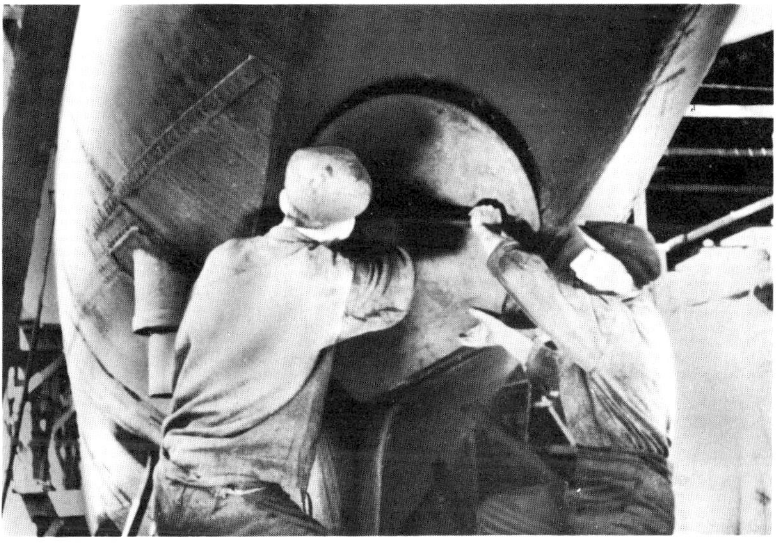

U-Boot-Heck

Durchblick zum Heckraum

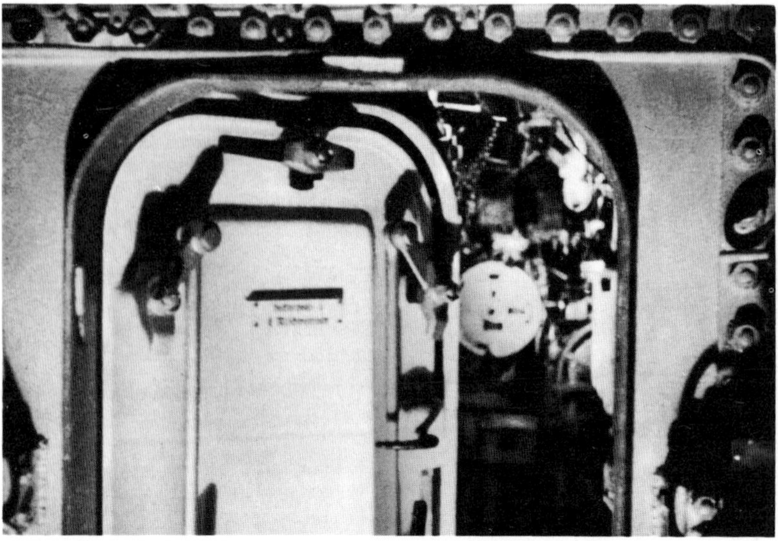

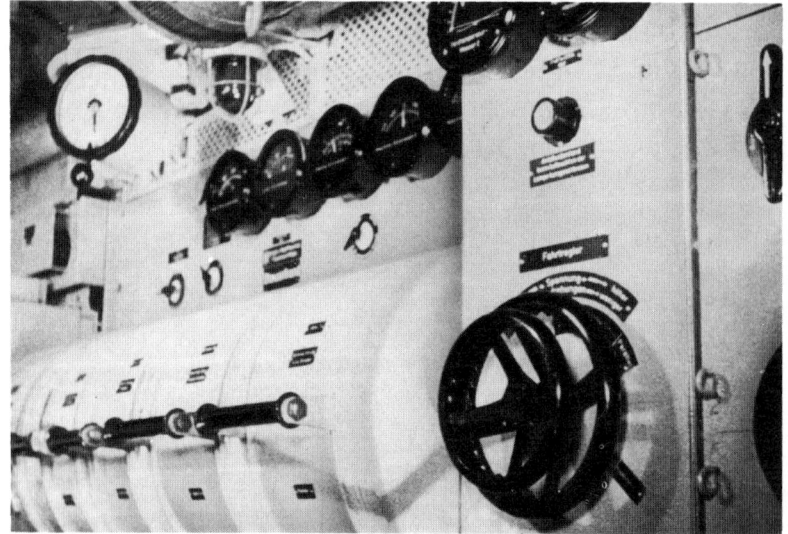

E-Maschinenraum

Kombüse

Horchraum

Sehrohr

Tiefenruderstand

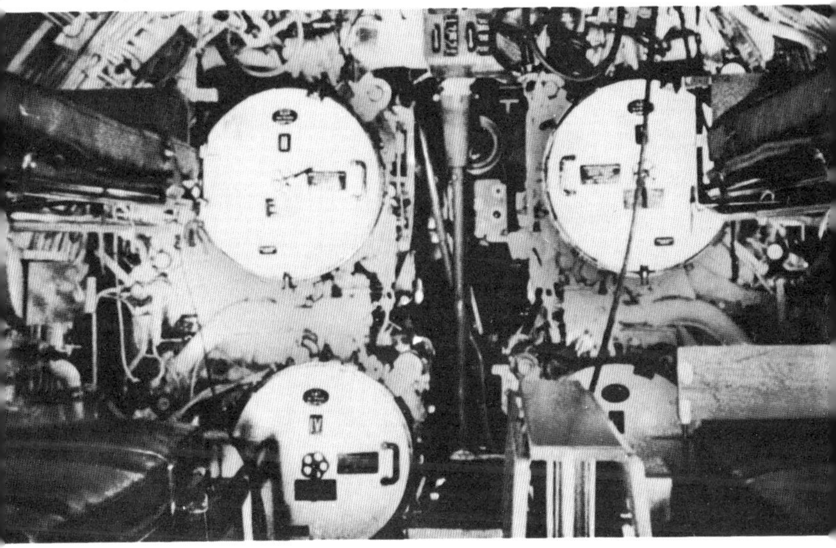

Bugraum

U-Boote der Anfangsperiode des zweiten Weltkrieges

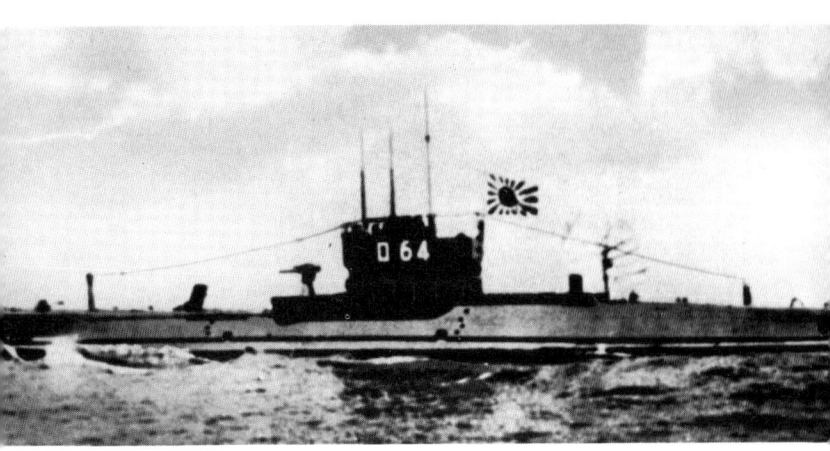

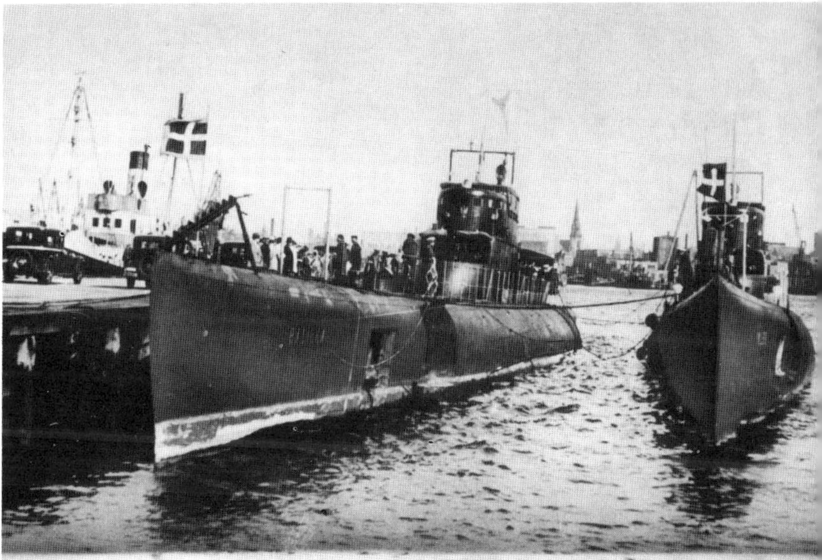

U-Boot am Ende des zweiten Weltkrieges

Sowjetische U-Boote während des zweiten Weltkrieges

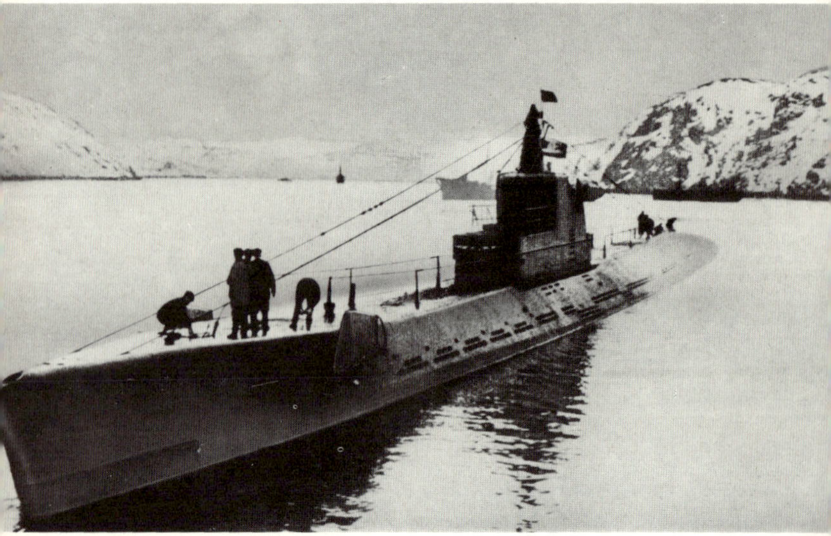

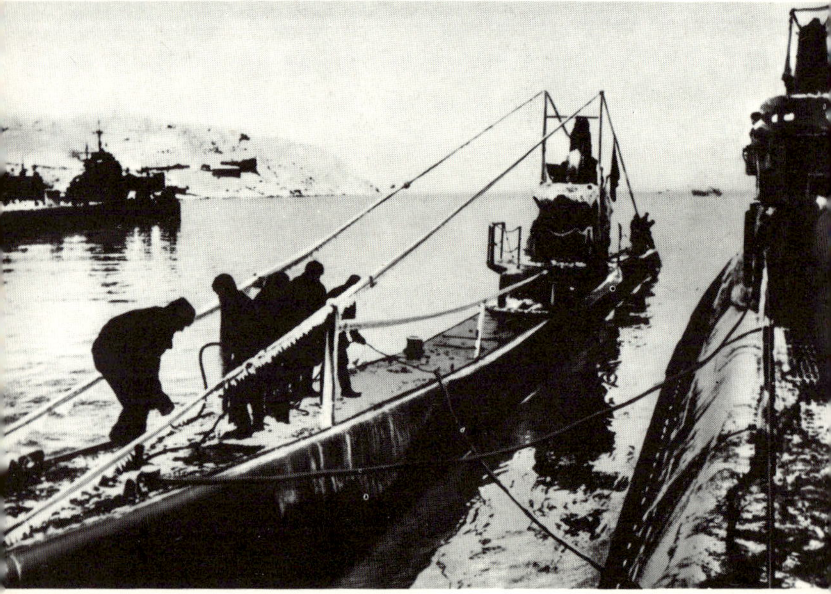

gelöst werden konnte im Verlauf des gesamten Krieges das wichtige Problem der Facharbeiter auf den Werften.

Hinzu kam, daß die Marineführung zunächst nicht bereit war, die Überwasserkriegführung konsequent zugunsten des U-Boot-Einsatzes aufzugeben. Befangen in den Vorstellungen des Zufuhrkrieges mit schweren Artillerieträgern und voller Illusionen über den Kriegsverlauf, erwartete der Oberbefehlshaber der Kriegsmarine bald einen Zeitpunkt, an dem die Flotte im Mittelpunkt der Weltherrschaftsbestrebungen des deutschen Imperialismus stehen würde. Unter derartigen Aspekten nahm der Großschiffbau, wenn auch sehr begrenzt, seinen Fortgang.

Insgesamt führte dies zu dem erwähnten Zurückbleiben der U-Boot-Fertigung hinter den geplanten Zahlen. Langfristig sollte sich als besonders schwerwiegend herausstellen, daß für grundlegende Neu- und Weiterentwicklungen von Unterwasserfahrzeugen so gut wie keine Kapazitäten blieben.

Eine unmittelbare Auswirkung der niedrigen U-Boot-Zahlen war der Verzicht des B. d. U. auf die Realisierung seiner taktischen Vorstellungen über den Gruppenangriff. Zugleich machte die gegebene Situation es Dönitz nahezu unmöglich, mit seinen Kräften mehr als eine operative Aufgabe zu lösen. Das zeigte sich recht deutlich während der Planung und Durchführung des Überfalls auf Norwegen und Dänemark, der Operation «Weserübung».

Bei dieser faschistischen Aggression spielte die Kriegsmarine eine außerordentlich wichtige Rolle. Aufgabe der Flotte bei «Weserübung» waren die Überführung und Anlandung von Heereskräften sowie die Sicherung der Operation. Um von den stark überlegenen britischen Seestreitkräften nicht bereits beim Anmarsch zerschlagen zu werden, spekulierte die Marineführung auf den Überraschungsfaktor. Zugleich zog sie alle zur Verfügung stehenden Schiffe und Boote für diese Operation zusammen, einschließlich der gesamten U-Boote. Für Dönitz bedeutete das den mehrmonatigen, fast völligen Verzicht auf den Einsatz gegen die Handelsschiffahrt nach Großbritannien. Die Beteiligung an «Weserübung» war eine der wenigen Operationen der faschistischen U-Boote im Rahmen und ausschließlichem Interesse der gesamten Flotte.

Bereits Anfang März 1940 bekam Dönitz von der SkL den Befehl, seine Boote in den Stützpunkten zurückzuhalten und die Einsatzbereitschaft aller Fahrzeuge herstellen zu lassen. Von der Absicht des Überfalls in Kenntnis gesetzt, stellte der B. d. U. den 12 Atlantikbooten, 10 kleinen Booten und 6 Schulbooten, die ihm zu dieser Zeit zur Verfügung standen, 3 Aufgaben: Sicherung der eigenen Seestreitkräfte, Bekämpfung gegnerischer Seelandungen und Angriff auf gegnerische Seestreitkräfte. Zur Durchführung dieser Aufgaben setzte Dönitz alle Boote ein, mit Ausnahme von 3 Booten, die für den «Fall Gelb», die Aggression gegen die westeuropäischen Staaten Frankreich, Belgien, die Niederlande und Luxemburg, bereitstanden.

Die relativ geringe Anzahl der Boote zwang den B. d. U. zu eindeutigen Schwerpunktbildungen. Laut Kriegstagebuch plante er: Nördlich des 63. Breitengrades sichern die großen Boote die Landeplätze, südlich davon die kleinen Boote. Vor dem wichtigen Erzhafen Narvik werden 4 große Boote in tiefer Staffelung eingesetzt. Trondheim wird mit 2, Bergen mit 5, Stavanger mit 2 Booten gesperrt. 2 Angriffsgruppen, eine nördliche aus 6 großen Booten und eine südliche aus 3 kleinen Booten werden gegen gegnerische Landungen in Norwegen eingesetzt. Vor dem britischen Stützpunkt Scapa Flow sind 2 Boote auszulegen, um die auslaufende britische Flotte anzugreifen. 3 der Schulboote sichern die südnorwegische Küste und 3 bilden eine Angriffsgruppe, die die mittlere Nordsee und den Westausgang des Skagerraks decken soll.

Der am 9. April 1940 beginnende Überfall auf Norwegen und Dänemark wurde für die faschistischen U-Boote ein Mißerfolg. Nur ein Transportschiff konnte versenkt werden. Bei allen übrigen Angriffen, u. a. bei 4 Angriffen auf das Schlachtschiff «Warspite» und 14 gegen Kreuzer, versagten die Torpedos. 4 U-Boote der faschistischen Kriegsmarine gingen verloren.

Die bei der Operation «Weserübung» besonders sichtbare «Torpedokrise» hatte nicht allein einen materiellen, sondern auch und vor allem einen moralischen Aspekt, da die Besatzungen das Vertrauen in ihre Waffen verloren. Dönitz sah sich gezwungen, neben den Bemühungen um eine gründliche Untersuchung der Ursachen für das Versagen der Torpedos und dem schnellstmöglichen Abstellen dieser Misere etwas für die Hebung der Moral seiner Besatzungen zu tun. Aus diesem Grund erschien er nach der Okkupation Norwegens persönlich in den Flottillen, um ihre «Einsatzbereitschaft» und ihr «Vertrauen» in ihre Waffe wiederherzustellen. Mit dem gleichen Ziel lief Mitte Mai 1940 ein U-Boot zur Handelskriegführung aus. Seine unbedingt herbeizuführenden Erfolge sollten den Nachweis bringen, daß man trotzdem eine kriegsbrauchbare Waffe habe.

HANDELSKRIEG DER U-BOOTE. Nach dem Überfall auf Norwegen und Dänemark befanden sich zunächst keine faschistischen deutschen U-Boote im Einsatz gegen die Handelsschiffahrt um die britischen Inseln. Das war eine unmittelbare Folge der Mobilisierung aller Kräfte für die Operation «Weserübung». Es trat zwangsläufig eine Phase ein, in der die Fahrzeuge überholt wurden und die Besatzungen ausspannten. Mittelbar widerspiegelte sich darin die Begrenztheit der Kräfte des faschistischen Deutschlands. Die Anzahl der U-Boote war seit September 1939 bis Ende Mai 1940 bei 20 Indienststellungen und 25 Abgängen auf die absolute Zahl von 42 Booten, d. h. um 15 Boote gegenüber dem Stand bei Kriegsausbruch, zurückgegangen. Davon befanden sich nach dem zögernden Wiederanlaufen des U-Boot-Handelskrieges im Mai 1940 durchschnittlich 12 Boote in See und etwa 6 im Operationsgebiet. Die faschistischen U-Boote versenkten im Mai 6 Handelsschiffe mit insgesamt 30 927 BRT und im Juni 15 mit insgesamt 63 407 BRT. Im ersten Halbjahr 1940 zerstörten die U-Boote der Kriegsmarine 214 Schiffe, das waren 880 845 BRT.

Als am 10. Mai 1940 die Aggression gegen die westeuropäischen Staaten begann, war die Kriegsmarine, und mit ihr die U-Boot-Kräfte, von den Kämpfen in Norwegen so in Mitleidenschaft gezogen, daß sie keinen nennenswerten Beitrag zur Kriegführung zu leisten vermochte. Die Erfolge des faschistischen Heeres und der Luftwaffe in Frankreich brachten der Kriegsmarine dennoch ohne eigenes Zutun beträchtliche Verbesserungen in den Einsatzbedingungen. Es waren insbesondere 2 Faktoren, die der U-Boot-Kriegführung zugute kamen: zunächst die Verkürzung der Anmarschwege in den Atlantik um rund 450 sm, die eine Verlängerung der Einsatzdauer im eigentlichen Operationsgebiet um eine Woche zur Folge hatte; darüber hinaus ermöglichte die Besetzung der westeuropäischen Küste die Nutzung der hier vorhandenen Werftkapazitäten, was zur Verkürzung der Werftliegezeiten beitrug.

Die Nutzung der französischen Stützpunkte schien dem B.d.U. so wertvoll, daß noch vor dem Abschluß des Waffenstillstandes mit Frankreich diesbezügliche Maßnahmen getroffen wurden. Bereits am 7. Juli lief das erste Boot, aus dem Atlantik kommend, in Lorient ein. Ab 2. August konnte die dortige Werft U-Boot-Reparaturen durchführen. Der B.d.U. selbst verlegte mit seinem Stab nach Paris und von dort aus an die Küste der Biscaya, nach Kernevel bei Lorient. Schließlich konnten die faschistischen U-Boot-Kräfte 6 französische Stützpunkte benutzen: Brest, Lorient, La Pallice, La Rochelle, St. Nazaire und Bordeaux.

Alles in allem hatte die Nutzung der französischen Häfen zur Folge, daß trotz sinkender U-Boot-Zahlen (den tiefsten Stand erreichte die Kriegsmarine im Februar 1941 mit 22 Booten), die Anzahl der durchschnittlich im Operationsgebiet handelnden Boote auf 8 bis 9 stieg. Die Nutzung der französischen Häfen wie auch die Schwächung der britischen U-Boot-Abwehr, die durch die drohende Gefahr einer Landung der faschistischen Wehrmacht auf den britischen Inseln bedingt war, trugen entscheidend zur Erhöhung der Versenkungsziffern bei.

Der enge Zusammenhang zwischen Land- und Seekriegführung wurde im zweiten Halbjahr 1940 auch in anderen Momenten sichtbar. Der Entschluß der faschistischen Führung vom Sommer 1940, im kommenden Jahr die Sowjetunion zu überfallen, hatte wesentlichen Einfluß auf den U-Boot-Krieg. Die Heeres- und Luftwaffenrüstung blieb dadurch weiterhin im Mittelpunkt der Aufmerksamkeit der faschistischen Führung. Menschen und Mittel standen der Marineführung nur begrenzt zur Verfügung. Eine Steigerung der U-Boot-Produktion war kaum möglich.

Alle Vorstellungen über künftige U-Boot-Typen bewegten sich in konventionellem Rahmen. In einem Schreiben vom 8. September 1939 hatte Dönitz dem OKM seine Vorstellungen in dieser

Frage dargelegt. Danach sollten kleine Boote nicht mehr gebaut, die Typen VII C und IX aber weiter gefertigt werden. Zum Einsatz in entfernten Seegebieten schlug der B. d. U. ein sogenanntes Fern-U-Boot vom Typ XI sowie ein weitreichendes Minen-U-Boot vom Typ X B vor. Schließlich sollten spezielle U-Boot-Versorger für Brennstoff und Proviant gebaut werden. Alle diese Typen waren selbstverständlich die bisher gebauten und bewährten Tauchboote. Technische Neuerungen grundsätzlicher Art, über die es bereits erste Vorschläge und konkrete Vorstellungen gab, blieben unberücksichtigt.

Nach diesen Ansichten von Dönitz vollzog sich in den folgenden Jahren der Ausbau der faschistischen U-Boot-Kräfte. In Abhängigkeit von der militärisch-politischen Lage und den rüstungswirtschaftlichen Möglichkeiten war die Marineführung bestrebt, diese Vorschläge mit geringstem Aufwand zu realisieren.

Auf der Basis des Typs VII C, der mit mehr als 600 gebauten Booten Hauptträger des U-Boot-Krieges wurde, entstand ein mittleres Kampfboot, das die Fähigkeit hatte, 15 Minen in 5 senkrechten Schächten hinter dem Turm mitzuführen, und die Bezeichnung VII D trug. Von diesem Boot wurden im Februar 1940 6 in Auftrag gegeben.

Um das beabsichtigte Fern-U-Boot mit möglichst geringem Aufwand zu bauen, nahm man unter Verzicht einer Neukonstruktion den Typ IX als Grundlage und konstruierte 2 Versionen mit relativ geringen Unterschieden. Der Typ IX D1, gebaut wurden 2 Boote, hatte auf Grund der besonders großen Dieselanlage Überwassergeschwindigkeiten von 20,8 kn. Die Version IX D2, 30 Boote, erreichte auf Grund eines dieselelektrischen Zusatzes einen besonders großen Fahrbereich. Der Auftrag für diese Boote wurde im Mai 1940 vergeben.

Die ersten 4 U-Boot-Versorger gingen ebenfalls im Mai 1940 in Auftrag. Ohne Torpedobewaffnung konnten diese Fahrzeuge zusätzlich 432 t Treiböl und 45 t Proviant sowie 4 Torpedos unterbringen, die sie dann an Kampfboote abzugeben hatten.

Alle weiteren Projekte blieben nur auf dem Papier. Verbesserungen an einzelnen Serien beschränkten sich auf Einzelheiten.

In der Zeit zwischen dem Waffenstillstand mit Frankreich und dem Überfall auf die Sowjetunion entwickelte sich der Seekrieg

Typ	VIIC	VIID	IXD1
Verdr. in t	761 / 865	965 / 1080	1610 / 1799
Besatzung	44	44	57
Länge in m	67,1	76,9	87,6
Breite	6,2	6,4	7,5
Antrieb in PS	2 × 1400 / 2 × 375	2 × 1400 / 2 × 375	6 × 1500 / 2 × 500
Geschw. in kn	17,0 / 7,6	16,0 / 7,3	20,8 / 6,9
Fahrb. sm/kn	6500/12	8100/12	9900/12
Bewaffnung (Kal. in mm)			
Torp.-Rohrz./Kal.	5/533	5/533	6/533
Torp.-Vorrat	14	14	22
Art.-Z./Kal.	1/88 / 1/20	1/88 / 15 Minen	1/105 / 1/37 / 1/20
Tauchtiefe in m	150	100	100

des faschistischen Deutschlands zum U-Boot-Handelskrieg. Erstmals trug Raeder dem Rechnung, als er in seinem Lagevortrag vor Hitler am 27. Dezember 1940 den U-Boot-Krieg als das «kriegsentscheidende Kampfmittel gegen England» bezeichnete. Die Konsequenzen aus dieser Erkenntnis in strategischer und baupolitischer Hinsicht waren jedoch relativ begrenzt. Raeder und mit ihm das OKM beharrten auf der Vorstellung von der entscheidenden Rolle der schweren Überwasserschiffe, d. h. auf der Idee der Weltmachtflotte. Die wachsende Bedeutung der U-Boote betrachteten sie als eine vorübergehende, den gesamten Krieg wenig berührende Erscheinung.

Entsprechend diesen Vorstellungen verlief die Planung des

IXD2	XB	XIV
$\dfrac{1616}{1804}$	$\dfrac{1763}{2177}$	$\dfrac{1688}{1932}$
57	52	53
87,6	89,9	67,1
7,5	9,2	9,4
$\dfrac{2 \times 2200}{2 \times 580}$ 2×500	$\dfrac{2 \times 2100}{2 \times 550}$	$\dfrac{2 \times 1400}{2 \times 375}$
$\dfrac{19,2}{6,9}$	$\dfrac{16,4}{7,0}$	$\dfrac{14,4}{6,2}$
23700/12	18450/10	9300/12
$\dfrac{6/533}{22}$	$\dfrac{2/533}{11}$	432 t Ölfracht
1/105	1/105	2/37
1/37	1/37	1/20
1/20	1/20	
	60 Minen	
100	100	100

Überfalls auf die UdSSR. Von den bisherigen Erfolgen der Blitz-kriegführung überzeugt, rechnete die faschistische Führung mit einem kurzen, ebenfalls nur wenige Wochen dauernden Krieg. Dann sollte, wie es der Entwurf der Weisung des OKW Nr. 32 vom 11. Juni 1941 vorsah, der Schwerpunkt der Rüstung auf die Kriegsmarine und die Luftwaffe gelegt werden. Die Weisung zeigt, wie das völlige Fehleinschätzen der sowjetischen Wider-standskraft die Hoffnung bestärkte, daß nach «Barbarossa» end-lich eine den weltweiten Expansionsplänen des deutschen Impe-rialismus angemessene Flotte auf- und ausgebaut werden könnte. Die Wirksamkeit der U-Boot-Einsätze wurde zwar zufrieden zur Kenntnis genommen, aber eben doch nur registriert, da in dieser

Phase des Krieges die Entscheidung nicht auf See fallen konnte. Obwohl die Ergebnisse der zunächst noch durchgeführten Einsätze der schweren Überwasserkräfte und der Hilfskreuzer keinem Vergleich mit den U-Boot-Erfolgen standhielten, blieben Konsequenzen für die Seekriegführung aus Rücksicht auf den Gesamtzusammenhang mit den Kriegszielvorstellungen des faschistisch-deutschen Imperialismus aus.

In gewisser Hinsicht führten U-Boot-Flottillen des B.d.U. einen Parallelkrieg zu dem des Heeres, der Luftwaffe und Teilen der Kriegsmarine. Auf diese Weise konnte Dönitz zwar verhältnismäßig ungestört seine operativen Vorstellungen realisieren, zugleich blieb jedoch die von den U-Booten benötigte Unterstützung durch andere Teilstreitkräfte und Waffengattungen relativ begrenzt.

Das zeigte sich insbesondere in der Frage der Luftunterstützung. Als eines der Probleme bei der Führung des U-Boot-Krieges stellte sich seit Kriegsbeginn immer stärker die fehlende Zusammenarbeit mit den eigenen Fliegerkräften heraus. Das betraf sowohl die Luftsicherung für die U-Boote in küstennahen Gewässern, aber in noch größerem Umfang die Luftaufklärung im Interesse der U-Boote. U-Boote mit ihrem sehr begrenzten Sichtfeld hatten stets Schwierigkeiten, Ziele in den Weiten der See bei Tag und Nacht sowie unter den verschiedenen Witterungsverhältnissen aufzufinden. Eine grundlegende Lösung dieses Problems war nur mit Unterstützung von Fliegerkräften möglich. Nach dem November 1940 verschärfte sich die Situation jedoch noch, da die sich versteifende U-Boot-Abwehr der Briten die faschistischen U-Boote zwang, in die freie See westlich des 15. Längengrades auszuweichen. Interventionen des B..d.U. bei Hitler blieben ohne Erfolg, da unabhängig von den subjektiven Querelen zwischen den Nazigrößen die Luftwaffenkräfte in erster Linie für den Überfall auf die Sowjetunion benötigt wurden.

Trotz der erwähnten Schwierigkeiten war das Jahr bis zum Überfall auf die Sowjetunion im Juni 1941 das erfolgreichste der faschistischen U-Boot-Kriegführung. Vom Juni 1940 an bis einschließlich Juni 1941 versenkten die faschistischen U-Boote 549 Schiffe mit insgesamt 2 950 457 BRT bei 18 eigenen Verlusten.

Zu diesem Ergebnis trugen, wenn auch in geringem Umfang, italienische U-Boote bei. Schon vor Kriegsausbruch hatte es Überlegungen zur deutsch-italienischen Zusammenarbeit in der Seekriegführung gegeben. Dabei spielte auch der Gedanke des Atlantikkrieges mit U-Booten eine Rolle, obwohl Italien, trotz der Stärke seiner U-Boot-Flotte, ihrem Einsatz keine außergewöhnliche Bedeutung beimaß. Nach dem Kriegseintritt Italiens an der Seite des faschistischen Deutschlands im Juli 1940 bot das italienische Oberkommando den deutschen Partnern 25 bis 40 U-Boote für die Atlantikkriegführung unter deutschem Oberkommando an. Die politische und militärische Führung des faschistischen Deutschlands stimmte dem zu.

Die italienische U-Boot-Flottille hatte ihren Stützpunkt in Bordeaux. Allen italienischen Booten gelang die sehr komplizierte Passage durch die Straße von Gibraltar, bei der sie gegen die vorherrschende Strömung navigieren mußten. Nicht zuletzt auf Grund der andersgearteten Ausbildung und verschiedener technischer Unzulänglichkeiten an den italienischen Booten hatte der Einsatz der 27 Fahrzeuge im Atlantik nur geringe Erfolge. Ebensowenig bewährte sich ihr Einsatz als Aufklärungsmittel für die faschistischen deutschen Kampfboote. Schließlich bekam die italienische Flottille ihre eigenen Einsatzgebiete im Nordatlantik südlich der deutschen Operationsräume, westlich Gibraltars und vor Freetown. Hier operierten sie entsprechend der ihnen eingeübten Taktik als Einzelboote.

Auch der Einsatz der 102 einsatzbereiten italienischen Boote im Mittelmeer war wenig spektakulär. Wie bereits erwähnt, sah der italienische Admiralstab in den Tauchfahrzeugen kein sehr wirkungsvolles Kampfmittel. Sie verhielten sich auch im heimischen Mittelmeer in der Regel defensiv. Hier gelang es ihnen, 3 britische Kreuzer zu versenken und ebenso viele zu beschädigen. Damit hatten sie jedoch mehr Erfolg als die Luftstreitkräfte und die Überwasserschiffe. Gemessen an der Ziel- und Aufgabenstellung der U-Boot-Kriegführung der faschistischen deutschen Kriegsmarine brachte der Einsatz der italienischen U-Boote weder im Mittelmeer noch im Atlantik zufriedenstellende Ergebnisse.

2. Die U-Boote Großbritanniens
und seiner Verbündeten

U-Boote im Seekrieg. Bei Beginn des zweiten Weltkrieges besaßen Großbritannien insgesamt 69 und Frankreich 76 U-Boote, von denen 56 bzw. 61 einsatzklar waren. Hinzu kamen die 5 polnischen U-Boote, von denen 2, darunter das Boot «Orzeł», erst nach einer langen und gefahrvollen Odyssee nach Großbritannien durchbrechen konnten.

Die Pläne der britischen und französischen Flottenführung knüpften direkt an die Erfahrungen aus dem ersten Weltkrieg an und berücksichtigten die Veränderungen im Seekriegswesen nicht ausreichend. Grundsätzlich richteten sich die Einsatzpläne für die alliierten Seestreitkräfte auf die Fernblockade der faschistischen deutschen Kriegsmarine. Im Zentrum aller Überlegungen der Marineführungen Großbritanniens und Frankreichs stand die Abwehr der Überwasserkräfte des Gegners, während die U-Boot-Kräfte wenig Beachtung fanden. Die eigenen U-Boote hatten im Dienst der Flotte zu handeln und vor allem aufzuklären. Wenn sich die Gelegenheit bot, sollten sie gegnerische Schiffe angreifen.

Ende August 1939 unterstanden der Home Fleet die 6. U-Boot-Flottille mit 7 und die 2. U-Boot-Flottille mit 14 Booten. Zum Mittelmeergeschwader gehörte die 1. Flottille mit 10 Booten und zur China-Station die 4. U-Boot-Flottille mit 15 Booten. Der Nordatlantik-Gruppe standen 2 U-Boote zur Verfügung, und die 5. U-Boot-Flottille diente als Schulflottille.

Die Royal Navy, neben der USA-Flotte die stärkste Marine der Welt, sah als ihre wichtigste Aufgabe den Schutz des weltweiten britischen Seeverkehrs an, dem im Krieg lebenswichtige Bedeutung zukam. Zu diesem Zweck wurde auf Grund der Erfahrungen aus dem ersten Weltkrieg am 5. September 1939 das Geleitzugsystem eingeführt. Den Seeverkehr des faschistischen Deutschlands unterbanden die britischen Blockademaßnahmen. Der Angriff auf den Seehandel des Gegners war daher für die britische Marine nur eine kurzzeitige Aufgabenstellung, die in erster Linie die Überwasserkräfte lösten. Die andersgeartete strategische Situation Großbritanniens und Frankreichs schuf völlig entgegengesetzte Einsatzgrundlagen für die U-Boot-Kräfte beider Länder, als es für die faschistische Kriegsmarine der Fall war. Der Angriff auf die gegnerische Handelsschiffahrt konnte für die britischen und französischen U-Boote nur die Ausnahme, nicht die Regel sein.

Der Hauptstützpunkt der französischen U-Boot-Kräfte war Toulon. Hier befanden sich bei Kriegsausbruch 12, in Bizerte 17, in Oran 12 und in Marokko 4 U-Boote. Dem sogenannten Admiral Nord, verantwortlich für die Seekriegführung im Kanal und in der Nordsee, standen 4, dem Admiral West, dessen Verantwortungsbereich der Atlantik war, 12 U-Boote zur Verfügung. Auf Grund von Absprachen mit Großbritannien konzentrierte die französische Marine ihre Kräfte im westlichen Mittelmeer und sicherte dadurch zugleich die für das Land wichtigen Verbindungen nach Nordafrika. Im Atlantik hatte die französische Flotte den Schutz der Geleite von der Biscaya bis Dakar und Freetown zu übernehmen. Die Kampfhandlungen der U-Boote waren 1939, im Gegensatz zu den übrigen Teilen der britischen Flotte, offensiv.

Während der ersten Kriegsmonate befanden sich die britischen Boote auf Patrouillenfahrten in Sicherungslinien vor den eigenen Gewässern und an den Küsten des Gegners, so in der Helgoländer Bucht, im Skagerrak und vor der norwegischen Küste. Sie legten Minensperren auf vermuteten Kursen der Überwasserschiffe, der U-Boote und Handelsschiffe — also fast eine Fortsetzung dessen, wo man 1918 aufgehört hatte. Dabei wurden die zunehmenden Möglichkeiten der Luftstreitkräfte, Schläge zu führen, ganz außer acht gelassen. Trotz gewisser Erfolge gegen Kriegsschiffe erlitten die britischen U-Boote in der von der faschistischen Luftwaffe beherrschten Nordsee große Verluste. Besonders deutlich wirkte sich der Verlust bzw. der Besitz der Luftherrschaft für den Einsatz der U-Boote während der Kämpfe in Norwegen aus, wo es die größte Kräftekonzentration britischer U-Boote in heimischen Gewässern gab.

Nachdem die faschistisch-deutsche Luftwaffe die Herrschaft über das Land und über die Küstengewässer erobert hatte, gerieten die britischen Boote in eine schwierige Lage. Bei relativ hohen eigenen Verlusten gelang es ihnen nicht, die Seeverbindungen zwischen dem okkupierten Norwegen und dem faschistischen Deutschen Reich nachhaltig zu stören. Im Ergebnis dieser Erfahrungen stellte die britische Marine den Einsatz der U-Boote an den von der gegnerischen Luftwaffe beherrschten Küsten ein. Zunehmend wurde es für die britische Kriegführung wichtig, den Angriff der gegnerischen U-Boote auf die eigenen Seeverbindungen abzuwehren. In dieser Auseinandersetzung wurden auch die U-Boot-Kräfte geworfen.

Hauptaufgabe der französischen U-Boote war der Schutz der Seeverbindungen, wobei zu Beginn des Krieges in erster Linie mit einem Angriff deutscher Überwasserkräfte gerechnet wurde. Im Rahmen dieser Aufgabe stellte man die französischen Boote entlang der Schiffahrtswege im Mittelmeer auf. Eine andere Methode im Atlantikverkehr war es, U-Boote in den Geleitzügen mitlaufen zu lassen. Beispielsweise fand dabei der bekannte französische U-Kreuzer «Surcouf» Verwendung. Bis Mai 1940 liefen bei 56 Geleitzügen französische U-Boote mit. Von Oktober 1939 bis Mai 1940 verloren die Geleitzüge nur 4 Schiffe, allerdings nicht als Ergebnis des Schutzes durch U-Boote. Es stellte sich bald heraus, daß U-Boote für den Handelsschutz wenig geeignet waren. Sie konnten den ihnen anvertrauten Geleitzug nicht oder nur unter sehr günstigen Verhältnissen sichern. Andere Formen des U-Boot-Einsatzes sollten sich bald als viel effektiver erweisen.

Nach Eintritt des faschistischen Italiens in den Krieg auf seiten des faschistischen Deutschlands am 10. Juni 1940 aktivierten die französischen U-Boote ihre Tätigkeit im Mittelmeer, ohne daß es in der kurzen Zeit bis zum Waffenstillstand zu besonderen Einsatzvarianten oder außergewöhnlichen Entwicklungen kommen konnte. Vom Zeitpunkt der Kapitulation und des Waffenstillstandes mit dem faschistischen Deutschland am 22. Juni 1940 spielten die französischen U-Boote nur noch eine untergeordnete Rolle im zweiten Weltkrieg, ohne Einfluß auf die Entwicklung dieses Seekriegsmittels zu nehmen.

Einzelne französische Boote, die sich der Bewegung «Freies Frankreich» anschlossen, ebenso wie niederländische und norwegische, die sich dem Zugriff der faschistischen Streitkräfte entzogen hatten, kämpften von Großbritannien aus weiter. Zusammen mit den polnischen Booten bildeten sie die 9. Flottille in Dundee.

Diese Flottille handelte im Verlauf des Krieges im Rahmen der britischen Flotte entsprechend deren taktischen Grundsätzen und operativen Zielen. Die Ausrüstung der internationalen Flottille erfolgte nach Verschleiß oder Verlust der vorhandenen und kriegsbrauchbaren eigenen Fahrzeuge vorwiegend mit Booten britischer Produktion.

Nach der Okkupation Nord- und Westeuropas durch das faschistische Deutschland weitete sich der Krieg insbesondere im Süden des Kontinents aus. Italien überfiel Albanien und Griechenland. In Nordafrika begannen Kampfhandlungen gegen Großbritannien. Im Frühjahr 1941 fiel die faschistische deutsche Wehrmacht in Jugoslawien und Griechenland ein. Faschistische Truppen landeten auf Kreta und griffen zugunsten ihres wankenden Verbündeten Italien in Nordafrika ein. Das gesamte Mittelmeer war Kriegsschauplatz geworden, den im Osten und Westen die Royal Navy, im zentralen Teil die faschistischen Koalitionspartner beherrschten.

Bereits 1939 und im ersten Halbjahr 1940 hatten die britischen U-Boote Handelsfahrzeuge des faschistischen Deutschlands und, nach seinem Kriegseintritt, Italiens angegriffen. Entsprechend der Häufigkeit der Ziele war insbesondere der Verkehr an der norwegischen Küste mit den für das Nazireich und seine Kriegführung so bedeutsamen Erztransporten Objekt dieser Einsätze. Insgesamt blieben die Erfolge der britischen Boote im Handelskrieg relativ begrenzt, da diese Form des Einsatzes für sie stets Neben- und niemals Hauptaufgabe wie in der Marine des deutschen Imperialismus war. So versenkten britische Boote während der Kämpfe um Norwegen 17 Handelsschiffe mit insgesamt 67219 ts.

Der entscheidende Seekriegsschauplatz für den Einsatz britischer Boote im Handelskrieg entwickelte sich im Mittelmeer. Die Abhängigkeit der zahlreichen okkupierten Inseln in der Ägäis von den Seeverbindungen lag auf der Hand. Für die Truppen der faschistischen Mächte in Nordafrika konnte der Nachschub in wesentlichen Mengen nur über die Seeverbindungen im zentralen Teil des Mittelmeeres herangeführt werden. Angriffe auf den Nachschubverkehr des faschistischen Deutschlands und Italiens nach Nordafrika waren in ihrer operativen Bedeutung für die

Kampfhandlungen beider Seiten offensichtlich. Das erkannte auch die britische Führung und traf entsprechende Maßnahmen.

Im Sommer 1940, nach dem Kriegseintritt Italiens, verlegte man aus dem Fernen Osten und dem Indischen Ozean 16 U-Boote nach Alexandria. Bereits im Juni 1940 handelten die daraus gebildete 1. U-Boot-Flottille (Alexandria) und die 8. U-Boot-Flottille (Gibraltar) im Mittelmeer. Der Bestand der Flottillen setzte sich aus Booten des O-, P- und R-Typs sowie aus 2 Minen-U-Booten zusammen. Ab Januar 1941 kam die in Malta stationierte 10. U-Boot-Flottille zum Einsatz. Sie bestand aus 10 Booten des U-Typs und hatte als Schwerpunktaufgabe, den Nachschub für die in Nordafrika handelnden Truppen Italiens und Deutschlands zu stören bzw. zu unterbinden. An der Seite der britischen Flotte operierten auch die 5 Boote des von faschistischen Mächten überfallenen Griechenlands.

Der U-Boot-Handelskrieg erwies sich, die Erfahrungen aus der Nordsee und von der norwegischen Küste bestätigend, unter den Bedingungen des Mittelmeeres bei zeitweiliger Luftherrschaft des Gegners im zentralen Teil als kompliziert und sehr verlustreich. Bis Ende 1940 hatten die britischen Boote 9 Handelsschiffe mit 36 000 ts bei 9 eigenen Verlusten versenkt. Britischen Angaben zufolge konnten von den 25 Geleiten, in denen das Afrikakorps der Wehrmcht nach Nordafrika überführt wurde, nur 5 Prozent der Schiffe zerstört werden.

Doch mit den wachsenden Erfahrungen der alliierten U-Boot-Besatzungen und nach dem Abzug von Kräften der faschistisch-deutschen Luftwaffe in Vorbereitung des Überfalls auf die Sowjetunion nahmen die Versenkungsergebnisse zu. In den ersten

Versenkungsergebnisse britischer U-Boote gegen Handelsschiffe im zweiten Weltkrieg

	Z. zerstört	ts	Z. beschädigt	ts
Heimatgewässer	84	270 000	16	69 000
Mittelmeer	361	1 157 000	86	435 000
Ferner Osten	48	97 000	7	14 000

6 Monaten des Jahres 1941 waren es 38 Handelsschiffe mit 130 000 ts und in der zweiten Hälfte desselben Jahres nochmals 38 Schiffe mit 175 000 ts. Trotz gewisser Schwankungen in der folgenden Zeit blieb das Mittelmeer für die Alliierten das Hauptgebiet ihrer Handelskriegführung in Europa.

Die britischen U-Boote konnten ihre Aufgabe, den Nachschubverkehr der Achsenmächte nach Nordafrika zu unterbinden, gemeinsam mit Einheiten der Überwasserkräfte und Teilen der Fliegerkräfte erfolgreich lösen. Den Höhepunkt erreichten die Kämpfe auf den Seeverbindungen im Mittelmeer im Winter 1942/43. Von den nach Berechnungen des faschistischen Oberkommandos benötigten 150 000 t Nachschub für Nordafrika gelangten schließlich auf dem See- und Luftweg nur noch 80 000 t ans Ziel. Im Dezember 1942 erreichten die Verluste aller Seetransporte Italiens und Deutschlands nach Nordafrika 52 Prozent. Diese Störung der Seeverbindungen des Gegners im Mittelmeer durch die Alliierten erschwerte die Lage der deutsch-italienischen Truppen in Nordafrika ernsthaft und trug mit zu ihrer Niederlage im Frühjahr 1943 bei.

War der Einsatz der britischen U-Boote im Handelskrieg auf den Seeverbindungen durchaus von Bedeutung, so blieb er nicht das einzige Einsatzziel der Alliierten, insbesondere das der britischen U-Boot-Kräfte in diesem Raum. In dem Maße, wie die Alliierten im Mittelmeer zur Offensive übergingen, wurden den U-Boot-Kräften weitere Aufgaben übertragen. Noch auf dem Höhepunkt der Kämpfe gehörte dazu der Transport von Nachschub nach Malta, das von gegnerischen Luftstreitkräften blokkiert war. Im Frühjahr 1942 verkehrten U-Boote regelmäßig nach dort. Sie transportierten 126 Spezialisten, 382 294 l Benzin und 378 030 l Kerosin, etwas mehr als 12 t Post, 6 t Munition und 30 t übrige Vorräte nach der Insel.

Neue Einsatzbereiche erhielten die U-Boote auch im Zusammenhang mit den Landungsunternehmen der Alliierten im Mittelmeerraum. In Auswertung der Erfahrungen der Dardanellenkämpfe während des ersten Weltkrieges, als eine geringe Anzahl von Booten relativ großen Einfluß auf das Unternehmen ausgeübt hatte, bekamen die Boote auf alliierter Seite jetzt den gebührenden Platz. Sie lösten in direktem Zusammenhang mit den Landungen der Alliierten in Nordafrika, auf Sizilien und der Appenninenhalbinsel Sicherungs-, Blockade- und Aufklärungsaufgaben. Anfang 1943 befanden sich im Mittelmeer 32 U-Boote, darunter 4 griechische und ein jugoslawisches. Die alliierten U-Boote trugen dazu bei, daß die Streitkräfte der Antihitlerkoalition in diesem Gebiet die Seeherrschaft erobern konnten. Im Verlaufe der Kampfhandlungen im Mittelmeer versenkten die Boote 3 Kreuzer, 9 Zerstörer, 8 Torpedoboote und eine Korvette. Sie konnten 16 italienische und 5 deutsche U-Boote zerstören. Dabei gingen 45 britische, 4 griechische und 2 französische U-Boote verloren.

U-BOOTE JAGEN U-BOOTE. Trotz der harten Kämpfe blieb das Mittelmeer im Gesamtzusammenhang des zweiten Weltkrieges ein Nebenkriegsschauplatz. Hauptfront des Krieges wurde nach dem 22. Juni 1941 die deutsch-sowjetische Front. Zur See fiel die Entscheidung im Atlantik, in der Nordsee und im Kanal. Es war in erster Linie eine Auseinandersetzung um die Unterbindung bzw. Aufrechterhaltung der Seeverbindungen von und nach Großbritannien.

Etwa bis zum Sommer 1940 sah die britische Admiralität die Hauptgefährdung ihrer Seeverbindungen in den Überwasserkräften der faschistischen Kriegsmarine. Mit der Einführung des Geleitzugsystems und des den Geleiten beigegebenen Schutzes ging man vor allem von der Gefahr durch Panzerschiffe, Schlachtschiffe und schwere Kreuzer aus. Die Erfolge der faschistischen Kriegsmarine bei einzelnen Unternehmungen, so der «Admiral Scheer», erwiesen sich bald als Ausnahme. Die Mehrzahl derartiger Operationen verlief erfolglos, mit geringem Erfolg oder wurde eine Niederlage. Schließlich signalisierten die Versenkung der «Bismarck» im Mai 1941 und der Rückzug der schweren Überwasserkräfte aus dem französischen Stützpunkt Brest das Scheitern der Handelskriegführung mit Panzer- und Schlachtschiffen. Versuche, die verbliebenen Einheiten von Norwegen aus gegen die Geleitzüge zur Sowjetunion einzusetzen, mußten ebenfalls bald aufgegeben werden.

Entgegen allen Erwartungen entwickelte sich der Einsatz der faschistischen U-Boot-Kräfte aus den französischen Atlantikhäfen zu einem immer bedrohlicheren Faktor. Ihre Versenkungsergebnisse im Winter 1940/41 und im Frühjahr 1941 machten der britischen Führung die Gefahr deutlich, die von den Handlungen der U-Boote auf den Seeverbindungen ausging.

Diese Gefahr wurde nach Beginn der Vorbereitungen des faschistischen Deutschlands auf den Überfall auf die UdSSR einerseits nicht geringer. Die faschistische Führung plante den Krieg gegen die Sowjetunion als Landkrieg. Die Kriegsmarine handelte auch weiterhin vor allem gegen Großbritannien. Der Abzug von Fliegerkräften und Teilen der leichten Überwassereinheiten der Kriegsmarine ließen die U-Boot-Gefahr verstärkt hervortreten, da der Seekrieg zunehmend zum U-Boot-Handelskrieg wurde. Andererseits entlastete der Krieg gegen die Sowjetunion die britische Kriegführung, da er besonders als langfristige Wirkung Material und Menschen band, die für den Seekrieg und damit den U-Boot-Krieg der faschistischen Marine ausfielen. Unmittelbar bewirkte der Überfall auf die Sowjetunion, daß Großbritannien seine See- und Luftstreitkräfte, die vorher für die Verteidigung der Inseln gebunden waren, umgruppieren und jetzt die U-Boot-Abwehrkräfte verstärken konnte.

Mit der wachsenden Intensität und Ausweitung des zweiten Weltkrieges nahm die Anzahl der britischen U-Boote zu, ohne daß sich ihr Verhältnis zu den übrigen Schiffs- und Bootsklassen der Royal Navy generell änderte. Auch in Großbritannien baute man keine grundlegend neuen U-Boot-Typen. Vielmehr wurden die Vorkriegskonstruktionen verbessert, produziert und in Dienst gestellt. Der Ausbau der Unterwasserkräfte unter den Bedingungen und Anforderungen des Krieges begann 1940/41 mit dem Bau von 18 Booten des S-Typs, 16 des U- und 9 des T-Typs.

Der Bau des großen A-Typs im Jahre 1945 erfolgte bereits im Hinblick auf die Kriegführung in den pazifischen Seegebieten. Großbritannien beabsichtigte nach der Zerschlagung des faschistischen Deutschlands seinen Anteil an der Kriegführung im Fernen Osten zu vergrößern. Auf dem Gebiet der Unterwasserkräfte erfolgten hierfür die Konstruktion und der Bau eines Bootes, in das die bisherigen Erfahrungen auf diesem Seekriegsschauplatz mit seinen großen Entfernungen sowie die Weiterentwicklungen insbesondere der Ortungstechnik einbezogen wurden.

Britische U-Boote während des zweiten Weltkrieges

Typ	Jahr	Verdr. in ts	Besatzung	Länge in m
U	1940	630 / 730	37	60,0
T	1941	1300 / 1575	61	83,3
S	1942	830 / 990	36	66,1
V	1943	662 / 740	37	62,3
A	1945	1371 / 1620	61	85,5

Insgesamt baute Großbritannien während des Krieges 170 neue Boote des S- und T-Typs sowie U-Typen, von denen 20 die Alliierten Flotten bekamen. Am Ende des Krieges besaß die Royal Navy 122 U-Boote und 80 befanden sich in Bau. Von den letzteren wurden die Boote des A-Typs bis zum Zeitpunkt der Kapitulation Japans nicht mehr fertig, so daß keines von ihnen zum Einsatz kam.

Die britischen U-Boote in den Heimatgewässern erfüllten im Verlauf des Krieges eine Vielzahl recht unterschiedlicher, selten spektakulärer Aufgaben. Einer der bedeutendsten Einsätze der britischen U-Boote stand, wie bereits erwähnt, im Zusammenhang mit der faschistischen Aggression in Nordeuropa. Hier taten sie «einen prächtigen Dienst», heißt es dazu in dem offiziösen britischen Seekriegswerk. «Ihnen wurden schwere substantielle Verluste zugefügt», es sei ihnen nicht gelungen, «eine umfassende Kontrolle dieser Seerouten sicherzustellen». Häufig dienten sie, auf den bekannten Auslaufkursen der faschistischen deutschen U-Boot-Kräfte ausgelegt, dem Schutz der eigenen Seeverbindungen. Sie bildeten eine Sicherungslinie vor den Lofoten und vor der norwegischen Küste zum Schutz der Murmansk-Geleitzüge. Die in Clyde stationierte 3.Flottille aus Booten des T-

Geschw. in kn	Fahrb. sm/kn	Torp.-Rohrz./ Kal. in mm
$\dfrac{12,0}{8,5}$	4050/10	4/533
$\dfrac{15,5}{8,5}$	11000/10	11/533
$\dfrac{14,5}{9,0}$	6000/10	7/533
$\dfrac{11,5}{10,0}$	4700/10	4/533
$\dfrac{18,5}{8,5}$	10500/11	10/533

Typs wurde zur Biscaya-Patrouille eingesetzt. Die 2. Flottille handelte von Halifax in Kanada aus gegen die deutschen U-Boote im Interesse der eigenen Geleitzüge. Zahlreiche Sonderaufträge, so das Absetzen von Kommandotrupps an den Küsten des von der faschistischen Wehrmacht besetzten Europas und andere Geheimaufträge, kamen hinzu. U-Boote der Alliierten bildeten ebenfalls einen Teil der Sicherungsverbände bei der Landung in der Normandie im Jahre 1944.

Während dieser harten und eintönigen Einsätze gelang den U-Booten selten ein größerer Erfolg gegen Überwasserkriegsschiffe des Gegners, doch waren ihre Handlungen ein Teil der gesamten Anstrengungen zur Zerschlagung des faschistischen Aggressors. Von den 25 durch alliierte U-Boote zerstörten deutschen U-Booten gingen allein 15 auf das Konto der britischen Boote. Hinzu kamen 17 durch alliierte Boote versenkte italienische und 3 japanische U-Boote. Britische U-Boote zerstörten im Verlauf des gesamten zweiten Weltkrieges auf allen Seekriegsschauplätzen 132 Überwasserkriegsschiffe, und das vom Panzerschiff bis zum Minensuchfahrzeug. Damit hatte das U-Boot erneut seinen Wert als Seekriegsmittel unter Beweis gestellt.

3. U-Boot-Einsatz und Seekriegführung
nach dem faschistischen Überfall
auf die Sowjetunion

U-Boote gegen den Aggressor. Nach einer Periode intensiver
Vorbereitung begann am 22. Juni 1941 der Überfall des faschistischen Deutschlands auf die UdSSR. Mit diesem Tag entstand
eine Front, die Verlauf, Ergebnis und Charakter des zweiten
Weltkrieges grundlegend bestimmte. Die deutsch-sowjetische
Front blieb bis Kriegsende Hauptfront des Krieges. Hier fanden
die den Krieg entscheidenden Kampfhandlungen statt. Entsprechend den militärischen und geographischen Bedingungen nahm
der zweite Weltkrieg auf dem europäischen Kriegsschauplatz von
nun an eindeutig kontinentalen Charakter an.

Die Völker der UdSSR erhoben sich gegen den Aggressor zum
Großen Vaterländischen Krieg. Sie verfolgten gerechte Ziele: die
Verteidigung des sozialistischen Vaterlandes, die Vernichtung der
faschistischen Okkupanten, die Unterstützung des Befreiungs-
kampfes der unterdrückten Völker sowie die Schaffung der Voraussetzungen für eine friedliche und demokratische Entwicklung
der Nationen nach dem Krieg. Diese Ziele entsprachen den Interessen aller Völker, auch denen des deutschen Volkes. Der Krieg
nahm auf seiten der gegen den faschistischen Aggressor kämpfenden Völker und Staaten endgültig einen gerechten, antifaschisti-
schen Charakter an. Auf dieser Basis bildete sich und erstarkte
das Bündnis gegen die faschistischen Welteroberer. Das Kräfteverhältnis im zweiten Weltkrieg änderte sich zugunsten der anti-
faschistischen Kräfte.

Die Entwicklung des Kräfteverhältnisses hatte die Seekriegführung und die Entwicklung der Kriegsmarine bereits in der Vorbe-
reitungsphase des Überfalls auf die Sowjetunion beeinflußt. Hingewiesen wurde bereits auf solche Erscheinungen wie die geringe
Unterstützung der faschistischen Marine durch die Luftwaffe, die
relativ geringen Materialzuteilungen für die Werften und andere
Faktoren, die direkt mit der Realisierung des Planes «Barbarossa» zusammenhingen.

In völliger Verkennung der Stärke der UdSSR und im Glauben, sie in einem kurzen und schnellen Feldzug durch Heer und

Luftwaffe zerschlagen zu können, blieb die Schwerpunktaufgabe der Kriegsmarine weiterhin der Einsatz gegen Großbritannien. In der Weisung Nr. 21 des OKW vom 18. Dezember 1940 (Fall Barbarossa) erhielt die Kriegsmarine den Auftrag, «unter Sicherung der eigenen Küste» ein Ausbrechen der Baltischen Flotte aus der Ostsee zu verhindern. Große Operationen gegen die sowjetischen Seestreitkräfte in der Ostsee sollten unterbleiben, da deren Lage durch den erwarteten schnellen Vormarsch der faschistischen Heeresverbände, die ihre Stützpunkte einzunehmen hatten, hoffnungslos werden würde. An eine Unterstützung der Landoperationen durch die Kriegsmarine oder an Transportleistungen in größerem Umfang wurde auf Grund der Blitzkriegsvorstellungen nicht gedacht.

Entsprechend dieser Planung blieben die für den Überfall auf die Sowjetunion bereitgestellten Marinekräfte relativ begrenzt. Die faschistische «U-Boot-Waffe» stellte für die Ostsee 8 Boote, von denen 5 zum Einsatz kamen, sowie 6 Boote für das Nordmeer.

Die Aufgaben der sowjetischen Seekriegsflotte hingen eng mit der Gesamtstrategie zusammen. Sie sollte die strategischen Flanken der Roten Armee decken, die Armee bei der Zerschlagung des Gegners in der Küstenrichtung unterstützen und die Sicherheit der eigenen Seeverbindungen gewährleisten. Weiterhin gehörte das Führen von Schlägen gegen die Seeverbindungen des Gegners und die Bedrohung seiner Küstenflanken zu den Aufgaben der Seekriegsflotte.

Zum Zeitpunkt des Überfalls verfügte die Baltische Flotte über 65, die Schwarzmeerflotte über 47, die Pazifikflotte über 91 und die Nordflotte über 15 U-Boote.

Die Stärke der sowjetischen Unterwasserkräfte, die Konstruktionen der einzelnen Typen und der Ausbildungsstand der Besatzungen befähigten sie in hohem Maße zu Handlungen auf den Seeverbindungen des Gegners. Aber die zum Teil äußerst komplizierten Bedingungen auf den einzelnen Seekriegsschauplätzen und nicht zuletzt die anfänglich zu defensiven Auffassungen über den Einsatz der U-Boote erschwerten es der sowjetischen Marineführung, die Potenzen der U-Boot-Flotte von Anfang an voll auszunutzen. So war der gegnerische Schiffsverkehr im Schwar-

zen Meer während der Anfangsperiode des Krieges begrenzt und
bot wenige Ziele. In der Ostsee mußten die U-Boote unter außerordentlich harten Bedingungen aus dem nahezu eingeschlossenen
Leningrad ausbrechen, um an den Gegner zu kommen. Im Nordmeer mit seinen relativ günstigen Einsatzbedingungen waren die
U-Boot-Kräfte zunächst sehr schwach.

Trotz dieser Schwierigkeiten leisteten die sowjetischen U-
Boote einen gewichtigen Beitrag im Kampf gegen den faschistischen Aggressor. Sie versenkten 29,2 Prozent Handelsschiffs-
und 5,5 Prozent Kriegsschiffstonnage des Gegners. Damit stand
dieses Seekriegsmittel nach den Seefliegerkräften in bezug auf
die Anzahl der gegnerischen Schiffe, die auf den Seewegen zerstört wurden, an zweiter Stelle.

Versenkungsergebnisse der sowjetischen Seekriegsflotte
1941 bis 1945

	Kampf-und Hilfsschiffe	Handelsschiffe	
	Anzahl	Anzahl	Registertonnen
Seefliegerkräfte	407	371	800 296
U-Boote	33	157	462 313
Überwasserkräfte	53	24	45 197
Minen	103	110	250 101
Küstenartillerie	18	14	28 646
gesamt	614	676	1 586 553

Die Zahlen in der Tabelle machen deutlich, welche Rolle die
U-Boote auf den Seeverbindungen des faschistischen Gegners für
die sowjetische Seekriegführung spielten. Dennoch war das nicht
die einzige Aufgabe, die sie zu lösen hatten. Sie legten Minensperren, klärten in der Tiefe der gegnerischen Verteidigung auf,
transportierten Menschen und Material in bzw. aus blockierten
Häfen, setzten Kommando- und Aufklärungstrupps im Hinterland des Gegners ab u. a. m.

Bis zum Jahre 1943 führten die U-Boote ihre Einsätze allein und unabhängig durch. Von diesem Zeitpunkt an begannen gemeinsame Operationen mit den Seefliegerkräften. Die U-Boot-Taktik entwickelte sich vom passiven Abwarten in Lauerstellung, bis ein gegnerisches Schiff in Sicht- und Schußweite gelangte, zu Suchaktionen in Verbindung mit den Seefliegerkräften.

Die größten taktischen Erfahrungen konnten die U-Boote der Nordflotte sammeln. Sie operierten gegen die für das faschistische Deutschland wichtigen Geleite entlang der norwegischen Küste. Die 4 Abteilungen der U-Boot-Brigade bildeten die Hauptstoßkraft der Nordflotte. Sie verfügte über etwa 20 ständig einsatzbereite U-Boote. Im Winter 1942/43 neu zugeführte Boote und Torpedofliegerkräfte ermöglichten kombinierte Operationen. Von den 194 U-Boot-Angriffen der Nordflotte in der Zeit von 1941 bis 1944 erfolgten anfangs die meisten Angriffe am Tag, später die meisten nachts. Von 676 verschossenen Torpedos erreichten 60 Prozent das Ziel.

Die Verstärkung der Nordflotte kam vor allem über Binnenkanäle aus Leningrad. Von der Pazifikflotte verlegten 6 U-Boote zur Nordflotte. Nach einer langen und gefahrvollen Reise um den Erdball erreichten 5 von ihnen im Frühjahr 1943 ihr neues Einsatzgebiet. Ende Mai desselben Jahres trafen weitere 6 U-Boote aus dem Kaspischen Meer bei der Nordflotte ein. Ein Jahr später, im Frühjahr 1944, übernahm die Nordflotte auf Grund von internationalen Vereinbarungen 4 britische U-Boote des U-Typs.

Besonders opferreich und schwierig waren die Einsätze der U-Boote der Baltischen Flotte. Nach dem Verlust der westlich Leningrads gelegenen Marinestützpunkte mußten sie mit den übrigen Einheiten in das Innere des Finnischen Meerbusens ausweichen. In Leningrad eingeschlossen, war die Ausrüstung der Boote und die Ausbildung der Besatzungen außerordentlich erschwert. Trotzdem konnten die U-Boote im Sommer 1942 die deutsch-finnischen Sperren überwinden und in die offene Ostsee durchbrechen. Weitere Versuche im folgenden Jahr, die verstärkten Sperren zu durchbrechen, mißlangen. Im Frühjahr 1945 gehörten die U-Boote zu dem Teil der sowjetischen Seestreitkräfte, die aktiv gegen die Transporte der faschistisch-deutschen Kriegsmarine operierten. Die U-Boot-Brigade der Baltischen Rotbannerflotte erhielt Anfang 1945 den Auftrag, die Verbindungen des Gegners in der nördlichen Ostsee bis zur Mecklenburger Bucht zu stören und die Kräfte der faschistischen Wehrmacht in Kurland zu blockieren. Die Brigade verfügte hierfür über 28 Boote, von denen 20 einsatzklar waren. Nach sowjetischen Angaben versenkten die Boote von Januar bis April 1945 in der Ostsee 26 Transportschiffe mit 107 288 t.

Die 2 U-Boot-Brigaden der Schwarzmeerflotte, die am 1. Januar 1943 über 43 U-Boote, davon 19 vom Typ M, verfügten, standen vor einer anderen Situation. Da hier ein Angriff auf den Seeverkehr des faschistischen Deutschlands und seiner Verbündeten wenig sinnvoll war, setzte die sowjetische Führung ihre Seestreitkräfte, darunter auch die U-Boote, im Interesse der Gesamtkriegführung zur Unterstützung der Landoperationen ein. So lösten U-Boote wichtige Transportaufgaben für das belagerte Sewastopol. In einigen Fällen demontierte man, um das Fassungsvermögen für Transporte zu erhöhen, die Torpedobewaffnung. Solch ein Boot konnte 80 bis 100 Menschen und annähernd 35 bis 40 t Ladung befördern. U-Boote wurden zur Sicherung der eigenen Seeverbindungen und zur Blockade der Wehrmachtverbände auf der Krim eingesetzt.

Der Große Vaterländische Krieg der Sowjetunion wurde an den Landfronten entschieden. Dieser Fakt wirkte sich nicht nur auf den Charakter der Kampfhandlungen aus, sondern bestimmte zugleich die Schwerpunkte der sowjetischen Verteidigungsanstrengungen. Es kam in erster Linie auf Kampftechnik, Material und Gerät für die Land- und Luftstreitkräfte der UdSSR an. Die nötige Konzentration auf derartige Technik führte sogar dazu, daß Werften Panzer bauten. Schiffsreparaturen konnten nur in geringem Umfang erfolgen, ebenso blieb die Kapazität für die Neukonstruktion von Schiffen und Booten beschränkt. Es zeugt von der Leistungskraft der sowjetischen Bevölkerung, daß es z.B. gelang, im belagerten Leningrad bis zum 1. Mai 1942 die Reparatur von 30 U-Booten abzuschließen. Damit wurde letztlich die Voraussetzung für den erwähnten Durchbruch durch die deutsch-finnischen Sperren geschaffen.

Unter größten Anstrengungen bauten die Werften neue Fahrzeuge, darunter 900 Kampfboote verschiedener Typen, 2 leichte

Kreuzer, 14 Zerstörer, 38 Minensuchboote und 54 U-Boote. Insgesamt verfügte die sowjetische Seekriegsflotte am Ende des zweiten Weltkrieges über 173 U-Boote. Ihre taktisch-technischen Daten entsprachen im wesentlichen denen der zu Kriegsbeginn gebauten Typen.

Von 1943 an und verstärkt 1944 wurden die sowjetischen U-Boote mit neuen Torpedos, hydroakustischen Anlagen und Funkmeßgeräten ausgerüstet; ab August 1944 begannen die sowjetischen U-Boote E-Torpedos zu verwenden.

Versuche der Nordflotte, U-Boot-Gruppen gegen die Norwegengeleite der faschistischen Kriegsmarine einzusetzen, erwiesen sich als wenig befriedigend. Die Bedingungen des Seekriegsschauplatzes, die zu Unterwasserangriffen zwangen, standen dem entgegen. Als gelungene Variante stellte sich die Führung der U-Boote von Land heraus, z. B. während der Kampfhandlungen im Frühjahr 1945 in der Ostsee, wo der Abteilungschef seine Boote von einem Wechselgefechtsstand der Seefliegerkräfte aus führte.

NIEDERLAGE DER «WÖLFE». Geht man vom Wirkungsgrad des Einzelbootes aus, so war das zweite Halbjahr 1940 die erfolgreichste Zeit der Unterwasserkräfte der faschistischen Kriegsmarine. In diesen Monaten gelang es, bei einem Verlust von 6 U-Booten 278 Schiffe mit 1 492 225 BRT zu versenken. Ein derartiges, für den britischen Seeverkehr ernstes, aber nicht bedrohliches Ergebnis, wurde trotz aller Bemühungen von deutscher Seite nicht noch einmal erreicht. Den Erfolg verdankten die deutschen U-Boote nicht ihrer überlegenen Offensivkraft, sondern in erster Linie der Schwäche der UAW-Kräfte. Bald setzte eine immer effektivere U-Boot-Abwehr der Wirksamkeit der «U-Boot-Waffe» enge Grenzen.

Die Royal Navy hatte 1940 den Bedarf an Geleitfahrzeugen nicht decken können. Der Verlust dafür geeigneter Einheiten bei der Evakuierung des britischen Expeditionskorps aus Dunkerque sowie bei Kämpfen in Norwegen verschärften die Lage ebenso wie der Ausfall der französischen Flotte nach dem Waffenstillstand zwischen Frankreich und dem faschistischen Deutschland. Dabei stieg der Bedarf an Geleitfahrzeugen mit zunehmender

Dauer und Intensität des Krieges. So befanden sich beispielsweise zu dieser Zeit je Tag durchschnittlich 2000 Handelsschiffe Großbritanniens und seiner Verbündeten in See. Um den dringendsten Bedarf an Geleitkräften zu decken, trat Großbritannien an die USA Stützpunktrechte gegen 50 amerikanische Zerstörer ab. Daneben begann der Bau von 2 neuen, speziell für den Schutz der Konvois konstruierten Schiffstypen, der Korvetten und Fregatten. Mit ihrem Einsatz war 1940 nicht mehr zu rechnen, so daß es zunächst Geleite gab, die nur von einem einzigen Fahrzeug begleitet wurden.

Unter derartigen Verhältnissen verwundert es nicht, daß die Effektivität der U-Boote vor allem von der Einsatzdauer des einzelnen Bootes abhing. Bei durchschnittlich 10 im Operationsgebiet handelnden Booten wurde erneut versucht, Gruppen zu formieren. Das ungelöste Problem für Einzelboote und auch für U-Boot-Gruppen blieb das Erfassen der Geleitzüge. Die ohne Luftaufklärung handelnden U-Boote der faschistischen Kriegsmarine fanden die Konvois in der Regel nur zufällig, und nur selten blieb ausreichend Zeit, um Gruppen zu bilden und die Handelsschiffsansammlung noch vor Erreichen küstennaher Gebiete massiert anzugreifen. Geleitzugsschlachten blieben daher auch in diesen Monaten die Ausnahme. In der Regel griffen Einzelboote an.

Das operativ-strategische Ziel des B. d. U. war es, innerhalb eines kurzen Zeitraumes mit geringen eigenen Verlusten möglichst viel britischen Handelsschiffsraum zu versenken. Die Art der zerstörten Tonnage und der Ort der Versenkung waren gleichgültig. Nur die absolute Versenkungsziffer interessierte; sie sollte so hoch sein, daß der Schiffbau der Alliierten sie nicht mehr ausgleichen konnte. In einem Vortrag am 14. Mai 1942 vor Hitler formulierte Dönitz seine Zielsetzung so: «Es ist also richtig, dort zu versenken, wo möglichst viel und billig, d.h. mit geringen Verlusten, versenkt werden kann.» Auf diese Weise würde Großbritannien, durch den «Tonnagekrieg» von seinen lebenswichtigen Zufuhren abgeschnitten, kapitulieren müssen.

Diesen Überlegungen lagen im Prinzip ähnliche Vorstellungen zugrunde wie der Blitzkriegführung zu Land. Der B. d. U., dem die potentielle Überlegenheit Großbritanniens und seiner Verbündeten über die faschistische Koalition bewußt war, wollte

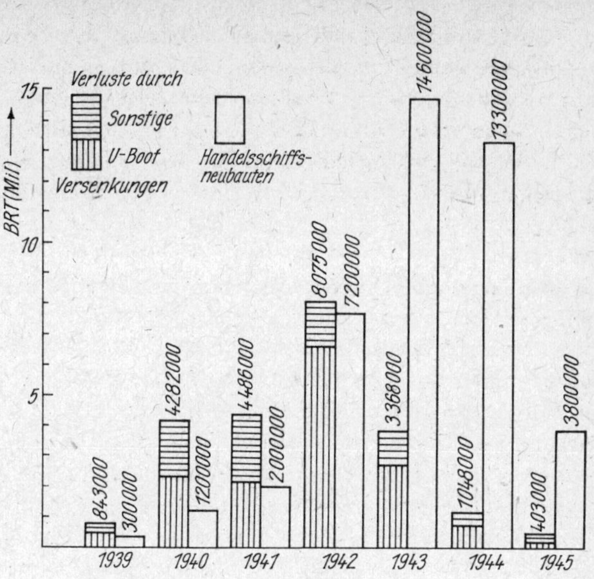

Verluste durch
Sonstige
U-Boot
Versenkungen
Handelsschiffs-
neubauten
BRT (Mil)
15
10
5
843000
300000
4282000
1200000
4486000
2000000
8075000
7200000
3368000
14600000
1048000
13300000
403000
3800000
1939
1940
1941
1942
1943
1944
1945

Handelsschiffsverluste und -neubauten der Alliierten 1939 bis 1945

durch konzentrierten Einsatz der U-Boote gewissermaßen die Überlegenheit des Gegners unterlaufen. Daher kam es nicht darauf an, in ferner Zukunft sehr gute Boote zu besitzen, sondern eine möglichst große Anzahl sofort in Dienst stellen und einsetzen zu können.

Die Beschränkung auf den bewährten Tauchboottyp und die dementsprechende U-Boot-Taktik waren die Folge dieser Überlegungen. Der Gruppen-, Rudel- oder auch Wolfsrudeltaktik lag in ihrem Kern der noch aus der Zeit vor dem ersten Weltkrieg stammende Fakt zugrunde, daß die vorhandenen Fahrzeuge eigentlich nicht Untersee-, sondern tauchfähige Torpedoboote waren. So stand bei diesem Angriffsverfahren die um die Jahrhundertwende entwickelte Torpedoboottaktik Pate, die den spezifischen Bedingungen der U-Boote der 30er Jahre angepaßt wurde. Ausgehend von den Erfahrungen mit den Torpedobooten, daß kleine Fahrzeuge bei schlechter Sicht und Dunkelheit von größeren aus nur sehr schwer zu sehen sind, handelten die Boote vorwiegend über Wasser. Sie setzten sich unter Ausnutzung ihrer Überwassergeschwindigkeit an der Sichtgrenze vor den Konvoi. In dieser günstigen Stellung, etwa 45 Grad vor dem Geleitzug, kam es darauf an, die Sicherung zu durchbrechen und in eine günstige Torpedoschußentfernung zu gelangen. Nur in Ausnahmefällen, bedingt durch die völlig ungenügende Unterwassergeschwindigkeit, handelten die U-Boote auch getaucht. Dazu konnten in bestimmten taktischen Situationen Unterwasserangriffe oder Flucht vor UAW-Kräften gehören. Sehr häufig handelten Minen-U-Boote getaucht, um dem Gegner nicht vorzeitig die Verseuchung des Fahrwassers zu verraten.

Die operativ-strategische Zielsetzung des U-Boot-Krieges, die taktischen und technischen Faktoren in ihrer Einheit und Wechselwirkung machen die Gründe für das ständige Bestreben der faschistischen Marineführung und des B. d. U. nach Erhöhung des Ausstoßes an U-Booten bei einem Minimum an technischen Weiterentwicklungen an den Typen deutlich. Aber auch begrenzte Ansprüche konnte der faschistische deutsche Imperialismus nur ungenügend realisieren, da seine Möglichkeiten zu dem grundlegenden Ziel, die UdSSR zu vernichten, im Widerspruch standen.

Wie bereits erwähnt, kam es seit dem Entschluß der faschistischen Führung, die UdSSR zu überfallen, für sie jetzt vor allem darauf an, diesen Krieg, der zwangsläufig in erster Linie ein Landkrieg sein würde, zu gewinnen. Auf die sich daraus ergebenden Auswirkungen auf den Seekrieg ist weiter oben hingewiesen worden. Das bedeutete, daß nach dem 22. Juni 1941 vom Geschehen im Osten Europas die Reihenfolge der strategischen Dringlichkeiten abhing. Daher datiert letztlich die Wende im See- und U-Boot-Krieg von diesem Datum und nicht von zwar bedeutsamen, letztlich jedoch nachgeordneten Ereignissen, wie der Kriegserklärung des faschistischen Deutschlands an die USA am 11. Dezember 1941.

Die neue Situation begann sich bereits im Frühjahr 1941 abzuzeichnen, als mit der Intensivierung der Vorbereitungen für den Überfall auf die Sowjetunion die Invasionsgefahr für Großbritannien abnahm und es seine Kräfte daher für den Schutz der Seeverbindungen des Landes verstärken konnte. Direkte Folge der neuen Lage waren die zunehmende Stärke der britischen U-Boot-

Abwehr und steigende U-Boot-Verluste auf seiten der faschistischen Marine. Von Januar bis Juni 1941 gingen 12 U-Boote verloren, davon allein 5 im März. Der B.d.U. reagierte entsprechend seiner «Tonnagekriegs»vorstellungen. Er verlegte das Operationsgebiet der U-Boote außerhalb der Reichweite der landgestützten UAW-Fliegerkräfte des britischen Coastal Command, etwa 200 sm westlich der Inseln.

Diese Maßnahme brachte jedoch keine Wiederholung der Erfolge des Vorjahres. Der Krieg gegen die Sowjetunion führte nicht allein zur Beschränkung der Seerüstungen des faschistischen Deutschlands, sondern er beanspruchte auch die vorhandenen Marinekräfte immer stärker. Das Scheitern des Blitzkrieges zwang die faschistische Führung, die Forderungen an die Kriegsmarine zu erhöhen. Auf den neuen Seekriegsschauplätzen wurden zusätzliche Marinekräfte benötigt. Wenn auch in geringer Anzahl, so mußten U-Boote auch im Nordmeer und in der Ostsee eingesetzt werden. Neben anderen Einheiten der Kriegsmarine traten sie verstärkt an die Seite der italienischen Verbündeten. Die so erzwungenen Maßnahmen widersprachen dem Ziel des «Tonnagekrieges», bei dem es ja gerade darauf ankam, möglichst viele U-Boote gegen die Handelsschiffahrt nach den britischen Inseln einzusetzen. Trotz der relativ langsam steigenden U-Boot-Zahlen sah sich der B.d.U. ungeachtet verbaler Proteste immer wieder gezwungen, Fahrzeuge für andere Zwecke abzugeben.

Hinzu kamen erneut Probleme wegen der geringen Werftkapazitäten. Bedingt durch die ungenügende Anzahl der Arbeitskräfte und die geringen Rohstoffzuweisungen genügten weder die Bau- noch die Reparaturkapazität den Anforderungen des Krieges. Im November 1941 standen zwar 220 Boote in Dienst, davon waren jedoch nur 84 in den Einsatzflottillen, und von diesen befanden sich nur 57 in See. Das Kriegstagebuch des B.d.U. gibt am 1.Januar 1942 248 in Dienst befindliche U-Boote an.

Hauptträger des U-Boot-Krieges der faschistischen Kriegsmarine waren eindeutig die Boote des Typs VII. Bei den im Einsatz befindlichen Booten war das Verhältnis zwischen Typ VII und allen übrigen U-Boot-Konstruktionen fast 4:1. Eine Ausnahme bildete das Boot U A, ein ursprünglich für die Türkei gebautes Minen-U-Boot mit einer Wasserverdrängung von 1128 t über und

Typ	II	VIIA	VIIB/C	VIID
davon in den Einsatz-flottillen	—	—	71	—
in Erprobung	—	—	64	4
in der Ausbildung	40	4	12	—
	40	4	147	4

1284 t unter Wasser. Selten als Kampfboot eingesetzt, diente es vorwiegend als Hilfsversorger. Diese Rolle endete Mitte 1942 mit dem Einsatz im Rahmen der U-Boot-Abwehrschule. Ab 1943 diente das Boot U A als Schul- und Versuchsboot, im Mai 1945 wurde es von der eigenen Besatzung versenkt.

Boote der Typen IX, X und XI befanden sich Anfang 1942 noch in der Erprobung. Überhaupt täuscht die absolute Zahl der vorhandenen Boote, da relativ viele für den Einsatz nicht zur Verfügung standen. Selbst von den 91 Booten in den Einsatzflottillen befanden sich wiederum 54 zur Überholung in den Stützpunkten. Für die verbleibenden 37 U-Boote gibt es im Kriegstagebuch des B. d. U. einen entsprechenden Vermerk.

Angaben aus dem Kriegstagebuch des B. d. U.
vom Januar 1942

U-Boote	auf dem Marsch ins Operationsgebiet	im Operationsgebiet	auf dem Rückmarsch aus dem Operationsgebiet
Nordatlantik	13	6	3
Südatlantik	—	—	—
Mittelmeer	1	9	1
Nordmeer	1	3	—
	15	18	4

IXB/C	XB	XI	gesamt
19	—	—	90 + 1 UA
27	3	2	100
2	—	—	58
48	3	2	248 + 1 UA

Mit den 18 U-Booten in allen Operationsgebieten und bei der stärker werdenden U-Boot-Abwehr Großbritanniens konnten im «Tonnagekrieg» keine Ergebnisse erzielt werden, die ins Gewicht fielen. Die Gruppenbildung und der Ansatz mehrerer U-Boote an einen Geleitzug blieben nur die Ausnahme.

Steigende Versenkungszahlen hoffte man — nicht ganz zu Unrecht — nach Beginn des Krieges mit den USA an deren Ostküste zu erreichen. Aber auch für die hier geplante Überraschungsoperation, etwas hochtrabend als «Paukenschlag» bezeichnet, standen dem B. d. U. nur 5 Boote des Typs IX mit großem Fahrbereich zur Verfügung. Da sie auf Grund der völlig unzureichenden UAW-Maßnahmen der US Navy große Versenkungsergebnisse erzielten, sollte die Anzahl der eingesetzten Boote erhöht werden. Zunächst gelang es, bei sparsamstem Ölverbrauch während des Marsches ins Operationsgebiet, die Typ-VII-Boote an die Küste des amerikanischen Kontinents zu bringen. Hier konnten sie vor New York und Kap Hatteras neben dem großen Typ IX etwa 14 Tage handeln, bevor sie den Rückmarsch antreten mußten. Eine günstigere Lösung ergab sich nach dem Einsatz der ersten Versorgungsboote im Frühjahr 1942, des Typs XIV, der sogenannten Milchkühe. Von nun an konnte die Einsatzdauer des Typs VII beträchtlich, die des Typs IX auf den Bereich des gesamten Atlantik ausgedehnt werden.

Als die US Navy das Geleitzugssystem einführte und die UAW-Maßnahmen neu organisierte, war im Frühsommer 1942 auch in diesem Seegebiet für die faschistischen U-Boot-Kräfte die

Zeit der Erfolge vorbei. Erneut wichen sie aus, diesmal in ihr altes Operationsgebiet, den Nordatlantik. Der Einsatz in diesem Seegebiet, durch das der für die Alliierten wohl entscheidendste Verkehrsstrom floß, brachte den Höhepunkt und das Ende des «Tonnagekrieges» der U-Boot-Kräfte der faschistischen deutschen Kriegsmarine.

Zunächst schien sich die Lage für die Kriegsmarine relativ günstig zu entwickeln. Ende 1942/Anfang 1943 stand die von Dönitz zu Kriegsbeginn geforderte Anzahl von 300 U-Booten zur Verfügung. Zugleich waren die Maßnahmen der Alliierten, die sie zur Verbesserung und zum Ausbau der U-Boot-Abwehr in Angriff nahmen, noch nicht voll wirksam. Im Gegenteil, die Konzentration von Kräften und Mitteln der Alliierten für die Landung in Nordafrika hatte zur Folge, daß die im Atlantik zur Verfügung stehenden Geleitschutzkräfte zeitweilig geschwächt waren. Insgesamt gesehen entsprach die Wiederaufnahme des U-Boot-Krieges im Atlantik sowohl dem von Dönitz grundsätzlich praktizierten Verfahren, in immer neue erfolgversprechende Seegebiete auszuweichen, als auch der konkreten Lage im Atlantik.

Auf die Möglichkeit eines erneuten Einsatzes der U-Boote mit dem Schwerpunkt im Nordatlantik hatte Dönitz während eines Vortrages im Mai 1942 hingewiesen. Er schätzte die Operationen an der amerikanischen Küste als erfolgreich ein, glaubte jedoch nicht daran, daß es so bleiben würde. Daher verkündete er die Absicht, bei nachlassenden Erfolgsaussichten wieder gegen die Geleitzüge im Nordatlantik vorzugehen. Hier wurden zwar zunehmende Verluste erwartet, aber der B. d. U. beurteilte die Aussicht des U-Boot-Krieges im Hinblick auf die «kommenden großen U-Boot-Zahlen» als günstig. Ganz allgemein betonte Dönitz die Notwendigkeit, die Bewaffnung der U-Boote zu verbessern, konnte aber als einzige konkrete Entwicklung nur die Wiedereinführung des Abstandszünders für die Torpedos nennen. Bezeichnend für den verbrecherischen Charakter faschistischer Kriegführung war auch, daß mit dem Einsatz des neuen Zünders von vornherein damit gerechnet wurde, daß die Personalverluste auf seiten der alliierten Handelsschiffsbesatzungen zunehmen würden. Da nach Einsatz des Abstandszünders die torpedierten Schiffe schneller sinken werden, so die Überlegungen des Naziadmirals, könnten sich weniger Seeleute retten, und dem Gegner würden bald Besatzungen für neue Schiffe fehlen. Insofern war der vom B. d. U. am 17. September erlassene «Laconia»-Befehl keine zufällige Erscheinung, sondern widerspiegelte den wahren Charakter der faschistischen U-Boot-Kriegführung. Dieser Befehl untersagte den U-Boot-Besatzungen die Rettung alliierter Seeleute und setzte damit die Gedanken, die Dönitz in seinem Vortrag vor Hitler geäußert hatte, in die Tat um.

Einen grausamen Höhepunkt erreichte der verbrecherische Charakter der Seekriegführung der faschistischen Kriegsmarine bei der Versenkung des griechischen Frachters «Peleus». Der U-Boot-Kommandant und weitere Besatzungsangehörige erschossen Überlebende des von ihnen im Südatlantik torpedierten Schiffes. Für dieses Kriegsverbrechen wurden er und die übrigen beteiligten Besatzungsangehörigen von U 852 nach dem 8. Mai 1945 zum Tode verurteilt.

Seit Juli 1942 steigerten sich die Anzahl und die Heftigkeit der Geleitzugsschlachten im Nordatlantik. Kurzzeitige Unterbrechungen in den Wintermonaten waren durch das Wetter bedingt, das den Waffeneinsatz auf beiden Seiten verhinderte. Da die Alliierten, um Frachtraum zu gewinnen, in dieser Zeit ihre Geleite auf dem kürzesten Kurs — dem Großkreis — über den Ozean führten, ließ man die U-Boote auf den erkannten Kursen von Ost nach West laufende Suchstreifen bilden. Beim Feststellen der Konvois halfen die Aufklärungsergebnisse des Funkbeobachtungsdienstes der Kriegsmarine, der den Funkverkehr des Gegners systematisch auswertete. Die Auseinandersetzung im Atlantik steigerte sich in der Zeit vom 14. bis zum 20. März 1943 zur Schlacht um die beiden Konvois HX 229 und SC 122. Zu dieser Zeit verfügte der B. d. U. über 222 Frontboote, von denen 70 im Operationsgebiet standen, davon 45 im Nordatlantik.

Gegen beide Geleitzüge mit insgesamt 91 Schiffen waren 3 U-Boot-Gruppen mit 44 U-Booten angesetzt. In tagelangen Kämpfen versenkten die U-Boote der faschistischen Kriegsmarine 21 Schiffe mit insgesamt 142 465 BRT. Von 1494 Besatzungsmitgliedern und Passagieren an Bord der versenkten Schiffe fanden 360 Seeleute und 12 Passagiere den Tod. Die Kriegsmarine verlor ein U-Boot. Es fielen 4 Offiziere, 2 Fähnriche und 41 Unterof-

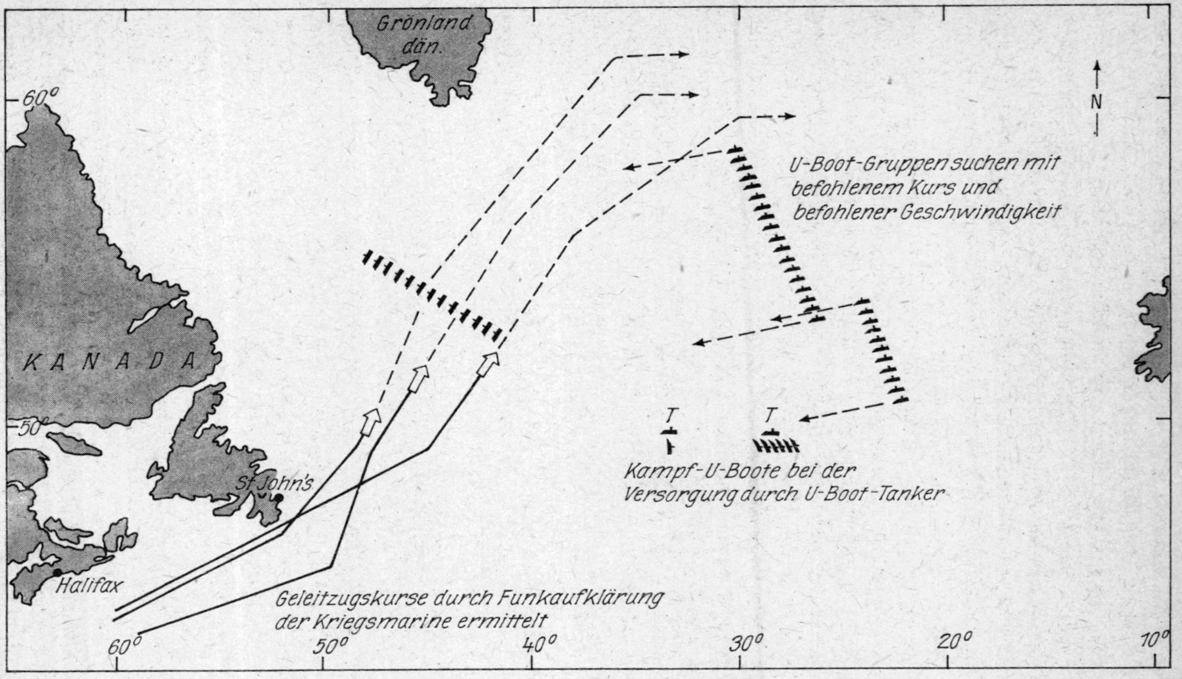

U-Boot-Gruppen suchen mit befohlenem Kurs und befohlener Geschwindigkeit

Kampf-U-Boote bei der Versorgung durch U-Boot-Tanker

Grönland dän.

KANADA

St. Johns

Halifax

Geleitzugskurse durch Funkaufklärung der Kriegsmarine ermittelt

Ausgangslage einer Geleitzugsschlacht

226

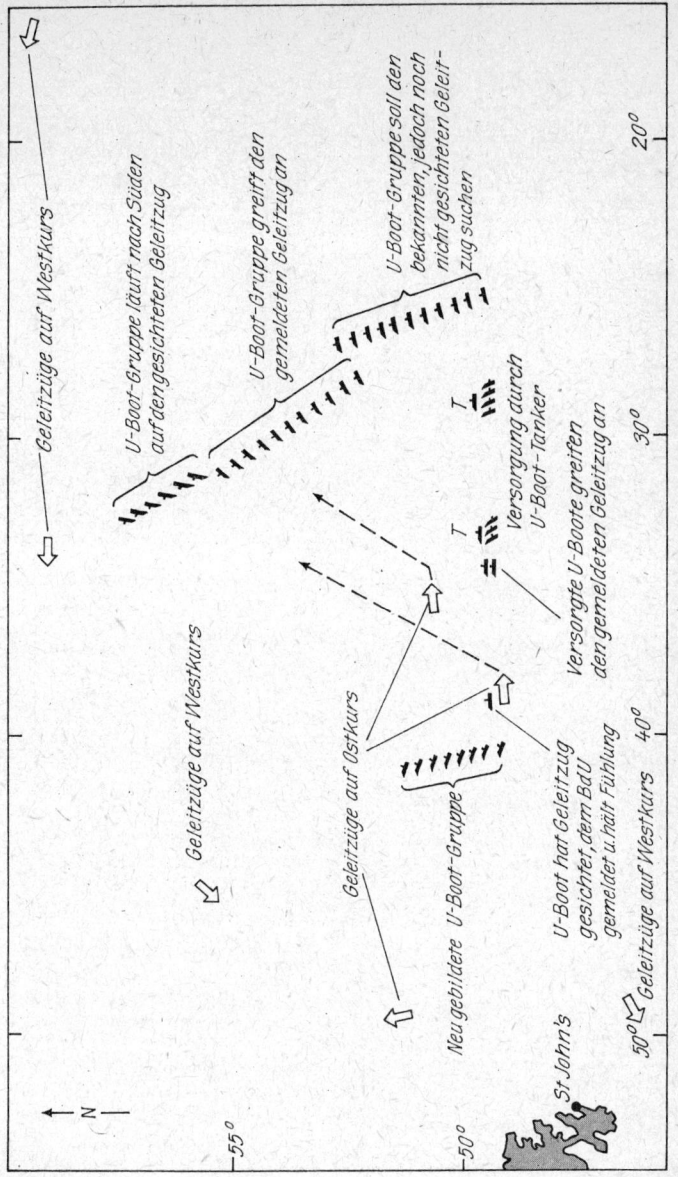

Eröffnungsphase einer Geleitzugsschlacht

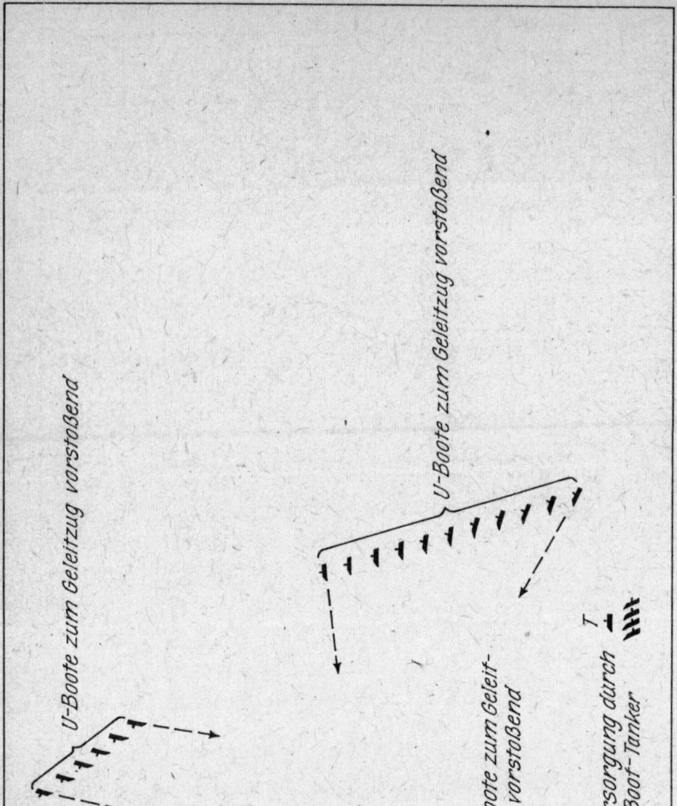

Höhepunkt einer Geleitzugsschlacht

Legende:

U-Boote zum Geleitzug vorstoßend

U-Boote zum Geleitzug vorstoßend

U-Boote zum Geleit-
zug vorstoßend

U-Boote zum Geleit-
zug vorstoßend

U-Boote am Geleitzug

Versorgung durch
U-Boot-Tanker

N

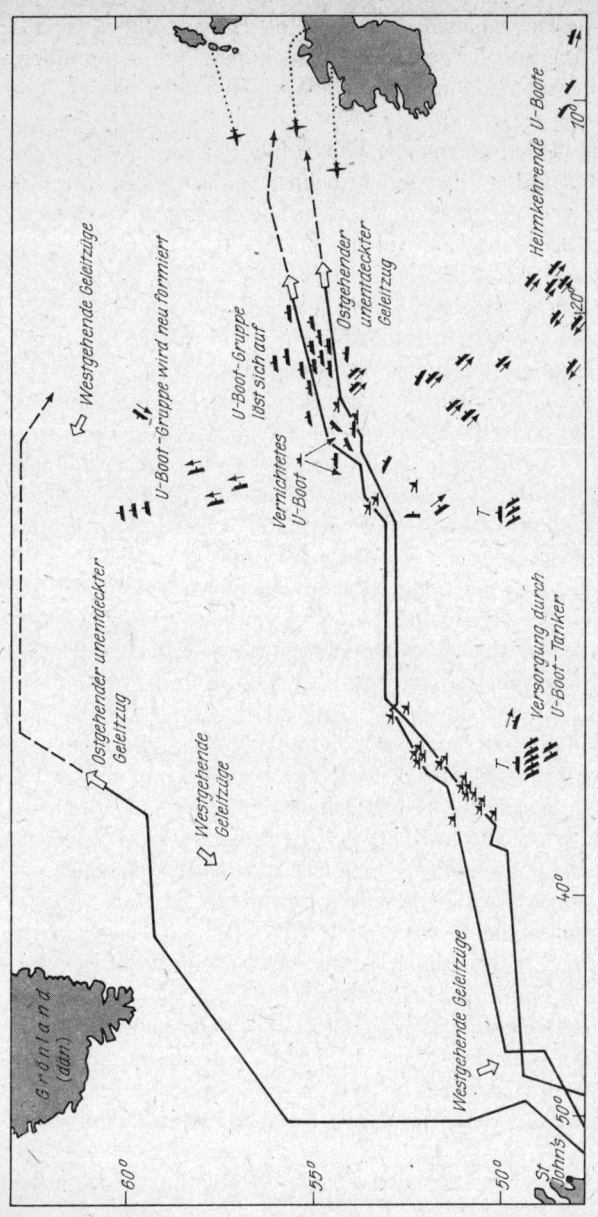

Endphase einer Geleitzugsschlacht

Grönland
(dän.)

St. Johns

Westgehende Geleitzüge

Ostgehender unentdeckter Geleitzug

Westgehende Geleitzüge

Westgehende Geleitzüge

Versorgung durch U-Boot-Tanker

Vernichtetes U-Boot

U-Boot-Gruppe löst sich auf

U-Boot-Gruppe wird neu formiert

Westgehende Geleitzüge

Ostgehender unentdeckter Geleitzug

Heimkehrende U-Boote

60°

55°

50°

40°

50°

10°

20°

fiziere und Mannschaften. Während die U-Boote 90 Torpedos brauchten, um auf die genannte Versenkungsziffer zu kommen, mußten die Abwehrfahrzeuge 378 Wasserbombem werfen, um ein U-Boot zu versenken.

Die U-Boot-Rudel errangen den Erfolg vorwiegend in Überwassernachtangriffen, die sie von beiden Seiten der Konvois aus führten. In weit geringerem Maße griffen getauchte Boote während des Tages an. Die Angriffsentfernungen lagen zwischen 1500 und 300 m.

Ein derartiges Ergebnis wurde jedoch nicht wieder erreicht. Die Krise der alliierten U-Boot-Abwehr war bereits im Mai 1943 überwunden. Bei steigenden Verlusten, im Mai gingen 27 U-Boote verloren, konnten im Atlantik nur noch 34 Schiffe mit 163507 BRT versenkt werden. Das ungünstige Verhältnis zwischen U-Boot-Verlusten und -Erfolgen bewog den B.d.U., die Geleitzugskämpfe im Nordatlantik abzubrechen. Als neues Operationsgebiet wurde ihnen der Raum westlich der Azoren zugewiesen. Entgegen der Ansicht von Dönitz, es handle sich um eine vorübergehende Überlegenheit der gegnerischen U-Boot-Abwehr, bedeutete der Rückzug aus den nordatlantischen Gewässern dieses Mal den Zusammenbruch des «Tonnagekrieges», wenn auch noch nicht das Ende des U-Boot-Einsatzes durch die faschistische Kriegsmarine.

Vom Mai 1943 an befanden sich die Unterwasserkräfte des faschistischen Deutschlands in der Defensive. Von nun an wurden die «Wölfe» gejagt. Die Überlegenheit der alliierten U-Boot-Abwehr seit dem Frühsommer 1943 ist nicht auf eine spezielle Waffe oder ein besonderes Gerät zurückzuführen, sie muß vor dem Hintergrund des gesamten Kriegsverlaufs gesehen werden. Die Niederlagen der faschistischen Wehrmacht an der deutsch-sowjetischen Front, aber auch in Nordafrika, später in Italien und schließlich in Frankreich, zwangen die faschistische Führung, zur strategischen Defensive überzugehen, und ließen alle Versuche scheitern, die Initiative wieder an sich zu reißen. Das Kräfteverhältnis hatte sich grundlegend und endgültig zugunsten der Antihitlerkoalition und deren führender Kraft, der Sowjetunion, geändert.

Das wirkte sich beträchtlich auf die Bekämpfung der von der

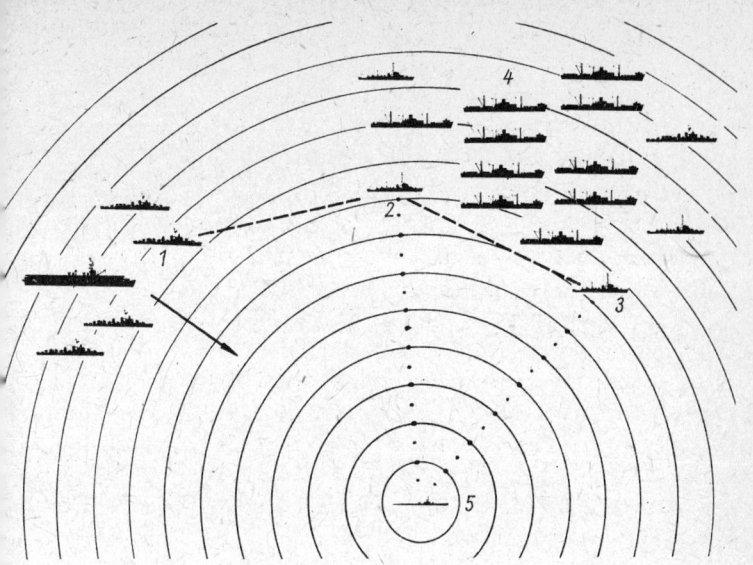

Prinzip des Funkpeilverfahrens zur U-Boot-Abwehr (Huff-Duff)
1 U-Boot-Jagdgruppe, greift das durch
Funkpeilung ermittelte U-Boot an,
2 Geleitzugssicherungsfahrzeug, funkendes U-Boot anpeilend,
3 Geleitzugssicherungsfahrzeug, funkendes U-Boot anpeilend,
4 Geleitzug,
5 U-Boot, Standort des Geleitzuges meldend

faschistischen Kriegsmarine ausgehenden U-Boot-Gefahr aus. Nun kamen langsam all jene Maßnahmen zum Tragen, die in den ersten Kriegsjahren nach und nach eingeleitet worden waren. Zu den jetzt wirksam werdenden technischen Neuentwicklungen gehörte der Ausbau des automatisierten Funkpeildienstes an Bord und an Land, im Marinejargon Huff-Duff genannt. Damit war es den U-Boot-Abwehrkräften möglich, Boote anzupeilen und die so ermittelten Werte operativ sowie unmittelbar taktisch zu nutzen. Die Wirksamkeit der Geleitschutzkräfte erhöhte sich auch durch die Anwendung des UKW-Sprechfunkverkehrs, da nun die Schiffe und Boote direkt geführt und gemeinsam handeln konnten. Weiter sind dazu die Entwicklung des auf 9 cm Wellenlänge

231

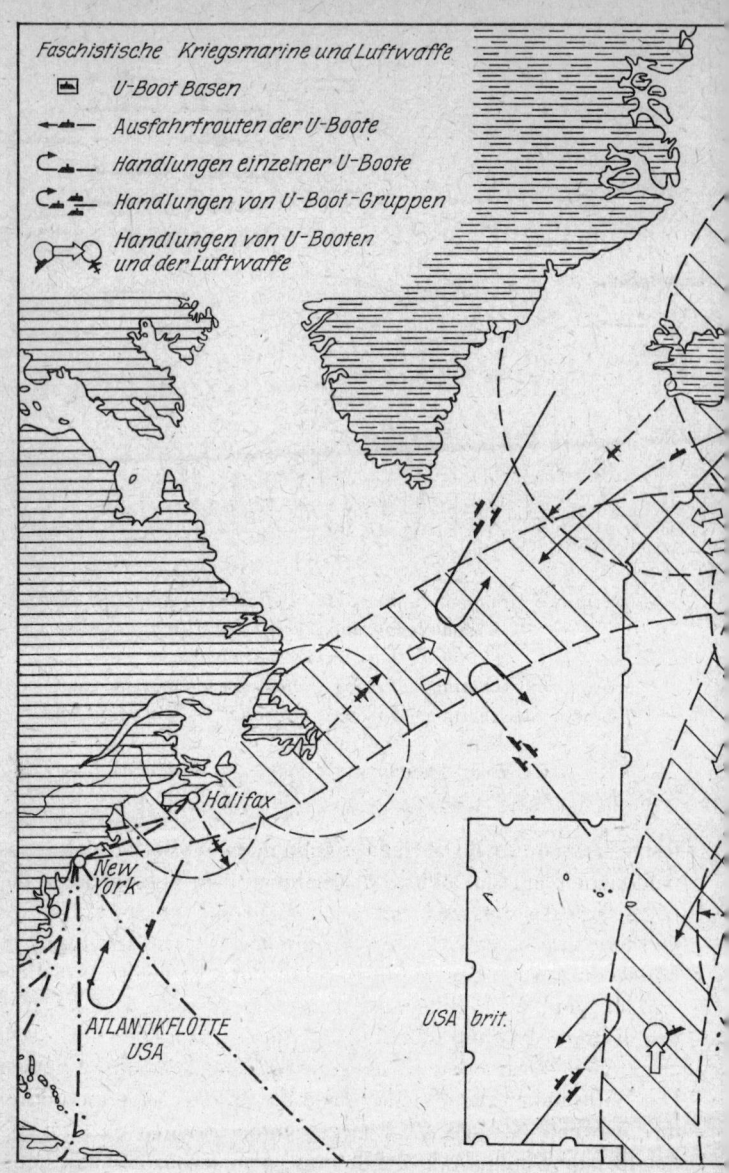

Faschistische Kriegsmarine und Luftwaffe

U-Boot Basen

Ausfahrtrouten der U-Boote

Handlungen einzelner U-Boote

Handlungen von U-Boot-Gruppen

Handlungen von U-Booten
und der Luftwaffe

Halifax

New
York

ATLANTIKFLOTTE
USA

USA brit.

Die Kampfhandlungen im Atlantischen Ozean

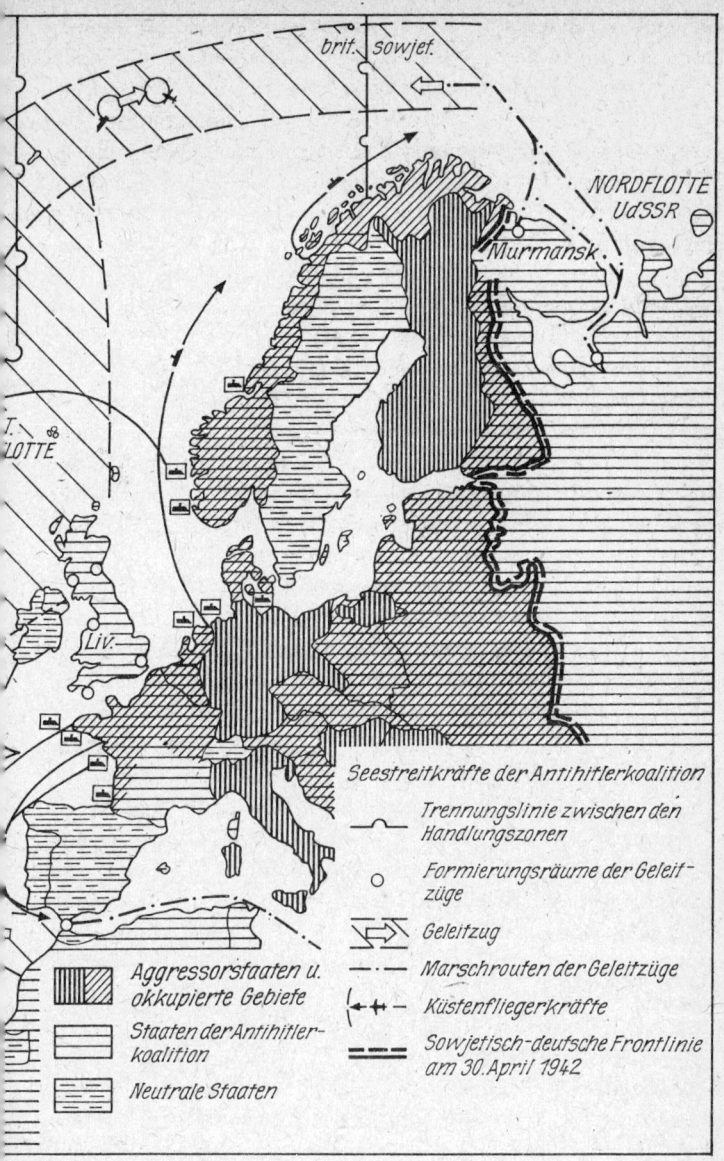

brit. sowjet.

NORDFLOTTE
UdSSR

Murmansk

T.
FLOTTE

Liv.

Seestreitkräfte der Antihitlerkoalition

    Trennungslinie zwischen den
    Handlungszonen

○   Formierungsräume der Geleit-
    züge

⇨   Geleitzug

–·– Marschrouten der Geleitzüge

|◄—► Küstenfliegerkräfte

━━ Sowjetisch-deutsche Frontlinie
    am 30. April 1942

Aggressorsstaaten u.
okkupierte Gebiete

Staaten der Antihitler-
koalition

Neutrale Staaten

von Mai bis Oktober 1942

arbeitenden Radars und sein Einsatz auf Geleitfahrzeugen zu zählen, aber auch die Ausrüstung der Geleitfahrzeuge mit neuen, wirksameren U-Boot-Bekämpfungswaffen wie dem Wasserbombenwerfer «Hedgehog», in größeren Tiefen detonierenden Wasserbomben sowie wirksameren Flugzeugraketen gegen U-Boote.

Von besonderer Bedeutung erwies sich der Einsatz von Flugzeugen zur U-Jagd. Neue Typen, besonders solche mit großer Reichweite sowie der Bau und Einsatz von speziellen Geleitflugzeugträgern ermöglichten es der alliierten U-Boot-Abwehr, den gesamten Luftraum über dem Atlantik gegen U-Boote zu sichern. Für die faschistischen «Wolfs»rudel gab es in der zweiten Hälfte des Krieges keine Luftlücke, kein «Gap» mehr.

Hinzu kamen Verbesserungen in der Organisation und Führung des Geleitzugssystems und der U-Boot-Abwehr sowie neue UAW-Taktiken. Letzteres insbesondere dadurch, daß neben den unmittelbaren Geleitzugssicherungen gesonderte U-Jagd-Gruppen aufgestellt wurden. Sie hatten die Aufgabe, unabhängig vom Schutz eines bestimmten Geleites, erkannte U-Boote oder U-Boot-Gruppen zu jagen und zu vernichten.

Einer der Faktoren des Sieges der Alliierten war, daß sie in der Lage waren, den Funkverkehr der Kriegsmarine zu entschlüsseln. Die Möglichkeit, den Funkverkehr der U-Boote innerhalb kürzester Frist oder unmittelbar zu entziffern, war die Voraussetzung für eine Konvoisteuerung, die den U-Boot-Aufstellungen auswich. Zugleich bildete die Entschlüsselung des Funkverkehrs der faschistischen U-Boote die Grundlage für ein Feindlagebild. Das war zwar eine wichtige Voraussetzung für eine effektive Bekämpfung der Unterwasserkräfte des Gegners, gehörte jedoch nie zu den eigentlichen Ursachen seiner Niederlage. Die Überbewertung des Einbruchs in die Schlüsselmittel der Kriegsmarine, wie sie in der bürgerlichen Literatur zu finden ist, dient der Verschleierung der wirklichen Ursachen für die Niederlage des faschistischen deutschen Imperialismus.

Obwohl die Geleitzugsschlachten des Winters 1942/43 den Höhepunkt des «Tonnagekrieges» der U-Boote markierten, prägten sie nicht das Bild des Einsatzes der Unterwasserkräfte insgesamt. Weit häufiger war der Angriff einzelner U-Boote in immer neuen, bisher verschonten Seegebieten. U-Boote der Kriegsmarine kamen im Südatlantik, Mittelmeer, im Indischen Ozean und schließlich auch im Fernen Osten zum Einsatz. Das entscheidende Ziel, das reale Kräfteverhältnis zu unterlaufen, konnte damit nicht erreicht werden. Die Ursachen dafür liegen zum geringsten Teil in subjektiven Fehleinschätzungen, sie sind vor allem in den objektiven Gegebenheiten der Lage des deutschen Imperialismus, letztlich im Widerspruch zwischen den verbrecherischen Kriegszielen einerseits und den ökonomischen und militärischen Potenzen andererseits, begründet.

Die U-Boote, die die Kriegsmarine im zweiten Weltkrieg hauptsächlich einsetzte, waren wie bereits erwähnt, im Kern Konstruktionen aus der Zeit des ersten Weltkrieges. Ihren taktisch-technischen Parametern entsprechend, konnten sie nachhaltige Wirkungen nur im Zusammenwirken mit anderen Waffengattungen der Seestreitkräfte erzielen. Gerade das aber war der Marine des deutschen Imperialismus auf Grund der gesamtstrategischen Lage nicht möglich. Der Seekrieg des faschistischen Deutschlands wurde, entgegen den Vorstellungen der Marineführung, zunehmend und ausschließlich zum U-Boot-Krieg. Der Ausbau der übrigen Teile der Flotte, insbesondere der so bedeutsamen Luftkomponente, mußte trotz zahlreicher Bestrebungen mit Rücksicht auf die Belange der Landkriegführung unterbleiben. Sichtbarstes Zeichen für die fast völlige Hinwendung zum U-Boot-Krieg war die Absetzung Raeders und die Ernennung von Dönitz zum Oberbefehlshaber der Kriegsmarine im Januar 1943. Dönitz, gleichzeitig zum Großadmiral befördert, blieb zugleich B. d. U. Wie sich erweisen sollte, änderte auch dies nichts an der Niederlage der faschistischen Unterwasserkräfte.

Das U-Boot hatte sich erneut als wirkungsvolle Waffe bestätigt, konnte aber auf sich allein gestellt keine strategische Wirkung erzielen. Die Konzentration der Kräfte durch den Gruppeneinsatz im operativ-taktischen Rahmen ermöglichte zwar die volle Ausschöpfung der U-Boot-Potenzen für den Seekrieg, aber auch nicht mehr. Bezeichnend hierfür ist, daß die U-Boote ihre größten Erfolge nicht gegen Geleitzüge erzielten. Während des gesamten Krieges konnten nur in 3 Fällen mehr als 100 000 BRT aus Konvois versenkt werden. In der Zeit des höchsten U-Boot-Bestandes — von August 1942 bis Mai 1943 — liefen über den At-

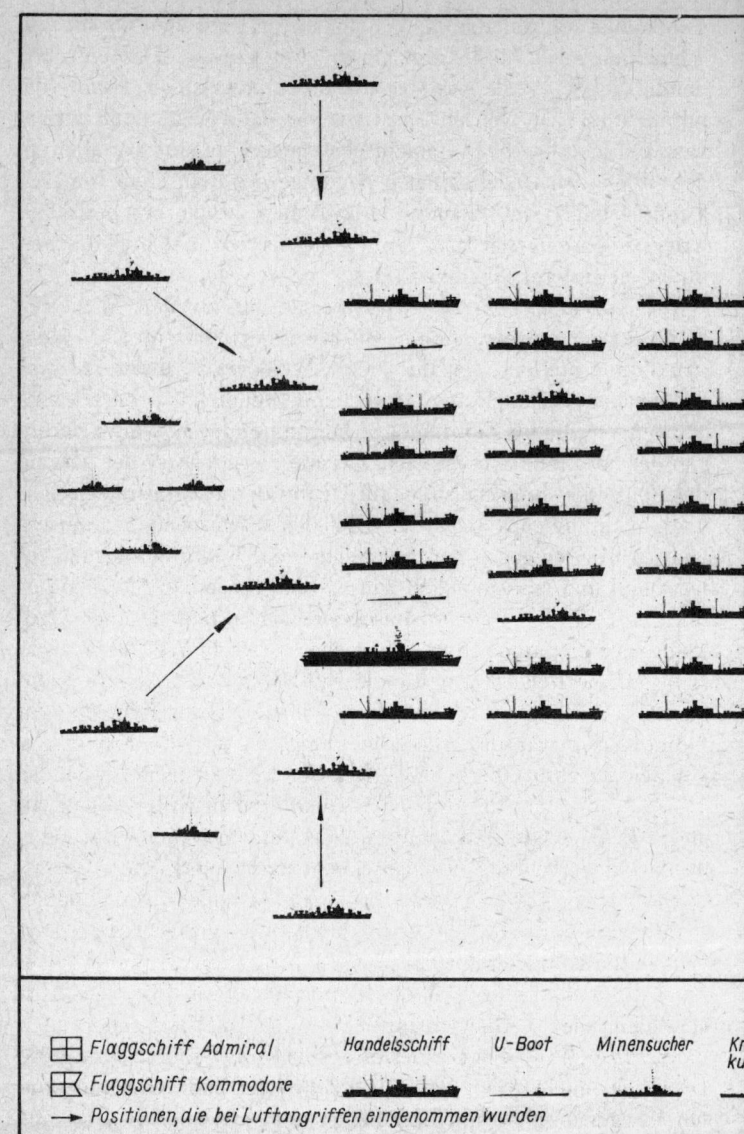

⊞ Flaggschiff Admiral

⊞ Flaggschiff Kommodore

→ Positionen, die bei Luftangriffen eingenommen wurden

Handelsschiff

U-Boot

Minensucher

Kr
ku

Prinzip eines Atlantik-Geleitzuges

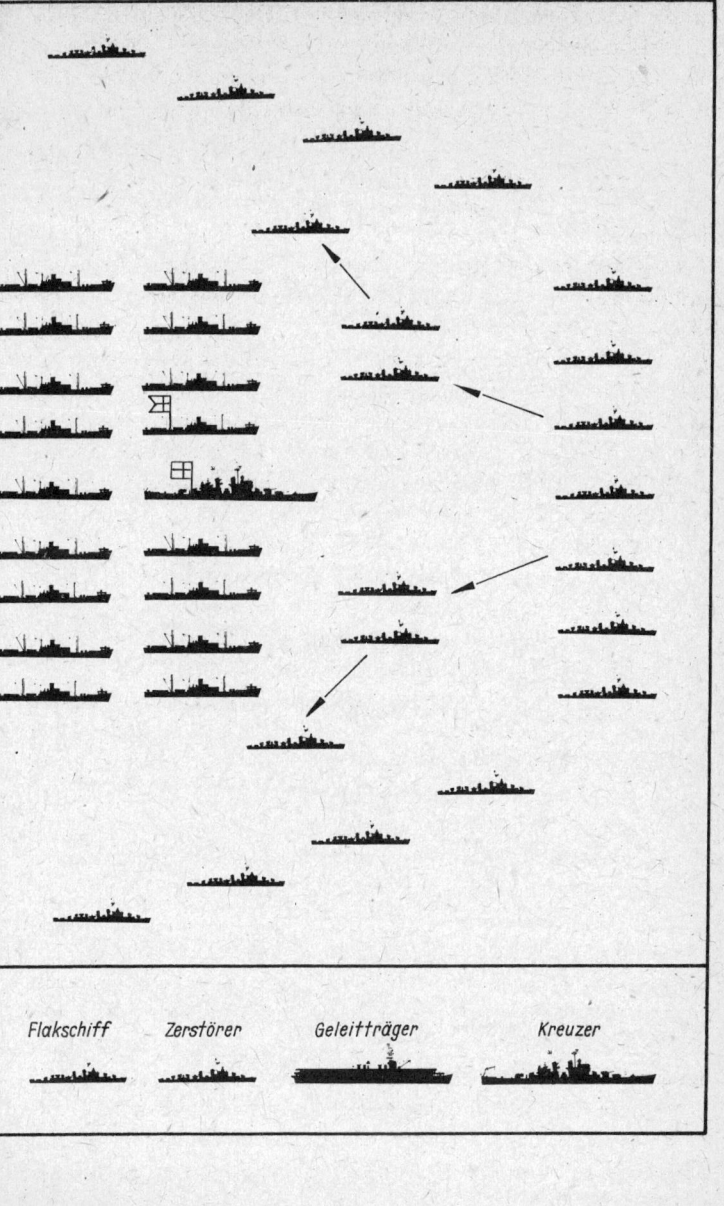

Flakschiff   Zerstörer   Geleitträger   Kreuzer

lantik 500 Geleite mit rund 10 000 Handelsschiffen sowie 1 000 Einzelfahrer. Davon konnten die U-Boote 345 Schiffe mit insgesamt 2 040 710 BRT zerstören. Aber damit wurde keine strategische Wirkung erzielt. Der «Tonnagekrieg» war gescheitert.

U-Boot — Einsatz im Pazifik. Mit dem Überfall Japans auf die im Stützpunkt Pearl Harbor liegende Schlachtflotte der USA am 7. Dezember 1941 weitete sich der zweite Weltkrieg auf den asiatisch-pazifischen Raum aus. Hier standen sich die Streitkräfte Japans sowie die der Verbündeten USA, Großbritannien, Australien und Niederlande gegenüber. Aufgrund der geographischen Bedingungen bestimmten in diesem Teil der Welt die Kampfhandlungen zur See, über See sowie Landungsoperationen das Bild des Krieges. Alle beteiligten Flotten, mit Ausnahme der australischen und britischen, verfügten dort über U-Boote. Bezeichnend jedoch war der grundlegende Unterschied in den Einsatzvorstellungen für die U-Boote in der japanischen Flotte auf der einen und in den Flotten der Verbündeten auf der anderen Seite.

Von den Alliierten besaßen die USA im pazifisch-asiatischen Raum die stärksten Seestreitkräfte und mit 111 auch die höchste Anzahl an U-Booten. Davon standen bei Ausbruch des Krieges 51 für den Einsatz gegen Japan zur Verfügung. Sie unterstanden zu einem Teil dem Kommando der Asien- und zum anderen der Pazifikflotte. Die 29 Boote der Asienflotte hatten ihren Stützpunkt in Cavite auf den Philippinen, die 22 der Pazifikflotte in Pearl Harbor. Von der Niederländischen Marine operierten im Fernen Osten 12 U-Boote eines speziellen, für den Tropeneinsatz gebauten Typs, die sich auf Surabaja stützten.

Die US Navy konnte bis zu ihrem Kriegseintritt im Dezember 1941 aus den Handlungen der europäischen Unterwasserkräfte verschiedene Lehren ziehen. So konnte sie die eigene Entwicklung mit Erscheinungen in der Kriegführung beider Seiten vergleichen und in bezug auf Waffen und Gerät der U-Boote sowie hinsichtlich der Ausbildung der Besatzungen Schlüsse ziehen.

Selbstverständlich kamen diese Momente in der relativ kurzen Zeit von September 1939 bis Dezember 1941 nicht voll zum Tragen. Die U-Boot-Typen, mit denen die Unterwasserkräfte der

US Navy in den Krieg eintraten, waren die bereits erwähnten S-Typen, die als Kennung nur eine Zahl führten. Diese ältesten Boote, obwohl sie etwa 900 ts verdrängten, stellten sich unter den Bedingungen des Pazifik mit einem Aktionsradius bis zu 8000 sm als zu klein heraus. Ihre Bewaffnung und der Torpedo-vorrat erwiesen sich als zu schwach bzw. zu gering, die Arbeits- und Lebensbedingungen genügten für tropische Verhältnisse und die in diesem Raum erforderliche lange Einsatzdauer nicht. Günstiger erwies sich die Größe der nach Fischen benannten Flotten-U-Boote mit einer Verdrängung von mehr als 1200 ts, einer Länge von 95 m, einem Fahrbereich von 12000 sm sowie einer Bewaffnung von 10 Torpedorohren und einem Vorrat von 12 Torpedos.

Die sonst noch vorhandenen Boote des V-Typs mit einer Verdrängung von 2730 ts über Wasser hatten einen sehr großen Aktionsradius und konnten als Besonderheit 89 Minen mitführen.

Insgesamt entsprachen nicht alle diese Typen, ebenso wie die niederländischen Fahrzeuge, voll den Anforderungen, wie sie der Seekrieg in seinem bisherigen Verlauf deutlich gemacht hatte. Dennoch verkörperten sie eine nicht zu unterschätzende Kampf-kraft. In den USA waren bereits Maßnahmen angelaufen, so daß im ersten Halbjahr 1942 neue U-Boote geliefert und ältere Typen aus dem aktiven Einsatz herausgezogen werden konnten.

Die USA konzentrierten sich auf 3 Typen, die während des gesamten zweiten Weltkrieges — in Einzelheiten verbessert, aber im Prinzip gleichbleibend — in großen Serien gebaut wurden. Es waren dies der «Gato»-, «Balao»- und der «Tench»-Typ, alles sehr große Flotten-U-Boote. Während des Krieges produzierten die USA-Werften allein vom «Gato»-Typ 165 Boote. Ihr Bau hatte bereits vor dem Dezember 1941 begonnen. Mit 1525 ts über und 2415 ts Verdrängung unter Wasser war dieser Typ das Standardboot der US Navy. Nicht zuletzt die ökonomischen Potenzen der USA, deren Territorium von jeglichen Kriegseinwirkungen verschont blieb, ermöglichten neben den übrigen Anforderungen an die Rüstungsindustrie den Bau zahlreicher U-Boote. Gestützt auch auf den wissenschaftlich-technischen Fortschritt der anderen Alliierten konnten Waffen und Gerät der U-Boote ständig verbessert werden, z. B. durch die Radarausstattung der

Boote, die Lieferung verbesserter Sehrohre mit Nachtoptiken und
E-Meßgeräten sowie von zuverlässigen Torpedofeuerleitgeräten.
Schon wenige Monate nach Kriegsausbruch erhielten die U-
Boote der US Navy einen Flugzeug-Warnradar.

Einer der wesentlichen Vorzüge der U-Boot-Typen der USA
lag in dem hohen Grad ihrer Standardisierung. Dadurch bedingt
gab es nur geringfügige Unterschiede zwischen den 3 Grundtypen. Sie bestanden in der Tauchtiefe, den Variationsmöglichkei-
ten im Torpedovorrat und Veränderungen im Antrieb. Die Boote,
Tauchfahrzeuge wie in den anderen Marinen, bewährten sich
während des Einsatzes im Pazifik. Nach ihrer Modernisierung
waren sie noch bis zum Beginn des Baues kernkraftgetriebener
U-Schiffe der Kern der Unterwasserkräfte der US Navy. Vereinzelt
befinden sich diese nach 1945 modernisierten U-Boote noch
heute im Bestand der Flotten kleinerer kapitalistischer Staaten.

U-Boote der USA im zweiten Weltkrieg

Typ	«Gato»	«Balao»	«Tench»
Jahr	1941	1942	1943
Verdr. in ts	1526	1525	1570
	2410	2415	2415
Besatzung	80	85	85
Länge	95,0	95,1	95,1
Breite (in m)	8,3	8,2	8,3
Antrieb in PS	5400	5400	5400
	2740	2740	2740
Geschw. in kn	20,0	20,0	20,0
	8,7	8,7	8,7
Fahrb. sm/kn	11000/10	11000/10	11000/10
Bewaffnung (Kal. in mm)			
Torp.-Rohrz./Kal.	10/533	10/533	10/533
Torp.-Vorrat	24	24	28
Art.-Z./Kal.	1/76,2	1/100	1/127
Tauchtiefe in m	91	121	121

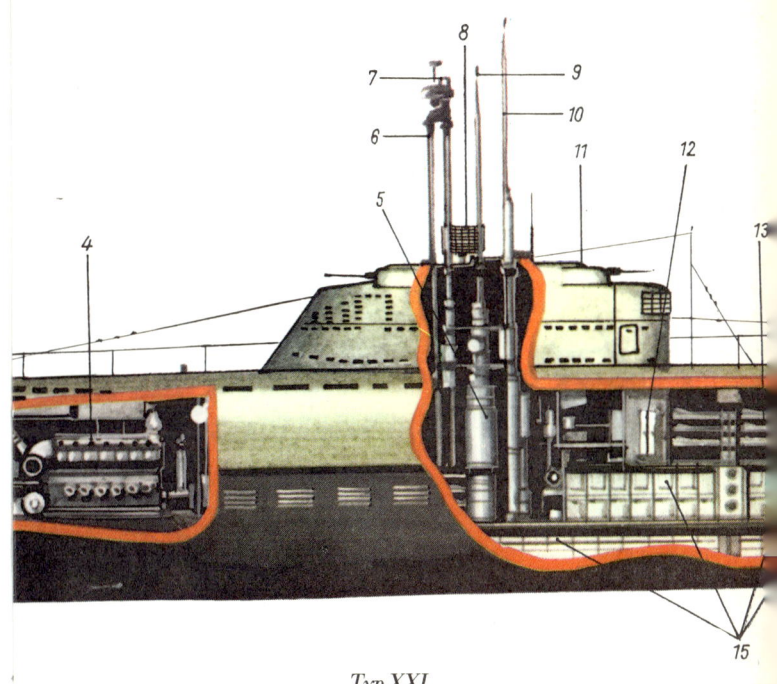

Typ XXI
1 Seitenruder, 2 Tiefenruder,
3 E-Raum mit Maschine, 4 Dieselraum mit Motor, 5 Zentrale,
6 Schnorchel, 7 Funkmeßantenne,
8 Funkmeßantenne, 9 Standsehrohr,
10 Luftzielsehrohr, 11 drehbarer Flak-Turm,
12 Horchraum, 13 Mannschaftsraum,
14 Torpedorohre mit Reservetorpedos, 15 Akkumulatoren

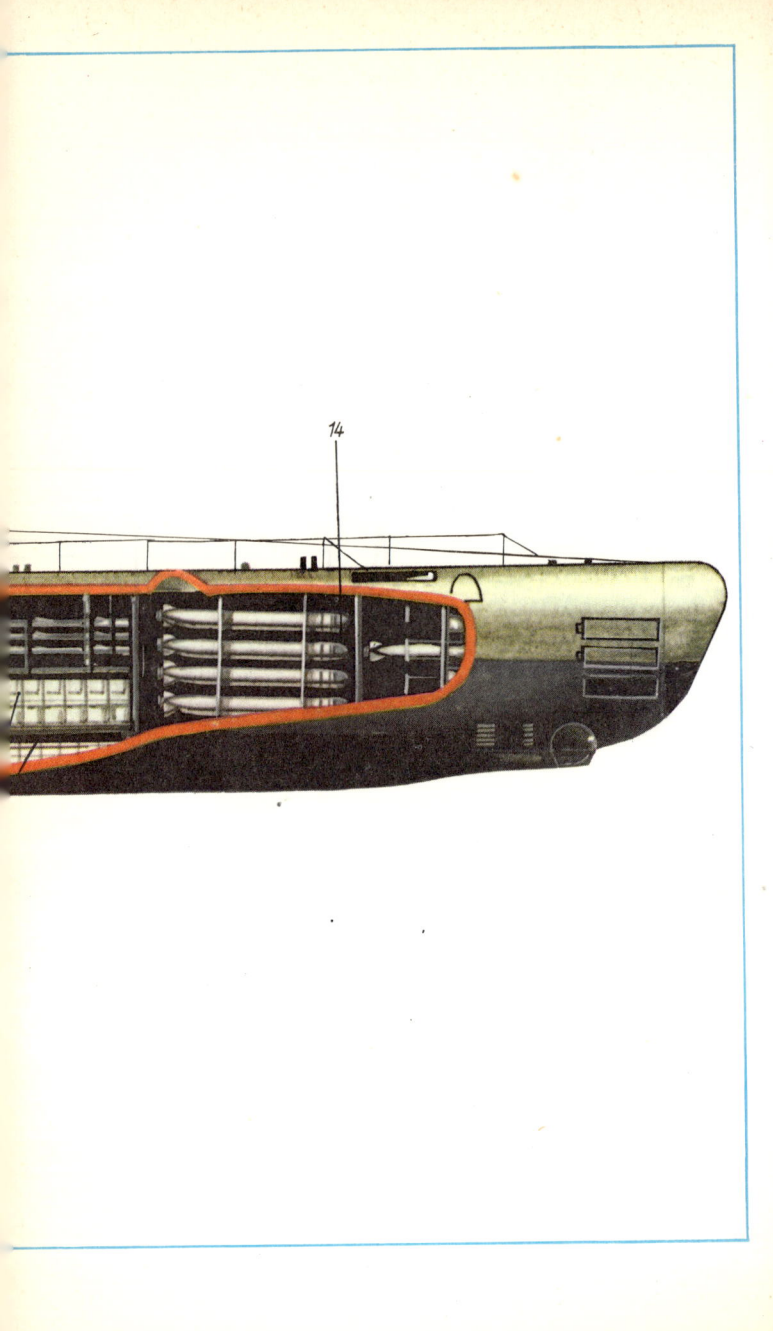

14

Die Besatzungen der US-amerikanischen U-Boote bestanden aus Freiwilligen. Nach sorgfältigen psychischen und physischen Tests durchliefen sie eine Ausbildung, deren Ziel darin bestand, daß auf dem Boot jeder jeden ersetzen konnte. Auf der U-Boot-Schule in New London an der Ostküste der USA erfolgte die Ausbildung der für den Einsatz auf U-Booten vorgesehenen Marineangehörigen sowie das Einfahren neuer U-Boote durch die Besatzungen. Bevor die Besatzungen endgültig zum Einsatz kamen, durchliefen sie noch eine Ausbildung in Pearl Harbor.

Ähnlich wie in der faschistischen Kriegsmarine bekamen die Besatzungen Gelegenheit, nach jeweils einem Einsatz, der zwischen 45 und 60 Tagen dauerte, sich in einem speziellen Lager zu erholen. Nachdem die Boote vom Werftpersonal technisch instandgesetzt worden waren, übernahmen die Besatzungen wieder ihre Fahrzeuge, mußten jedoch vor einem erneuten Einsatz ein intensives Training und Konditionsübungen absolvieren.

Daneben entwickelte die US Navy ein konsequentes Leistungsprinzip, indem sie für Erfolglosigkeit letztlich den Kommandanten verantwortlich machte. Wie der ehemalige Befehlshaber der U-Boote Südwestpazifik schreibt, bekam jeder Kommandant eine «Chance» zu zeigen, was er wert sei. «Wenn nach Versuchen in verschiedenen Operationsgebieten, einschließlich der ertragreichen, das U-Boot immer noch keine Treffer erzielte oder Objekte fand, handelte ich nach dem Ratschlag der Flottillenchefs und wechselte den Verteidiger, wie es der Trainer beim Fußball machte.» Nach einem derartigen Wechsel dürften für die Karriere des Kommandanten wohl kaum noch Aussichten bestanden haben. So war dieses Vorgehen kein unwesentlicher Stimulus für ihren «Schneid».

Die japanischen Seestreitkräfte besaßen Anfang Dezember 1941 63 U-Boote, etwa die gleiche Anzahl wie die USA und deren niederländische Verbündete. Fast die gesamten japanischen Unterwasserkräfte unterstanden der Flotte. Einige Kleinst-U-Boote mit einer Verdrängung von 40 ts hatte der Admiralstab als strengstens geheimgehaltene Sonderwaffe zu seiner Verfügung.

Im Gegensatz zu den Vorstellungen in der faschistischen deutschen Kriegsmarine und anders als in den Marinen der Alliierten, bestand der Auftrag der japanischen Unterwasserkräfte fast aus-

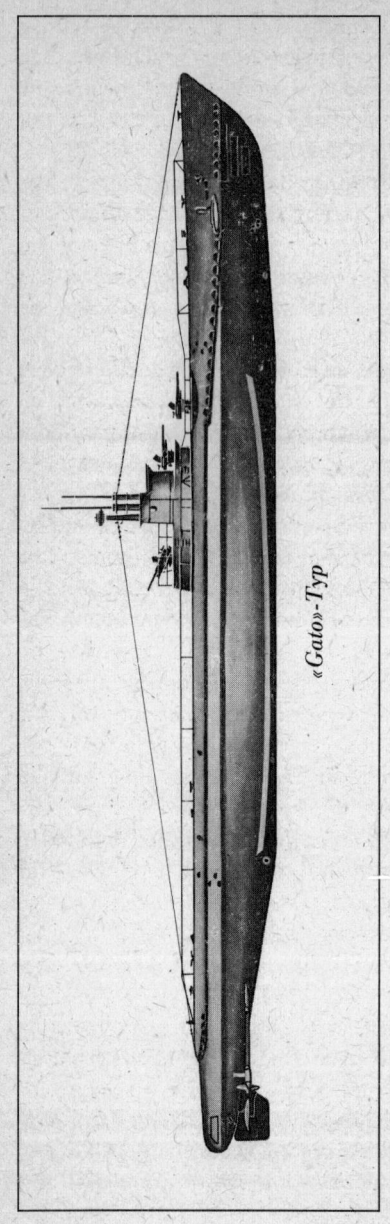

«Gato»-Typ

schließlich im gemeinsamen Handeln mit der Überwasserflotte und in der Bekämpfung gegnerischer Kriegsschiffe. Deshalb und mit Rücksicht auf die geographischen Bedingungen des pazifischen Seekriegsschauplatzes bestand die U-Boot-Flotte Japans überwiegend aus sehr großen Fahrzeugtypen.

Die Boote waren im Gegensatz zu der US-amerikanischen Bauweise in gewissem Sinn Einzelstücke. Es gab zwar zahlreiche Serien, aber selbst die Boote innerhalb einer Serie unterschieden sich in vielen Details. Alle Boote führten eine starke Torpedobewaffnung und Artillerie großen Kalibers — bis zu 140 mm — sowie zusätzlich noch Flak. Die Bootskonstruktionen von 3 Serien besaßen einen wasserdichten Hangar für ein Flugzeug. Darüber hinaus gab es U-Boote als Träger eines Kleinst-U-Bootes und solche, die Nachschubgüter, d. h. bis zu 82 t Fracht, transportieren konnten.

In ihrer technischen Ausstattung blieben die japanischen Boote hinter dem Niveau der US-amerikanischen U-Boote zurück. Sie bekamen z. B. erst spät eine Radarausrüstung. Die Inneneinrichtung war sehr karg und unbequem. Den Besatzungen wurde das Äußerste abverlangt. Eine Stärke der japanischen Bewaffnung war ein weitreichender und sehr wirksamer Torpedo mit einem Kaliber von 610 mm und Sauerstoffantrieb. In seinem Gefechtskopf führte er eine Ladung von 605 kg Sprengstoff, die er bei einer Geschwindigkeit von 49 kn über eine Strecke von 11 sm oder bei 36 kn über 22 sm ins Ziel bringen konnte.

Die Tendenz der japanischen U-Boot-Konstruktionen lief, vergleicht man sie in bezug auf ihre Größe mit den europäischen und US-amerikanischen, zu tauchfähigen Kreuzern hin. Sie wurden als Bestandteil der Überwasserflotte angesehen, in deren Interesse sie zu handeln hatten. Entsprechend den Sonderaufgaben gab es eine Reihe spezieller Konstruktionen, so den Typ I 351, ein Transportboot für Marineflugzeuge, das im Prinzip auch für diesen Zweck verwandt wurde. Allen speziellen Konstruktionen war gemeinsam, daß sie gut für die Lösung von Teilaufgaben im Interesse der Überwasserflotte geeignet waren.

Eine bedeutende Rolle in der japanischen Marine, weitaus gewichtiger als in jeder anderen Flotte, spielten die Kleinst-U-Boote. Stärker noch als in der faschistischen Kriegsmarine nahm dieses

Typ	I7	I16	I15
Jahr	1935	1938	1939
Besatzung	100	100	100
Verdr. in ts	2525	2554	2584
	3538	3561	3654
Länge in m	109,2	109,2	109,2
Breite	9,1	9,2	9,3
Antrieb in PS	2 × 5600	2 × 6200	2 × 6200
	2800	2000	2000
Geschw. in kn	23,0	23,5	23,5
	8,0	8,0	8,0
Bewaffnung (Kal. in mm)			
Torp.-Rohrz./Kal.	6/533	8/533	6/533
Torp.-Vorrat	20	20	17
Art.-Z./Kal.	1/140	1/140	1/140
	zusätzl. Flugzeug		zusätzl. Seeflugzeug

Marinekleinkampfmittel die Stellung einer Art «Wunderwaffe» ein, ohne daß es aber die Erwartungen tatsächlich erfüllen konnte. Die Unterwasser-Kleinkampfmittel, zu denen auch die Kleinst-U-Boote gehören, haben ihre eigene Geschichte, die noch untersucht werden müßte.

Die japanischen Unterwasserkräfte gelangten im Verlauf des zweiten Weltkrieges genau in dem Rahmen zum Einsatz, für den sie gebaut worden waren. Sie klärten auf, hielten Verbindung zu abgeschnittenen Inselstützpunkten und operierten im Zusammenwirken mit den Überwasserkräften, wobei sie jede Gelegenheit nutzten, gegnerische Überwasserkräfte zu vernichten. So bildete eine Vorausabteilung von 27 U-Booten des I-Typs ein Element des Angriffsplanes für Pearl Harbor. Die Boote sollten Standort, Anzahl und Art der Seestreitkräfte in Pearl Harbor melden und

Ro 100	I 52	I 351
1942	1943	1944
75	100	90
$\frac{601}{782}$	$\frac{2564}{3644}$	$\frac{3512}{4290}$
61,0	108,7	110,9
6,1	9,3	10,4
$\frac{2 \times 550}{760}$	$\frac{2 \times 2350}{1200}$	$\frac{2 \times 1850}{1200}$
$\frac{14,0}{8,0}$	$\frac{17,0}{6,5}$	$\frac{15,5}{6,5}$
$\frac{4/533}{5}$	$\frac{6/533}{19}$	$\frac{4/533}{4}$
1/76	2/140	4/76 (Mörser)
Küstenboot	zusätzl. Seeflugzeug	Nachschubboot

den Schiffsverkehr zwischen Hawaii und den USA unterbrechen. Durch japanische U-Boote verlor die US Navy u.a. 2 Flugzeugträger, 2 Kreuzer, 2 Zerstörer, 11 Geleitschiffe und 2 U-Boote. 3 Flugzeugträger, 2 Linienschiffe sowie 3 Kreuzer wurden beschädigt.

Auffällig ist der Verzicht der japanischen U-Boot-Kräfte auf den Angriff gegen die US-amerikanischen Verbindungswege. Den japanischen Kommandanten soll es sogar verboten gewesen sein, mehr als einen Torpedo gegen ein Handelsschiff einzusetzen.

Die Ursachen für ein derartiges Vorgehen allein in der «Blindheit» des japanischen Oberkommandos zu suchen, genügt nicht. Japan führte, wie seine Achsenpartner in Europa, gegen eine Koalition potentiell überlegener imperialistischer Konkurrenten Krieg und sah daher in der äußersten Konzentration seiner

Kräfte auf entscheidende Aufgaben seine Chance. Im Gegensatz zu den Verhältnissen in Europa hielt die japanische Führung den U-Boot-Einsatz auf den Seeverbindungen der Alliierten für wenig effektiv. Auf Grund der seestrategischen Bedingungen im pazifisch-asiatischen Raum war keiner der Alliierten, auch nicht die USA, von den Kommunikationen so abhängig, wie auf dem europäischen Kriegsschauplatz Großbritannien es war. Die Transporte von der Westküste der USA zu den kämpfenden alliierten Verbänden trugen den Charakter von operativen Handlungen rückwärtiger Dienste. Ob nun an erster Stelle Schläge gegen sie oder gegen die Kampfverbände hätten stehen sollen, ist eine Hypothese. Die Entscheidung der japanischen Führung, den Hauptschlag gegen die Überwasserkräfte zu richten, entsprach der Lage des imperialistischen Japans. Ähnlich verhielten sich auch andere Flottenführungen. Die Kriegsmarine des faschistischen Deutschlands z.B. führte den U-Boot-Krieg nicht auf Grund der Erkenntnis seiner Bedeutung, sondern dem Zwang der konkreten militärischen Lage gehorchend.

Mit dem Übergang der Alliierten zur strategischen Offensive und dem Wirksamwerden ihrer militärischen und ökonomischen Überlegenheit hatte die japanische Führung nicht mehr die Möglichkeit der Wahl. Das jetzt vom Gegner diktierte Geschehen zwang zu bestimmten Reaktionen und verhinderte auch auf dem Gebiet der U-Boot-Kriegführung eigene Initiativen. Nicht zuletzt widerspiegelte sich diese Entwicklung in dem technischen Standard der im Verlauf des Krieges gebauten U-Boote.

Der japanische U-Boot-Bau blieb hinter dem US-amerikanischen sowie dem der übrigen Alliierten immer weiter zurück. Schließlich konzentrierte man sich immer stärker auf den Bau von Klein- und Kleinst-U-Booten. Die technisch wenig anspruchsvollen Fahrzeuge sollten in großen Stückzahlen gebaut werden und ausschließlich der Abwehr einer alliierten Invasion auf den japanischen Hauptinseln dienen.

Die Entwicklung vom Kleinst-U-Boot zum bemannten Torpedo und die dahinter stehenden operativen Überlegungen verdeutlichen die ökonomisch und militärisch schmaler werdende Basis der Kriegführung des militaristischen Regimes in Japan. An die Stelle der technischen Mittel sollte die Selbstaufopferung des

Typ	«Koryn»	«Kairyu»	«Kaiten 1»	«Kaiten 2»
Jahr	1944	1944	1944	1945
Besatzung	5	2	1	2
Verdr. in ts	59,3	19,25	8,3	18,3
Länge $\quad$ in m	26,2	16,9	14,7	16,5
Breite	2	1,4	1,0	1,4
Antrieb in PS	$\dfrac{150}{500}$	$\dfrac{85}{80}$ (Benzin-motor)	550 (Torpedo-motor)	1500 (Turbine)
Geschw. in kn	$\dfrac{-}{16}$	$\dfrac{7,5}{10}$	$\dfrac{\bullet}{35}$	$\dfrac{\bullet}{35}$
Torp.-Rohrz./ Kal. (in mm)	2/457	2/457	Spreng-kopf (1 550 kg)	Spreng-kopf (1 800 kg)
Anzahl gebaut	115	207	200	—

einzelnen manipulierten Menschen treten. Diese Vorstellung
konnte durch die beschleunigte Niederlage Japans nach dem
Kriegseintritt der UdSSR gegen Japan nicht mehr voll durchge-
setzt werden.

Völlig im Gegensatz dazu verliefen Entwicklung und Einsatz
der US-amerikanischen U-Boote im Pazifik während des zweiten
Weltkrieges. Sie leisteten den entscheidenden Beitrag zur fast völligen Ausschaltung der gegnerischen Handelsschiffahrt. Obwohl
den US-Booten offiziell nur der Einsatz gegen Überwasserkriegsschiffe zugebilligt wurde, gehörte schon vor Kriegsausbruch die
Handelskriegführung zu den wahrscheinlichen Aufgaben. Im Gegensatz zu den USA bot das Inselreich Japan, rohstoffarm und
vom Seeverkehr abhängig, ein geradezu ideales Angriffsziel für
Unterwasserkräfte. Hinzu kam, daß nach dem Überfall Japans
auf Pearl Harbor zunächst nur U-Boote zu offensiven Handlungen zur Verfügung standen.

Die U-Boote erhielten noch am 7. Dezember 1941 den Befehl,
sofort den uneingeschränkten U-Boot-Krieg gegen alle unter japa-

nischer Flagge fahrenden Schiffe zu beginnen. Die Führung der US Navy verzichtete während des Krieges völlig auf die Popularisierung oder propagandistische Ausnutzung der U-Boot-Erfolge — wahrscheinlich um die U-Boot-Besatzungen bei Gefangennahme vor Verfolgungen zu bewahren. Bis zum Kriegsende blieben alle Geschehnisse um die U-Boot-Kriegführung geheim. Die Boote führten einen «Krieg des Schweigens». Das hatte u. a. den Effekt, daß der japanische Gegner die Erfolge seiner eigenen UAW-Kräfte unzutreffend überbewertete.

Die US-amerikanischen U-Boote kamen während des zweiten Weltkrieges erstmals im größeren Umfang ins Gefecht. Nach Angaben von Charles Lockwood, anfangs Befehlshaber der U-Boote Südwest- und dann Zentralpazifik, lag die Höchstzahl der US-amerikanischen U-Boote bei 169 Fahrzeugen des Flotten- und 13 des S-Typs. Letztere Boote wurden 1944 endgültig aus den Einsatzverbänden herausgenommen und den Ausbildungsflottillen zugeteilt. Der Personalbestand überstieg nie die Zahl von 4000 Offizieren und 46000 Mann. Der Auftrag der U-Boote war realistisch. Sie sollten als Teil der Seestreitkräfte der USA einen höchstmöglichen Beitrag zum Sieg über den Gegner leisten. Die unmittelbare Aufgabe variierte nach operativ-strategischer und operativer Lage. Angaben in der US-amerikanischen Literatur zufolge unterschied man 1943 folgende Aufgaben für die Unterwasserkräfte:

erstens den schwerpunktmäßigen Einsatz von U-Booten zur Unterbindung des feindlichen Nachschubs in das Einsatzgebiet;

zweitens den U-Boot-Einsatz zur Aufklärung: Fotografieren von Strandabschnitten, an denen amphibische Landungen vorgesehen waren, und von feindlichen Heeres- und Marineanlagen, die bei künftigen Operationen eine Rolle spielen konnten;

drittens den Einsatz von U-Booten zum Seenotdienst während amerikanischer Luftangriffe;

viertens den Einsatz von U-Booten zur Aufklärung im Einsatzzielgebiet und vor feindlichen Stützpunkten, zur Meldung feindlicher Schiffsbewegungen, zum Abfangen feindlicher Streitkräfte, falls sie zum Gegenschlag gegen angreifende amerikanische Verbände ausliefen;

fünftens solch eine Stationierung von U-Booten, daß sie feindliche Schiffe auf der Flucht aus dem Einsatzgebiet abfangen und angreifen konnten.

Nach einer anfänglichen Periode geringer Erfolge, die sich jedoch für die Besatzungen zum Sammeln von Erfahrungen als wichtig erwies, leisteten die US-amerikanischen Boote einen beträchtlichen Beitrag zur Seekriegführung. Die Technik wurde den Bedingungen des Krieges angepaßt. So veränderte man die äußere Farbe, als sich herausstellte, daß der bisherige tiefschwarze Anstrich weniger gut tarnte, als ein hellgrauer. Auch eine «Torpedokrise», ähnlich der der faschistischen Kriegsmarine, mußte überwunden werden, bis schließlich Boote und Besatzungen zu überraschenden Erfolgen kamen. Wesentlichen Einfluß auf die U-Boot-Einsätze im zweiten Halbjahr 1942 übte die Ausrüstung der Fahrzeuge mit Luft- und Seezielradar aus.

In der ersten Hälfte des Krieges griffen die US-amerikanischen U-Boote einzeln, vorwiegend am Tage und unter Wasser an. Sie hatten anfangs den Befehl, bereits 500 sm vor gegnerischen Luftstützpunkten abzutauchen. Das änderte sich mit den zunehmenden Kriegserfahrungen und einer besseren Technik. 1943 begannen Gruppenangriffe, wobei Unterschiede zu dem deutschen Verfahren bestanden. Bei der US Navy umfaßten die Rudel maximal 3 U-Boote, die von einem besonders dafür eingeschifften Befehlshaber oder dem rangältesten Kommandanten geführt wurden. Ein erster Gruppenangriff gegen einen japanischen Konvoi 1943 zeitigte keine außergewöhnlichen Ergebnisse. Auch weitere Handlungen ragten nicht besonders heraus, so daß sich diese Taktik, ohne grundsätzlich abgelehnt zu werden, nicht durchsetzte. Es blieb in erster Linie bei Einzelangriffen der Boote. Entscheidend dafür war die Schwäche der japanischen U-Boot-Abwehr. Die Japaner führten den Geleitzugzwang erst 1943 ein, und selbst dann hatten die Konvois nur eine geringe Größe. Sie bestanden aus kaum mehr als 15 Schiffen und entsprechend wenig Deckung, so daß sich eine Konzentration der U-Boot-Kräfte auf seiten der Alliierten als unnötig erwies. Ob die Kommandanten über oder unter Wasser angreifen ließen, richtete sich nach der taktischen Lage. Durch die zunehmende Einführung des Funkmeßverfahrens konnten von nun an auch nachts und bei schlechter Sicht Zielwerte ermittelt werden.

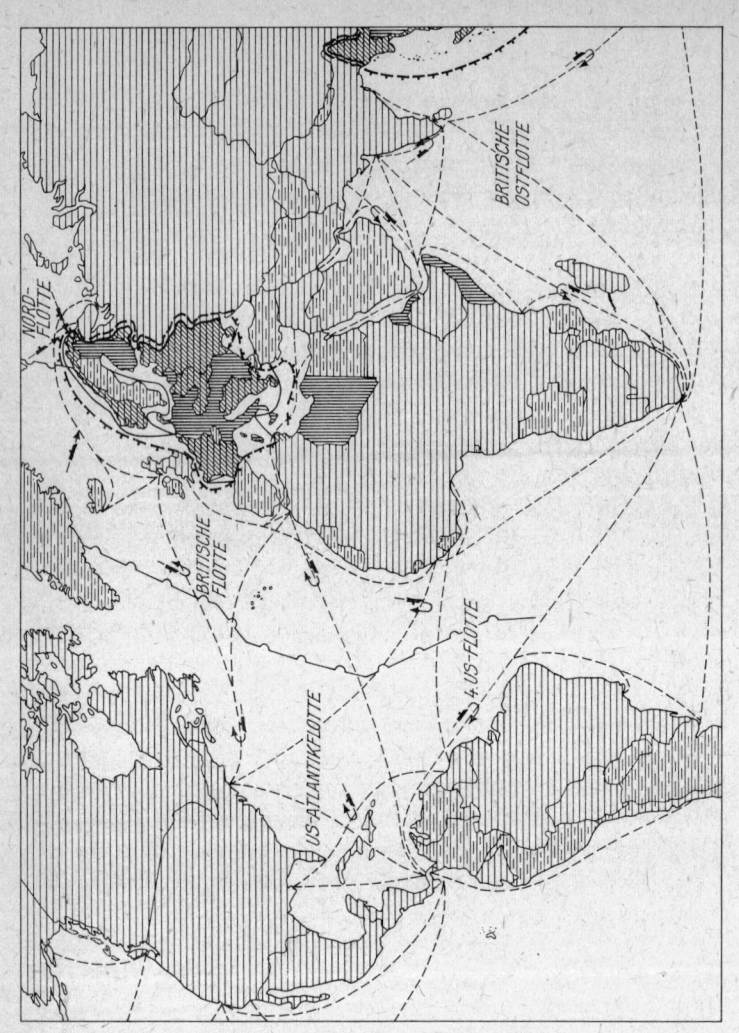

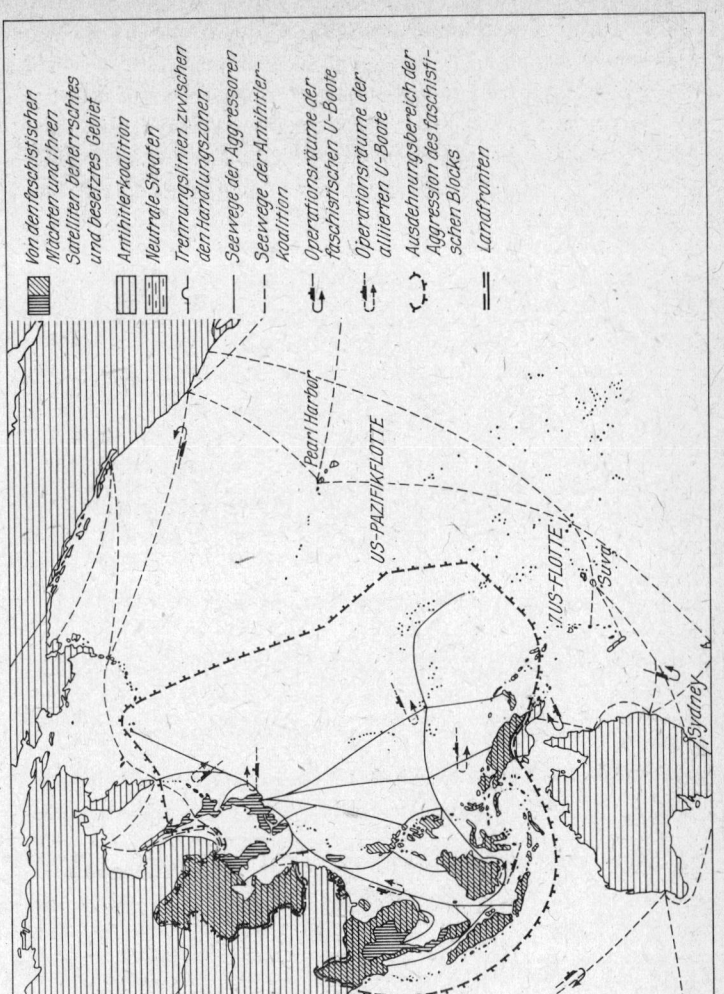

Der U-Boot-Krieg im Frühjahr 1943

Legende:

Von den faschistischen Mächten und ihren Satelliten beherrschtes und besetztes Gebiet

Antihitlerkoalition

Neutrale Staaten

Trennungslinien zwischen den Handlungszonen

Seewege der Aggressoren

Seewege der Antihitlerkoalition

Operationsräume der faschistischen U-Boote

Operationsräume der alliierten U-Boote

Ausdehnungsbereich der Aggression des faschistischen Blocks

Landfronten

Pearl Harbor

US-PAZIFIKFLOTTE

US-FLOTTE

Suva

Sydney

Der Erfolg der US-amerikanischen U-Boote war sowohl gegen Handels- als auch gegen Kriegsschiffe bedeutend. Sie vernichteten 201 Kriegsschiffe sicher und mit großer Wahrscheinlichkeit 13 weitere mit insgesamt 577 626 ts Wasserverdrängung, darunter 8 Flugzeugträger, ein Schlachtschiff, 12 Kreuzer und 45 Zerstörer. Die Unterwasserkräfte der USA hatten im Vergleich zu anderen Waffengattungen einen beachtlichen Anteil an der Versenkung von gegnerischen Kriegsschiffen.

Anteil der US-amerikanischen U-Boote an der Versenkung japanischer Kriegsschiffe

Klasse der versenkten Schiffe	Landfliegerkräfte	Seefliegerkräfte	U-Boote	Sicherungsfahrzeuge	übrige
Schlachtschiffe	1	4	1	3	1
Flugzeugträger	—	11	8	—	—
Kreuzer	1	16	14	6	—
Zerstörer	19	33	45	28	8
U-Boote	6	8	25	73	15

Anteil der US-amerikanischen U-Boote an der Versenkung japanischer Handelsschiffe

vernichtet durch	Anzahl der Schiffe (über 500 BRT)	BRT insgesamt
U-Boote	1 150	4 861 000
Seefliegerkräfte	359	1 453 000
Landfliegerkräfte	390	1 293 000
Minen	210	818 000

Alliierte U-Boote vernichteten während des zweiten Weltkrieges 1 178 japanische Handelsschiffe mit insgesamt 5 053 491 BRT. Daran waren die britischen U-Boote mit 29 und die niederländischen mit 10 Schiffen beteiligt. Damit hatten die U-Boote rund 57 Prozent der japanischen Handelsschiffstonnage versenkt.

Für Japan mit seiner starken Abhängigkeit von Seezufuhren bedeutete dies, weitgehend von seinen Rohstoffquellen abgeschnürt zu sein. Zum Zeitpunkt der Kapitulation Japans verfügte das Land noch über 650 000 BRT, das waren 10 Prozent der Handelsflotte zu Beginn des Krieges. Der japanische Import war bei solchen wichtigen Metallen wie Eisenerz von rund 6 Millionen t auf 341 000 t und bei Bauxit 275 000 t im Jahre 1941 auf 15 500 im Jahre 1945 gesunken. Bei dem Grundnahrungsmittel Reis war die Einfuhr von 1 694 000 t auf 151 200 t gefallen. Zu diesem Ergebnis hatte der erfolgreiche Einsatz der U-Boote gegen die Handelsschiffe wesentlich beigetragen. Erstmals hatten die Unterwasserkräfte einen entscheidenden Beitrag dazu geleistet, den Gegner wirtschaftlich niederzuringen.

Im Verhältnis zum Erfolg blieben die Verluste relativ gering. Die US Navy verlor 52 U-Boote mit 374 Offizieren und 3 131 Mannschaften und Unteroffizieren, davon 45 Boote im Einsatz gegen Japan. Gegen Kriegsende hatten die USA 181 U-Boote im Pazifik. Die Expansionsgelüste ihrer herrschenden Klassen mußten etwa 70 000 Mann der japanischen Handelsmarine mit dem Leben oder einer Verwundung bezahlen. Japan verlor 130 U-Boote. 1945 hatte es nur noch 12.

Der Sieg der alliierten U-Boote im Pazifik war zurückzuführen auf eine im großen und ganzen relativ ausgewogene Aufgabenstellung im Rahmen der gesamten Streitkräfte. Die U-Boote, trotz der Einführung von Radar, verfeinerten Sonargeräten, Bewaffnung mit E-Torpedos noch immer Tauchboote, hatten damit die Grenze ihrer taktischen Einsatzmöglichkeiten erreicht. Weitergehende Aufgabenstellungen konnten nur durch neue Wege, d. h. nach Entwicklung eines Unterwasserfahrzeuges mit wirkungsvolleren Waffen, angestrebt werden. In den USA bestanden dazu zwar die ökonomisch-technischen Voraussetzungen, doch gab es, da das Seekriegsmittel U-Boot in seiner bisherigen Gestalt seine Aufgaben zu lösen vermochte, keine militärische Notwendigkeit.

4. Der Übergang vom Tauchboot zum «reinen» U-Boot

In den ersten 3 Kriegsjahren war aus der für die Überwasser-kriegführung konzipierten faschistischen deutschen Kriegsmarine eine vorwiegend aus mittleren Schiffen und Booten bestehende Flotte geworden, deren Hauptschlagkraft die U-Boote waren.

Laut Anordnung vom 2. Februar 1943 sollte auch der verblie-bene Rest der großen Schiffe außer Dienst gestellt werden. Das hätte Anfang 1943 die Schlachtschiffe «Tirpitz» und «Scharn-horst», die Schweren Kreuzer «Admiral Scheer», «Lützow», «Hipper» und «Prinz Eugen», die Leichten Kreuzer «Köln», «Nürnberg», «Emden», «Leipzig» sowie die veralteten Linien-schiffe «Schleswig Holstein» und «Schlesien» betroffen. Nur 5 dieser Schiffe hätten demnach das Jahr 1943 als Ausbildungsein-heiten überlebt. Obwohl diese Anordnung nicht verwirklicht wurde, verringerte sich die Anzahl der großen Überwasserschiffe der Kriegsmarine durch Verluste. Ihre Einsatzbereitschaft sank infolge Treibstoffmangels und des immer schlechteren Ausbil-dungsstandes der Besatzungen, so daß sie nur noch minimale Be-deutung für die Kriegführung hatten.

Im Gegensatz dazu hatten sich bei den leichten Seestreitkräf-ten Veränderungen ergeben.

Situation der leichten Überwasserkräfte
der faschistischen Kriegsmarine

Typ	Verluste bis 31.3.1943	einsatzklar am 1.4.1943	nicht ein-satzklar
Zerstörer	16	13	8
T-Boote	8	12	18
S-Boote	19	35	60
M-Boote	5	78	39
R-Boote	23	78	59
Vp./Si.-Fahrz.	159	1351	667
Sperrbrecher	23	21	20
M.F.P.	48	153	180
TF-Boote	1	24	19

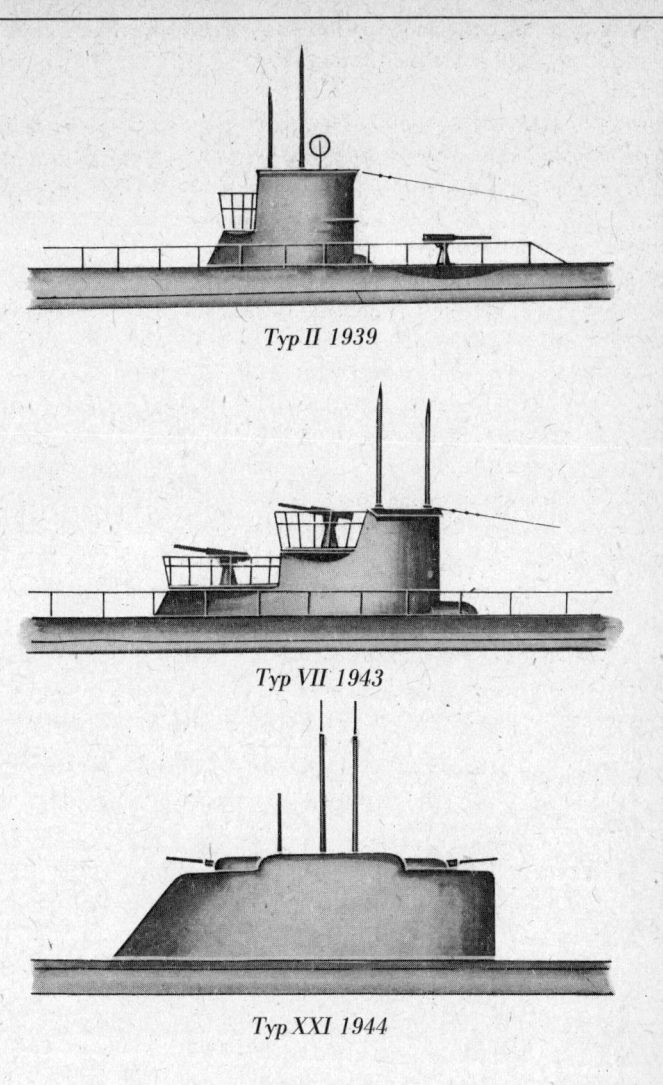

Typ II 1939

Typ VII 1943

Typ XXI 1944

*Veränderungen der Turmformen während
des zweiten Weltkrieges*

Die neu entstandene Situation der Marine des faschistischen deutschen Imperialismus widerspiegelte auch der Personalbestand. Bei einer Gesamtstärke von 648443 Offizieren, Beamten, Unteroffizieren und Mannschaften gehörten 55940 am 1. Mai 1943 zur «U-Boot-Waffe». Die gesamte Marine hatte im Winter 1942 einen Fehlbestand von 106000 Mann. Wie auf die Materialsituation so wirkten sich auch auf die Personallage «entscheidend ... die Aufgaben des Heeres im Osten» aus. Die Marineführung mußte, um die Lücken bei den schwimmenden Verbänden auszugleichen, auf die eigenen Landeinheiten zurückgreifen. Das beste Personal bekamen zwar die U-Boote, doch der Ausbildungsstand der Marineangehörigen sank insgesamt, was schließlich nicht ohne Auswirkung auf die U-Boot-Besatzungen bleiben konnte. Eine der Folgen, was die U-Boot-Offiziere betraf, war der Rückgang ihres Durchschnittsalters und damit ihrer Lebenserfahrungen und Führungsqualitäten.

Dennoch erreichten Umfang und Verantwortungsbereich der U-Boot-Flotte im faschistischen Deutschland einen in der Marinegeschichte bis dahin einmaligen Rang. Dönitz brachte das in einer Ansprache anläßlich seines Dienstantritts als Oberbefehlshaber der Kriegsmarine am 2. Februar 1943 auf die Formel: «Die Seekriegführung ist U-Boot-Krieg. Den Forderungen, die dieser stellt, ist rücksichtslos alles andere nachzuordnen.» Dementsprechend behielt er auch als Oberbefehlshaber der Kriegsmarine die operative Führung der Atlantik-U-Boote. Truppendienstlich führte sie der bisherige 2. Admiral der U-Boote, Konteradmiral Godt, jetzt Kommandierender Admiral. Sein Stab bildete die U-Boot-Führungsabteilung (2. SKL B. d. U. op) in der Seekriegsleitung, deren wichtigste Aufgabe von nun an die Führung des U-Boot-Krieges war.

Als die Anzahl der Überwasserkriegsschiffe bei immer größeren Verlusten und stagnierenden bzw. rückläufigen Fertigungszahlen schließlich insgesamt zurückging, wurde aus den 6 U-Boot-Flottillen eine regelrechte Unterwasserflotte. Während des zweiten Weltkrieges stellte die Kriegsmarine 33 U-Boot-Flottillen auf, davon 13 Ausbildungseinheiten. Von Januar 1940 bis September 1944 bestanden — ohne die für die Ausbildung bestimmten und die in Ostasien stationierten Boote — 13 Einsatzflottillen

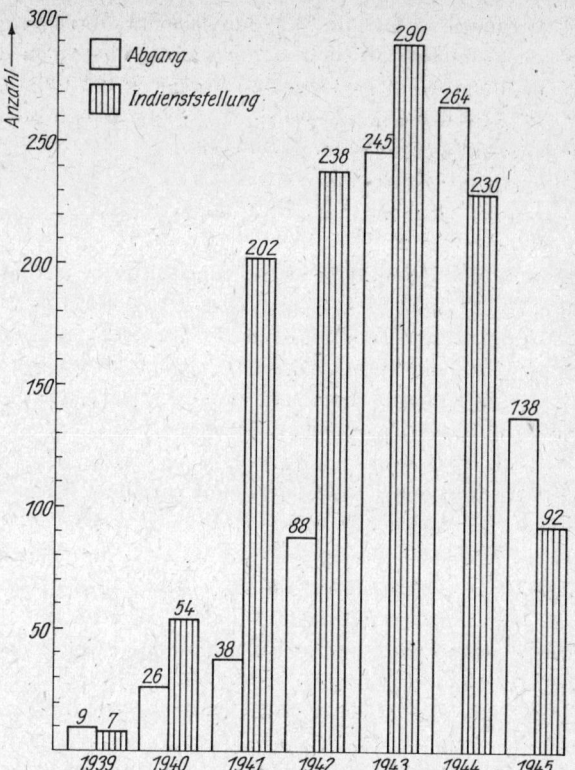

Abgänge und Indienststellungen von U-Booten der
faschistischen deutschen Kriegsmarine
von September 1939 bis April 1945

gleichzeitig. Von September 1944 bis Mai 1945 gab es 8 U-Boot-Verbände. Im erstgenannten Zeitraum gab es die Flottillenbereiche des F. d. U. West, F. d. U. Norwegen/Nordmeer, F. d. U. Mitte und F. d. U. Italien/Mittelmeer sowie die Flottilleneinsatzgebiete Schwarzes Meer, Ostsee und Ostasien.

Die katastrophalen Niederlagen der faschistischen Wehrmacht an der deutsch-sowjetischen Front und die Landung der Alliierten in der Normandie 1944 wirkten sich gravierend auf die Seekriegführung aus. Es stiegen die U-Boot-Verluste. Die faschistische Kriegsmarine verlor die Stützpunkte in Frankreich. Ganze Einsatzgebiete mußten geräumt werden. Übrig blieben in dieser Zeit die Bereiche des F. d. U. West in Bergen, F. d. U. Nordmeer und F. d. U. Ost sowie das Einsatzgebiet Ostasien und nicht zuletzt die Ausbildungseinheiten und -flottillen.

Die dennoch verbleibende relative Stärke der Unterwasserkräfte sowie die Möglichkeiten, die Dönitz in der noch darzustellenden technischen Weiterentwicklung der U-Boote sah, waren aus seiner Sicht der Beitrag der Kriegsmarine für die Periode der strategischen Defensive des faschistischen Deutschen Reiches. Im Gegensatz zum ersten Weltkrieg haben sowohl die Führung der U-Boote als auch die Marineführung vom Einsatz der Unterwasserkräfte keine Kriegsentscheidung erwartet. Bereits im November 1942, die Niederlage der U-Boote stand noch bevor, formulierte Dönitz in einer Lagebeurteilung vorsichtig: «Der Tonnagekrieg ist (der) vielleicht für den Ausgang des Krieges entscheidende Beitrag der U-Boote.» Die U-Boot-Kriegführung sollte, wie es noch deutlicher in den Schlußpassagen des Dokuments heißt, der «wirksamste(n) Beitrag für die Gesamtkriegführung ...» sein. Insofern war die Aufgabenstellung des B. d. U. und späteren Oberbefehlshabers der Kriegsmarine ein völlig im Interesse der herrschenden Klassen des Nazireiches liegender Auftrag. Die Gründe für das Hinauszögern der technischen Weiterentwicklung der U-Boote, für das gern und oft in der bürgerlichen Literatur zitierte «zu spät», sind nicht im subjektiven Versagen, sondern in der Kraft der Völker der Antihitlerkoalition zu suchen, die vereint gegen den Faschismus kämpften. Dieser Kampf, an dessen Spitze das Sowjetvolk stand, schuf die Voraussetzung dafür, daß der technische und taktische Vorsprung der faschistisch-deutschen Unterwasserkräfte immer geringer wurde, schließlich verlorenging und daß keine Zeit mehr blieb, ihn zu erneuern. Nicht der «Glaube an die Genialität einzelner Erfindungen» versperrte Dönitz, Godt und anderen führenden U-Boot-Offizieren den Blick für eine moderne Kriegführung und Anwendung der neuesten Technik, sondern die objektive Situation des faschistischen Reiches. Sie bot keinen anderen Ausweg, als die Flucht in «umstürzende Erfindungen», mit deren Hilfe sie glaubten, die Überlegenheit der Alliierten wettzumachen.

Die U-Boot-Führung, nun auch zugleich Marineführung, übersah im Sommer 1943 nicht, daß sich infolge der Niederlage der U-Boote auch das letzte Offensivmittel der Kriegsmarine in der Defensive befand. Sich in die Gesamtstrategie des deutschen Imperialismus einfügend, erklärte Dönitz Anfang Juni 1943 als Aufgabe der Marine, Europa «gegen einen Angriff von außen» zu halten. Dieser Zielsetzung entsprechend und seine Gedanken aus der Septemberdenkschrift 1939 fortsetzend, verabschiedete der Oberbefehlshaber der Kriegsmarine im Juni 1943 ein neues Flottenbauprogramm, das letzte des deutschen Imperialismus vor 1945.

Dieses Flottenbauprogramm war auf 5 Jahre befristet. Es war ein Versuch, sich der inzwischen entstandenen Kriegslage anzupassen. Es beschränkte sich grundsätzlich auf den Bau von Überwasserkriegsschiffen bis zur Größe von Zerstörern, von denen jährlich 8 gefertigt werden sollten und schloß die monatliche Lieferung von 40 U-Booten ein. Ohne Berücksichtigung von Verlusten hätte demnach die Kriegsmarine insgesamt 2 400 U-Boote, 40 Zerstörer, 60 Torpedoboote, 424 Schnellboote und eine größere Anzahl von Sicherungs- und Vorpostenfahrzeugen besessen — nahezu utopische Zahlen.

In diesem Vorhaben wiederholten sich im wesentlichen alle charakteristischen Merkmale der Flottenbauprogramme der Marine des deutschen Imperialismus. Ebenso wie seine Vorgänger ging es, trotz des radikalen Verzichts auf den Bau größerer Überwasserschiffe, an der realen ökonomischen und militärischen Situation des faschistischen Deutschen Reiches vorbei. Es ersetzte im Kern die Überbetonung der Rolle der schweren artillerietragenden Überwasserkriegsschiffe durch die Überschätzung der Möglichkeiten der damaligen U-Boote. In welchem Maße sich in dem Programm die geradezu traditionell illusorischen Marinerüstungspläne widerspiegelten, zeigt nochmals die Personalfrage. Für die Besatzungen der geplanten U-Boote fehlten 335 000 Mann. Die von Dönitz geforderten Abtretungen von Heer und Luftwaffe zugunsten der Marine widersprachen völlig der Kriegswirklichkeit und standen daher außerhalb jeder ernsthaften Diskussion.

Die U-Boot-Führung richtete neben der quantitativen Seite der

U-Boot-Besatzungen große Anstrengungen darauf, die Qualität der Besatzungen den Erfordernissen des Krieges anzupassen. Das widerspiegelte sich in dem Bemühen, selbst in Zeiten niedriger U-Boot-Zahlen einen möglichst hohen Bestand an Schulbooten zu belassen. Er betrug am 1. Juni 1942 59, am 1. Dezember 1943 90 und am 1. Januar 1945 101 U-Boote veschiedener Typen.

Die gesamte U-Boot-Ausbildung blieb während des Krieges dem sogenannten B. d. U. org., einer zur U-Boot-Führung gehörenden Dienststelle, unterstellt. Sie verlief zweigeteilt, d. h. die individuelle Grundausbildung an den U-Boot-Schulen und die Ausbildung der Besatzungen der neu in Dienst gestellten Boote in besonderen Ausbildungsflottillen. Dieses System wurde dem Kriegsverlauf entsprechend modifiziert, blieb jedoch im Prinzip erhalten.

So gab es seit 1939/40 die 1. und 2. Ausbildungsflottille für die Gefechtsausbildung der neuen Boote sowie die taktische Frontausbildungsflottille. Für die Erhöhung der technischen Frontausbildung bestand seit 1941 die «Technische Ausbildungsgruppe für Frontunterseeboote (Agru-Front)».

Die Anzahl der U-Boot-Schulen — seit 1940 U-Boot-Lehrdivisionen (ULD) — vergrößerte sich mit dem erhöhten Personalbedarf. Schließlich bestanden 4 Lehrdivisionen, von denen die 3. das gesamte technische Mannschaftspersonal der U-Boote und die 4. die technischen Unteroffiziere ausbildete.

Ausgebildetes, aber noch nicht auf ein Boot kommandiertes Personal kam zu den U-Boot-Ausbildungsabteilungen (UAA), von denen 2 bestanden. Einer 3. UAA unterstand das Personal der Überwasserfahrzeuge der U-Boot-Flotte, zu der auch eine Bewährungskompanie gehörte.

Die steigenden Verluste der faschistischen Unterwasserkräfte zwangen den B. d. U., im Verlauf des Krieges die Ausbildungszeit drastisch zu verkürzen, z. B. für Offiziere von 3 auf 2 Monate und von 6 auf 3 Monate bei Mannschaften.

Aus der Personalreserve der ULD stellte der Kommandierende Admiral der U-Boote in Zusammenarbeit mit den künftigen Kommandanten die Besatzungen zusammen. Ein von der neuen Besatzung abgenommenes oder übernommenes Boot un-

terstand zunächst dem F.d.U. Ost, einer hierfür besonders einge-
richteten Dienststelle. Von dort kam es zur Gefechtsausbildung
in den Bereich des F.d.U. – Ausbildung. Hier mußten Besatzung
und Boot verschiedene Ausbildungsstufen absolvieren. Entsprechend dem Ausbildungsergebnis konnte die Zeit verlängert oder
bis auf 3 Monate verkürzt werden, ehe das U-Boot als einsatzklar
in einen Einsatzverband kam.

Der größte Teil der U-Boot-Ausbildung erfolgte von Memel
(Klaipėda), Pillau (Baltijsk) und Gdynia aus in der Danziger
Bucht (Zatoka Gdańska). Durch den Vormarsch der Sowjetarmee
seit dem Herbst 1944 stark behindert, hörte sie mit der Befreiung
dieser Gebiete und der Verlegung der Einheiten im Frühjahr
1945 nach Schleswig-Holstein völlig auf.

Die Hoffnungen der Marineführung in bezug auf das Ausmaß
der wiederzugewinnenden Kampfkraft der U-Boote beruhten seit
1943 auf Illusionen. Der geplante Grad der Wandlung des
Tauchbootes in ein «reines» U-Boot sowie das notwendige
Tempo zur Durchsetzung dieser Pläne entsprachen nicht der
Realität. Das langfristige Ziel bestand in der Konstruktion und
dem Bau eines qualitativ völlig neuen U-Bootes. Um die vorhandenen Typen, insbesondere die VII-C-Boote, überhaupt noch einsetzen zu können, sollte zunächst ihre Kampfkraft erhöht werden.

Es kam zu unüberlegten Maßnahmen, wie an dem Versuch
deutlich wird, U-Boote mit verstärkter Flak-Bewaffnung angreifende Flugzeuge abwehren zu lassen. Auf die Spitze getrieben
wurde diese Idee, als Dönitz sogenannte Flak-Fallen, U-Boote mit
schwerer Flak-Bewaffnung und starker Besatzung, in der besonders luftgefährdeten Biscaya patrouillieren ließ. Diese Boote hatten die Aufgabe, die britischen Flugzeuge auf sich zu lenken und
dann mit ihrer starken Flak zu vernichten. Eine derartige Taktik
widersprach allen bisherigen Erfahrungen mit U-Booten und
ihren Möglichkeiten der Luftabwehr. Sie nahm überhaupt keine
Rücksicht auf die eigenen Soldaten und bezog die wahrscheinliche Gegnerreaktion nicht in die Überlegungen mit ein. Die folgerichtige Antwort Großbritanniens war eine Konzentration von
Flugzeugen gegen diese Fallen und alle übrigen Boote, die in den
meisten Fällen zerstört werden konnten. Aufgrund der steigenden

261

Verluste in der Biscaya sah sich Dönitz schließlich gezwungen, die verfehlte Taktik aufzugeben.

Naturgemäß hatten die U-Boot-Konstrukteure der faschistisch-deutschen Kriegsmarine bereits vor dem Sommer 1943 gewisse Verbesserungen an den Serienbooten vorgenommen. Die Anstrengungen richteten sich vor allem auf den bewährten Typ VII C. Dabei ging es darum, durch eine Verstärkung des Druckkörpers von 18,5 mm auf 21 mm bei gleichzeitigem Gewichtsausgleich eine entsprechende Tauchtiefe zu erreichen. Ziel dieser Veränderung war, der Wasserbombenwirkung zu entgehen. Man erreichte schließlich auf diesem Weg eine Vergrößerung der Konstruktionstauchtiefe von 100 auf 120 m und der Zerstörungstauchtiefe auf 300 m. Die ersten Boote, VII C/41 genannt, konnten im August 1943 fertiggestellt werden. Weitere Bestrebungen in dieser Richtung, die Typen VII C/42 und VII C/43, für die eine Zerstörungstauchtiefe von 500 m bzw. eine größere Anzahl schußbereiter Torpedos geplant waren, blieben unausgeführt. Letztlich stießen aber Veränderungen an Details nicht das Prinzip des Tauchbootes um, das aber, seitdem die U-Boot-Abwehr eine größere Effektivität besaß, generell überholt war.

Weitere Einzelmaßnahmen waren die Ausrüstung der Boote mit neuen Waffen, darunter mit geräusch- und programmgesteuerten Torpedos, sowie die Wiedereinführung der magnetischen Zündung und die Verbesserung der Regeleinrichtung. Hinzu kamen während des Krieges der Ausbau der völlig überflüssigen Kanone und die Verstärkung der Flak-Bewaffnung mit der daraus resultierenden Veränderung der Brücke. Dazu gehörten auch der versuchsweise Einsatz von Vorformen des Hubschraubers, von Tragschraubern, zur Vergrößerung der Ausguckhöhe, das Täuschungsmittel «Boldt», um der Horchverfolgung zu entgehen, sowie Beschichtungen der Boote mit Material, das Radarwellen schluckte.

Besonderes Augenmerk richtete die U-Boot-Führung, den Gesamtzusammenhang der UAW-Maßnahmen des Gegners nicht erkennend und die Rolle des Radars überschätzend, auf die Entwicklung der Funkmeßbeobachtung und -tarnung. Hierbei aber blieben, entsprechend ihrer weitaus größeren ökonomischen und wissenschaftlichen Potenzen, die Alliierten stets überlegen. Be-

reits ehe die deutsche Marineführung Beobachtungs- und Warn-
geräte einführen konnte, hatten die alliierten UAW-Kräfte verbesserte Geräte zur Verfügung. Ähnlich war es auf dem Gebiet der
aktiven Funkmeßortung, deren Entwicklungsstand für den Einsatz auf U-Booten sowohl qualitativ als auch quantitativ den Anforderungen des Krieges zu keiner Zeit genügte. Im Grunde blieben die Entwicklungen auf diesem Gebiet in der Erprobungs-
phase stecken und hatten auf den U-Boot-Krieg der faschistischen
Kriegsmarine wenig Einfluß.

Anders gelagert war das Problem des Frischluftmastes, dem
die U-Boot-Führung den Suggestivnamen «Schnorchel» gab. Die
Idee, mit Hilfe eines Luftmastes Frischluft in das getauchte Boot
zu leiten, war schon älter. Nach dem ersten Weltkrieg hatte der
niederländische Kapitänleutnant J. J. Wichers ein Patent für einen
ausfahrbaren Luftmast angemeldet. Einzelne Boote der niederländischen Marine waren daraufhin mit einer solchen Vorrichtung
ausgestattet worden. Ein solches Boot soll im Pazifik auch genutzt
worden sein. Von den nach Großbritannien gelangten niederländischen U-Booten sowie von denen, die der Kriegsmarine in die
Hände fielen, wurden die Luftmaste ausgebaut. Für die in dieser
Zeit vorwiegend über Wasser operierenden U-Boote galten sie
nämlich als überflüssiger Ballast. Erst nach der Niederlage der
deutschen Boote, insbesondere auf Grund der zunehmenden
Luftgefährdung, kam 1943 diese Idee zum Tragen.

Seit dem Winter 1943/44 begann der Einbau von neu konstruierten und laufend verbesserten Schnorcheln auf den Einsatz-
booten. Es war diese Maßnahme, die den faschistischen U-Booten 1944 überhaupt noch eine Überlebenschance bot. Die Boote
wurden sogar in die Lage versetzt, erneut in den Gewässern um
Großbritannien zu handeln. Ähnlich der Lage zu Kriegsbeginn,
konnte dabei die Schiffahrt der Alliierten gestört, aber nicht
ernsthaft bedroht werden.

Der Rückgriff auf die Schnorchelidee war nicht allein durch
seine unmittelbare militärische Wirkung bedeutsam. Der Schnorchel bildete eine der Voraussetzungen für den Bau qualitativ
neuer U-Boot-Typen.

Der Übergang zum «reinen» Unterseeboot hatte technisch spätestens seit dem Ende des ersten Weltkrieges im Bereich des

Möglichen gelegen. Über seine Grundvoraussetzung, den Einheitsantrieb, gab es unterschiedliche Vorstellungen und Projekte, die jedoch niemals ernsthaft verfolgt wurden. Die Marineführungen blieben desinteressiert, weil einerseits bei dem damaligen Stand der UAW-Mittel ein Tauchboot durchaus noch akzeptabel war, und andererseits hatte man allein mit einem Einheitsantrieb noch kein neues Boot. Dazu gehörte zugleich die Verbesserung der Waffen und nicht zuletzt der Navigationsmöglichkeiten. Alles in allem ein ganzes Bündel von Problemen. Insgesamt wäre das ein sehr aufwendiger und schwieriger Entwicklungsweg gewesen, der, da vorerst nicht dringlich, noch nicht betreten wurde.

Das änderte sich im Verlauf des zweiten Weltkrieges. Der stärkste Anstoß kam naturgemäß durch die U-Boot-Abwehr. Zugleich hatten die verschiedenen Detailentwicklungen, beispielsweise in bezug auf die Torpedos, wichtige Teilprobleme gelöst. Nicht nur die entstandene Lage im Seekrieg erforderte ein qualitativ neues U-Boot. Es bestanden schließlich auch technische Voraussetzungen für eine baldige Realisierung der Überlegungen. Daß diese Entwicklung ihren Anfang im faschistischen Reich nahm, lag in erster Linie an der schwierigen militärischen Lage des deutschen Imperialismus. Die allgemein verbreitete Hoffnung, durch qualitativ neue Waffen, von der Goebbelspropaganda als «Wunderwaffen» angepriesen, die Überlegenheit der Streitkräfte der Antihitlerkoalition wenigstens ausgleichen zu können, fand ihre maritime Variante im Übergang vom Tauch- zum Unterseeboot.

In Deutschland experimentierte der Ingenieur Hellmuth Walter seit Anfang der 30er Jahre an einem luftunabhängigen Einheitsantrieb. Seine Idee bestand darin, unter Anwendung von Wasserstoffperoxid — zuletzt in 90prozentiger Konzentration — eine Wärmekraftmaschine anzutreiben. Mit der anfangs zögernden Förderung durch die Kriegsmarine baute er 1939/40 ein erstes Versuchsboot, das im Herbst 1940 Unterwassergeschwindigkeiten bis zu 28 kn erreichte.

Der Kriegslage und den seekriegstheoretischen Vorstellungen entsprechend, blieb das Interesse gering und die Entwicklung des neuen U-Boot-Typs ging relativ langsam voran. Erst als Dönitz im Januar 1942 seine Unterstützung zusagte, nahm das Entwicklungstempo zu. Im Oktober 1943 wurden die Versuchsboote U 792 und U 794 mit der Typbezeichnung XVII B und XVII G abgeliefert. Den relativ kleinen Booten folgten Planungen für den Bau eines größeren, atlantikfähigen Typs, der die Bezeichnung XVIII bekam. Im Januar 1943 erfolgte die Bauvergabe von 2 Booten des Typs XVIII. Dabei hatte die Walteranlage nur den Charakter eines Zusatzantriebs für kurzzeitigen Einsatz. Für den An- und Abmarsch sowie für den Aufenthalt im Operationsgebiet benötigten die Boote einen zweiten Antrieb aus Dieselgeneratoren, Batterien und elektrischem Hauptantrieb.

Zum Walterantrieb in Konkurrenz arbeitete seit 1940 eine andere Firma an der Konstruktion eines Abgas-Kreislaufverfahrens für U-Boot-Dieselmotoren. Trotzdem er technisch vielversprechend war, setzte sich dieser Gedanke nicht durch. Nach vielen Verzögerungen begann der Bau eines Kreislaufversuchsbootes, dessen Vollendung bis 1945 nicht mehr gelang.

Wie schon erwähnt, ging es der Kriegsmarineführung nicht nur darum, technisch völlig neue Boote zu bekommen, sie mußten auch kurzfristig zum Einsatz gelangen. Das erwies sich aber bei der Walterkonstruktion als äußerst problematisch. Neben den konstruktiven Faktoren machte die Produktion der notwendigen Mengen Wasserstoffperoxid, das für den Antrieb benötigt wurde, größere Schwierigkeiten. Daher kam es zu einer Parallellösung, der Dönitz zustimmte, da sie weitgehend die geforderten neuen taktisch-technischen Eigenschaften versprach und zugleich die Hoffnung zuließ, bald eine große Anzahl Boote zu bauen.

Während hier die neue Form des «Walter»-Bootes — sie entsprach im wesentlichen den Anforderungen für die Unterwasserfahrt — übernommen wurde, bekam der Druckkörper über etwa einem Drittel der gesamten Länge eine Vergrößerung nach unten. Dort wurden Batterien für die Unterwasserfahrt eingebaut. Alles in allem war das eine Vergrößerung der Kapazität um das Dreifache. Dadurch konnten der Unterwasserfahrbereich und die Unterwassergeschwindigkeit entscheidend erhöht werden. Im Prinzip baute man jetzt U-Boote, die zwar nicht luftunabhängig waren, jedoch längere Zeit getaucht handeln konnten. Sie hatten sehr schwere Batterien und einen starken elektrischen Hauptantrieb. Über Dieselgeneratoren konnten bei Schnorchelfahrt die

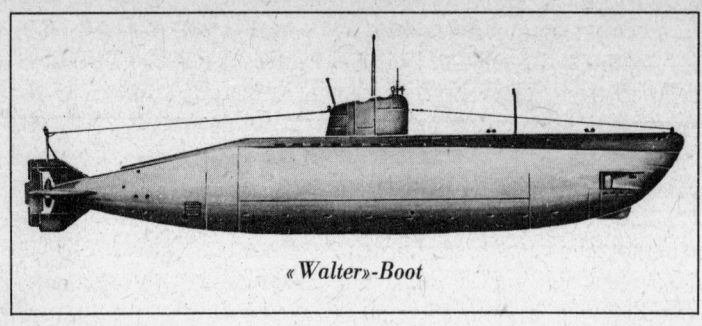

«Walter»-Boot

Batterien geladen werden. Damit war bei grundsätzlicher Beibe-
haltung des bisherigen Antriebsverfahrens und einem Minimum
an neu zu konstruierenden Anlagen ein entscheidender Schritt
zum «echten» U-Boot erfolgt. Der so entstandene Typ erhielt die
Bezeichnung XXI, eine kleinere Parallelentwicklung für den Einsatz in Küstennähe ging als Typ XXIII in die Produktion. Unbe-
schadet dessen und immer noch die eigenen Kräfte überschätzend, legte man als Typ XXVI W ein «Walter»-Boot auf Stapel.

Die rüstungswirtschaftlichen Potenzen des Nazireiches verken-
nend, glaubte Dönitz, durchsetzen zu können, daß die «Walter»-Boote und die dieselelektrisch getriebenen Boote der Typen XXI und XXIII schnell und in hohen Stückzahlen gebaut und
eingesetzt werden. Schon bald mußte er jedoch erkennen, daß er
keines der Ziele ohne weitere Einschränkungen erreichen würde.
Am 30. September 1943 wurden daher Aufträge über 162 U-
Boote verschiedener Typen, darunter 18 «Walter»-Boote annul-
liert. Der U-Boot-Bau konzentrierte sich nun auf die beiden Typen XXI und XXIII sowie 28 «Walter»-Boote des kleinen
Typs XVII und 2 Versuchsbauten der größeren Boote des
Typs XVIII.

Dennoch war klar, daß sich mit den bisherigen Fertigungsme-
thoden keine grundlegende Beschleunigung der U-Boot-Produktion bewerkstelligen ließ. Erst im Herbst 1945 hätte man mit den
neuen U-Booten rechnen können — zu spät angesichts der
Kriegslage des faschistischen deutschen Imperialismus. Vor 1939
und noch in der ersten Hälfte des Krieges hatten die Deutschen
Werke Kiel und die Krupp'sche Germaniawerft eine führende

Typ	XVIIB	XVIII	XXI	XXIII	XXVIW
Besatzung	19	52	57	14	35
Verdr. in ts	312 / 337	1485 / 1652	1621 / 1819	234 / 258	842 / 926
Länge _in m_	41,5	71,5	76,7	34,7	56,2
Breite	3,3	6,2	6,6	3,0	5,4
Antrieb in PS	1 × 210 Walter-turb. 1 × 77	2 × 2000 Walter-turb. 2 × 198	2 × 2000 2 × 2500 2 × 113	1 × 580 1 × 580 1 × 35	1 × 265 1 × 580 1 × 7500 Walter-turb. 1 × 536 1 × 71
Geschw. in kn	8,5 / 21,5	18,5 / 24,0	15,6 / 17,2	9,7 / 12,5	11,0 / 24,0
Fahrbereich sm/kn	3000/8 / 150/20	5000/12 / 250/20	11150/12 / 285/6	2600/8 / 175/4	7300/10 / 158/24
Bewaffnung (Kal. in mm) T.-Rohr./Kal.	2/533	6/533	6/533	2/533	10/533
Torp.-Vorrat	4	23	23	2	—
Art.-Z. Kal.	—	1 Vierling 30 mm	1 Vierling 20 mm	—	—

Rolle im U-Boot-Bau gespielt, wenn auch zunehmend weitere Betriebe hinzu kamen. An Bedeutung gewannen vor allem die Werften im Ostseeraum um Danzig (Gdańsk). Man beteiligte auch kleinere Unternehmen, so die Neptunwerft in Rostock, an dem immer profitabler werdenden Geschäft. Doch genügten diese Maßnahmen für die von der Marineführung geplanten U-Boot-Zahlen nicht. Ein besonderer Engpaß waren die Werftarbeiter. Um die benötigten Facharbeiterzahlen zu sichern, unterzeichnete Hitler am 8. Februar 1943 einen Erlaß, nach dem Arbeitskräfte, die im U-Boot-Bau, bei der Fertigung von U-Boot-Bewaffnung und dem U-Boot-Krieg dienenden Überwasserschiffen beschäftigt waren, von der Einberufung zur Wehrmacht befreit werden sollten. Auf Betreiben von Dönitz erfolgte zugleich die Übernahme der Marinerüstung durch das Ministerium für Bewaffnung und Munition. An der Spitze des von diesem Ministerium eingesetzten Hauptausschusses Schiffbau stand der Generaldirektor der Magiruswerke. Wichtigste Aufgabe des neuen Rüstungsgremiums war die Fertigung der Typen XXI und XXIII.

Diese verstärkte staatsmonopolistische Entwicklung ermöglichte es, unter führender Mitarbeit von Großindustriellen ein neues Konzept für die Produktion der Boote zu erarbeiten und durchzusetzen. Die Boote, z. B. der Typ XXI, wurden einschließlich des Turmes in 9 Sektionen vorgefertigt und diese fast fertigen Bauteile auf einer reinen Montagewerft zusammengefügt. Um den Luftangriffen der Alliierten zu entgehen, begann zugleich der Bau von Bunkern, in denen die Endmontage erfolgen sollte. Das größte Objekt dieser Art war der Montagebunker «Valentin» bei Farge an der Weser. Seine Abmessungen von 450 m mal 100 m und die 7,30 m starke Decke boten 24 Einzelsektionen und 13 vollständigen U-Booten Schutz.

Die sich schnell verändernde Kriegslage überholte jedoch alle Bemühungen. Die näherrückenden Fronten und die nahezu absolute Luftüberlegenheit der Alliierten verhinderten einen auch nur annähernd programmgemäßen Bauablauf. Die Bedrohung des Ruhrgebietes durch die Westalliierten Ende 1944 und der Vormarsch der Sowjetarmee wirkten sich schließlich gravierend aus. Auf Grund des sowjetischen Vormarsches gingen die Werften ostwärts der Oder verloren, die 30 Prozent der Typ-XXI-Produktion liefern sollten. Zugleich fiel mit der Danziger Bucht die wichtigste Ausbildungsbasis der U-Boote aus. Bereits in Dienst gestellte U-Boote wurden bei Luftangriffen immer wieder beschädigt und mußten erneut in die Werften. Trotz aller Bemühungen gelangte keines der «Walter»-U-Boote mehr zum Einsatz. Von den Typ-XXIII-Booten wurden ab Februar 1945 noch 7 Boote vor der englischen Ostküste und in der Themsemündung eingesetzt. Von den Typ-XXI-Booten lief Ende April 1945 noch eines aus, mußte aber, ohne zum Schuß gekommen zu sein, nach dem 8. Mai in den Stützpunkt zurückkehren.

Die Rüstungspläne der Marineführung des faschistischen deut-

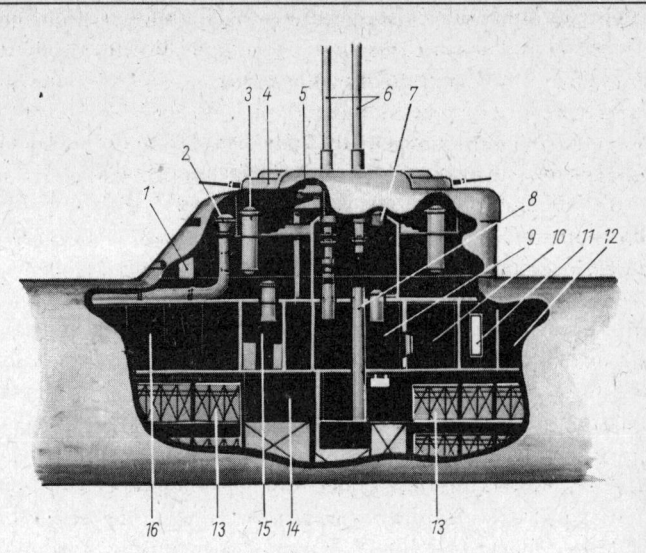

Turm Typ XXI
1 Schlauchbootbehälter,
2 Lufteintritt für die Überwasserfahrt, 3 Munitionsbehälter,
4 Flakwaffe, 5 ausfahrbarer Schnorchel,
6 Sehrohre, 7 Kommandoraum, 8 Sehrohrschacht,
9 Zentrale, 10 Kommandantenkammer, 11 Funk- und Horchraum,
12 Unterkunft, 13 Batterieraum,
14 Abteilung für Vorräte und Absaugzelle,
15 Kombüse, 16 Unterkunft

schen Imperialismus hatten sich zum wiederholten Male als irreal erwiesen. Es war nicht gelungen, die qualitativ neuen U-Boote in einem solchen Tempo zu konstruieren und zu produzieren, daß sie noch merklichen Einfluß auf den Kriegsverlauf hätten nehmen können. Ebensowenig real ist die nachträgliche Behauptung einiger ehemaliger Naziadmirale und bürgerlicher Publizisten, wären die Boote nicht «zu spät» gekommen, hätten sie die endgültige Niederlage des faschistischen Deutschen Reiches verhindern können.

Dennoch sollte der U-Boot-Einsatz, der besonders von Dönitz so hartnäckig, rücksichtslos und fast ununterbrochen während des zweiten Weltkrieges betrieben wurde, in seiner langfristigen politischen Wirkung nicht unterschätzt werden. Im Gegensatz zum ersten Weltkrieg waren alle Teile der Marine des deutschen Imperialismus auch unter den aussichtslosesten Bedingungen aktiv geblieben. Der Vorwurf der «Untätigkeit» wie nach 1918 sollte und durfte nicht noch einmal gegen die Marine erhoben werden.

Die mit allen Mitteln manipulierten Besatzungen wurden von der faschistischen Marineführung unter Dönitz bis in die letzten Tage des zweiten Weltkrieges rücksichtslos in den Kampf geworfen. Ungeachtet der Überlegenheit der alliierten U-Boot-Abwehrkräfte und der steigenden Verluste mußten die U-Boot-Besatzungen immer wieder auslaufen. 1944 gingen bei 230 U-Boot-Zugängen 264 verloren, und bis Ende April 1945 waren es 139 Boote bei 92 Zugängen. Die hierin sichtbar werdende Haltung gegenüber den eigenen Soldaten ist ein weiterer Faktor der verbrecherischen Seekriegführung der Kriegsmarine. Das Funktionieren dieser Teilstreitkraft des deutschen Imperialismus zeitigte Ergebnisse, die bei der Stabilisierung der Herrschaft des deutschen Imperialismus und dem Aufbau neuer Streitkräfte später in der BRD genutzt wurden. Die U-Boote banden Kräfte des Gegners, wenn es auch bei der großen Überlegenheit der Antihitlerkoalition in den Jahren 1944/45 fraglich erscheint, ob dies ein militärisch spürbares Ergebnis war.

Ohne Zweifel waren die neuen Boote, insbesondere der Typ XXI, Unterwasserfahrzeuge mit taktisch bemerkenswerten Eigenschaften. Sie hatten jedoch immer noch nicht das Vermögen, operativ-strategische Schläge führen zu können.

Zu den verbesserten taktischen Werten gehörten die vergrößerten Tauchtiefen. Bei Versuchen im Frühjahr 1945 z. B. wurden 200 m erreicht. Während der Überwasserfahrt liefen sie 15 kn, doch bei der unabdingbaren Schnorchelfahrt verringerte sich die Geschwindigkeit auf 6 kn. Die hohen Unterwassergeschwindigkeiten konnten naturgemäß nur kurzzeitig während des Angriffs gefahren werden. Ein zweiter, besonders leiser E-Motor ermöglichte eine für den gegnerischen Horcher schwer feststellbare «Schleichfahrt». Systematisch wurden sowohl die Eigenschaften der Torpedos verbessert, als auch die Erstschußkapazität der Boote vergrößert. Letzteres geschah, weil man davon ausging, daß ein angreifendes Boot höchstens einmal zum Schuß auf einen Geleitzug kommen würde und bei dieser Gelegenheit möglichst viele Torpedos eingesetzt werden müßten, um die Trefferwahrscheinlichkeit zu erhöhen.

Aus diesen Bestrebungen entstanden Konstruktionsvarianten mit schräg nach hinten angeordneten zusätzlichen Torpedorohren, so daß bis zu 18 Torpedos zugleich abgefeuert werden konnten. Dem angepaßte Feuerleitgeräte, aktive und passive Unterwasserortungsmittel und anderes Gerät steigerten grundlegend die Kampfkraft der U-Boote gegenüber den bisherigen Tauchboottypen. Das zwang zur Erarbeitung und Erprobung einer neuen Taktik, die jedoch auf Grund des Zeitpunktes der Kapitulation des faschistischen Deutschlands nicht mehr angewandt werden konnte.

Die neuen taktischen Überlegungen gingen davon aus, daß die Boote eine hohe Unterwassergeschwindigkeit hatten, auf 50 m Tiefe sicher Torpedos verschießen konnten und nicht mehr die vorliche Position zum Gegner anzustreben brauchten. FAT (Federapparat)-, LUT (lageunabhängige)-Torpedos und Geräuschtorpedos erhöhten die Trefferwahrscheinlichkeit, die Erstschußkapazität sowie die Fähigkeit, das erste Nachladen in 5 und das zweite in 20 Minuten zu beenden. Dazu kamen grundsätzlich verbesserte Arbeits- und Lebensbedingungen für die Besatzungen, wodurch sich die Einsatzdauer steigern ließ.

Der entscheidende Faktor, von dem die neuen taktischen Überlegungen ausgehen konnten, lag in der Umkehrung des Charakters der U-Boote allgemein. Nicht nur An- und Abmarsch erfolgten weitgehend getaucht, sondern die taktischen Handlungen beim Angriff auf den Gegner geschahen grundsätzlich unter Wasser. Das steigerte die Gedecktheit der Handlungen und erschwerte den UAW-Kräften die Bekämpfung der Unterwasserkräfte.

Bei der Ausarbeitung neuer taktischer Grundsätze ging die Marineführung des faschistischen Deutschlands von dem alten Gruppenangriffsverfahren aus und modifizierte dieses, d. h., sie paßte es den Bedingungen des fast ausschließlichen Unterwassereinsatzes an. Die von der faschistischen Kriegsmarine eingeleitete technische Entwicklung, erzwungen aus der militärischen Lage und auf den bis dahin bekannten wissenschaftlich-technischen Erkenntnissen aufbauend, war ein entscheidender Schritt zum «echten» U-Boot.

Die 1939 knapp 50 Jahre existierenden modernen U-Boote bestätigten im Verlauf des zweiten Weltkrieges erneut ihren hohen Stellenwert für die Seekriegführung. Erstmals konnten die Unterwasserkräfte im Pazifik einen entscheidenden Beitrag zur Unterbindung des Seeverkehrs eines Gegners leisten. Sie handelten dabei als Teil einer starken, aus allen wichtigen Waffengattungen bestehenden Flotte. Es zeigte sich, daß die Unterwasserkräfte nicht die Flotte der «Schwachen» waren, sondern ein notwendiger und wichtiger Teil großer Marinen. Ihr Erfolg hatte das Zusammenwirken mit anderen Marineteilen zur Voraussetzung. Geschah das nicht, blieb er aus.

Das Beispiel hierfür ist der Einsatz der Unterwasserkräfte des faschistischen Deutschlands. In weniger als 2 Jahren waren sie zum Hauptschlagmittel der Kriegsmarine geworden. Ohne Luftunterstützung und bei immer geringer werdenden Leistungen der Überwasserkräfte führten sie praktisch ihren eigenen Seekrieg. Militärisch gesehen konnten die U-Boote der Kriegsmarine die ihnen gestellte Aufgabe nicht lösen. Als Instrument eines besonders abenteuerlichen, aggressiven und verbrecherischen Regimes und seiner herrschenden Klassen handelnd, mußten sie gegenüber der überlegenen materiellen und moralischen Kraft der Völker der Antihitlerkoalition eine Niederlage erleiden.

Die Marine des faschistischen Deutschlands stellte insgesamt 1171 U-Boote in Dienst. Davon kamen 863 im zweiten Weltkrieg zum Einsatz, von denen wiederum 630 verlorengingen. Von 39000 U-Boot-Männern mußten 27082 den verbrecherischen Krieg des deutschen Imperialismus, zu dessen Werkzeug sie sich hatten machen lassen, mit dem Leben bezahlen. Die U-Boote der Kriegsmarine vernichteten 2840 Handelsschiffe mit insgesamt 14333082 BRT sowie 5 Flugzeugträger, Geleit- und Hilfsflugzeugträger, 2 Schlachtschiffe, 6 Kreuzer, 34 Zerstörer und weitere Kriegsschiffe. Im Ergebnis des U-Boot-Krieges fanden etwa

45 000 Matrosen der alliierten Handels- und Kriegsflotte den Tod. Ende 1944 waren mit der U-Boot-Abwehr 880 Ozean- und 2 200 Küstenfahrzeuge beauftragt.

1946 stand, verkörpert in den Personen des ehemaligen Oberbefehlshabers der Kriegsmarine, Erich Raeder, und seines Nachfolgers, des von Hitler eingesetzten letzten Staatsoberhauptes des faschistischen Deutschen Reiches, Karl Dönitz, die Marineführung des faschistischen deutschen Imperialismus vor dem Gericht der Völker. Die Verhandlungen bewiesen die verbrecherischen Ziele, auf deren Realisierung die Führung der Kriegsmarine alle

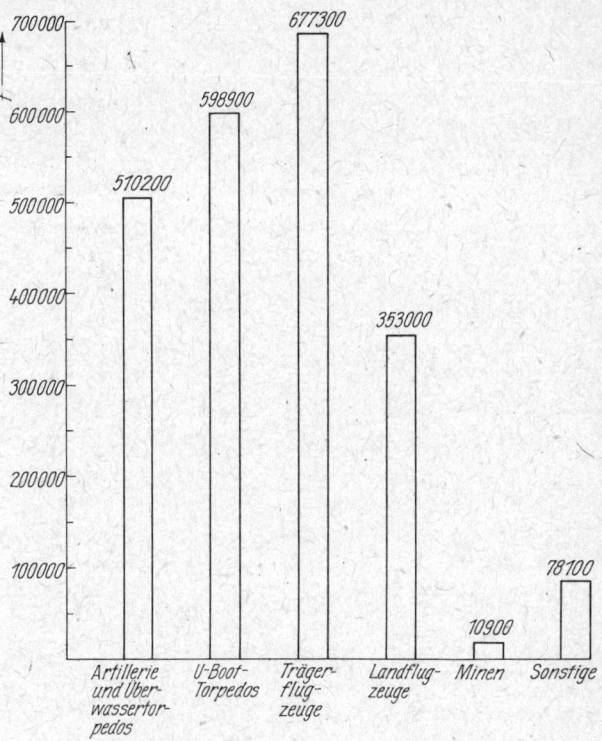

Ursachen für die Verluste von Flugzeugträgern,
Schlachtschiffen und Kreuzern
während des zweiten Weltkrieges

Anstrengungen gerichtet hatte, wofür ihr alle Mittel recht gewesen waren. Die Verurteilung der Kriegsverbrecher Raeder und Dönitz vor dem Nürnberger Alliierten Gerichtshof ist eine gegenwärtig noch aktuelle Warnung an alle, die auf militärische Abenteuer zur See aus sind.

V

Entwicklungstendenzen der Unterwasserkräfte nach dem zweiten Weltkrieg

1. Die Zeit bis zum Bau kernkraftgetriebener U-Schiffe in den 50er Jahren

Aus dem zweiten Weltkrieg gingen die USA als einziger imperialistischer Staat ökonomisch und militärisch gestärkt hervor. Sie übernahmen die Führung im imperialistischen Lager mit dem Ziel, das imperialistische System weltweit zu stabilisieren und die sich festigenden Kräfte des Sozialismus zu bekämpfen. Zu diesem Zweck sagten sich die herrschenden Kreise der USA und der anderen imperialistischen Staaten von der Antihitlerkoalition los und begannen bald eine Politik des ökonomischen Druckes und der militärischen Erpressung gegenüber der sich herausbildenden sozialistischen Staatengemeinschaft, der internationalen Arbeiterbewegung sowie allen progressiven Staaten und Strömungen auf der Welt.

Diese politische Konstellation wirkte nach dem Ende des Krieges vorrangig auf die Streitkräfteentwicklung ein. Weitere politische Faktoren, vielfältige wissenschaftlich-technische Aspekte und nicht zuletzt ökonomische Momente beeinflußten zusätzlich die Stellung der Streitkräfte.

Bestimmend für die seestrategische Situation und die sich daraus ergebenden Entwicklungslinien war, daß die von den USA geführten imperialistischen Blöcke, in Europa die NATO, die Mehrzahl der großen, mittleren und kleinen Seemächte einschlossen. Geographisch liegen die USA und ihre bedeutendsten Koalitionspartner an Gegenküsten. Der hier bereits traditionell hohe Stellenwert der Seestreitkräfte wurde durch die Lage zu den potentiellen Kriegsschauplätzen in Europa und Asien nicht geringer, sondern größer. Dennoch kam es in den ersten Jahren nach dem zweiten Weltkrieg zu gewissen Unsicherheiten, was die Perspektive der Flotten in der bisherigen Struktur betraf. Das war eine Folge der Entwicklung der Kernwaffen, die von den USA erstmals gegen die japanischen Städte Hiroshima und Nagasaki eingesetzt wurden. Ebensowenig eindeutig für die Flotten der imperialistischen Staaten war zunächst der Wert der Unterwasserkräfte unter den neuen militärstrategischen Bedingungen.

Den stärksten Einfluß auf die Bestimmung des Platzes der Unterwasserkräfte innerhalb der Seestreitkräfte übten jetzt naturgemäß die im zweiten Weltkrieg gewonnenen Erfahrungen aus. Danach lag die Stärke der U-Boote besonders in ihren Möglichkeiten im Kampf gegen gegnerische Seeverbindungen. Alle übrigen Aufgabenstellungen bildeten einen durchaus beachtlichen Beitrag zur Kriegführung, rechtfertigten allein jedoch nicht den Unterhalt starker Unterwasserkräfte. So ist es wenig verwunderlich, daß es gerade der US Navy schwerfiel, der U-Boot-Flotte künftige Aufgabenstellungen zuzuweisen. Einerseits hatte der Krieg die gewachsene Rolle der U-Boote gezeigt, vor allem eröffneten die technischen Weiterentwicklungen, wie sie z. B. in der faschistischen Kriegsmarine eingeführt worden waren, neue Perspektiven für die Unterwasserkriegführung. Andererseits hatte die politische Entwicklung dazu geführt, daß der Schwerpunkt des bisherigen U-Boot-Einsatzes, der Kampf gegen den gegnerischen Seehandel, für die Flotten der imperialistischen Paktsysteme nahezu gegenstandslos geworden war. Sie sehen ihren Hauptgegner in der UdSSR und den mit ihr verbündeten Ländern — eine Koalition von Staaten mit gemeinsamen Landgrenzen —, was eine derartige U-Boot-Verwendung weitgehend ausschloß.

Der Platz der Seestreitkräfte und damit der Unterwasserkräfte der USA und ihrer Verbündeten wird durch deren jeweilige Militärdoktrin bestimmt. Bis Ende der 50er Jahre war das die «Politik der Stärke» mit der ihr adäquaten Strategie der «massiven Vergeltung». Im Rahmen dieser Strategie begannen die USA, strategische Kernmittel in der Handlungssphäre der Seekriegsflotte zu konzentrieren. Dem folgten die Flotten Großbritanniens und Frankreichs, bei denen ebenfalls das Bestreben deutlich wurde, die Kampfkraft ihrer Flotten auch gegen das Festland einzusetzen.

Für die Marinen der imperialistischen Staaten setzten in diesem Prozeß die US Navy und ihre Unterwasserkräfte Maßstäbe. In den USA waren im zweiten Weltkrieg rund 221 U-Boote der 3 Standardtypen «Gato», «Balao» und «Tench» gebaut worden. Vor der Marineführung der USA stand nun die Frage, wie man diese militärische Potenz in einem künftigen Krieg einsetzen sollte und könnte. Mit anderen Worten, man «suchte», wie ein bürgerlicher Publizist offenherzig schrieb, nach «neue(n) Aufgaben» für die «amerikanische U-Boot-Waffe. Der einzige potentielle Feind, die Sowjetunion, besaß damals weder eine Überwasserkriegs- noch eine Handelsflotte, die das Bestehen einer großen USA-U-Boot-Waffe rechtfertigen konnte», heißt es in dem Beitrag weiter.

Die Lösung dieser «Schwierigkeiten» wurde in unterschiedlichen Richtungen gesucht. Unmittelbar nach Beendigung des zweiten Weltkrieges begann man mit 2 Aufgabenstellungen. Die eine war das «Guppy»-Programm, die andere die Entwicklung von Marschflugkörpern, die von U-Booten aus gegen Landziele eingesetzt werden sollten, das spätere «Regulus»-Programm.

Das «Guppy»-Programm (greater underwater propulsive power) hatte zum Ziel, den Kampfwert der vorhandenen U-Boote entsprechend dem von der faschistischen Kriegsmarine gewiesenen Weg zu steigern. Der Umbau der Boote erfolgte nach dem Vorbild des TypsXXI in Richtung auf «reine» U-Boote. Sie erhielten eine Maschinenlage, die die Unterwassergeschwindigkeit und den Unterwasserfahrbereich steigerte. Für den Dieselbetrieb in getauchten U-Booten wurden Schnorchel eingebaut. Die Deckgeschütze wurden entfernt. Verbesserte Torpedofeuerleitgeräte, Sonar- und Radarausstattung vervollkommneten die Modernisierung. Insgesamt wurden 60 U-Boote auf diese Weise umgebaut.

Mit dem «Guppy»-Programm begannen die USA kurze Zeit nach dem Ende des zweiten Weltkrieges auf dem Sektor des U-Boot-Baues das gegen die UdSSR, gegen den sozialen Fortschritt und den Frieden gerichtete Wettrüsten. Nicht der Abbau des vorhandenen Rüstungspotentials, sondern seiner Modernisierung und seinem Ausbau galten die Bestrebungen des USA-Imperialismus. Damit sicherte er sich sowohl Profite als auch zunehmende militärische Stärke, auf deren Grundlage er glaubte, seine expansiven Ziele durchsetzen zu können.

Das vom Imperialismus initiierte Wettrüsten führte zu einem schnelleren moralischen Verschleiß der Kampftechnik, so daß seitdem laufend umgerüstet wurde. Beispielsweise war das «Guppy»-Programm nicht ein einmaliger Akt der Modernisierung der Unterwasserflotte, sondern es lief in mehreren Schüben zwischen den Jahren 1947 bis 1962. Bei jedem Teilschritt, bei GuppyI, IA, II, IIA und III, lag das Schwergewicht der Umbauten auf unterschiedlichen Gebieten. Dabei spielte das Profitstreben der beteiligten Monopole eine nicht geringe Rolle. Zugleich konnten bei den jeweiligen Umbauten ständig technische Neu- und Höchstentwicklungen berücksichtigt werden. Das betraf die Ortungsmittel, die Schnorchelanlage und nicht zuletzt den Antrieb, der zunehmend geräuschärmer wurde.

Bereits von vornherein als «reines» U-Boot konstruierten die USA nach dem zweiten Weltkrieg den «Tang»-Typ, der unter Wasser 2 700 ts verdrängte. Die beiden ersten Boote dieses Typs liefen 1949 vom Stapel, und ihre Indienststellung erfolgte 1951/52.

Die letzte Konstruktion mit konventionellem Antrieb war 1956/57 der «Barbel»-Typ. Hier ließ die US Navy erstmals ein Unterwasserfahrzeug mit einer vom «Walter»-Boot ausgehenden, weiterentwickelten Rumpfform bauen. Bis dahin hatte die Marine der USA nur ein Versuchsboot, die «Albacore», mit den für die Unterwasserfahrt günstigsten Formen gebaut. In den «Barbel»-Typ gingen die mit der «Albacore» gesammelten Erfahrungen ein, so daß er unter Wasser die beachtliche Geschwindigkeit von 25 kn laufen konnte. Seit den «Barbel»-Booten besitzen die modernen U-Schiffe/Boote der US Navy sowie die aller übrigen Flotten eine Operationszentrale. Hier werden alle für den Einsatz wichtigen Daten eingegeben und ausgewertet, und von ihr aus wird das Schiff bzw. das Boot geführt.

Ein weiterer Weg der Aufgabensuche für die Unterwasserkräfte der US Navy verlief entgegengesetzt den Tendenzen vor und während des zweiten Weltkrieges. Hatten in dieser Zeit die

Konstrukteure und Taktiker ihre Bemühungen auf ein Fahrzeug gerichtet, dessen taktisch-technische Eigenschaften möglichst viele Einsatzvarianten zuließen, so lief jetzt die Zielsetzung auf eine Spezialisierung der Schiffe und Boote hinaus. Den U-Boot-Kräften der USA wurden Sonderaufgaben zugewiesen, denen die Neu- und Umbauten angepaßt wurden. Eine gemeinsame Grundlinie blieb jedoch trotz zunehmender Spezialisierung sichtbar, nämlich das Bemühen, die Unterwasserkräfte mehr und mehr für Handlungen der Flotte gegen die Küste des Gegners einsetzbar zu machen.

Bereits unmittelbar nach Kriegsende begann in der US Navy der Umbau von konventionellen Booten zu Radar-Vorpostenfahrzeugen. Es wurden insgesamt 10 U-Boote für diese Aufgabe umgerüstet. Typisch für sie war eine reichhaltige Ausstattung mit Funkmeßgeräten, äußerlich an den Antennen erkennbar. Der hohe Energiebedarf der Ortungsmittel und der Widerstand, den die Antennen unter Wasser verursachten, führten zu der geringen Geschwindigkeit von nur 10 kn im getauchten Zustand.

Weitere U-Boote wurden zu Versorgern umgebaut, so 4 zu Fracht- und 2 zu Tank-U-Booten. Bei fast völlig ausgebauter Torpedobewaffnung — es verblieb eine geringe Armierung zur Selbstverteidigung — konnten sie z. B. 120 t feste Güter bzw. 600 l Öl transportieren. Zu diesen Spezialbooten gehörten ebenfalls 4 Transport-U-Boote. Sie konnten, so z. B. die «Perch», bis zu 111 Soldaten an Bord nehmen. In einem druckfesten Hangar an Oberdeck befanden sich ein Landungsfahrzeug und ein Jeep. Zugleich konnten 45 bis 85 t Fracht gestaut werden.

Die letzteren U-Boot-Typen waren für den Einsatz der Marineinfanterie, von Spezialkommandos und für die Aufklärung gedacht. Das erwähnte U-Boot «Perch» kam während der Aggressionen der USA gegen die Koreanische Demokratische Volksrepublik und die Demokratische Republik Vietnam mit derartigen Aufträgen zum Einsatz.

Im ersten Nachkriegsjahrzehnt entwickelten sich die USA zum größten Waffenlieferanten für reaktionäre Regimes in aller Welt und zur Rüstungsschmiede für ihre Koalitionspartner. Von 1948 bis 1974 lieferten die USA an 40 Staaten konventionelle U-Boote, die für die eigenen Seestreitkräfte uninteressant geworden

Veränderungen an U-Booten der USA durch
Nachkriegsmodernisierungen

Typ	«Tench»	«Guppy I»	«Guppy II»	«Guppy III»
Bau-/Umbau-jahr	1943/46	1947	1948	1962
Besatzung	85	84	85	86
Verdr. in ts	1840 2400	1870 2440	1870 2420	1975 2540
Länge in m	95,1	93,8	93,6	99,4
Breite	8,3	8,2	8,3	8,2
Antrieb in PS	6400 5400	4800 5400	4800 5400	6400 5400
Geschw. in kn	20,0 10,0	17,0 15,0	18,0 15,0	20,0 15,0
Fahrb. sm/kn	11000/10 ●	11000/10 ●	11000/10 ●	11000/10 ●
Bewaffnung (Kal. in mm) T.-Rohrz./Kal.	10/533	10/533	10/533	10/533
Torp.-Vorrat	28	28	28	24—28
Art.-Z./Kal.	2/127	—	—	—
Tauchtiefe in m	121,0	121,0	121,0	121,0

waren. Zu den Empfängern gehörten Taiwan, Argentinien, Brasilien, Franco-Spanien sowie die NATO-Staaten Türkei, Niederlande, Italien und Griechenland.

Als besonders nachhaltig erwiesen sich nach 1945 2 Entwicklungslinien der US-amerikanischen Unterwasserkräfte: zum einen das bereits erwähnte «Regulus»-Projekt und zum anderen der Bau von U-Jagd-U-Booten.

Unter Rückgriff auf Ideen, die in der Royal Navy bereits zum Bau von speziell für die U-Jagd projektierten U-Booten geführt hatten, entstanden in den USA seit den 50er Jahren erneut U-Jagd-U-Boote. Auf der Basis eines Fahrzeuges des «Gato»-Typs wurde zunächst ein Erprobungsmuster gebaut. Es war das Ziel,

280

einen Bootstyp zu schaffen, der in der Lage war, vor Häfen, auf Anmarschwegen und in Operationsräumen gegnerische Kampfboote zu orten, zu verfolgen und zu zerstören. Angestrebt wurden daher geräuscharme Fahrzeuge mit weitreichenden und genau arbeitenden Unterwasserortungsmitteln. Nach Auswertung der Erfahrungen mit dem Erprobungsboot erfolgte der Bau der ersten 6 Boote dieser Zweckbestimmung. Bald erwies sich jedoch ihr Leistungsvermögen als unzureichend, um die seit Ende der 50er Jahre in allen Marinen gebauten neuesten Unterwasserfahrzeuge zu bekämpfen. Insbesondere waren die «Jäger» nicht in der Lage, ebenso schnell zu laufen und so tief zu tauchen wie die Kampfboote. Die Grundidee, Unterwasserfahrzeuge durch «Artgenossen» jagen zu lassen, blieb jedoch von nun an erhalten. Sie führte in den 60er und 70er Jahren in den großen Marinen zur Entstehung einer Klasse von U-Schiffen und U-Booten, deren Hauptaufgabe die Vernichtung gegnerischer Unterwasserkräfte ist.

Eine aus dem Jahre 1944 stammende Idee — Mitte der 60er Jahre aufgegeben, heute jedoch wieder eine Säule der Rüstungspläne der USA — ist der Einsatz von Marschflugkörpern. In Anlehnung an die V1 der faschistischen deutschen Wehrmacht hatten die USA seit Sommer 1944 beabsichtigt, eine ähnliche Waffe zu bauen. Die Raketen sollten in großer Anzahl von der koreanischen Küste aus, von Panzerlandungsschiffen und Überwasserfahrzeugen auf die japanischen Inseln abgefeuert werden. Bevor jedoch diese Vorstellungen realisiert werden konnten, kapitulierte Japan.

Im Sommer 1946 begann die US Navy mit dem Umbau von 2 U-Booten für den Einsatz der zu dieser Zeit als «Loon» bezeichneten Flugkörper. Die Boote erhielten eine Abschußrampe, ein Leit- und Kontrollzentrum sowie die benötigten Wartungs- und Versorgungseinrichtungen für Raketen. Eines der Raketenboote besaß einen Flugkörperhangar. Der von dem aufgetauchten Boot abgefeuerte Marschflugkörper konnte durch ein weiteres Boot oder in der Unterwasserlage auch vom Angreifer selbst gesteuert werden. Ab 1952 bekamen die inzwischen weiterentwickelten und «Regulus» genannten Flugkörper Gefechtsköpfe mit Kernladung. Seit 1954 galt das System als einsatzreif. Nach dem

Umbau von 2 weiteren konventionellen Booten zu Flugkörper-U-Booten bauten die USA 2 neue, noch konventionell getriebene Fahrzeuge für diesen Zweck. Schließlich kam noch ein drittes, inzwischen kernkraftgetriebenes Fahrzeug hinzu.

Flugkörper-U-Boote der USA

Name	«Tunny»	«Barbero»	«Grayback»	«Growler»	«Halibut»
Stapellauf	1942	1943	1957	1957	1959
Umbau	1952	1955	—	—	—
Besatzung	84	85	84	84	120
Verdr.	1525	1525	2670	2450	3850
in ts	2400	2410	3650	3515	5000
Länge	95,0	95,0	101,8	96,8	106,6
in m Breite	8,3	8,3	9,1	8,2	8,9
Antr. in PS	3430	2305	4500	4500	Kern-
	2740	2740	5600	5600	energie 6000
Geschw.	17,8	17,8	20,0	20,0	15,5
in kn	9,0	9,0	17,0	17,0	20,0
Bewaffnung Flugkörper Z./Rampen	2/1	2/1	4/2	4/2	5/2
Torpedo- rohre Z./Kal. (mm)	10/533	6/533	8/533	6/533	6/533

Ab 1959 wurden die Flugkörper-U-Boote im Westpazifik stationiert. Entsprechend der gegen die UdSSR zielenden Einsatzplanung waren ständig 4 bis 5 «Regulus»-Flugkörper auf Ziele in den sibirischen Gebieten der Sowjetunion gerichtet. Die «Regulus»-Boote befanden sich bis 1964 im Einsatz, danach wurden sie durch die mit ballistischen Raketen «Polaris» ausgerüsteten kernkraftgetriebenen U-Schiffe ersetzt.

Die Abkehr vom Flugkörper-U-Boot widerspiegelt die Herausbildung grundlegend neuer technischer Möglichkeiten und damit einen Wandel in den Prinzipien des Flotteneinsatzes in den Marinen der imperialistischen Staaten. Die Strategie der «massiven Vergeltung», die auf dem Kernwaffenmonopol der USA beruhte, war gescheitert. Auf Grund des veränderten Kräfteverhältnisses in der Welt und nicht zuletzt auf Grund der gewachsenen militärischen Stärke der Sowjetunion und ihrer Verbündeten, die sich insbesondere in der Entwicklung strategischer Raketenkernwaffen reflektierte, setzte in den Führungskreisen der USA allmählich ein Umdenken ein. Sie mußten zur Kenntnis nehmen, daß sie ihre außenpolitischen Ziele nicht mit atomarer Erpressung erreichen konnten und daß erstmals das USA-Territorium selbst einem möglichen Vergeltungsschlag ausgesetzt war.

Ihre politischen Grundziele keinesfalls aufgebend, stürzte sich die imperialistische Führungsmacht in eine weitere Runde des Wettrüstens, in deren Verlauf sie die Unterwasserkräfte zum Kern ihrer strategischen Angriffskräfte machte. Ihre «neue», im Grunde alte Konzeption, jetzt als Strategie der «flexiblen Reaktion» modifiziert, stützte sich insbesondere auf die inzwischen entwickelten kernkraftgetriebenen Raketen-U-Schiffe.

Wie erwähnt, hatten die USA nach der Niederlage des faschistisch-militaristischen Blockes im zweiten Weltkrieg die Führung in der kapitalistischen Welt an sich gerissen. Als ökonomisch stärkster Staat und mit den größten Streitkräften bestimmten sie die Grundlinien der Militärpolitik und Militärdoktrin der anderen Länder in dem von ihnen beherrschten Teil der Welt.

Die Marinen des deutschen und japanischen Imperialismus fielen nach ihrer Niederlage für das erste Nachkriegsjahrzehnt aus. Die übrigen großen Flotten der kapitalistischen Welt entwickelten nach dem zweiten Weltkrieg ihre Unterwasserkräfte nach dem Vorbild ihrer Führungsmacht USA. Die Grundlinie hierbei war, bei einer Verringerung der absoluten Zahl gleichzeitig kampfkräftigere U-Boote als bisher in Dienst zu stellen. Großbritannien z. B. modernisierte 22 Boote des A- und T-Typs. Die ehemals führende Seemacht, aber auch Frankreich waren nur begrenzt in der Lage, die technische Entwicklung auf dem Gebiet der Unterwasserkräfte voll für sich nutzbar zu machen. In erster Linie richteten sich ihre Bemühungen auf den Übergang zum «reinen» U-Boot. Auch sie stützten sich hierbei auf die Erfahrungen des

U-Boot-Baues im faschistischen Deutschland, vor allem mit dem Typ XXI. In Großbritannien experimentierte man noch eine Zeit lang mit dem «Walter»-U-Boot. Mit dem Übergang zum Kernenergieantrieb fanden diese Versuche jedoch ein Ende.

In der Royal Navy ließ, wie schon nach 1918, auch nach dem zweiten Weltkrieg zunächst das Interesse an den Unterwasserkräften nach. Die ersten britischen Nachkriegsentwürfe waren die des «Porpoise»-Typs. Sie basierten auf dem deutschen Typ XXI. Die technischen Details wurden nach britischen Vorstellungen entwickelt. Die Zweckbestimmung des «Porpoise»-Typs war entsprechend den Kriegserfahrungen der britischen Marine die U-Boot-Jagd. Man rühmte sich, die Boote dieses Typs wären die leisesten der Welt. Mit der Hinwendung zum Bau von U-Jagd-U-Booten entsprach der U-Boot-Bau der Stellung des britischen Imperialismus im NATO-Bündnis mit dessen potentieller Zielrichtung gegen die UdSSR und ihre Verbündeten.

Britische dieselelektrisch getriebene U-Boote, insbesondere des konventionellen «Oberon»-Typs, spielten eine nicht unwesentliche Rolle im Waffenexport des Landes. Während die Royal Navy zur Indiensthaltung von kernkraftgetriebenen U-Schiffen überging, bauten britische Werften weiterhin konventionelle U-Boote für andere Marinen, z. B. Kanadas, Australiens und Brasiliens.

Eine ähnliche Entwicklung vollzog sich in Frankreich. Hier erfolgte nach 1945 der Übergang zum «reinen» U-Boot auf der Basis des «Daphne»- und «Arethuse»-Typs, die sich, ständig verbessert, noch heute in Dienst befinden. Ein fester Kreis von Kunden bzw. Lizenznehmern für konventionelle französische U-Boote, darunter Pakistan, Spanien und Portugal, sorgte für eine günstige Bilanz der am Bau von Unterwasserfahrzeugen beteiligten Unternehmen.

Alle übrigen Marinen kapitalistischer Staaten blieben ebenfalls beim Bau oder der Indiensthaltung konventioneller U-Boote, deren Hauptbewaffnung nach wie vor der Torpedo war. Bis etwa zu Beginn der 60er Jahre sonderten die bedeutendsten Marinen ihre Vorkriegs- und Kriegs-U-Boote aus und führten moderne, «reine» U-Boote ein.

Im allgemeinen blieb die Anzahl der U-Boote in den zweit-

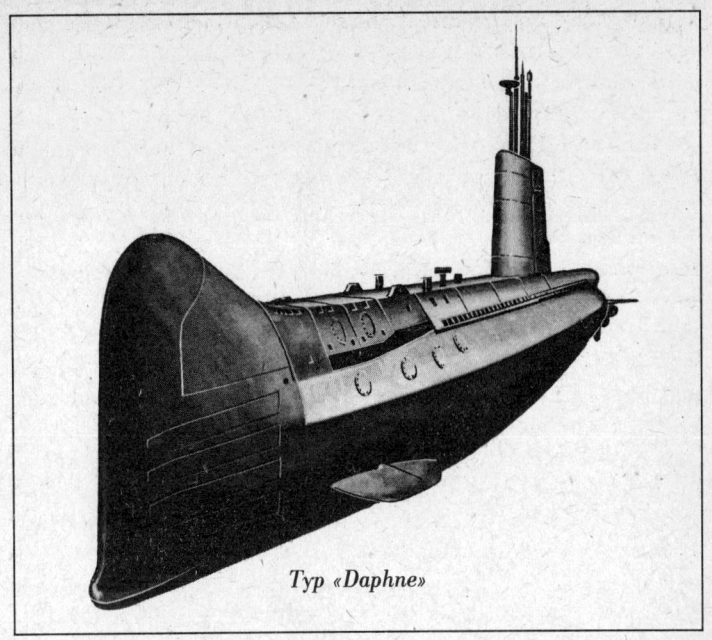

Typ «Daphne»

und drittrangigen Flotten begrenzt. Ihre technische Ausstattung und ihre Qualität erreichten nicht das Niveau der Boote der führenden Seemächte. Für die Mehrzahl dieser Flotten war es wegen der Kosten nicht möglich, sich den neuesten Entwicklungen zuzuwenden. Es blieb bei der Übernahme von Booten älteren Typs — nach 1945 insbesondere US-amerikanischen Ursprungs.

Zu den wenigen Ländern, die nach dem zweiten Weltkrieg eigene U-Boot-Konstruktionen realisierten, gehörte Schweden. Schweden hatte bereits 1902, als der Reichstag erstmals Mittel für den U-Boot-Bau bewilligte, Unterwasserfahrzeuge gebaut. Von dieser Zeit an konnte es ständig etwa 20 Boote in Dienst halten, die sich in den technischen Standard der Zeit einordneten. Eine Besonderheit der schwedischen Konstruktionen war und ist es, daß sie ausschließlich für den Kampf in Randmeeren bestimmt sind. Da hier die Seeausdauer eine geringe Rolle spielt, ergibt sich daraus die Möglichkeit, eine im Verhältnis zur Größe stärkere Bewaffnung einzubauen als beispielsweise in Typen für den

U-Boote kapitalistischer Staaten
in den 50er Jahren

Typ	Jahr	Besatzung	Verdr. in ts	Länge in m	Breite in m
«Porpoise» brit.	1956	71	2030 2405	73,5	8,1
«Oberon» brit.	1959	69	2030 2410	73,5	8,1
«Tang» USA	1951	83	2100 2700	87,4	8,3
«Sailfish» USA	1955	95	2625 3168	106,8	8,8
«Barbel» USA	1958	79	2145 2895	66,8	8,8
«Arethuse» Frankr.	1957	46	529 650	50,0	5,8
«Daphne» Frankr.	1954	45	850 1040	58,0	6,8
«Dolfijn» Niederl.	1959	64	1494 1826	79,6	7,9

Ozeaneinsatz. Bis 1945 verfügte die schwedische Marine über U-Boote mittlerer und kleinerer Typen, die mit Torpedos oder Minen ausgerüstet sein konnten. Nach dem zweiten Weltkrieg begann sie zunächst mit der Modernisierung des vorhandenen Bestandes. Sie beschränkte sich z. B. bei den 12 größeren Booten auf den Einbau eines Schnorchels und Veränderungen der Turmform. Grundlegend umgebaut wurden 6 kleine Boote in den Jahren 1960 bis 1964. Völlig nach dem Prinzip der «reinen» U-Boote entworfen und gebaut wurden in den Jahren 1958 bis 1962 erstmals die Fahrzeuge des «Draken»-Typs. Sie zeichnen sich durch relativ hohe Unterwassergeschwindigkeiten bis zu 20 kn sowie geräuscharmes Fahren aus.

Im Bereich der Unterwasserkräfte der großen Marinen imperialistischer Staaten, das waren nach dem zweiten Weltkrieg nur

Antrieb in PS	Geschw. in kn	T.-Rohrz./Kal. T.-Vorrat
$\frac{2 \times 1\,650}{6\,000}$	$\frac{12,0}{17,0}$	$\frac{8/533}{30}$
$\frac{2 \times 1\,840}{6\,000}$	$\frac{12,0}{17,0}$	$\frac{8/533}{24}$
$\frac{3 \times 1\,500}{5\,600}$	$\frac{20,0}{18,0}$	$\frac{8/533}{\bullet}$
$\frac{4 \times 1\,500}{8\,200}$	$\frac{19,5}{14,0}$	$\frac{6/533}{\bullet}$
$\frac{3 \times 1\,600}{3\,150}$	$\frac{15,0}{25,0}$	$\frac{6/533}{\bullet}$
$\frac{1\,060}{1\,300}$	$\frac{16,0}{18,0}$	$\frac{4/550}{20}$
$\frac{2 \times 650}{1\,600}$	$\frac{13,0}{16,0}$	$\frac{12/550}{\bullet}$
$\frac{2 \times 1\,550}{4\,200}$	$\frac{14,5}{17,0}$	$\frac{8/533}{16}$

die der USA, Großbritanniens und bedingt Frankreichs, begann sich bereits im ersten Jahrzehnt nach Kriegsende eine deutliche Tendenz abzuzeichnen. Die Entwicklung der U-Boote erfolgte ohne Pause in immer größeren qualitativen und quantitativen Dimensionen. Zur politischen Rechtfertigung der ständig wachsenden Rüstungskosten auf diesem Gebiet diente die angebliche kommunistische Bedrohung. Die Veränderung der U-Boote in ihrer Gesamtheit sowie einzelner Waffen und Geräte vollzog sich nach dem zweiten Weltkrieg in einem Tempo und Ausmaß, wie niemals zuvor. Ähnelten die U-Boote des Jahres 1939 im wesentlichen den Konstruktionen, wie sie schon am Ende des ersten Weltkrieges gebaut worden waren, so konnten die Kampfeigenschaften der dieselgetriebenen Boote vom Ende der 50er Jahre kaum noch mit denen von 1944/45 verglichen werden.

Das fast nahtlose Überwechseln der herrschenden Klassen der USA und Großbritanniens aus den Stellungen des zweiten Weltkrieges in die des «kalten» Krieges zwang die UdSSR zu entsprechenden Reaktionen. Für den Sieg im Großen Vaterländischen Krieg hatte die Sowjetunion einen hohen Preis an Menschen und Volksvermögen zahlen müssen. Nun mußte das Land, um den drohenden Gefahren begegnen zu können, neben den Bemühungen zur Beseitigung der Kriegsfolgen erneut auf dem Sektor der Verteidigungsindustrie große Anstrengungen unternehmen. Dabei spielte die immer deutlichere Bedrohung der Sicherheit der UdSSR, ihrer Verbündeten und des gesellschaftlichen Fortschritts der Welt aus der ozeanischen Richtung eine entscheidende Rolle. Der Einsatz der Seemacht zur Durchsetzung ihrer Ziele war stets ein Kennzeichen imperialistischer Politik und Kriegführung. Nach 1945 richtete sich der Schwerpunkt der Seemacht des Imperialismus gegen die UdSSR und die anderen Länder der sozialistischen Staatengemeinschaft. Zunehmend nutzten die imperialistischen Hauptmächte die Weiterentwicklung in Wissenschaft und Technik zur Erhöhung der Schlagkraft ihrer Flotten, nicht zuletzt der Unterwasserkräfte, deren Stellenwert sich grundlegend veränderte.

Die Partei- und Staatsführung der UdSSR stand infolgedessen nach dem zweiten Weltkrieg vor der Aufgabe, Umfang und Richtung der Entwicklung der sowjetischen Seekriegsflotte unter Berücksichtigung dieser Bedingungen neu zu bestimmen.

Im ersten Jahrzehnt der Nachkriegsentwicklung blieb die sowjetische Seekriegsflotte — entsprechend den ökonomischen Möglichkeiten und realen technischen Kapazitäten für Entwicklung und Bau von Seekriegsmitteln — eine Streitkraft mit begrenzter Aufgabenstellung. Die Erfahrungen aus dem zweiten Weltkrieg, daß der Sieg über einen starken Kontinentalgegner hohe Anstrengungen erfordert hatte, wirkten ebenfalls auf die Ansichten über die Aufgaben der Flotte ein. Danach sollte sie vor allem Aufgaben im Küstenvorfeld lösen und im Rahmen großer Frontoperationen handeln. Diese Überlegungen bestimmten zunächst wesentlich die Richtung der Flottenentwicklung.

Dabei hatte die sowjetische Militärwissenschaft in Rechnung zu stellen, daß die dem Land und seinen Verbündeten gegen-

Prinzip des Kernenergieantriebs
1 Verdichter, 2 Dampferzeuger, 3 Sekundärkreislauf,
4 Turbogenerator, 5 Hauptturbine,
6 Motorgenerator, 7 Batterie, 8 Kondensatoren,
9 Primärkreislauf, 10 Reaktor

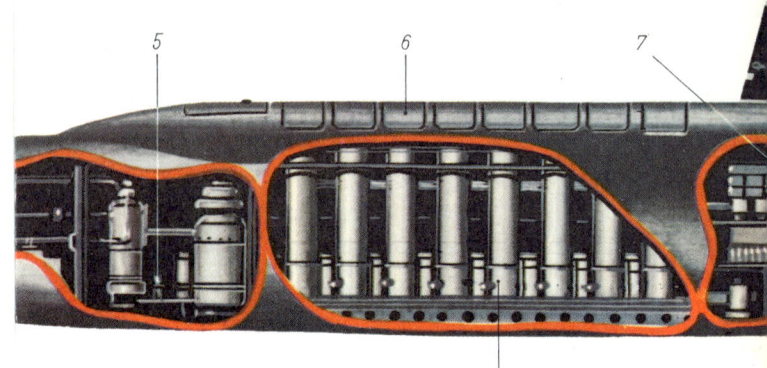

Kernkraftgetriebenes U-Schiff
1 Propeller, 2 Getriebe, 3 Dampfturbine,
4 Notausstieg, 5 Reaktor und Wärmeaustauscher,
6 Öffnungsklappen der Raketenschächte, 7 Navigationsraum,
8 Brücke, 9 Sehrohrraum, 10 Zentrale,
11 Offiziersmesse, 12 Unteroffiziers- und Mannschaftsmesse,
13 Kojen, 14 Lenkwaffenkontrollzentrum, 15 Raketensilos

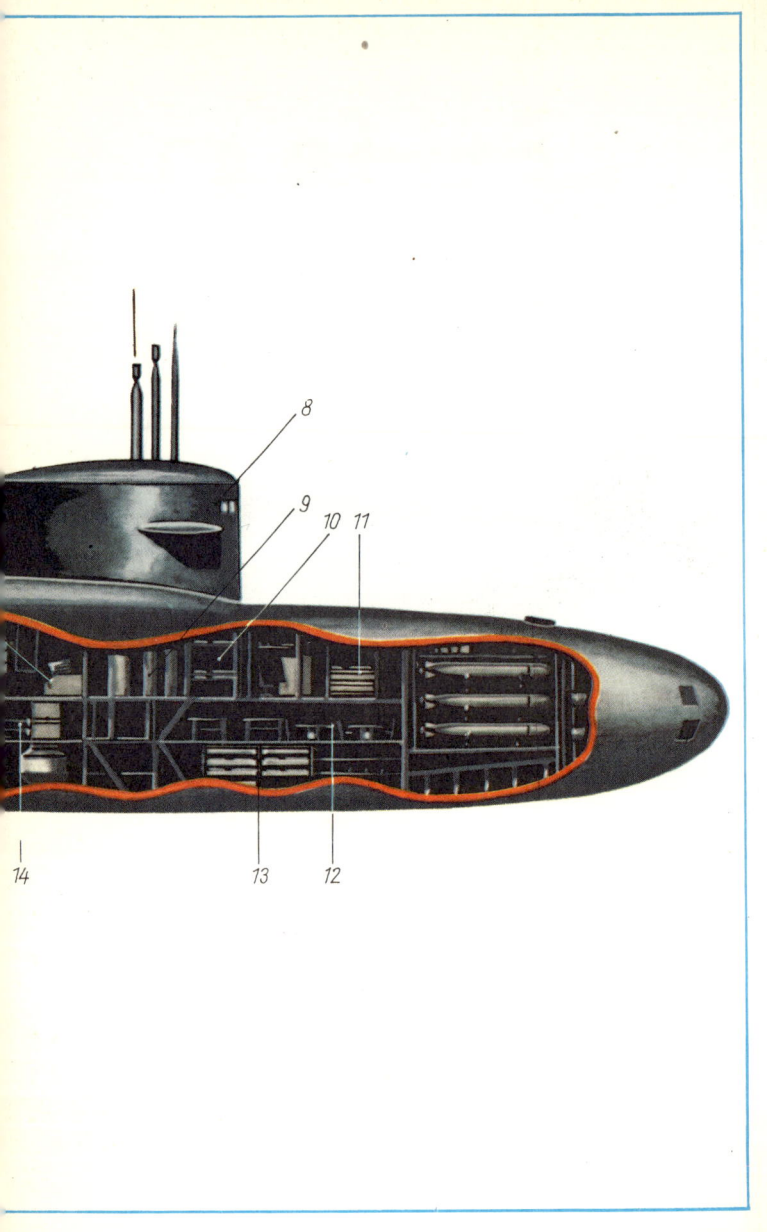

überstehende Koalition über die damals stärkste Überwasserflotte und eine leistungsfähige Schiffsbauindustrie mit großer Erfahrung verfügte. Gegenüber diesen Staaten beim Bau großer Überwasserkampfschiffe in absehbarer Zeit den Gleichstand erreichen zu wollen, schien wenig erfolgversprechend. Hingegen konnte durch die Schwerpunktbildung auf den Ausbau der Unterwasserkräfte die sowjetische Seekriegsflotte relativ kurzfristig und mit geringeren Mitteln so weit verstärkt werden, daß sie in einer Auseinandersetzung mit den imperialistischen Seemächten ein bedeutsamer Machtfaktor gewesen wäre.

Während des ersten Nachkriegsjahrzehnts vollzog sich die technische Entwicklung der sowjetischen Unterwasserkräfte in Auswertung der eigenen Kriegserfahrungen und unter Ausnutzung der Veränderungen in Wissenschaft und Technik. Es erfolgte der Übergang zum U-Boot mit hoher Unterwassergeschwindigkeit und großer Tauchtiefe. Schnorcheleinbau, verbesserte Torpedos sowie moderne funktechnische und hydroakustische Anlagen erhöhten die Effektivität der neuen U-Boot-Typen. Verstärkt setzte der Bau von U-Booten ein, die zum Einsatz in fernen Seegebieten bestimmt waren.

Etwa zu Beginn der 50er Jahre begann die Sowjetunion mit dem Bau der ersten Nachkriegs-U-Boote. Der mittlere Bootstyp — in den Flottenhandbüchern als Typ W bezeichnet — erwies sich als eine leistungsfähige und vielseitig einsetzbare Konstruktion. Er verdrängte getaucht 1 200 t und über Wasser 1 030 t, hatte eine Länge von 73,2 m und eine Breite von 6,7 m. Sein Antrieb von 22 000-PS-Dieselmotoren und 2 E-Maschinen zu je 1 250 PS verlieh dem Boot eine Geschwindigkeit von annähernd 17 kn über und 15 kn unter Wasser. Die U-Boote des Typs W hatten ursprünglich Torpedobewaffnung, an deren Stelle auch Minen zum Einsatz kommen konnten. Ende der 50er Jahre wurde ein Teil der Boote modernisiert, von denen aus nun Raketen der Klasse Schiff-Schiff abgefeuert werden konnten.

Der Z-Typ, ein Boot, das etwa 2 000 t unter Wasser verdrängte, erreichte eine Fahrstrecke, die dem Erdumfang entsprach. Seit der zweiten Hälfte der 50er Jahre, mit unterschiedlicher Zweckbestimmung modernisiert, wurde ein Teil der Boote mit ballistischen Raketen bewaffnet.

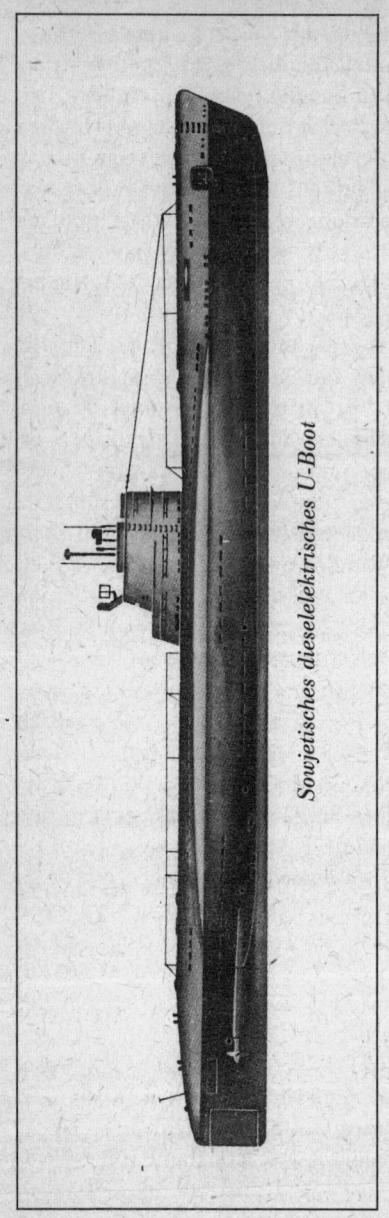

Sowjetisches dieselelektrisches U-Boot

Sehr leistungsfähige Boote waren die zum Einsatz in küstennahen Gewässern bestimmten Q-Typen. Sie verdrängten getaucht 740 t, aufgetaucht 650 t und hatten eine Länge von 56,4 m.

Mit dem Bau dieser Boote sammelte die sowjetische Verteidigungsindustrie die nötigen Erfahrungen zur Konstruktion und zum Bau modernster Unterwasserkampfmittel. Unter Bezugnahme auf diese Entwicklungsetappe schreibt der Flottenadmiral der Sowjetunion S. G. Gorschkow: «... indem neue Hochsee-Diesel-U-Boote und U-Schiffe gebaut wurden, die Besatzungen sie in der Gefechtsausbildung beherrschen lernten, Fernfahrten vollführt wurden, wurden alle Voraussetzungen für den Übergang auf die zweite Etappe der Nachkriegsentwicklung von U-Booten und U-Schiffen geschaffen.»

2. Hauptwaffengattung der Seestreitkräfte

Seit Beginn der militärischen Nutzung der Kernenergie Mitte der 40er Jahre vollzog sich ein grundlegender Wandel im Militärwesen. Die dadurch in den Streitkräften bewirkten Veränderungen übertrafen an Umfang und Intensität alle bisherigen Entwicklungen. Es begann die zweite Revolution im Militärwesen.

Dabei wirkten sich 3 Grundtendenzen auf die Entwicklung der Seestreitkräfte und damit auch auf den Bau und die Einsatzgrundsätze von Unterwasserfahrzeugen besonders aus: die Konstruktion von Kernkraftantriebsanlagen; die Entwicklung von Raketen als Trägermittel von Kernladungen; die Entwicklung und Anwendung funkelektronischer Mittel in einem bisher weder qualitativ noch quantitativ bekannten Ausmaß.

Etwa seit der zweiten Hälfte der 40er Jahre gab es Überlegungen zum Bau von Kernkraftantriebsanlagen für Schiffe. In den USA liefen seit 1949 Planungen für die Konstruktion derartiger Antriebe für Unterwasserfahrzeuge. Solche Anlagen arbeiten nach folgendem Prinzip: In einem Reaktor wird der heiße Kern des gespaltenen Urans in einem geschlossenen Kreislauf durch Wasser unter hohem Druck gekühlt. Der dabei entstehende

Dampf treibt eine Turbine an, die durch ein Untersetzungsgetriebe mit der Propellerwelle verbunden ist. Der Dampf wird dem Wasserkreislauf wieder zugeführt. Der Bau von Reaktoranlagen auf Basis anderer Kühlmittel als Wasser ist prinzipiell möglich, setzte sich aber beim Bau von U-Schiffen bisher nicht durch.

Die Verwendung des Kernenergieantriebs im U-Boot-Bau ermöglichte erstmals die Herstellung echter Unterwasser- anstelle der bisherigen Tauchfahrzeuge. Der in diesen Antriebsanlagen vorhandene Energievorrat von fast unbegrenztem Ausmaß bildet die Grundlage für einen nur noch von der physischen und psychischen Leistungsgrenze der Besatzungen abhängigen Seeaufenthalt. Da die Kernkraftantriebsanlage außenluftunabhängig arbeitet, konnten derart ausgerüstete Schiffe erstmals fast ausschließlich unter Wasser operieren. Dabei konnten die Antriebsleistungen bei mittleren und maximalen Unterwassergeschwindigkeiten erheblich gesteigert werden. Die Menge der zur Verfügung stehenden Energie schuf zugleich die Voraussetzungen für den Einsatz von Waffen und Gerät ohne Rücksicht auf ihren Energieverbrauch.

Die im Juni 1952 in den USA auf Kiel gelegte und im Januar 1954 vom Stapel gelaufene «Nautilus», das erste kernenergiegetriebene U-Schiff der Welt, hatte bis Ende Februar 1957 60 000 sm zurückgelegt, ohne den Kernbrennstoff ergänzen zu müssen. Ebenfalls in der ersten Hälfte der 50er Jahre begann in der UdSSR der Bau von kernkraftgetriebenen U-Schiffen. Sie hatten eine Länge von etwa 109,7 m und verdrängten rund 5 000 ts.

Ab Mitte der 50er Jahre, parallel zur Verbesserung des Kernenergieantriebs, erfolgte die Einführung der Raketen- und Kernwaffe in die Flotten sowie die Schaffung von strategischen Unterwasser-Raketenkernwaffensystemen. Für diese Entwicklung war der Kernenergieantrieb Anstoß und Voraussetzung. Bezeichnend für die nach der Einführung des Kernenergieantriebs einsetzenden komplexen Veränderungen in den modernen Unterwasserkräften war, daß die ersten U-Schiffe noch Torpedobewaffnung führten und die Bootsformen noch nicht völlig der Unterwasserfahrt angepaßt waren. So hatte die «Nautilus» eine Bewaffnung von 6 Bugtorpedorohren mit einem Kaliber von 533 mm. Der Schiffskörper entsprach dem der «Guppy»-Typen.

Doch entstanden bereits in dieser Zeit auf der Grundlage der Erfahrungen mit den ersten U-Schiffen Pläne für ganz neue Fahrzeuge. Mit dem Bestreben nach optimaler Abstimmung aller Komponenten entstanden qualitativ neue Eigenschaften. Die als Folge dieser Entwicklung in den 60er und 70er Jahren gebauten U-Schiffe sind heute die Hauptschlagkraft der Flotten der UdSSR, der USA, Großbritanniens und Frankreichs.

Die Klassifizierung der Unterwasserkräfte wird heute international unterschiedlich gehandhabt. Möglich ist eine Einteilung nach Antrieb, Bewaffnung oder speziellen Aufgaben, für die sie bestimmt sind.

Die US Navy, die führende Marine in der imperialistischen Militärkoalition, besitzt und unterscheidet gegenwärtig folgende Klassen: kernkraftgetriebene strategische Unterseeschiffe, kernkraftgetriebene Angriffs-Unterseeschiffe, Angriffs-Unterseeschiffe, Lenkwaffen-Unterseeschiffe, amphibische Transport-U-Schiffe sowie Hilfs-Unterseeschiffe.

Die sowjetische Seekriegsflotte und die mit ihr verbündeten Seestreitkräfte klassifizieren wie folgt: Raketen-Unterseeschiffe/ Boote mit Kernkraftantrieb- bzw. Dieselantrieb, Torpedo-U-Schiffe mit Kernkraftantrieb, Torpedo-U-Boote mit Dieselantrieb.

Entsprechend den Gefechtsaufgaben werden unterschieden: Raketen-U-Schiffe mit Kernkraftantrieb, UAW- und Angriffs-U-Boote mit Kernkraftantrieb, Kampf-U-Boote mit dieselelektrischem Antrieb.

Kernkraftgetriebene Raketen-U-Schiffe sind heute ein strategisches Mittel der Seestreitkräfte. Ihre Möglichkeiten, Schläge gegen das Territorium eines Gegners zu führen, die direkten Einfluß auf den Ausgang eines Krieges haben können, veränderten grundlegend die Aufgaben der Seestreitkräfte. Hauptaufgabe der Flottenkräfte ist heute die Vernichtung seestrategischer Kernwaffensysteme. Daraus ergeben sich Veränderungen in der Seekriegskunst, im Schiffbau und in fast allen die Seekriegführung berührenden Fragen.

Zu den Besonderheiten der kernkraftgetriebenen Raketen-U-Schiffe gehört ihre Größe. Ihre Wasserverdrängung liegt zwischen 6000 und 20000 ts, so daß sie sich schlecht für den Einsatz in küstennahen Gewässern und Randmeeren eignen. Die gewaltigen Baukosten, die Verwendung neuester Errungenschaften von Wissenschaft und Technik sowie der teure Unterhalt dieser Schiffe ermöglichen nur den größten Seemächten, solche Seekriegsmittel zu bauen und in Dienst zu halten. Von den 962 Unterwasserfahrzeugen, die 1980 in Dienst standen bzw. unmittelbar vor der Indienststellung waren, sollen 353 kernkraftgetriebene U-Schiffe gewesen sein.

Naturgemäß unterliegen die Einzelheiten über die Unterwasserkräfte heute mehr denn je strengster Geheimhaltung. Doch führen das Bestreben imperialistischer Politiker, mit den Streitkräften Druck auszuüben, sowie weitere Momente dazu, daß gewisse Fakten an die Öffentlichkeit gelangen.

Nach sowjetischen Angaben verfügte die US Navy 1981 über 40 kernkraftgetriebene U-Schiffe für den Einsatz ballistischer Raketen, die aus 648 Startschächten insgesamt 3 280 nukleare Gefechtsköpfe ins Ziel bringen könnten. Den Typen nach setzt sich diese Streitmacht aus U-Schiffen des «Lafayette»-, «George-Washington»- und «Ethan-Allen»-Typs zusammen.

Die in der Literatur mitunter anzutreffende Kennzeichnung

Strategische U-Schiffe der USA

Typ	«G. Washington»	«E. Allen»	«Lafayette»
Baujahre	1957—61	1959—63	1963—67
Verdr. in ts	6 700	7 900	8 250
Besatzung	112	112	140
Länge in m	115,8	125,1	129,5
Breite	10,1	9,4	10,1
Antriebsart	Kernenergie	Kernenergie	Kernenergie
Antrieb in kW	11 030	11 030	11 030
Fahrb. in sm	400 000	400 000	400 000
Geschw. in kn	30	30	30
Raketen Typ/Zahl	A-3/16	A-3/16	C-3/16 in Umrüstung auf C-4
Torpedor.- Zahl/Kal. (in mm)	6/533	4/533	4/533

von Schiffen als Plattform für bestimmte Waffen trifft für die modernen Unterwasserkräfte noch weniger zu, als für alle übrigen Schiffe der Gegenwart und Vergangenheit. In den modernen U-Schiffen durchdringen sich alle Bestandteile des gesamten Kampfmittels und beeinflussen sich gegenseitig. So schuf der Kernenergieantrieb die Voraussetzung dafür, daß die U-Schiffe während eines gesamten Einsatzes unter Wasser verbleiben können. Eine militärisch sinnvolle Ausnutzung dieser Eigenschaft bedingt Navigations- und Feuerleitmittel sowie Waffen, die für derartige Einsatzbedingungen konstruiert sind. Die auf Grund der Ausmaße der Kernenergieanlagen erforderliche Größe der Schiffe wiederum erzwingt eine effektive Bewaffnung, um das Kosten-Nutzen-Verhältnis in die entsprechende Relation zu bringen.

Besonders hohe Anforderungen werden an die funkelektronische Ausstattung der U-Schiffe/Boote gestellt. Hierbei handelt es sich um Lenkwaffen-Leitanlagen, Radar (Funkmeßanlagen), Sonar (hydroakustische Anlagen), Anlagen für den funkelektronischen Kampf sowie um Funk- und Navigationsanlagen über Satelliten. Kennzeichnend für die gegenwärtige Tendenz in der Ausstattung der Unterwasserkräfte mit Elektronik ist die Miniaturisierung. Insgesamt hat die Bedeutung der Elektronik derart zugenommen, daß deren Kosten weitgehend den Preis eines Einzelschiffes bestimmen.

Die Bewaffnung der Unterwasserkräfte im Zeitalter des Kernenergieantriebs besteht aus Raketen, aber auch noch aus Torpedos. Die Raketenbewaffnung erfolgte von Anfang an in 2 Grundrichtungen, der Flügelrakete und der ballistischen Rakete mittlerer bzw. großer Reichweite.

Zur ersten Richtung gehörte das erwähnte «Regulus»-System der US Navy. Mitte der 60er Jahre aufgegeben, soll es bis 1984 durch die neu entwickelte «Tomahawk» wieder in die Bewaffnung eingeführt werden. Flügelraketen dienen zur Zerstörung großer Überwasserschiffe und zum Einsatz gegen Landziele. Die mit «Tomahawk»-Raketen bewaffneten U-Schiffe sollen Landziele bis zu 3700 km Entfernung angreifen können.

In der sowjetischen Seekriegsflotte erhielten U-Schiffe seit den 60er Jahren eine Bewaffnung mit Raketen der Klasse Schiff-

Schiff. Moderne sowjetische U-Boot-Typen können eine Bewaffnung von 8 Torpedorohren und 10 Raketen haben. Diese Raketen wurden entwickelt und vervollkommnet, da sie es gestatten, günstige Kombinationen verschiedener Waffen zur Bekämpfung stark gesicherter gegnerischer Schiffe einzusetzen. Sie ermöglichen Schläge gegen den Gegner, ohne daß die eingesetzten U-Schiffe bis in die effektive UAW-Zone vordringen müssen.

Seit Ende der 50er Jahre verfügen die Unterwasserkräfte der sowjetischen Seekriegsflotte über ballistische Raketen, die anfangs nur aus der Über-, später aus der Unterwasserlage gestartet werden konnten. Derartige Raketen sind die Hauptbewaffnung der strategischen U-Schiffe. Wie aus 1982 in Moskau veröffentlichten Angaben hervorgeht, besaß die UdSSR 1981 62 kernkraftgetriebene U-Schiffe mit mehr als 950 Startschächten für ballistische Raketen mit insgesamt 2 000 nuklearen Gefechtsköpfen.

Die Stärkung der sowjetischen Seemacht war eine notwendige Folge der Bedrohung des sozialistischen Bündnisses und der progressiven Entwicklungen in allen Teilen der Welt durch den Imperialismus. Nach dem Verlust des Kernwaffenmonopols suchten die herrschenden Kreise der USA nach neuen Varianten ihrer aggressiven Militärdoktrin, die nach Möglichkeit Vergeltungsschläge auf das eigene Territorium ausschlossen. Eine der Möglichkeiten sah man in der Konzentration von Kernwaffen in der Handlungssphäre der Flotte. Die Ozeanstrategie, eine Grundkonzeption der Militärdoktrin des USA-Imperialismus, führte zur Konzentration und zum Ausbau des Kernwaffenpotentials in der Flotte.

Ballistische Raketen auf U-Schiffen der USA

Typ	einsatz-klar	Zahl der U-Schiffe	Zahl der Raketen	Gewicht in kg
«Polaris A1»	1960	—	—	13 091
«Polaris A2»	1962	—	—	13 636
«Polaris A3»	1964	10	160	15 909
«Poseidon C3»	1971	31	406	29 545
«Trident C4»	1979	1	24	31 818
«Trident D5»	Plan	—	—	57 273

Diesem Anliegen entsprach der Übergang von der Bewaffnung mit Flügelraketen «Regulus» zu ballistischen Raketen «Polaris» und «Poseidon». Dasselbe Ziel liegt der Einführung der neusten ballistischen Raketen «Trident I» und der geplanten Ausrüstung mit der Flügelrakete «Tomahawk» zugrunde. Entgegen allen propagandistischen Behauptungen entstand das «Trident»-Programm nicht infolge einer sowjetischen Überlegenheit in den letzten Jahren, sondern als Produkt der Bestrebungen, die systematisch darauf abzielen, das sozialistische Lager mit militärischer Stärke zu erpressen.

Das «Trident»-Programm geht auf eine Studie aus dem Jahre 1967 zurück. Zu diesem Zeitpunkt war die Einführung der ersten ballistischen Raketensysteme der US Navy noch nicht abgeschlossen. In rascher Folge kamen modifizierte und neue Systeme zum Einsatz.

Die systematische Ausnutzung der technischen Weiterentwicklung auf dem Gebiet der ballistischen Raketen widerspiegelt deutlich das Streben des USA-Imperialismus nach militärischer Überlegenheit.

Zugleich mit dem neuen Raketensystem, dessen Weiterentwicklung bereits mit der «Trident II» vorprogrammiert ist, wurde ein neues U-Schiff entworfen. Es sind dies die kernkraftgetriebenen Raketen-U-Schiffe des «Ohio»-Typs, dessen erster Vertreter im November 1981 in Dienst gestellt worden ist. Bis 1990 sollen 9 weitere folgen.

Die neuen U-Schiffe verdrängen unter Wasser 18 700 ts und

Länge in m	Durchm. in mm	Reichw. in km
8,7	1 372	2 224
9,5	1 372	2 775
9,9	1 372	4 605
10,4	1 880	4 625
10,4	1 880	7 490
13,9	1 880	11 100

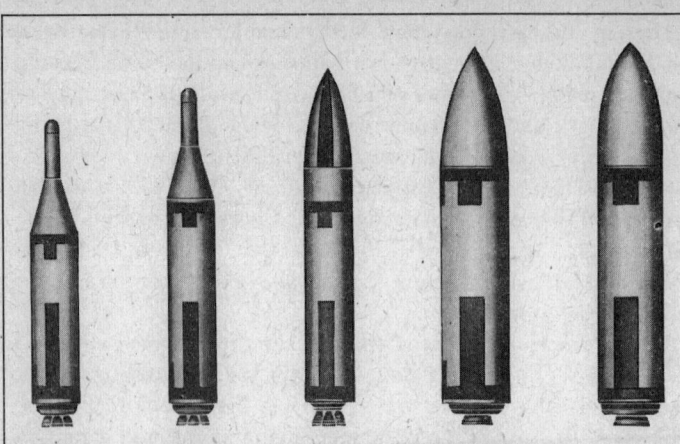

US-amerikanische U-Boot-Raketen
Polaris A 1, Polaris A 2, Polaris A 3, Poseidon C 3, Trident C 4

haben eine Länge von 170,69 m. Die Antriebsleistung der Maschine ist bisher nicht bekannt. Vermutlich liegt sie in der Größenordnung wie die der U-Jagd-U-Schiffe des «Los Angeles»-Typs. Im vorderen Drittel des Fahrzeuges, in dessen Bugteil sich Sonarsysteme befinden, sind in 3 Decks übereinander die Zentrale, die Fernmelde- und Navigationseinrichtungen, die Unterkünfte der Besatzungen sowie der Torpedoraum untergebracht. Achteraus vom Bugraum befinden sich, senkrecht angeordnet und den Druckkörper durchbrechend, 24 Raketenschächte, die für Wartungszwecke von allen Seiten frei zugänglich sind. Das Achterschiff enthält die Antriebsanlage mit dem Druckwasserreaktor, der Turbine und dem Hilfsmaschinenraum.

Mit diesem Aufbau entsprechen die U-Schiffe des «Ohio»-Typs dem allgemeinen Trend solcher neuen Konstruktionen. Dazu gehört auch die Bewaffnung mit Torpedorohren, die zusätzlich zur Raketenbewaffnung zur Selbstverteidigung mitgeführt werden. Die Torpedorohre sind, da sich im Bug die Sonaranlage befindet, an beiden Seiten im vorderen Drittel des Schiffes, schräg nach vorn gerichtet, eingebaut. Es handelt sich hierbei um die Standardtorpedos der US Navy, zu denen auch eine Kombination Rakete—Torpedo gehört, die als SUBROC (submarine rocket torpedo) bezeichnet wird.

Torpedos der US Navy für U-Schiffe

Bezeich-nung	eingef.	Gewicht in kg	Länge in m	Art der Lenkung	Bemerkung
M_k37	1967	649 bis 777	3,4 bis 4,1	Draht; aktiver und passiver Zielsuchkopf	Reichweite •
M_k48	1972	1563	5,8	=	große Tauchtiefe, Reichweite 46 km Kal. 533 mm

Die Geschwindigkeit der neuen U-Schiffe dürfte auf Grund ihrer Größe und der vermutlich nicht gesteigerten Antriebsleistung etwa 20 bis 25 kn betragen, die Tauchtiefe etwa bei 200 m Einsatz- und 500 m Grenztauchtiefe liegen.

Auch Großbritannien verfügt über kernkraftgetriebene U-Schiffe. Die Entscheidung hierfür traf die britische Regierung bereits Ende der 50er Jahre. Stark an die US-amerikanische Entwicklung angelehnt, konnte im April 1963 als erstes die «Dreadnought» in Dienst gestellt werden. Auf Grund weiterer Vereinbarungen mit der USA-Regierung vom Dezember 1962 begann 1965 der Bau einer Serie von 5 kernkraftgetriebenen U-Schiffen, die mit ballistischen Raketen «Polaris A-3» bestückt wurden. Gegenwärtig haben die beiden stärksten Seemächte des NATO-Paktes Abmachungen getroffen, die die Umrüstung der britischen Raketen-U-Schiffe auf «Trident I» zum Inhalt haben.

Seine selbständige militärpolitische Rolle betonend, baute Frankreich als dritter imperialistischer Staat seit den 60er Jahren ein eigenes seegestütztes Kernwaffenpotential auf. Nach dem Mitte der 60er Jahre in Dienst gestellten Versuchsschiff «Gymnote», auf dem erstmals ein Kernenergieantrieb installiert worden

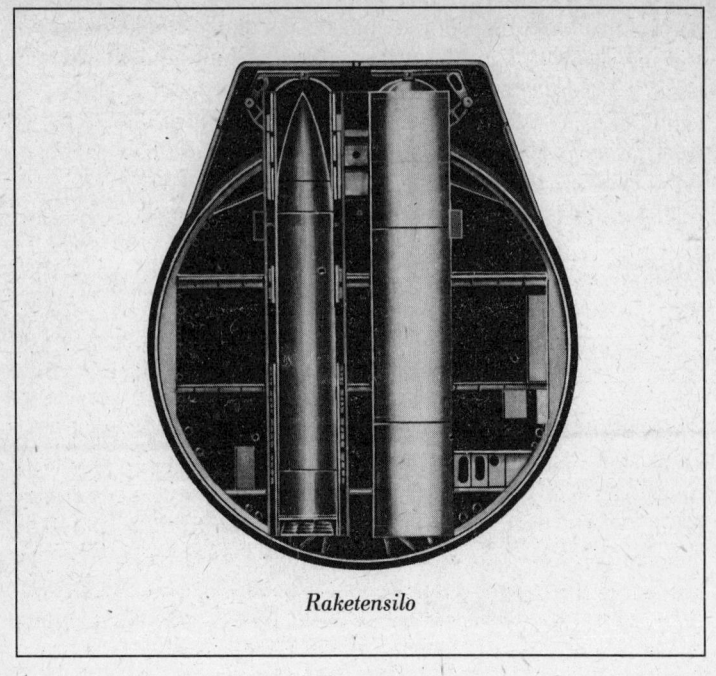

Raketensilo

war, folgte der Bau strategischer Raketen-U-Schiffe des Typs «Redoutable». Die 6 geplanten Schiffe sollen eine Länge von 128 m und eine Verdrängung unter Wasser von 9 000 ts haben. Neben den 16 ballistischen Raketen des französischen Typs M-1 bzw. M-2, letztere mit einer Reichweite von 3 400 km, sind die Schiffe mit 4 Torpedorohren und 18 Torpedos bewaffnet. Ihre Geschwindigkeit beträgt unter Wasser 25 kn, die Grenztauchtiefe etwa 490 m. Die Schiffe haben, wie es bei strategischen Raketen-U-Schiffen allgemein üblich ist, 2 Besatzungen, jeweils 135 Mann, die sich gegenseitig ablösen.

In weit größerer Anzahl als Raketen-U-Schiffe unterhalten die Marinen der führenden Seemächte gegenwärtig U-Jagd-U-Schiffe. Dem liegt die Erkenntnis zugrunde, daß Unterwasserkräfte das beste Abwehrmittel gegen Unterwasserkräfte sind. Ihr hauptsächlicher Auftrag ist die Bekämpfung gegnerischer strategischer U-Schiffe sowie gegnerischer Schiffe überhaupt. Sie verdrängen unter Wasser 2400 bis 6900 ts und die U-Jagd-U-Boote zwischen 450 und 2500 ts. Zur U-Jagd eingesetzte Schiffe und Boote sind schnell, laufen geräuscharm und können relativ tief tauchen. U-Jagd-U-Schiffe sind in der NATO, einem Bündnis, das sich bei der Durchsetzung seiner imperialistischen Ziele in hohem Maße auf seine Seemacht stützt, besonders stark vertreten. Das ist nicht zuletzt deshalb der Fall, weil sich in Zukunft durch sie die Effektivität des Kernwaffenpotentials erhöhen läßt. Von den U-Jagd-U-Schiffen aus können Marschflugkörper eingesetzt werden, die auch Ziele weit im Hinterland eines Gegners bekämpfen können.

Die Mehrzahl der auch Angriffs-U-Schiffe genannten Fahrzeuge der US Navy sind große, kernkraftgetriebene Schiffe, deren Bewaffnung nicht immer im günstigsten Verhältnis zur Größe und zu den Kosten eines Einzelschiffes steht. Als vorläufiges Ziel beabsichtigt die USA-Regierung, 90 solcher U-Schiffe in Dienst zu stellen, davon sollen 30 bis 40 vom Typ «Los Angeles» sein. Schiffe dieses Typs verdrängen unter Wasser 6900 ts und sind 109,7 m lang. Ihr Antrieb von 30000 PS verleiht ihnen eine Unterwassergeschwindigkeit von etwa 33 kn. Die Bewaffnung besteht aus 4 Torpedorohren und «Harpoon»-Flugkörpern. Geplant ist der Einsatz des Marschflugkörpers «Tomahawk».

Das erste, speziell für die U-Jagd gebaute Schiff der US Navy war die «Tullibee». Sie hatte eine Sonaranlage im Bug. Größter Wert wurde auf die Geräuscharmut des Schiffes gelegt. Dem Einzelschiff folgte der «Permit»-Typ, von dem 13 Schiffe gebaut wurden. Die kernkraftgetriebenen Fahrzeuge erhielten die bis heute beim Bau von U-Schiffen übliche Tropfenform. Ebenso wie diese Serie verdrängte auch die folgende Serie des «Sturgeon»-Typs 4650 ts unter Wasser. Von den letzteren wurden 37 Einheiten gebaut sowie die Einzelschiffe «Glenard P. Lipscomb» und «Narwhal».

Die ersten in Großbritannien gebauten kernkraftgetriebenen U-Schiffe gehörten der Klasse der Angriffs-U-Schiffe an. Es waren dies 5 des «Valiant»- und 6 des «Swiftsure»-Typs. Letztere haben die Torpedorohre noch im Bug. Sie verdrängen unter Wasser 4500 ts und laufen 30 kn. Ein neuer, der «Trafalgar»-Typ folgt mit einer Serie von 3 Schiffen. Über ihn liegen noch keine genauen Angaben vor.

Ähnlich wie in Großbritannien im Jahre 1962, erklärte die französische Regierung, daß ihre Marine keine konventionellen Unterwasserfahrzeuge mehr in Dienst stellen würde. 1976 begann der Bau der «Provence», des ersten Schiffes einer Serie von 5 Angriffs-U-Schiffen. Mit einer Verdrängung von 2 670 ts unter Wasser, einer Länge von 72,7 m und einer Breite von 7,6 m sowie mit 66 Mann Besatzung gehören sie zu den kleinsten Schiffen ihrer Klasse. Die Bewaffnung besteht aus 4 533-mm-Torpedorohren im Bug und einem Vorrat von 14 Torpedos. Um den Reaktor des kernkraftgetriebenen Schiffes, der ihm eine Geschwindigkeit von 25 kn unter Wasser verleihen soll, für die Ausmaße des Schiffes zu verkleinern, bedurfte es eines erheblichen Aufwandes.

Im Jahre 1980 hatten die Flotten der USA, Großbritanniens und Frankreichs 122 Angriffs-U-Schiffe in Dienst, im Bau oder in der Planung. Von diesen Schiffen führen allein 103 die Flagge der USA. Das Problem für die Marinen Großbritanniens und Frankreichs bleiben die ökonomischen Möglichkeiten ihrer Länder, die es ihnen nicht gestatten, ihre U-Schiff-Zahlen nach dem Beispiel ihrer Führungsmacht auszubauen. Nicht zuletzt schiebt der Widerstand der Volksmassen gegen den vom USA-Imperialismus initiierten Rüstungswettlauf dem einen Riegel vor. Hinzu kommt, daß die kernkraftgetriebenen U-Schiffe auf Grund ihrer taktisch-technischen Eigenschaften nicht für jede Einsatzaufgabe geeignet sind. Somit kommt trotz der überragenden Rolle der strategischen Raketen-U-Schiffe und der Angriffs-U-Schiffe konventionellen U-Schiffen/Booten eine nicht geringe Bedeutung zu.

Von den 1980 vorhandenen 962 U-Schiffen bzw. U-Booten auf der Welt waren noch immer 609 konventionelle Fahrzeuge. Alle Flotten, die über Unterwasserkräfte verfügen, hatten zu dieser Zeit auch konventionelle Unterwasserfahrzeuge. Nur in 11 Staaten werden U-Schiffe/Boote konstruiert, und 18 haben die Möglichkeit, sie auf eigenen Werften zu bauen. Zu den imperialistischen Staaten, die konventionelle Unterwasserfahrzeuge sowohl konstruieren als auch bauen können, gehören neben den bereits genannten vor allem die BRD, Italien, die Niederlande und Japan.

Nachdem in der BRD nach dem zweiten Weltkrieg der deutsche Imperialismus wieder erstarkt war und wieder aufrüstete, wurden — fast unbemerkt auch U-Boote konstruiert und gebaut. Zunächst galten noch gewisse Einschränkungen hinsichtlich der Größe der Boote und der Antriebsart. Seit 1980 fallen diese gänzlich weg. Es konnte sich eine beachtliche Rüstungsproduktion auf diesem Sektor entwickeln. Die U-Boot-Flotte der BRD wurde die fünfstärkste der Welt.

Ausgehend von dem militärischen Auftrag der Bundesmarine, als Speerspitze der NATO in der Ostsee zu handeln, beschränkte sich die U-Boot-Rüstung auf die Konstruktion und den Bau von Fahrzeugen für den Küsteneinsatz bzw. den Einsatz in Randmeeren. Dabei stützten sich die Konstrukteure, Werften und die Marine auf die Erfahrungen mit dem Typ XXIII der faschistischen Kriegsmarine. Es wurden 2 dieser Boote gehoben und als Schulbzw. Erprobungsfahrzeug in Dienst gestellt. Bereits im März 1962, es waren gerade 17 Jahre seit der bedingungslosen Kapitulation des faschistischen Deutschen Reiches vergangen, stellte die Bundesmarine, die sich auf die Traditionen der Kriegsmarine berief, ihr erstes neues U-Boot in Dienst.

Mit der Konstruktion neuer U-Boot-Typen stieß die Werftindustrie der BRD militärisch und ökonomisch in eine «Marktlücke». U-Boote mit solchen Aufgabenstellungen, die für kleinere und mittlere Marinen von besonderem Interesse sind, bauten nämlich die Werften der übrigen traditionellen Schiffbauländer seit den 50er Jahren mit wenigen Ausnahmen nicht mehr. Bereits 1961 bestellte daher Norwegen 15 U-Boote in der BRD. Von diesem Zeitpunkt an bauen die BRD-Werften U-Boote u. a. für die NATO-Partner Griechenland und die Türkei, sowie für die Marinen Argentiniens, Perus, Kolumbiens, Ekuadors, Venezuelas und Indonesiens.

Der Bau von U-Booten für das Ausland ermöglicht die ständige Weiterentwicklung der Konstruktionen und die Beschäftigung eines Stammes von Spezialisten vor allem auch in den zuliefernden Industriezweigen in einem Umfang, wie das die eigene Marine im Frieden nicht gewährleisten kann.

Die Boote der Seestreitkräfte der BRD sind Einhüllenboote, deren äußere Form völlig auf die Unterwasserfahrt abgestimmt ist. Mit ihren Konstruktionen ging die Bundesmarine konsequent

Typ	201	202	205	206	207	209 ·	TR 1700
Verdr. in ts unter Wasser	395	100	419	450	435	1 000	1 750
Besatzung	21	6	21	22	17	33	26
Länge in m	42,4	23,1	44,3	48,5	45,2	59,5	64,9
Breite	4,6	3,4	4,6	4,7	4,7	6,3	7,3
Antr. in kW unter Wasser	110	258	1 100	1 100	1 100	3 680	6 000
Geschw. in kn	10,0 / 17,5	6,0 / 13,0	16,0 / 20,0	17,0 / 20,0	10,0 / 17,0	16,0 / 22,0	13,0 / 25,0
Torp.-Rohrz.	8	2	8	8	8	8	6
Torp.-Vorrat	8	2	8	8	8	14	16

den Weg zum «reinen» Unterseeboot. Unter Ausnutzung einer Vielzahl technischer Weiterentwicklungen gelang es, die Typen 206 und 209 zu konstruieren, die ihrer Größe entsprechend relativ kampfstark sind. Beide Typen bilden den Kern der aus 2 U-Boot-Geschwadern mit 24 Booten und einer Lehrgruppe bestehenden Unterwasserkräfte der BRD. Die für die Größe der Boote starke Bewaffnung mit 8 Torpedorohren, eine relativ hohe Unterwassergeschwindigkeit, die kurze Batterieladezeit bei Schnorchelbetrieb und andere Eigenschaften machen sie zu einem wirksamen Seekriegsmittel. Modernste Elektronik und ein hoher Automatisierungsgrad gestatten eine Verringerung der Besatzungsstärke bei gleichzeitiger Steigerung der Kampfkraft.

Ähnliche Bedeutung wie in der BRD, wenn auch nicht mit gleichem Erfolg im Exportgeschäft, wird den konventionellen U-Booten bzw. U-Schiffen in Italien, Schweden, den Niederlanden und Japan beigemessen. Selbst Großbritannien hat sich— und das nicht zuletzt wegen der hohen Kosten für kernenergiegetriebene U-Schiffe — in letzter Zeit erneut zum Bau konventioneller U-Boot-Typen entschlossen.

Insgesamt zeigt sich, daß die Bedeutung der konventionellen U-Schiffe/Boote in der Größenordnung zwischen 300 und

U-Boote nach dem zweiten Weltkrieg

Dieselelektrisch getriebene U-Boote

Raketensilo und -leitstand
eines kernkraftgetriebenen U-Schiffes

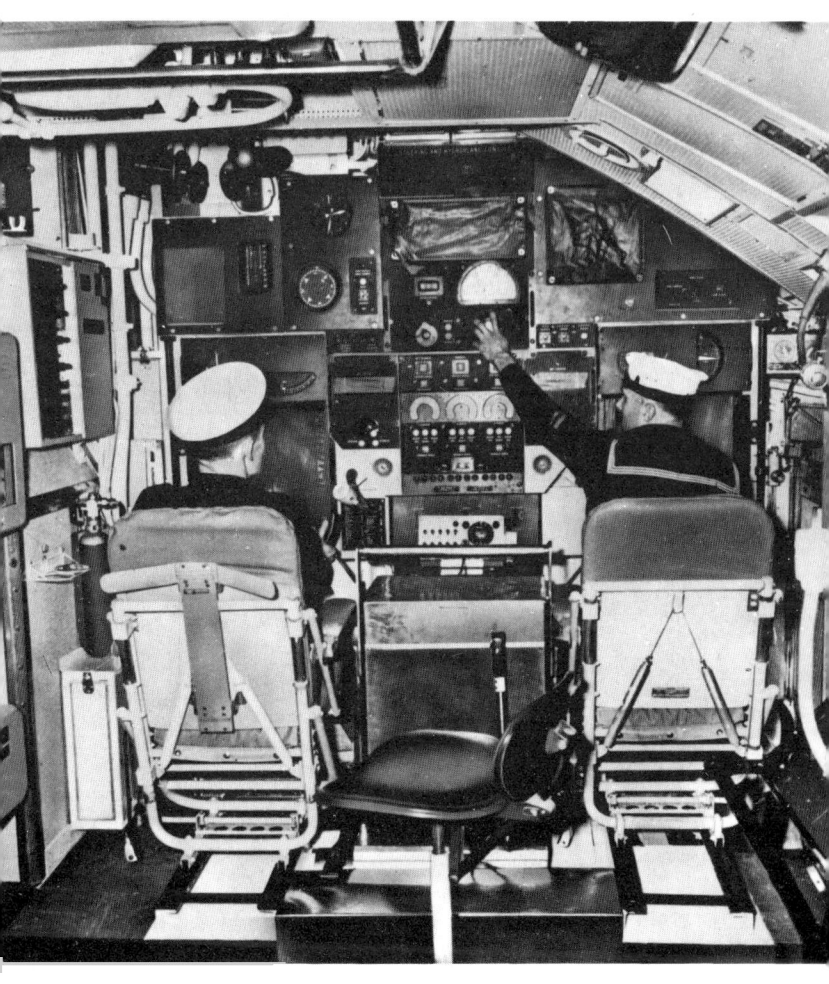

*Teil des Kontrollraumes eines
kernkraftgetriebenen U-Schiffes*

Unterwasserkräfte der Waffenbrüder

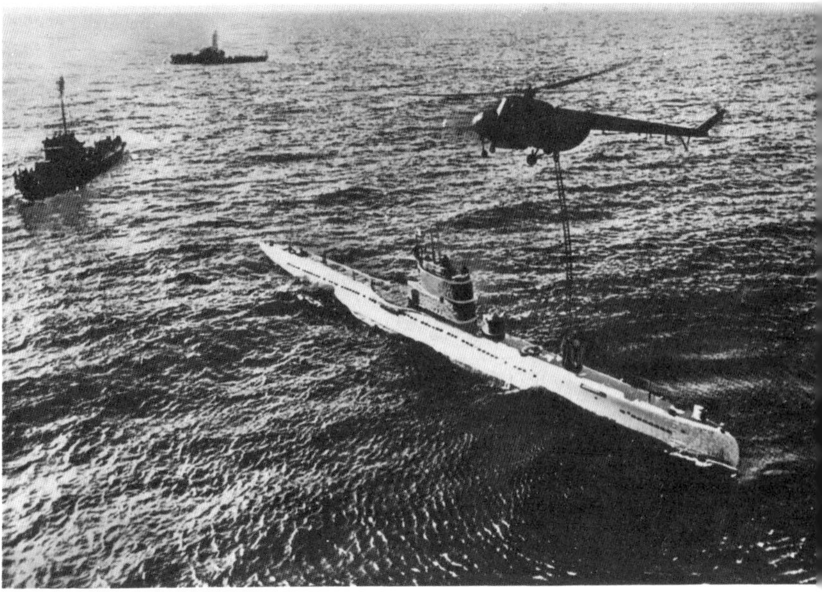

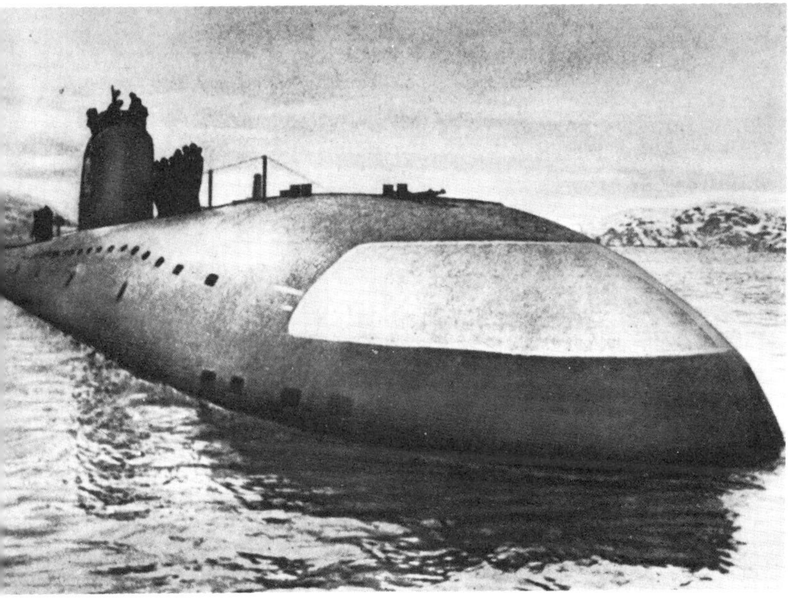

Konventionelle U-Boote imperialistischer Staaten

Typ	«Sauro»	«Yushio»	«Tijgerhaai»	«Näcken»
Herkunft	Italien	Japan	Niederlande	Schweden
Verdr. in ts	1630	2200	2640	1125
Besatzung	45	50	68	17
Länge _in m_	64,0	76,0	66,0	49,5
Breite	6,8	9,9	10,3	5,7
Antrieb in kW	3090	5295	3090	2130
Geschw. in kn	20	20	20	20
Torp.-Rohrz.	6	6	6	4

2500 ts tendenziell zunimmt. Die Ursachen hierfür liegen in den sehr hohen Kosten für kernenergiegetriebene Schiffe. Kleinere Fahrzeuge sind aber für den Einsatz in flachen Gewässern unerläßlich. Für die nächsten Jahre wird daher der batterieelektrische Antrieb mit Dieselgeneratoren in den meisten Marinen mit Unterwasserkräften entscheidend bleiben.

Dem kommt eine Vielzahl von Neuerungen in solchen Schiffen und Booten entgegen. Dazu gehören der Einbau automatischer Anlagen (automatische Anlagen zur Gewährleistung des Schwebezustandes), moderne elektronische Systeme zur Verarbeitung taktischer Informationen (automatische Gefechtsinformations- und Führungssysteme), Batterien mit hoher Kapazität, geräuscharme Unterwasserfahrt sowie niedrige Besatzungsstärken. Die strömungsgünstige Tropfenform der Boote und der elektronisch steuerbare Einpropellerantrieb mit niedrigen Drehzahlen weisen auf Unterwasserfahrzeuge hin, die mit denen des zweiten Weltkrieges nur noch sehr wenig gemeinsam haben. Das widerspiegelt auch die völlige Verkehrung der Verhältnisse beim Antrieb. Gegenwärtig dient der Dieselgenerator nur noch zum Laden der Batterien, die einen E-Motor betreiben, der den Hauptantrieb bildet. Das wird an dem Gewichtsanteil der Batterien am Boot deutlich, der bis zu 25 Prozent beträgt. Dieselelektrische Boote erreichen Geschwindigkeiten von mehr als 20 kn und eine Tauchtiefe von 400 bis 600 m.

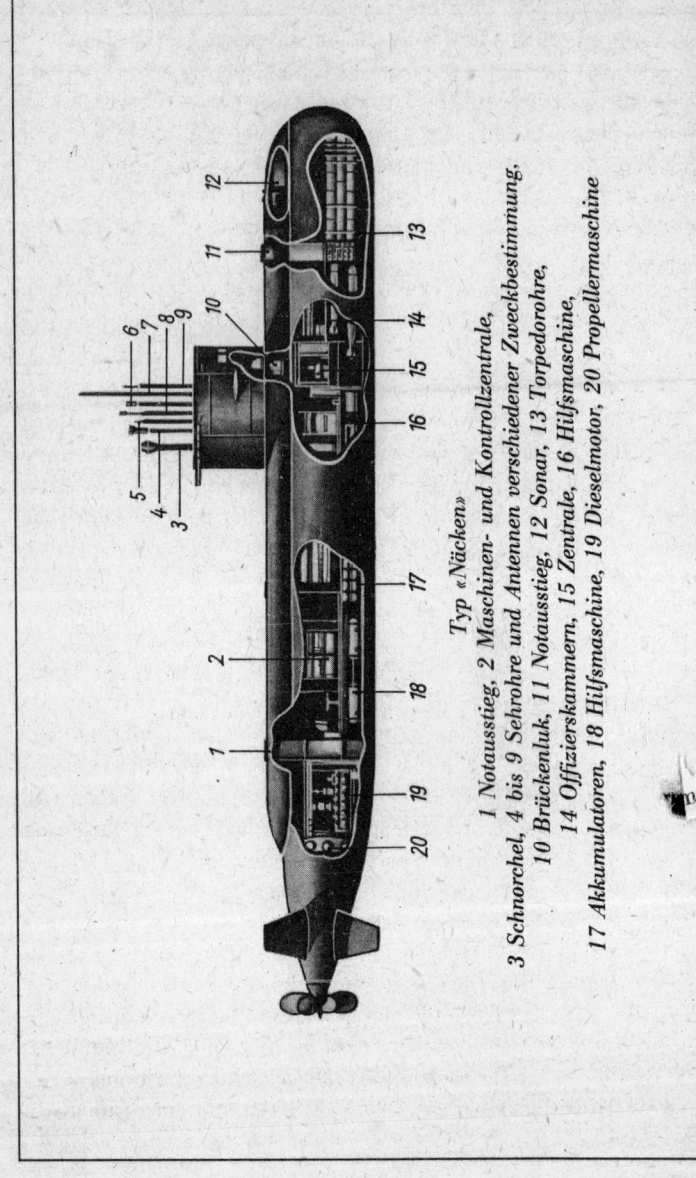

Typ «Näcken»

1 Notaustieg, 2 Maschinen- und Kontrollzentrale,
3 Schnorchel, 4 bis 9 Sehrohre und Antennen verschiedener Zweckbestimmung,
10 Brückenluk, 11 Notaustieg, 12 Sonar, 13 Torpedorohre,
14 Offizierskammern, 15 Zentrale, 16 Hilfsmaschine,
17 Akkumulatoren, 18 Hilfsmaschine, 19 Dieselmotor, 20 Propellermaschine

Flügelraketen gegen Land- und Seeziele sowie modernste Torpedos bilden die Bewaffnung konventioneller U-Schiffe/Boote. Aus sogenannten Ablaufrohren, aus denen die Geschosse mit eigener Kraft auslaufen, können auch Raketen abgefeuert werden. Die zumeist drahtgelenkten Torpedos haben Elektroantrieb, Reichweiten bis zu 20 sm und einen Zielsuchradius bis zu 1 sm. Sie können aus der Unterwasserlage eingesetzt werden. Hochentwickelte Waffenleitanlagen mit aktivem und passivem Sonar großer Reichweite und Auflösung ermitteln Ziele, erfassen Zieldaten schnell und bereiten sie verläßlich auf. Die Anlagen errechnen die Steuerungsdaten für die Torpedos und kontrollieren sie automatisch. Nach Bedarf kann die taktische Lage auf einem Bildschirm sichtbar gemacht werden.

Ähnlich wie die U-Boot-Technik haben sich nach dem zweiten Weltkrieg auch die Bedingungen für die Besatzungen grundlegend verändert. Die langen Einsätze unter Wasser verlangen ein Höchstmaß an physischem und psychischem Leistungsvermögen, und die moderne Technik erfordert einen hohen Qualifikationsgrad. Auf Grund der Ausbildungsanforderungen befinden sich selbst auf kleineren Kampfbooten fast nur Dienstgrade ab Unteroffizier aufwärts an Bord. Auf Raketen-U-Schiffen der führenden Seemächte besteht die Besatzung zum großen Teil aus Absolventen von Hoch- oder Fachschulen. Alle haben eine Spezialausbildung, die z. B. bei Besatzungen US-amerikanischer kernenergiegetriebener U-Schiffe von 4 Wochen bis zu 2 Jahren dauern kann. In der Regel sind die Besatzungen heute Freiwillige, die für ihren Dienst entsprechend höhere Gratifikationen als die übrigen Marineangehörigen erhalten. Die harten Auswahlkriterien, die Erschwernisse und komplizierten Einsatzbedingungen selbst auf großen U-Schiffen führen dazu, daß die Angehörigen der Unterwasserflotten heute allgemein zur Elite der Marinen zählen.

Für die künftige Entwicklung der Unterwasserkräfte gilt mit großer Wahrscheinlichkeit, daß kernenergiegetriebene Schiffe im wesentlichen auf wenige führende Seemächte beschränkt bleiben werden. Ihre technische Entwicklung wird vermutlich evolutionär verlaufen.

Konventionellen U-Schiffen/Booten verbleibt eine große Entwicklungschance. Sie beruht auf dem zunehmenden Einsatz von

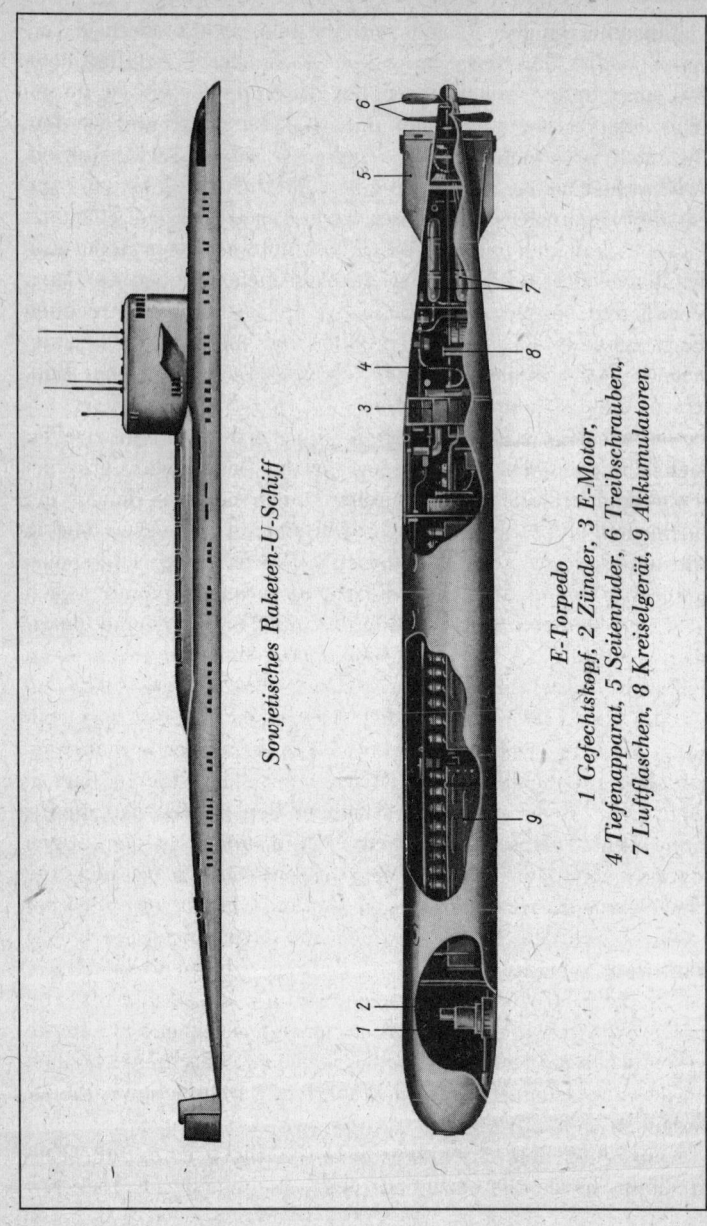

Sowjetisches Raketen-U-Schiff

E-Torpedo
1 Gefechtskopf, 2 Zünder, 3 E-Motor,
4 Tiefenapparat, 5 Seitenruder, 6 Treibschrauben,
7 Luftflaschen, 8 Kreiselgerät, 9 Akkumulatoren

mikroelektronischen Bauelementen, durch die z.B. der Stromverbrauch wesentlich abnimmt. Hinzu kommen der beginnende Einsatz neuartiger Werkstoffe und die Ablösung des Dieselantriebs. Was letzteres betrifft, so experimentieren die Fachleute in aller Welt z.B. mit einer Gasturbine mit geschlossenem Kreislauf und einem elektrochemischen Antrieb.

Die Bedeutung der Unterwasserkräfte im Vergleich zu den Überwasserverbänden der Seestreitkräfte hat nach 1945 wesentlich zugenommen. Zu den ursprünglichen Verwendungszwecken, dem Einsatz gegen die Handelsschiffahrt, der Vernichtung gegnerischer Kriegsschiffe und der Aufklärung, kamen neue Aufgaben. Vor allem der mögliche Einsatz von strategischen Raketen gegen das Territorium eines Gegners veränderte die Bedeutung der Unterwasserkräfte grundlegend. Auf diesem Grund und durch die Erscheinungen des modernen Krieges überhaupt erweiterten sich die Aufgaben der Unterwasserkräfte im Rahmen der Flotte. Vor allem die kernkraftgetriebenen U-Schiffe vereinen alle wichtigen Merkmale, die die Kampfkraft einer Flotte ausmachen: große Schlagkraft, hohe Mobilität und Gedecktheit sowie die Fähigkeit zu Kampfhandlungen zur Vernichtung wichtiger Landobjekte in globalem Maßstab und zur Vernichtung von U-Booten, U-Schiffen und Überwasserkräften des Gegners.

Seit Bestehen der Ausbeutergesellschaften und damit von Kriegen waren die Meere immer wieder Schauplatz und zunehmend Objekt blutiger bewaffneter Auseinandersetzungen. Die Ziele der Kampfhandlungen auf See waren, wie die eines jeden Krieges, abhängig von der Politik der betreffenden Mächte und Klassen, deren Fortsetzung der Krieg ist. «Jeder Krieg», schrieb W.I.Lenin, «ist unlösbar mit der politischen Ordnung verbunden, der er entspringt. Dieselbe Politik, die eine bestimmte Großmacht, eine bestimmte Klasse innerhalb dieser Großmacht lange Zeit hindurch vor dem Krieg verfolgte, setzt diese selbe Klasse unvermeidlich und unausbleiblich während des Krieges fort, wobei sie nur die Form des Handelns ändert.» (W.I.Lenin, Werke, Bd. 24, Berlin 1978, S. 397)

Als die Unterwasserkräfte an der Wende vom 19. zum 20. Jahrhundert Seekriegsmittel wurden, war der Kapitalismus in

sein imperialistisches Stadium eingetreten. Die Macht- und Profit-
gier des Monopolkapitals führte zunehmend zu bewaffneten Konflikten in aller Welt und zu erdumspannenden Kriegen. Mit der
Rolle der Streitkräfte wuchs die Bedeutung der Flotten und in besonderem Maße die der Unterwasserkräfte.

Seit dem Sieg der Großen Sozialistischen Oktoberrevolution
bestimmt der Grundwiderspruch zwischen dem zum Untergang
verurteilten Kapitalismus und dem Sozialismus das internationale
Geschehen. Im Ergebnis des Sieges der UdSSR über den deutschen Faschismus und den japanischen Militarismus trat der Kapitalismus in die zweite Etappe seiner allgemeinen Krise. Führungsmacht des imperialistischen Systems sind seither die USA.
Der von den USA angeführte Kampf aller reaktionären Kräfte
der Welt gegen die Länder des Sozialismus, gegen die Befreiungs-
bewegungen und die antiimperialistisch-demokratischen Bestrebungen hat zum großen Teil den Einsatz von Seestreitkräften zur
Voraussetzung.

Das Meer und die Flotte besitzen für die herrschende Klasse
der USA seit jeher eine immense Bedeutung. Auf Grund der geographischen Lage des Landes konnte die Bourgeoisie und später
das Monopolkapital im größeren Maßstab nur über See und gestützt auf starke Seestreitkräfte ökonomisch und politisch expan-
dieren. Allein in dem kurzen Zeitraum von 1898 bis 1917, den
ersten Weltkrieg nicht mitgerechnet, setzten die USA in 23 Fällen
ihre Streitkräfte zur Durchsetzung der Interessen der Großbour-
geoisie rund um den Erdball ein. Bei allen diesen Interventionen
war der Einsatz der Flotte wesentliche Komponente des Handelns.

Die Einführung von kernenergiegetriebenen U-Schiffen, von
denen ballistische Raketen mit strategischer Zweckbestimmung
gestartet werden können, verleiht den Unterwasserkräften einen
völlig neuen Charakter. Heute besitzen Flotten die Fähigkeit, Verlauf und Ausgang eines Krieges unmittelbar zu beeinflussen. Zugleich ist das Weltmeer selbst Objekt der Expansionsziele des
USA-Imperialismus geworden. Seine Reichtümer mit ihrer zunehmenden Bedeutung für die Weltwirtschaft sind dem Zugriff
des USA-Imperialismus ausgesetzt. Ein Teil des militärischen Po-
tentials, mit dessen Hilfe die USA ihre Politik der Drohung und

Erpressung durchsetzen wollen, sind die U-Schiffe bzw. U-Boote. Die kernkraftgetriebenen strategischen Raketen-U-Schiffe der USA, auf denen sich 70 Prozent der US-amerikanischen Raketensprengköpfe befinden, bilden den Kern des Vernichtungspotentials des USA-Imperialismus. Über 20 raketentragende U-Schiffe befinden sich ständig in See. Sie bedrohen nicht nur die UdSSR und die anderen sozialistischen Staaten, sondern auch alle Länder, die eine den USA nicht genehme Politik verfolgen.

Von den operativen Flotten der USA haben die 2. und die 6., deren Einsatzräume der Atlantik bzw. das Mittelmeer sind, strategische Raketen-U-Schiffe in ihrem Bestand, ebenso die 3. und 7. Flotte im Pazifik sowie die Golfflotte. An den mehr als 140 lokalen Kriegen und militärischen Konflikten, die der Imperialismus von 1945 bis 1975 verschuldete, waren auch US-amerikanische U-Schiffe beteiligt.

Im Konflikt zwischen Großbritannien und Argentinien um die Falklandinseln (Malwinen) waren die Unterwasserkräfte der Royal Navy als erste in diesem Raum und versenkten einen argentinischen Kreuzer.

Der seit Mitte der 50er Jahre zunehmenden Bedrohung auf See und von See aus bieten die Sowjetunion und die anderen sozialistischen Länder die Stirn. Als Gegengewicht zu den friedensbedrohenden Flottenrüstungen der USA und ihrer NATO-Partner hat die UdSSR eine starke Seekriegsflotte geschaffen. Die Sowjetunion besitzt eine ausgewogene Flotte, die ihren Verteidigungsaufgaben entspricht. In der sowjetischen Seekriegsflotte sind alle Elemente und Sicherstellungsmittel so proportioniert, daß sie sowohl unter den Bedingungen eines Kernwaffenkrieges als auch in jedem anderen möglichen Krieg ihre Aufgaben zu lösen vermag.

Die führende Stellung in der Seekriegsflotte kommt heute jenen Kräften zu, die wichtige strategische Aufgaben lösen können. Dazu gehören die mit ballistischen und Flügelraketen bewaffneten kernkraftgetriebenen U-Schiffe. Insgesamt sind die sowjetischen Unterwasserkräfte eine moderne Waffengattung. Als Antwort auf die U-Schiffe des «Ohio»-Typs wurde das gleichwertige System «Taifun» entwickelt.

Die sowjetische Seekriegsflotte und ihre Unterwasserkräfte

sind ein Garant dafür, daß der Handlungsspielraum des Imperialismus für militärische Abenteuer begrenzt wird. Sie sichern den Weltfrieden und damit günstige Bedingungen für den weiteren Aufbau des Sozialismus und den sozialen Fortschritt in der Welt.

«Es entspricht dem Interesse des Weltfriedens, daß sich das mächtige militärische Potential, das die moderne Wissenschaft und Technik hervorgebracht hat, nicht allein in den Händen des Imperialismus befindet. Wurde dieses ungeheure Vernichtungspotential bisher nicht eingesetzt, so ist dies gerade der Verteidigungskraft der sozialistischen Gemeinschaft zu danken.» Diese Worte des Generalsekretärs des ZK der SED und Vorsitzenden des Staatsrates der DDR, Genossen Erich Honecker, treffen nicht zuletzt auch auf die sowjetische Seekriegsflotte und ihre Unterwasserkräfte zu.

Zugleich tritt die UdSSR gemeinsam mit den anderen sozialistischen Staaten ständig und zielstrebig für eine Begrenzung und schließliche Einstellung auch des maritimen Wettrüstens ein. Diese Politik erzielte bereits bestimmte Erfolge. 1972 trat z. B. der «Vertrag über das Verbot der Stationierung von Kernwaffen und anderen Massenvernichtungswaffen auf dem Meeresgrund und Ozeanboden und deren Untergrund» in Kraft.

An der Wende der 70er zu den 80er Jahren haben jene imperialistischen Kreise in den USA und bei ihren NATO-Partnern die Oberhand gewonnen, die das annähernde militärische Kräftegleichgewicht auch auf See zugunsten des Imperialismus verändern möchten.

Erneut werden gewaltige Mittel aufgewendet, um die imperialistischen Flotten und insbesondere die Unterwasserkräfte auszubauen. Das birgt ständig neue Gefahren für den Weltfrieden in sich, denen die UdSSR und die anderen sozialistischen Staaten konsequent ihre Friedensstrategie entgegensetzen. Entscheidende Faktoren der Friedenssicherung sind die sozialistischen Streitkräfte und die dazu gehörenden Flotten.

Anhang

Aus der «Historie
von Alexander dem Grossen»

Darauf wuchs in seinem Herzen der Wunsch, die Meerestiefe zu erkunden und zu sehen, welche Tierarten es dort gäbe. Da hieß er Glasmacher zu sich kommen und befahl ihnen, ein Faß aus kristallklarem Glas zu machen, daß er alles draußen deutlich sehen könne. Und so geschah es. Drauf ließ er es an Eisenketten schmieden und die stärksten Soldaten es halten; er selbst stieg hinein, ließ die Tür schließen und mit Pech verkleben und tauchte in die Meerestiefe hinab. Dort sah er Fische von vielerlei Gestalt und mannigfacher Färbung, aber auch Wesen, die den Tieren des Festlandes glichen und mit den Füßen auf dem Meeresboden liefen wie Tiere auf dem Lande; sie fraßen die Früchte der Bäume, die in der Tiefe der See wachsen. Diese Tiere kamen zu ihm heran und flohen ihn wieder. Er sah dort auch andere wunderbare Dinge, doch wollte niemandem davon sprechen, weil sie Menschen unglaubhaft waren. Als er aber lange genug im Wasser gewesen war, zogen ihn die Soldaten zu der Zeit, die Alexander vorher festgesetzt hatte, wieder hinauf.

Nach: Historie von Alexander dem Grossen, herausgegeben von Wolfgang Kirsch, Leipzig 1981, S. 118.

Aus der Antwort G. Washingtons
vom 26. 9. 1785 auf eine Anfrage des Gesandten
der Vereinigten Staaten in Frankreich, T. Jefferson,
über Bushnell und seine «Turtle»

Es tut mir leid, daß ich Ihnen keine erschöpfende Auskunft hinsichtlich der Pläne von Kapitän Bushnell für die Zerstörung von Schiffen geben kann. — Da keine interessanten Experimente gemacht worden sind und da mein Gedächtnis nicht zuverlässig ist, kann ich mich im gewissen Maße in dem irren, was ich berichte. Bushnell ist ein Mann von großen technischen Fähigkeiten — reich an Erfahrungen und ein Meister bei der Ausführung. — Er kam zu mir im Jahre 1776, empfohlen durch Gouverneur Trumball (jetzt verstorben) und andere ehrbare Persönlichkeiten, die Befürworter seines Planes waren. — Obwohl ich selbst nicht überzeugt war, versorgte ich ihn mit Geld und anderen Hilfsmitteln, ihn auszuführen. — Er arbeitete eine Zeit lang erfolglos und obwohl die Befürwortung seines Planes eine Zeit lang fortdauerte, hatte er niemals Erfolg. — Ein Unfall nach dem anderen kam stets dazwischen. — Ich glaubte damals und glaube es immer noch, daß es ein genialer Versuch war, aber daß eine Verbindung von zu vielen Dingen notwendig sei, um einen großen Erfolg von dem Unternehmen gegen einen Feind zu erwarten, der stets auf der Hut ist. Daß er eine Maschine hatte, die so geplant war, einen Menschen unter Wasser in jeder beliebigen Tiefe zu befördern und für eine beträchtliche Zeit und Entfernung mit einer mit Pulver geladenen Vorrichtung, die er an einem Schiffsrumpf oder einer -seite befestigen und zu jeder Zeit (ausreichend für ihn, sich zurückzuziehen?) zünden konnte, wodurch ein Schiff in die Luft gesprengt oder versenkt werden könnte, sind Tatsachen, die wie ich glaube, geringe Zweifel zulassen. Aber dann, wenn es gilt, gegen einen Feind vorzugehen, ist es nicht so leicht, einen Menschen zu finden, der bereit ist, sich der Vielzahl von Gefahren zu stellen, welchen er ausgesetzt werden muß: 1. Durch die Neuartigkeit 2. Durch die Schwierigkeit, die Maschine zu bewegen und sie unter Wasser zu lenken mit Rücksicht auf die Strömung usw. 3. Die ständige Ungewißheit, den bestimmten Gegenstand zu treffen, aufzutauchen usw. In der Nähe des Schiffes würde dies den Abenteurer einer Entdeckung und fast einem sicheren Tod aussetzen. — Diesen Gründen schrieb ich immer das «Nichtzumzielführen» seines Planes zu, da er nichts verlangte, was ich beisteuern konnte, den Erfolg zu sichern.

Nach: H.-J. Lawrenz, Die Entstehungsgeschichte der U-Boote, München 1968, S. 20.

U-Boote in den Seestreitkräften am Vorabend des ersten Weltkrieges

	Boote in Dienst	in Bau oder geplant	eigener U-Boot-Bau oder Entwicklung
Brasilien	3	—	—
Chile	2	—	—
Dänemark	7	5	x
Deutschland	28	17	x
Frankreich	52	25	x
Griechenland	2	2	—
Großbritannien	68	22	x
Italien	14	6	x
Japan	13	1	x
Niederlande	9	3	x
Norwegen	5	—	—
Österreich-Ungarn	6	2	—
Peru	2	—	—
Portugal	1	—	—
Rumänien	—	1	—
Rußland	31	27	x
Schweden	5	3	x
Türkei	—	1	—
USA	32	20	—

Die britische U-Boot-Rüstung vor und während des ersten Weltkrieges

Typ	Anzahl	Baujahr bzw. Jahr des Stapellaufs	Verdr. in ts über/unter Wasser	in Dienst am 1. April 1921
«Holland»	5	1901	105/120	0
A	13	1902	165/180	0
B	11	1903/04	285/326	0
C	38	1905—08	290/320	0
D	8	1908—10	494/620	0
«Swordfish»	1	1916	904/1384	0
«Nautilus»	1	1917	1270/1694	0
S	3	1911	254/312	0
F	3	1911	354/445	0
V	4	1912	392/480	0
W	4	1912/13	342/ 500	0
E	56	1911—15	652/ 795	22 davon 4 Minen-U-Boote
G	14	1915	850/1060	6
I	7	1915/16	1260/1640	0
H	52	1915—17	354/435	32 davon 4 Minen-U-Boote
K	17	1916—18	1880/2650	7
L	71	1916—18	830/1055	37 davon 4 Minen-U-Boote
M	4	1917	1650/1950	3
R	10	1917	420/ 500	10

Französische U-Boot-Typen vor und während des ersten Weltkrieges

Typ	«O'Byrne»	«Armide»	«Lagrange»	«Joessel»
Baujahr bzw. Jahr des Stapellaufs	•	1913	1912	1914
Verdr. in t	$\frac{350}{500}$	$\frac{460}{675}$	$\frac{840}{129}$	$\frac{930}{1250}$
Länge in m	52,4	56,8	75,0	74,0
Breite	4,7	5,2	6,4	6,0
Antrieb in PS	$\frac{1000}{460}$	$\frac{2000}{800}$	$\frac{2600}{1640}$	$\frac{2900}{1640}$
Geschw. in kn	$\frac{14,0}{8,5}$	$\frac{17,0}{11,0}$	$\frac{16,0}{11,0}$	$\frac{17,0}{10,5}$
Bewaffnung Torp.-Rohrz.	4	4	8	8
Artillerie Z./Kal. (in mm)	•	1/37	1/75	1/75

U-Boote der russischen Flotte 1914 bis 1917

Name bzw. Typ	Baujahr	Verdr. in t	Länge in m	Breite in m	Antrieb in PS	Geschw. in kn	Torpedoabschußeinrichtungen	Art. Kal. in mm	Tauchtiefe in m
Ostsee									
«Kasatka»	1904/05	140 / 177	33,5	3,4	120 / 100	8,5 / 5,5	4	1 MG	50
«Som»	1904/06	105 / 125	20,0	3,5	160 / 70	8,5 / 6,0	1	—	30
«Lake»	1905/11	409 / 480	41,0	4,9	2×400 / 2×200	8,4 / 7,0	6	—	50
«Minoga»	1909	123 / 152	32,6	2,7	2×120 / 1×70	11,0 / 5,0	2	—	30
«Akula»	1911	370 / 468	56,0	3,7	3×300 / 1×300	10,6 / 6,0	8	1 MG	50
«Bars»	1915	650 / 780	67,9	4,4	2×250 / 2×450	11,5 / 8,5	16	1×57 1×37 1 MG	50
«Holland»	1916	355 / 433	46,0	4,8	2×240 / 2×100	13,0 / 10,0	4	—	50

Schwarzes Meer

«Kasatka»	1905	$\frac{140}{177}$	33,5	3,4	$\frac{120}{100}$	$\frac{8,5}{5,5}$	4	1 MG	50
«Karp»	1907	$\frac{205}{235}$	39,9	3,1	$\frac{2\times200}{2\times200}$	$\frac{10,0}{8,5}$	1	—	30
«Som»	1904/06	$\frac{105}{125}$	20,0	3,5	$\frac{160}{70}$	$\frac{8,5}{6,0}$	1	—	30
«Nr.3»	1914	$\frac{33,1}{43,6}$	20,5	2,3	$\frac{1\times50}{1\times35}$	$\frac{8,0}{6,0}$	2	—	30
«St. Georgi»	1914	$\frac{260}{313}$	•	•	•	$\frac{13,0}{8,0}$	2	•	•
«Krab»	1915	$\frac{560}{740}$	53,0	4,2	$\frac{4\times300}{2\times330}$	$\frac{11,0}{7,5}$	2 / 60 Minen	1 MG	50
«Narwal»	1915	$\frac{621}{994}$	70,0	6,6	$\frac{4\times160}{2\times490}$	$\frac{13,0}{9,0}$	12	—	50
«Morsh»	1915	$\frac{630}{758}$	67,0	4,4	$\frac{2\times250}{2\times450}$	$\frac{12,0}{8,0}$	12	1×75 1×37 1 MG	50
«Bars»	1917	$\frac{650}{780}$	67,9	4,4	$\frac{2\times250}{2\times450}$	$\frac{11,0}{8,0}$	8	1×75 1×37 1 MG	50
«Holland»	1917	$\frac{355}{434}$	46,0	4,8	$\frac{2\times240}{2\times160}$	$\frac{13,0}{10,0}$	4	—	50

Name bzw. Typ	Baujahr	Verdr. in t	Länge in m	Breite in m	Antrieb in PS	Geschw. in kn	Torpedoabschußeinrichtungen	Art.-Kal. in mm	Tauchtiefe in m
Nordmeer									
«Delphin»	1903	$\frac{113}{124}$	19,6	3,3	$\frac{1\times300}{1\times120}$	$\frac{10,0}{5,0}$	2	–	50
«Nr. 1»	1914	$\frac{33,1}{43,6}$	20,5	2,3	$\frac{1\times50}{1\times35}$	$\frac{8,0}{6,0}$	2	–	30
«St. Georgi»	1917	$\frac{260}{313}$	•	•	•	$\frac{13,0}{8,0}$	2	•	•
Stiller Ozean									
«Kasatka»	1905	$\frac{140}{177}$	33,5	3,4	$\frac{120}{100}$	$\frac{8,5}{5,5}$	2	–	50
«Som»	1904/06	$\frac{105}{122}$	20,0	3,5	$\frac{160}{70}$	$\frac{8,5}{6,0}$	1	–	30
«Lake»	1905	$\frac{409}{480}$	41,0	4,9	$\frac{2\times400}{2\times200}$	$\frac{8,4}{7,0}$	6	–	50
«Delphin»	1903	$\frac{113}{124}$	19,6	3,3	$\frac{300}{120}$	$\frac{10,0}{5,0}$	2	–	50

US-amerikanische U-Boote
während des ersten Weltkrieges

Typ	N	«Lake»	O	«Lake»	R	«Lake»	H
Baujahr	1915	1916	1916	1916	1917	1917	1918
Anzahl	3	4	10	6	20	7	6
Verdr. in t	330/410	348/480	485/570	520/630	570/680	495/600	355/434
Länge in m	44,8	47,3	53,4	52,5	56,7	53,4	45,84
Breite	4,8	4,4	5,2	5,5	5,5	5,08	4,65
Antr. in PS	480/620	480/620	1200/750	1200/750	880/934	1200/750	480/620
Geschw. in kn	12,5/10,5	12,5/10,5	14,0/10,5	14,0/10,5	13,5/10,0	14,0/11,0	12,5/10,5
Fahrb. sm/kn	2500/9 100/5	2500/9 100/5	3500/11 100/5	3500/11 100/5	3500/11 100/5	3500/11 100/5	2500/8 100/5
Bewaffnung (Kal. in mm)							
Torp.-Rohrz./Kal.	4/453	4/453	4/453	4/453	4/453	4/453	4/453
Torp.-Vorrat	8	8	8	8	8	8	8
Art.-Z./Kal.	1/76	1/76	1/76	1/76	1/76	1/76	1/76

U-Boot-Bestand der deutschen Kaiserlichen Marine während des ersten Weltkrieges

Monat	1914 △	1914 ▽	1914 ○	1915 △	1915 ▽	1915 ○	1916 △	1916 ▽	1916 ○	1917 △	1917 ▽	1917 ○	1918 △	1918 ▽	1918 ○
Januar	–			27	2	2	41	3	–	102	6	2	132	3	10
Februar	–			27	4	–	41	5	–	111	4	6	129	6	3
März	–			27	7	3	47	9	2	128	4	5	127	8	7
April	–			26	6	1	52	8	3	127	5	1	125	8	7
Mai	–			35	8	1	58	9	3	130	5	8	125	11	17
Juni	–			40	6	4	65	8	1	132	8	3	112	12	3
Juli	–			44	5	3	72	9	3	130	11	9	121	9	6
August	20	3	2	45	2	2	74	10	2	128	12	4	124	8	7
September	24	3	–	46	2	3	80	10	–	139	8	13	128	9	10
Oktober	27	1	–	44	2	1	87	10	1	140	13	7	121	12	20
November	28	2	1	42	2	2	93	13	5	137	5	8	–	–	–
Dezember	28	2	2	44	6	–	87	14	3	134	6	9	–	–	–
	–	11	5	–	52	22	–	108	23	–	87	75	–	86	90

△ vorhanden
▽ in Dienst
○ Abgang

Indienststellungen von U-Booten
der deutschen Kaiserlichen Marine
1914 bis 1918

Monat	1914 △	1914 ▽	1914 ○	1915 △	1915 ▽	1915 ○	1916 △	1916 ▽	1916 ○	1917 △	1917 ▽	1917 ○	1918 △	1918 ▽	1918 ○
Januar	—	—	—	1	1	—	1	2	—	—	—	6	—	3	—
Februar	—	—	—	2	2	—	2	3	—	3	—	1	1	5	—
März	—	—	—	—	7	—	4	5	—	2	—	1	2	6	—
April	—	—	—	1	4	1	4	4	—	2	—	1	—	8	—
Mai	—	—	—	1	3	4	5	4	—	4	—	2	4	7	—
Juni	—	—	—	—	—	6	3	3	2	3	5	1	7	5	—
Juli	—	—	—	1	—	4	2	2	5	2	7	—	3	4	2
August	3	—	—	2	—	—	2	2	6	4	8	—	3	2	3
September	3	—	—	2	—	—	3	—	7	3	5	—	1	3	5
Oktober	1	—	—	2	—	—	2	—	8	2	11	—	2	4	6
November	2	—	—	1	1	—	2	—	11	2	3	—	2	—	—
Dezember	2	—	—	2	4	—	2	—	12	3	3	—	—	—	—
	11	—	—	15	22	15	32	25	51	32	42	13	25	47	16

△ Flotten-U-Boote
▽ UB-Boote
○ UC-Boote

Versenkungsergebnisse der deutschen U-Boote
gegen Handelsschiffe von August 1914 bis November 1918

Monat	1914 Z	BRT	1915 Z	BRT	1916 Z	BRT	1917 Z	BRT	1918 Z	BRT
Januar	—	—	7	17153	25	49702	202	335106	155	285593
Februar	—	—	9	22784	43	95683	291	499430	134	310288
März	—	—	27	76971	69	172268	355	548817	181	343145
April	—	—	28	38868	83	187325	458	814118	125	276835
Mai	—	—	55	126834	63	119380	357	590729	139	292521
Juni	—	—	108	111324	64	93128	352	669218	108	244785
Juli	—	—	91	100941	96	117176	262	534799	110	278466
August	—	—	112	185651	133	163317	207	477338	157	276551
September	—	—	63	143766	171	232578	209	344789	92	185878
Oktober	1	866	39	86911	182	334472	179	445140	75	117110
November	2	2084	61	157385	179	326533	136	272341	4	13106
Dezember	—	—	40	120443	193	302858	162	379198		
	3	2950	640	1189031	1301	2194420	3170	5938023	1280	2624278

insgesamt: 6394 Schiffe mit 11 948 702 BRT

Versenkungsergebnisse der deutschen U-Boote gegen Kriegsschiffe im ersten Weltkrieg

	1914	1915	1916	1917	1918	insges.
Linienschiffe		3	3	3	1	10
Panzerkreuzer	3	1	2	2	2	10
Große Kreuzer	1	—	—	1	—	2
Kleine Kreuzer	1	—	3	—	—	4
Minenkreuzer	—	—	—	1	—	1
Flugzeugmutter-schiffe	1	—	—	—	—	1
Monitore	—	—	—	1	—	1
Zerstörer	—	5	1	13	2	21
Torpedoboote	—	3	3	2	—	8
Kanonenboote	1	—	2	1	—	4
Sloops	—	—	3	8	3	14
Patrouillen-boote	—	—	—	1	1	2
Minenleger/Minenschiffe	—	2	—	1	1	4
Minensuchboote	—	3	1	2	2	8
U-Boote	1	4	1	3	1	10
insgesamt	8	21	19	39	13	100

Versenkungsergebnisse der Unterwasserkräfte gegen Kriegsschiffe im ersten Weltkrieg

	brit.	deut-sche	franz.	russ.	US-ame-rik.	ita-lien.	sonst.	ins-ges.
Linien-schiffe	5	—	3	1	—	1	3	13
Panzer-kreuzer	6	—	5	1	1	2	—	15
Kreuzer	4	2	—	—	—	—	—	6
Flugzeug-mutter-schiffe	1	—	—	—	—	—	—	1
Zerstörer	20	—	3	2	1	3	1	30
Torpedo-boote	3	3	1	1	—	1	2	11
U-Boote	8	15	2	—	—	2	—	27
sonstige	508	3	57	49	10	15	14	686
insgesamt	555	23	71	54	12	24	20	789

Schiffsbestand der deutschen Kaiserlichen Marine
November 1918

	fertig				insgesamt		in Bau		fertig und in Bau	
	überalterte		neue							
	Z	t	Z	t	Z	t	Z	t	Z	t
a) Linienschiffe	2	20320	39	712600	41	732920	1	28800	42	761720
b) Schlacht- u. Panzerkreuzer	1	10700	8	162400	9	173100	2	62000	11	235100
Unter a) und b) Großkampfschiffe	—	—	26	583500	26	583500	3	90800	29	674300
c) Geschützte Kreuzer	2	6400	28	117440	30	123840	5	28000	35	51840
d) Große Torpedoboote	23	9200	176	123032	199	132232	—	—	199	132232
e) Kleine Torpedoboote	—	—	32	6114	32	6114	—	—	32	6114
f) Unterseeboote	—	—	213	153560	213	153660	418[1]	287141	631	440701
insgesamt:	28	46420	496	1275346	524	1321766	426	405941	950[1]	1727707

[1] hierunter eine Anzahl bereits vergebener, jedoch noch nicht begonnener Boote

MA DDR, WF—04/32 763, o. Bl.

Die Entwicklung der Unterwasserkräfte in den Flotten der imperialistischen Großmächte bis zum 1. April 1921

	Stand am 1.8.1914			Veränderungen 1914 bis 1918			Abgang 1914 bis 1921			Stand am 1.4.1921
	in Dienst	in Bau und Erprobung	insgesamt	Zugang durch Neubau u.a.	Übernahme deutscher Boote	insgesamt	Verluste	nicht in oder außer Dienst gestellt	insgesamt	
Frankreich	52	25	77	18	10	28	12	29	41	54
Großbrit.	68	19	89	215	–	215	59	123	174	130
Japan	13	1	14	36	7	43	–	7	7	50
USA	32	20	52	109	–	109	3	25	28	133
Italien	14	6	20	56	10	66	7	22	29	57

U-Boote in den Flotten
der kapitalistischen Staaten 1931

	Boote in Dienst	in Bau oder geplant	eigener U-Boot-Bau oder Entwicklung
Argentinien	3	—	—
Brasilien	4	—	—
Chile	9	—	—
Dänemark	10	—	x
Finnland	4	—	x
Frankreich	65	43	x
Griechenland	2	6	—
Großbritannien	60	6	x
Italien	47	22	x
Japan	72	—	x
Lettland	2	—	—
Niederlande	14	9	x
Norwegen	9	—	—
Peru	2	6	—
Polen	—	3	—
Portugal	3	2	—
Rumänien	1	—	—
Schweden	16	—	x
Spanien	16	28	x
Türkei	4	—	—
USA	71	4	x

Aus einem geheimen Lehrmaterial
der faschistischen Luftkriegsakademie
vom 7. April 1937 über die Seekriegslehre

U-Boote:

1) Allgemeine Eigenschaften:

a) Fähigkeit des Tauchens entzieht das U-Boot der Waffenwirkung überlegenen Gegners und befähigt es zum überraschenden Angriff. Tauchen und Getauchtfahren bedingt Einrichtungen, die von denen der Überwasserschiffe wesentlich verschieden sind.

b) Kernfrage ist die des Antriebs:

Unterwasserfahrt erfordert eine Maschinenanlage, die keine Luft-
zufuhr von außen benötigt, nur geringe Wärme entwickelt, keine
größeren Gasmengen abgibt, die das U-Boot verraten können
(Blasenbahn) und schließlich geräuschlos arbeitet. Diese Eigenschaften gewährleistet heute nur eine durch Akkumulatorenbatte-
rie gespeiste elektrische Motoranlage. Diese Anlage hat hohes Gewicht, sie beschränkt Höchstgeschwindigkeit und Aktionsradius
unter Wasser auf enge Grenzen. Geringe Steigerung seit 40 Jahren: die Unterwassergeschwindigkeit liegt um 10 sm, die Fahrstrecke um 50 sm.

Überwasserfahrt bedingt weiteres Maschinensystem, das mit atmo-
sphärischer Luft arbeitet. Überwasserfahrt bringt U-Boot in das
Operationsgebiet.

2) Die Unterwasserfahrt ist lediglich taktische Waffe. Das U-Boot wird
unter Wasser mehr oder weniger stationär. Bei den immer stärker
angewachsenen Geschwindigkeiten aller Überwasserstreitkräfte tritt
diese negative Eigenschaft des U-Bootes immer stärker hervor.

3) Über- und Unterwasserfahrt stellen an den Schiffbauer ganz verschiedene Forderungen. Überwasserfahrt erfordert Freibord, Seefähigkeit und der Überwasserfahrt angepaßte Schiffsform. Das für
Überwasserfahrt notwendige Reservedeplacement muß durch Tauchtanks vernichtet werden. Je größer das Reservedeplacement desto
größer die Tauchtanks und damit die Tauchzeit.

4) Schutz gegen Wasserdruck erfordert festen Druckkörper mit viel Gewicht. Schiffskörpergewicht ist bei U-Booten daher größer als bei
gleichgroßem Überwasserschiff. Der Druckkörper enthält alle Einrichtungen, die nicht dem Wasserdruck ausgesetzt werden dürfen.

5) Die Unterwassereigenschaften werden begünstigt durch Stromlinien-
form, durch Nichtvorhandensein von Aufbauten, Brücken und Geschützen. Für die Überwasserfahrt liegen die Forderungen umgekehrt.

6) Die Tauchfähigkeit frißt Gewichte, die verlorengehen für die Forderung der Geschwindigkeit, der Bewaffnung und des Überwasser-
schutzes.

7) Seit 1911 Dieselantrieb. Bei Kriegsbeginn besaß Marine 28 Unter-

330

seeboote, vor und während des Krieges sind 809 U-Boote auf Stapel gelegt, von denen 437 nicht mehr fertiggestellt wurden. Kriegsverlust ca. 200 U-Boote. Es wurden durch U-Boote versenkt ungefähr 12 Millionen t Handelsschiffsraum und 153 englische Kriegsschiffe.

8) Waffen sind: Torpedo, Mine, Artillerie.
   a) Torpedo: Deutsche Kriegsbauten hatten bis zu 4 Bugrohre und 2 Heckrohre. Englische R-Klasse: 6 Bugrohre. Französische U-Kreuzer 14 Rohre. Heutige Boote haben schwallosen Ausstoß.
   b) Mine: Deutsche U-Boote legten bis 40 Minen.
   c) Artillerie: Deutsche Kriegsboote hatten 1—8,8 cm oder 10,5 cm bis zu 2—15 cm. Französische U-Kreuzer 2—20,3 cm. Geringe Feuerhöhe, Behinderung durch Seewasser, schlechte Aufschlagbeobachtung bei geringer Augenhöhe.

9) Große Anforderungen an Funktelegraphie für Fernaufklärung. Möglichkeit, unter Wasser zu funken, in der Entwicklung.

10) Das U-Boot übt Seeherrschaft aus, ohne sie zu erkämpfen, und zwar im Hauptkriegsgebiet auch dort, wo Gegner den Seeraum zu beherrschen glaubt. Diese Ausübung ist aber einseitig, weil nur angreifend und nicht schützend. Die Beurteilung des Wertes von U-Booten ist in den einzelnen Staaten daher je nach seestrategischer Lage durchaus verschieden. England ist Gegner des U-Bootes, da Handelsschutz im Vordergrund steht. Bei Frankreich umgekehrt.
   Man kann nur von einer «Durchlöcherung» oder «Erschwerung» der Ausübung der feindlichen Seeherrschaft sprechen. Eine Umstellung der Seekriegführung im großen hat U-Boot nicht gebracht.

11) Welche Aufgaben?
   a) Bei der Erkämpfung der Seeherrschaft, d. h. der militärischen Austragung des Maßes an freier Benutzung der Seewege, ist U-Boot nur als Hilfswaffe beteiligt. Die Versenkung 3 englischer Kreuzer durch «U 9» vertrieb zwar englische Flotte aus der Nordsee, aber nur vorübergehend. Die Flotten lernten U-Boot-Gefahr auf ein erträgliches Maß einzuschränken. Als Hilfswaffe ist U-Boot allerdings sehr wichtig: Fernaufklärung und Ausnutzung gelegentlicher mehr oder weniger zufälliger Angriffsmöglichkeiten. Wie weit bei systematischer Weiterentwicklung geeignete Angriffsmethoden das Ergebnis über das Zufällige hinaus erweitern wird, steht zur Zeit noch offen. Unsere U-Boot-Waffe arbeitet in dieser Richtung stark. Auch die Zusammenarbeit von U-Booten und Überwasser-

331

verbänden taktisch und operativ ist möglich, bedarf aber noch
weiterer Entwicklung. Eine wichtige Aufgabe der U-Boote ist weiterhin Sperren und Verseuchen von Gebieten, die für Überwasserstreitkräfte unzugänglich sind.

b) Die Hauptaufgabe sind Operationen im vom Feind beherrschten
Seeraum: militärisch und im Handelskrieg. Der Nordseekrieg
1914/18 bietet hierfür das Beispiel. Der starke Ausbau der U-
Boot-Waffe Rußlands in der Ostsee läßt erwarten, daß russische
U-Boote mit Mine, Torpedo und nach Möglichkeit auch mit Artil-
lerie in der Ostsee auch dort eine Rolle spielen werden, wo der
Seeraum in unmittelbarer Kontrolle deutscher Überwasserstreit-
kräfte liegt.

c) Durch die vorwiegend militärische Verwendung von U-Booten,
wie sie infolge der U-Boot-Konvention bei allen Seemächten im
Vordergrund steht, ist die Verwendung der U-Boote als Handelszerstörer zur Zeit etwas in den Hintergrund getreten, aber selbst
bei Befolgung der Vorschriften der U-Boot-Konvention (kein warnungsloser Angriff, Sicherung der Besatzung und Passagiere) ist
zu erwarten, daß das U-Boot auch in Zukunft eine bedeutende
Rolle als Handelszerstörer spielen wird. Deutsche U-Boote haben
auch gegen bewaffnete Dampfer zahlreiche Gefechte erfolgreich
durchgeführt und ihre Erfolge in hohem Maße mit der Kanone
und durchaus nicht nur warnungslos mit dem Torpedo.

12) Im Gegensatz zu allen anderen Schiffstypen ist das U-Boot nur in geringem Maße zum Kampf gegen seinesgleichen geeignet. Eine Ver-
mehrung der eigenen U-Boot-Flotte ist kein Schutz gegen U-Boot-Bedrohung.

13) Eine nur aus U-Booten bestehende Flotte verzichtet von vornherein
auf den Handelsschutz. Bei einer solchen Flotte würden Überwasserstreitkräfte in einem Umfange notwendig sein, daß Ein- und Auslauf-
wege gegenüber einer Minenblockade offen gehalten werden können.
Die Verwendung von U-Booten gegen Überwasserstreitkräfte zum
Zwecke des Kräfteausgleichs wäre in diesem Fall mehr oder weniger
zwecklos. Eine reine U-Boot-Flotte würde sich zu eng begrenzte Teil-
ziele setzen.

14) Man unterscheidet Unterseeboote (150 bis etwa 1 000 t) und Unter-
seekreuzer (etwa 2 000 t). Es handelt sich bei dieser Unterscheidung
nicht um die normale «Überbietung», sondern um verschiedene Auf-

gaben. Der Sinn und Zweck des Unterseebootes sind Angriffs- und Aufklärungsoperationen im stark mit Abwehrkräften besetzten Gebiet. Schnelles Tauchen, gute Manövrierfähigkeit zu Angriff und Abwehr sind wesentliche Eigenschaften. Beim U-Kreuzer, der im Gegensatz zu den 60—70 m langen U-Booten etwa 120 m lang ist, soll das Tauchen dem U-Kreuzer lediglich das Passieren von Gefahrengebieten ermöglichen, um entfernte Operationsgebiete zum Zwecke des Kreuzerkrieges zu erreichen. Die große Menge der U-Kreuzer bringt schlechte Manövriereigenschaften mit sich. Das stets etwa 7 m lange Sehrohr bedingt auch beim U-Kreuzer eine Sehrohrtiefe von etwa 7 m, wobei bei Schwankungen des Gleichgewichtes Bug und Heck leicht aus dem Wasser herauskommen können.

15) Alle U-Boote, auch U-Kreuzer, sind über Wasser stark verletzlich und können sich dem Durchschlagen von Artilleriekämpfen mit Seestreitkräften nicht aussetzen. Gegenüber Handelsschiffen, die bewaffnet sind, liegen die Verhältnisse natürlich günstiger.

16) Als Fühlungshalter sind U-Boote nur bedingt geeignet, da auch die Überwassergeschwindigkeit vergleichsweise nur gering ist.

17) U-Boote besitzen große Seeausdauer. Amerikanische U-Kreuzer haben einen Aktionsradius von 18 000 sm, d. i. Äquatorumfang.

MA DDR, L 02.30/8, Bl. 3619 ff.

Aus der SkL-Denkschrift
«Seekriegführung gegen England und die sich
daraus ergebenden Forderungen für die
strategische Zielsetzung
und den Aufbau der Kriegsmarine»
vom 25. Oktober 1938

U-Boote
Allgemeine Aufgaben
a) Stationärer Fernaufklärer.
b) U-Boot-Kriegführung mit Mine und Torpedo in den Gebieten, die der ständigen Kriegführung des Überwasserschiffes verschlossen sind (Küstengewässer Englands und Frankreichs, Finnischer Meerbusen, Kanal, Mittelmeer).
c) Ergänzung der ozeanischen Kreuzerkriegführung durch Einsatz als

Fernaufklärer in bestimmten für die Kreuzerkriegführung wichtigen Seegebieten (vor Stützpunkten, Häfen, Knotenpunkten des feindlichen Handelsverkehrs) und als selbständiger Träger der Kreuzerkriegführung im Handels- und U-Boot-Krieg.

Typen

U-Kreuzer (bisher Artillerie-U-Boot)
Aufgabe
Einsatz im Kreuzerkrieg in Gebieten schwacher U-Boot-Abwehr (abgesetzt von gut organisierten Küsten). Haupteinsatz im Kreuzerkrieg über Wasser.

Eigenschaften
Hohe Marschgeschwindigkeit auch bei Seegang, Unabhängigkeit von Nachschub und Versorgung innerhalb der Grenzen der Leistungsfähigkeit der Besatzung (etwa 3 Monate). Hilfskreuzern und Zerstörern an Kampfkraft gewachsen.

Weitere Erläuterungen
Die Forderungen nach der großen Zahl ist bei allen U-Booten besonders wichtig. Mit der Größe verlängert sich die Bauzeit und sinkt die im Kriege besonders dringliche schnelle Fertigung neuer Boote. Die U-Kreuzer werden deshalb besonders Spezialtypen bleiben, deren Fertigung nicht auf Kosten der großen Masse der U-Boote gehen darf. Entsprechend ihrem größeren Wert und ihrer geringeren Zahl werden sie nur dort einzusetzen sein, wo ihr Einsatz wesentlich größeren Erfolg verspricht, als der von U-Booten kleinerer Wasserverdrängung. Für die ozeanische Kreuzerkriegführung wird deshalb der Einsatz der U-Kreuzer in den Gebieten in Frage kommen, wo die Entfernung vom Stützpunkt zum Operationsgebiet so groß ist, daß der Wert eines U-Bootes sich erst auswirkt, wenn das U-Boot sich längere Zeit im Operationsgebiet aufhalten kann. Die Möglichkeit ist aber nur beim großen U-Boot gegeben.

Für bestimmte Aufgaben kann es von Wert sein, wenn der U-Kreuzer die gleiche Auswirkung hat wie ein Überwasserschiff, d.h. daß er z.B. in der Lage ist, kleine Abwehrtypen des Gegners zu vernichten und damit sich und gegebenenfalls auch kleinen U-Booten den Weg freizumachen. Ein derartiger U-Kreuzer kann dann in bestimmten Seegebieten kleine Überwasser-Typen des Kreuzerkrieges ersetzen. Als zweckentsprechender Typ wird nach den bisherigen Überlegungen, die noch der Nachprüfung in der Praxis bedürfen, das bisherige Artillerie-U-Boot vorgeschlagen mit einer Bewaffnung von 4—12,7 cm und einer Geschwindigkeit von etwa 25 sm, ein Typ, der damit an Überwasserkampfkraft feindlichen Streitkräften vom Zerstörer abwärts gewachsen sein soll.

Flotten-U-Boot
Aufgabe
1. Einsatz im Kreuzerkrieg in Gebieten schwacher U-Boot-Abwehr (abgesetzt von gut organisierten Küsten). Einsatz als U-Boot über und unter Wasser in solchen Gebieten, in denen die Masse der U-Boote wegen ihrer geringeren Leistungsfähigkeit nicht eingesetzt werden kann.
2. Operative oder auch lose taktische Eingliederung in die Kampfaufgaben, unter Umständen auch die Marschbewegungen von Verbänden, Kreuzerkriegsgruppen oder einzelnen Einheiten.

Eigenschaften
Geschwindigkeit von 20—21 sm als operative Geschwindigkeit und als Marschgeschwindigkeit bei Begleitung von Verbänden, Fahrbereich und Dauer der Einsatzmöglichkeit mindestens 2 Monate. Starke Torpedowaffe und mindestens 2—10,5 cm.

Weitere Erläuterungen
Das Flotten-U-Boot soll durch seine geringere Größe auch noch in der Lage sein, die Unterwassereigenschaften des U-Bootes für Aufklärung und Kampfaufgaben zum Ansatz zu bringen, im Gegensatz zum U-Kreuzer, der seine U-Boot-Eigenschaften lediglich dazu ausnutzen wird, um sich der Sicht oder dem Zugriff des überlegenen Gegners zu entziehen.

Minen-U-Boot
Aufgabe
Minenkrieg vor feindlichen Stützpunkten und Häfen und in sonstigen für die Seekriegführung wichtigen Seegebieten außerhalb der heimischen Gewässer.

Eigenschaften
Mittlere Marschgeschwindigkeit, Minenvorrat von etwa 60—80 großen Minen. Größe, die dem U-Boot noch gute Taucheigenschaften und eine ausreichende Wendigkeit unter Wasser erlaubt.

Weitere Erläuterungen
Das große Minen-U-Boot stellt einen Spezialtyp dar, der in Operationsgebieten außerhalb der heimischen Gewässer eine solche Zahl von Minen in einer Unternehmung zum Ansatz bringen soll, die entweder die starke Minenblockierung eines Hafens erlaubt, oder aber ausreichend

ist, um mehrere Minenverseuchungen an verschiedenen Orten im Verlauf einer Operation durchführen zu können. Nach Durchführung ihrer Minenaufgaben können die Boote ihren Rückmarsch dazu ausnutzen, um entsprechend ihren Eigenschaften im Kreuzerkrieg eingesetzt zu werden.

Eine kleine Torpedoarmierung und eine Bewaffnung mit 1—2—8,8 cm oder 10,5 cm soll ihnen die Durchführung dieser Aufgaben erleichtern.

Andere U-Boote für Fernverwendung
Aufgabe
Einsatz für alle von einem U-Boot zu leistenden Aufgaben außerhalb der heimischen Gewässer (Hauptoperationsgebiet: Küstengewässer Englands, Frankreichs, Mittelmeer, nordafrikanische Küste, nördliches Eismeer).

Strategische Forderungen
Sehr gute Unterwassereigenschaften, mittlere Marschgeschwindigkeit, für die vorgesehenen Operationsgebiete ausreichender Fahrbereich und Vorratsbestand (etwa für 8 Wochen). Artilleristische Armierung, die gegenüber leicht armierten Handelsdampfern und einzelnen Flugzeugen ausreicht.

Weitere Erläuterungen
Dieser U-Boot-Typ wird die Masse der in der offensiven Seekriegführung einzusetzenden Fernverwendungs-U-Boote bilden. In dem 740-t-Typ und dem 517-t-Typ wird die zweckentsprechende Lösung dieser Forderungen gesehen, wobei das 517-t-Boot in den aufgeführten Operationsgebieten in erster Linie die Aufgaben im feindlichen Küstenvorfeld und das 740-t-Boot die Aufgaben in den nicht so stark bewachten und weiter entfernt liegenden Seegebieten des Operationsgebietes übernehmen wird.

Kleines U-Boot
Aufgabe
Alle in Frage kommenden U-Boot-Aufgaben in Nord- und Ostsee.

Strategische Forderungen
Gute Unterwassereigenschaften, Marschgeschwindigkeit, Aktionsbereich und Ausrüstung eingeschränkt entsprechend dem nahegelegenen Operationsgebiet und der kurzen Einsatzzeit.

Weitere Erläuterungen

Das kleine U-Boot ist besonders zweckmäßig für den Einsatz in der
Nähe der eigenen Stützpunkte, wo einerseits die feindliche U-Boot-Abwehr (englische und französische Nordseeküste) sich am stärksten aus-
wirken wird und andererseits die kurzen Anmarschwege zum Operationsgebiet einen häufigen Wechsel der Boote erlauben. Diese Boote
werden außerdem eine wesentliche Unterstützung der eigenen defensiven Aufgaben in den heimischen Gewässern darstellen und die für die
offensive Kriegführung besonders geeigneten größeren U-Boot-Typen
von dieser Aufgabe entlasten.

Nach: M.Salewski, Die deutsche Seekriegsleitung 1935–1945, Bd.III: Denkschriften und La-
gebetrachtungen 1938–1944, Frankfurt am Main 1973, S.52 ff.

Zusammenstellung des Oberkommandos
der faschistischen Wehrmacht vom 25. Januar 1940
über Formen des U-Boot-Einsatzes

I. Stand der U-Boot-Kriegführung.

Gebiet	Angriff frei gegen	Angriffsart	Bemerkung
A. einzelne Ge-biete an den feindlichen Kü-sten, in denen Minenverwen-dung vorge-täuscht werden kann	alle feindlichen und neutralen Schiffe Ausnahme: USA, Japan, Ita-lien, Rußland, Dä-nische, Malteser	warnungslos unter Vortäu-schung Minen-einsatz	durch SkL bis-her festgesetzt: 1) Gebiet Nord-schottland 2) Bristolkanal 3) Nordausgang Kanal 4) Gebiet zwi-schen 1) und 2)
B. Amerikani-sche Sperrzone westlich 2° Ost	1) alle feindlichen Handelsschiffe und Tanker 2) feindliche Pas-sagierdampfer wenn a) abgeblendet	} warnungslos } nach Prisen-ordnung	 zu Ziffer 2 a und 4 b gilt auch, wenn Positionsla-ternen geführt werden

Gebiet	Angriff frei gegen	Angriffsart	Bemerkung
	b) im Geleit c) Truppentransporter d) bewaffnet (Liste)	warnungslos	
	3) neutrale Tanker Ausnahme: USA, Japan, Rußland, Italien, Spanien	warnungslos	
	4) neutrale Handelsschiffe und Passagierdampfer	nach Prisenordnung	
	wenn a) in feindlichem Geleit		
	b) in Gewässern um England abgeblendet	warnungslos	
	c) bei feindseliger Handlung oder Haltung Ausnahme: USA, Japan, Rußland, Italien, Spanien		
	5) Griechische Handelsschiffe und Tanker	warnungslos unbemerkt	

Gebiet	Angriff frei gegen	Angriffsart	Bemerkung
C. Außerhalb A. und B.	1) feindliche Schiffe wie B 1 und 2	} warnungslos	
	2) neutrale Schiffe und Tanker wie B 4	} Prisen-ordnung	
	bei B 4 a und c	warnungslos	

II. Handelskrieg durch Überwasserstreitkräfte ist in allen Fällen nur nach Prisenordnung zu führen.

III. Darüber hinausgehende Kampfmaßnahmen bedürfen der Entscheidung des Führers.

IV. Nach Beginn der Westoperation sind außerdem freigegeben:
   a) Minenverwendung in holländischen und belgischen Hoheitsgewässern.
   b) Kampfmaßnahmen gegen holländische Seestreitkräfte.

MA DDR. H 0110/2, B 1286.

U-Boot-Bestände während des zweiten Weltkrieges

Quartal	1939 △	▽	○	1940 △	▽	○	1941 △	▽	○	1942 △	▽	○	1943 △	▽	○	1944 △	▽	○	1945 △	▽	○
Großbrit.																					
I	—	—	—	73	3	3	64	3	1	73	3	4	88	7	6	111	9	3	145	5	1
II	—	—	—	73	2	8	66	4	2	72	10	7	89	11	5	117	11	1	149	6	—
III	—	—	—	67	4	7	68	7	5	75	8	2	95	8	2	127	7	—	155	3	—
IV	69	5	1	64	6	6	70	6	3	81	12	5	101	13	3	134	12	1	158	—	—
Summe	—	5	1	—	15	24	—	20	11	—	33	18	—	39	16	—	39	5	—	14	1
USA																					
I	—	—	—	—	—	—	—	—	—	113	6	4	140	11	4	178	17	4	239	14	3
II	—	—	—	—	—	—	—	—	—	115	10	1	147	13	3	191	22	2	250	12	4
III	—	—	—	—	—	—	—	—	—	124	9	2	157	15	3	211	19	5	258	6	1
IV	—	—	—	—	—	—	112	2	1	131	9	—	169	16	7	225	22	8	263	—	—
Summe	—	—	—	—	—	—	—	2	1	—	34	7	—	55	17	—	80	19	—	32	8

Quartal	1939 △	1939 ▽	1939 ○	1940 △	1940 ▽	1940 ○	1941 △	1941 ▽	1941 ○	1942 △	1942 ▽	1942 ○	1943 △	1943 ▽	1943 ○	1944 △	1944 ▽	1944 ○	1945 △	1945 ▽	1945 ○
Japan																					
I	—	—	—	—	—	—	—	—	—	60	4	4	62	5	3	76	10	13	59	9	13
II	—	—	—	—	—	—	—	—	—	60	4	3	64	10	7	73	9	24	55	8	12
III	—	—	—	115	5	12	—	—	—	61	5	5	67	11	7	58	11	8	51	15	4
IV	—	—	—	108	—	8	63	—	3	61	7	6	71	11	6	61	10	12	62	—	—
Summe	—	—	—	—	—	—	—	—	3	—	20	18	—	37	23	—	40	57	—	32	29
Italien																					
I	—	—	—	—	—	—	100	2	5	95	6	5	84	1	7	—	—	—	—	—	—
II	—	—	—	—	—	—	97	4	2	96	2	2	78	4	6	—	—	—	—	—	—
III	—	—	—	—	—	—	94	4	8	96	1	8	76	7	11	—	—	—	—	—	—
IV	—	—	—	—	—	—	95	3	3	89	2	7	72	—	—	—	—	—	—	—	—
Summe	—	—	—	—	—	—	—	13	18	—	11	22	—	12	24	—	—	—	—	—	—

△ vorhanden   ○ Verluste
▽ Neubauten

341

U-Boot-Bestand der faschistischen deutschen Kriegsmarine
während des zweiten Weltkrieges

Monat	1939			1940			1941			1942			1943			1944			1945		
	△	▽	○	△	▽	○	△	▽	○	△	▽	○	△	▽	○	△	▽	○	△	▽	○
Jan.	—	—	—	54	1	2	82	11	—	266	15	3	403	22	6	458	20	15	493	37	12
Febr.	—	—	—	53	1	5	92	9	—	278	16	2	419	21	19	463	19	22	•	21	22
März	—	—	—	49	2	2	103	11	5	292	18	7	422	27	16	460	23	24	•	26	40
Apr.	—	—	—	51	3	6	111	14	2	303	17	3	433	18	15	457	23	21	407	8	64
Mai	—	—	—	48	3	1	126	19	1	316	20	4	436	26	42	454	19	23	•	1	261
Juni	—	—	—	50	3	2	146	15	4	331	21	3	421	25	17	451	11	26	—	—	—
Juli	—	—	—	53	3	1	161	19	1	348	21	11	430	26	39	452	15	25	—	—	—
Aug.	—	—	—	54	5	2	181	19	4	357	21	10	419	21	25	456	15	44	—	—	—
Sept.	57	2	2	56	7	1	197	15	2	368	19	11	416	21	12	447	20	23	—	—	—
Okt.	56	—	5	63	8	1	215	24	3	375	23	16	430	27	26	456	16	14	—	—	—
Nov.	52	2	1	70	9	2	236	24	6	379	24	13	429	25	21	469	22	8	—	—	—
Dez.	52	3	1	75	9	1	253	22	10	386	23	5	436	23	5	485	27	19	—	—	—
	—	7	9	—	54	26	—	202	38	—	238	88	—	290	245	—	230	264	—	93	399

△ in Dienst
▽ Indienststellung
○ Abgang

Versenkungsergebnisse der U-Boote der faschistischen deutschen Kriegsmarine gegen Kriegsschiffe 1939 bis 1945

	versenkt	beschädigt
Schlachtschiffe/ Schlachtkreuzer	2	3
Flugzeugträger/Geleit- und Hilfsflugzeugträger	5	2
Kreuzer	6	7
Zerstörer	34	11
Geleitzerstörer	18	13
Fregatten	2	4
Korvetten	26	3
Sloops	13	4
Minensucher	10	—
U-Boote	9	—
U-Jäger	3	—
Kanonenboote	1	—
Räumboote	3	—
Landungsfahrzeuge	13	—
Depotschiffe	2	—
Flugzeugtender	1	—
insgesamt	148	47

Zusammenstellung des Allgemeinen Marinehauptamtes
vom 26. Mai 1943 über die Stärke und Zusammensetzung
der faschistischen deutschen Kriegsmarine
nach dem Stand vom 1. Mai 1943

Die Gesamtstärke der Kriegsmarine betrug am 1. Mai 1943:

Offiziere: 21820
Beamte: 13587
Unteroffiziere und
Mannschaften: 613036   Summe: 648443

Davon sind eingesetzt:	Offiziere	Beamte	Unteroffiziere und Mannschaften
a) Überwasserstreitkräfte:	} 9592	} 4982	224470
b) U-Waffe:			55940
c) Küsten- und Luftverteidigung:	3500		180597
d) Ersatzeinheiten, Nachschuborganisation und Schulen:	8728		142023
		8605	

MA DDR, WF–04/32762, o. Bl.

Versenkungsergebnisse der U-Boote der US Navy
gegen Handelsschiffe im zweiten Weltkrieg

	1942[1]		1943		1944		1945	
	Z	BRT	Z	BRT	Z	BRT	Z	BRT
Januar	7	28351	18	80572	50	240840	22	93790
Februar	5	15975	10	54276	54	256797	15	55746
März	7	26183	26	109447	26	106529	23	70727
April	5	26886	19	105345	23	95242	18	60696
Mai	20	86110	29	122319	63	264713	17	32394
Juni	6	20021	25	101581	48	195020	43	92267
Juli	8	39356	20	82784	48	212907	12	27408
August	17	76652	19	80799	49	245348	4	14559
September	11	39389	38	157002	47	181363	—	—
Oktober	25	118920	27	119623	68	328843	—	—
November	8	35358	44	231683	53	220476	—	—
Dezember	14	48271	32	121531	19	103836	—	—
	133	561472	308	1366962	548	2451914	154	447593

[1] Im Dezember 1941 versenkten die U-Boote der USA-Marine 6 Schiffe mit 31639 BRT.

Versenkungsergebnisse der U-Boote der faschistischen Kriegsmarine gegen Handelsschiffe von September 1939 bis Mai 1945

	1939		1940		1941		1942		1943		1944		1945	
	Z	BRT	Z	BRT	Z	BRT	Z	BRT	Z	BRT	Z	BRT	Z	BRT
Januar	—	—	58	178884	17	98702	49	276173	42	218449	11	74816	15	80844
Februar	—	—	49	185950	42	207649	70	411560	68	380835	20	75027	17	72592
März	—	—	23	66246	43	236113	84	446044	105	590234	17	99497	16	67386
April	—	—	6	30927	46	260414	72	394760	48	276517	10	61807	19	103489
Mai	—	—	15	63407	63	349620	125	584788	44	225772	4	24424	4	8370
Juni	—	—	63	355431	60	305734	131	616904	20	82807	11	51684	—	—
Juli	—	—	38	194922	17	61471	93	454535	46	245178	16	76199	—	—
August	—		54	283386	22	67638	105	517295	17	88957	18	98876	—	—
Sept.	48	17864	52	265737	54	208822	97	472653	19	106820	7	43368	—	—
Oktober	34	168140	61	344684	39	182412	91	585359	24	82199	4	6131	—	—
Nov.	28	74623	34	173995	19	91628	118	743321	9	30726	4	18026	—	—
Dez.	37	100413	39	229501	23	101687	59	315673	9	63038	12	72051	—	—
insgesamt	147	521820	492	2373070	445	2171890	1094	5819065	451	2395532	131	701906	71	332681

insgesamt	2831 Schiffe	14315964 BRT
in der Ostsee	6 Schiffe	2392 BRT
im Schwarzen Meer	3 Schiffe	14726 BRT

Nach: B. Herzog, 60 Jahre deutsche U-Boote 1906–1966, München 1968, S. 239f.

Ursachen für U-Boot-Verluste
während des zweiten Weltkrieges

Ursachen	Großbritannien		USA		Deutschland		Japan		Italien		
	Anzahl	in Prozent	Anzahl	in Prozent	Anzahl	in Prozent	Anzahl	in Prozent	Anzahl	in Prozent	Anzahl
Landfliegerkräfte	6	7,9	4	7,7	329,5	42,2	8,5	6,5	11	13,1	359
Seefliegerkräfte	–	–	–	–	46	5,9	6,5	5,0	1	1,2	53,5
Überwasserschiffe	26	34,2	18	34,6	249,5	32,0	69,5	53,5	37	44,0	400
Fliegerkräfte und Überwasserschiffe			8	15,4	48	6,1	9	6,9	8	9,5	73
Minen	22,5	29,5	6,5	12,5	32,5	4,2	4,5	3,5	2	2,4	68
U-Boote	4,5	6,1	2	3,9	23	2,9	25	19,2	20	23,8	74,5
Havarien	7	9,2	10	19,2	32	4,1	3	2,3	2	2,4	54
unbekannt	10	13,1	3,5	6,7	20,5	2,6	4	3,1	3	3,6	41
insgesamt	76	100	52	100	781	100	130	100	84	100	1 123

Die Entwicklung der U-Boot-Flotten nichtsozialistischer Staaten

	1963/64		1973/74		1980/81	
	kernkraftgetr. U-Schiffe	dieselgetr. U-Schiffe/Boote	kernkraftgetr. U-Schiffe	dieselgetr. U-Schiffe/Boote	kernkraftgetr. U-Schiffe	dieselgetr. U-Schiffe/Boote
Ägypten	—	9	—	12	—	12
Argentinien	—	2	—	2	—	5
Australien	—	—	—	4	—	6
Brasilien	—	4	—	3	—	8
BRD	—	9	—	12	—	25
Chile	—	2	—	2	—	4
Dänemark	—	3	—	6	—	6
Ekuador	—	—	—	—	—	2
Frankreich	—	22	—	20	11	23
Griechenland	—	2	—	6	—	11
Großbrit.	1	44	8	23	12	16
Indien	—	—	—	4	—	8
Indonesien	—	6	—	10	—	5
Israel	—	2	—	2	—	3
Italien	—	6	—	9	—	12
Japan	—	4	—	16	—	16
Kanada	—	1	—	4	—	3
Kolumbien	—	—	—	2	—	4
Libyen	—	—	—	4	—	6
Niederlande	—	5	—	6	—	6
Norwegen	—	5	—	15	—	15
Pakistan	—	—	—	3	—	6
Peru	—	4	—	6	—	12
Portugal	—	3	—	4	—	3
Schweden	—	25	—	22	—	18
Spanien	—	9	—	8	—	12
RSA	—	—	—	3	—	3
Taiwan	—	—	—	2	—	2
Türkei	—	10	—	13	—	13
USA	31	144	41	85	163	12
Venezuela	—	1	—	4	—	6

Verzeichnis der Abkürzungen und Symbole

Art.	Artillerie
ball.	ballistisch
B. d. U.	Befehlshaber der Unterseeboote
BRT	Bruttoregistertonne(n)
DM	Dieselmotor
EM	Elektromotor
Fahrb.	Fahrbereich
F. d. U.	Führer der Unterseeboote
Flak	Fliegerabwehrkanone
Geschw.	Geschwindigkeit
Kal.	Kaliber
kn	Knoten
kW	Kilowatt
M-Boot	Minensuchboot
M.F.P.	Marinefährprahm
MG	Maschinengewehr
OKM	Oberkommando der Kriegsmarine
R-Boot	Räumboot
SkL	Seekriegsleitung
PS	Pferdestärke
S-Boot	Schnellboot
Si-Boot	Sicherungsboot
sm	Seemeile
T-Boot	Torpedoboot
TF-Boot	Torpedofangboot
t	Tonne (1 t = 1 000 kg)
ts	tons (1 ton = 1 016 kg)
UAW	U-Boot-Abwehr
Verdr.	Wasserverdrängung
Vp-Boot	Vorpostenboot
Z	Anzahl
=	identisch mit der vorhergehenden Angabe
—	Angabe entfällt
•	Angabe unbekannt

Angaben über dem horizontalen Strich bzw. links vom Querstrich sind Werte für die Überwasserfahrt, unter bzw. rechts davon für die Unterwasserfahrt.

Verzeichnis der wichtigsten benutzten Literatur

Aichelburger, W., Die Unterseeboote Österreich-Ungarns, Graz 1981.

Alden, John D., The fleet submarine in the US Navy, Annapolis 1979.

Blokada i konterblokada, Moskau 1967.

Dull, Paul S., Die kaiserlich-japanische Marine 1941—1945, Stuttgart 1980.

Gelewski, Tadeusz, Zbrodnie wojenne na morzu w drugiej wojnie światowej, Gdańsk 1976.

Gorschkow, Sergej G., Die Seemacht des Staates, Berlin 1978.

Gorschkow, Sergej G., Die sowjetische Seekriegsflotte, Berlin 1980.

Herzog, Bodo, 60 Jahre deutsche U-Boote 1906—1966, München 1968.

Istorija wojenno-morskogo iskusstwa, Moskau 1969.

Der Kampfweg der sowjetischen Seekriegsflotte. Berlin 1976.

Lakowski, R./Wunderlich, W., Zwischen Flottenschlacht und Zufuhrkrieg, Berlin 1978.

Laubeuf, M./Stroh, H., Sous-Marins, Torpilles et Mines, Paris 1931.

Lawrenz, H.-J., Die Entstehungsgeschichte der U-Boote, München 1968.

Lipscomb, F. W., The british submarine, London 1954.

Lockwood, Charles A., Sie jagten Nippons Flotte, Herford 1964.

Rössler, E., Geschichte des deutschen U-Boot-Baues, München, 1975.

Sacharow, M. W., Die Streitkräfte der UdSSR, Berlin 1974.

Thomas, D. A., The story of british submarine in world war II, London 1961.

Trusow, G. M., Podwodnyje lodki w russkom i sowjetskom flote, Moskau 1975.

Wissenschaftlich-technischer Fortschritt und Revolution im Militärwesen, Berlin 1975.

Aus folgenden Zeitschriften und Jahrbüchern wurden Beiträge benutzt:

Marine-Rundschau, Westberlin, Frankfurt a. M.

Marinewesen, Berlin.

Marinekalender, Berlin.

Morskoj sbornik, Moskau.

Weyers Flottentaschenbuch, München.

Nauticus, Westberlin, Darmstadt, Frankfurt a. M.

Jane's Fighting Ships, London.

Personenverzeichnis

Inhalt

III. Entwicklungstendenzen der U-Boot-Kräfte in der Zeit zwischen den beiden Weltkriegen

IV. Einsatz und Entwicklung der U-Boote im zweiten Weltkrieg

V. Entwicklungstendenzen der Unterwasserkräfte nach dem zweiten Weltkrieg